新时代经济管理特色教材

金融市场学

·第2版·

史金艳 兆文军◎主编

FINANCIAL
MARKETS

清华大学出版社
北京

内 容 简 介

本书主要包含两大模块：一是金融市场工具模块，深入分析了货币市场、债券市场、股票市场、证券投资基金市场和金融衍生市场的交易及动作方式；二是金融市场创新模块，阐述了金融市场交易机制，介绍了有效市场假说、行为金融理论与互联网金融等金融市场学前沿知识。在强调基本理论的同时，以思政案例作为每章的开篇导入，并在章末提供了与该章理论内容紧密相关的教学案例，便于任课教师做好思政教育和开展启发式教学。

为方便教学，本书配有电子课件，且各章都有配套的思考练习题。本书可作为高等院校经济与管理类专业的学生学习金融市场学的教材，也可供金融业从业人员参考。

本书封面贴有清华大学出版社防伪标签，无标签者不得销售。
版权所有，侵权必究。举报：010-62782989，beiqinquan@tup.tsinghua.edu.cn。

图书在版编目（CIP）数据

金融市场学 / 史金艳，兆文军主编. -- 2 版.
北京 : 清华大学出版社, 2024.7. -- (新时代经济管理特色教材). -- ISBN 978-7-302-66691-2
Ⅰ. F830.9
中国国家版本馆 CIP 数据核字第 2024ZY7452 号

责任编辑：张　伟
封面设计：孙至付
责任校对：王荣静
责任印制：杨　艳

出版发行：清华大学出版社
网　　址：https://www.tup.com.cn, https://www.wqxuetang.com
地　　址：北京清华大学学研大厦 A 座　　邮　编：100084
社 总 机：010-83470000　　邮　购：010-62786544
投稿与读者服务：010-62776969, c-service@tup.tsinghua.edu.cn
质量反馈：010-62772015, zhiliang@tup.tsinghua.edu.cn
课件下载：https://www.tup.com.cn, 010-83470332

印 装 者：艺通印刷(天津)有限公司
经　　销：全国新华书店
开　　本：185mm×260mm　　印　张：16.75　　字　数：393 千字
版　　次：2015 年 1 月第 1 版　2024 年 7 月第 2 版　　印　次：2024 年 7 月第 1 次印刷
定　　价：55.00 元

产品编号：100690-01

前言

党的二十大报告指出:"高质量发展是全面建设社会主义现代化国家的首要任务。"

金融是现代经济的核心,是国民经济的血脉,是国家核心竞争力的重要组成部分。加快建设金融强国,是我国经济社会长远发展的战略抉择,更是在经济全球化进程中维护国家金融安全的需要。建设金融强国对金融从业者和金融学专业的学生提出了新的要求。

金融市场学是学生学习和掌握有关金融市场学方面的理论知识与实际业务的入门课程。本书注重理论与实务相结合,以使学生了解金融市场的基本功能和发展趋势,掌握货币市场、债券市场、股票市场、证券投资基金市场和金融衍生市场的基本知识与基础理论,了解行为金融学、互联网金融等金融市场学前沿知识,并运用所学基础理论对金融市场领域实际问题进行初步分析。本书的特色体现在如下几个方面。

(1) 秉承与国际金融市场领域最新理论接轨,同时突出中国金融市场特色的原则。以金融市场基本理论为基础,并在第一版的基础上增加了互联网金融等前沿知识,突出国内外金融市场领域最新理论。各类金融市场工具的分析则力求结合中国金融市场的发展历程,拓宽学生对前瞻性理论与中国新金融市场格局的理解。

(2) 厚植内容思政沃土,实现育才和育人的统一。以国内外金融市场发展中的代表性事件为素材,找准教材中专业知识与思政内容的契合点,以思政案例作为每章的开篇导入,并将思政元素适时融入教材各章节具体内容中,增加教材的育人属性。

(3) 内容安排上着力教学案例编写。案例可以更加生动、形象地展示理论知识,使学生更深入地掌握知识。结合每一章的学习目标,采编与该章内容相匹配的案例,将理论与实践有机地结合起来,既能够对知识产生感性的认识和理解,又能够在实践中发现问题,提高研究型学习的积极性。

本书由史金艳、兆文军主编,邓梦竹、付佳铭和徐艺博在资料收集、文字整理方面做了许多工作。同时,本书在编写过程中参阅、直接或间接引用了国内外学者的有关金融市场的一些研究成果,在此一并表示感谢。

限于时间和水平,更由于经验不足,本书存在许多不足,希望广大读者给予谅解,并提出宝贵的意见和建议。

编　者

2024 年元旦于大连

目录

第一章　金融市场导论 …………………………………… 1

引导案例 …………………………………………………… 1
第一节　金融市场的概念与功能 ………………………… 2
第二节　金融市场的类型 ………………………………… 6
第三节　金融市场的主体、工具与媒体 ………………… 10
第四节　金融市场的发展趋势 …………………………… 20
重要概念 …………………………………………………… 28
思考练习题 ………………………………………………… 28
案例讨论 …………………………………………………… 28
即测即练 …………………………………………………… 31

第二章　货币市场 ………………………………………… 32

引导案例 …………………………………………………… 32
第一节　货币市场概述 …………………………………… 33
第二节　国库券市场 ……………………………………… 33
第三节　票据市场 ………………………………………… 36
第四节　回购市场 ………………………………………… 47
第五节　同业拆借市场 …………………………………… 49
第六节　货币市场共同基金 ……………………………… 54
重要概念 …………………………………………………… 56
思考练习题 ………………………………………………… 56
案例讨论 …………………………………………………… 57
即测即练 …………………………………………………… 59

第三章　债券市场 ………………………………………… 60

引导案例 …………………………………………………… 60
第一节　债券市场概述 …………………………………… 61
第二节　债券的发行与流通 ……………………………… 65
第三节　债券收益率 ……………………………………… 72
第四节　债券的价值评估 ………………………………… 80
第五节　债券的定价原理 ………………………………… 83
重要概念 …………………………………………………… 88

思考练习题 ··· 88
　　案例讨论 ··· 89
　　即测即练 ··· 92

第四章　股票市场 ··· 93

　　引导案例 ··· 93
　　第一节　股票市场概述 ··· 94
　　第二节　股票的发行与流通 ··· 98
　　第三节　上市公司的控制机制 ··· 106
　　第四节　股票价值评估 ·· 109
　　重要概念 ·· 124
　　思考练习题 ··· 125
　　案例讨论 ·· 125
　　即测即练 ·· 128

第五章　证券投资基金市场 ·· 129

　　引导案例 ·· 129
　　第一节　证券投资基金市场概述 ······································ 130
　　第二节　证券投资基金的设立与募集 ································ 138
　　第三节　证券投资基金的运作与投资 ································ 140
　　第四节　证券投资基金投资分析 ······································ 144
　　重要概念 ·· 149
　　思考练习题 ··· 149
　　案例讨论 ·· 149
　　即测即练 ·· 152

第六章　金融衍生市场 ·· 153

　　引导案例 ·· 153
　　第一节　金融衍生市场概述 ·· 154
　　第二节　金融远期市场 ·· 158
　　第三节　金融期货市场 ·· 162
　　第四节　金融期权市场 ·· 167
　　第五节　金融互换市场 ·· 173
　　重要概念 ·· 177
　　思考练习题 ··· 177
　　案例讨论 ·· 178
　　即测即练 ·· 181

第七章 金融市场交易机制 ····· 182

- 引导案例 ····· 182
- 第一节 金融市场交易机制概述 ····· 183
- 第二节 订单与订单优先规则 ····· 190
- 第三节 证券交易过程 ····· 197
- 重要概念 ····· 202
- 思考练习题 ····· 202
- 案例讨论 ····· 203
- 即测即练 ····· 208

第八章 有效市场假说与行为金融理论 ····· 209

- 引导案例 ····· 209
- 第一节 有效市场理论的基本内容 ····· 210
- 第二节 行为金融的兴起与发展 ····· 217
- 第三节 行为金融的基础性研究内容 ····· 220
- 重要概念 ····· 232
- 思考练习题 ····· 232
- 案例讨论 ····· 232
- 即测即练 ····· 234

第九章 互联网金融 ····· 235

- 引导案例 ····· 235
- 第一节 互联网金融概述 ····· 235
- 第二节 P2P网贷 ····· 240
- 第三节 众筹 ····· 245
- 第四节 第三方支付 ····· 250
- 重要概念 ····· 253
- 思考练习题 ····· 254
- 案例讨论 ····· 254
- 即测即练 ····· 257

参考文献 ····· 258

第一章 金融市场导论

本章学习目标

1. 掌握金融市场的概念与功能。
2. 了解金融市场分类的依据和内容。
3. 了解金融市场主体、工具及媒体的内容。
4. 重点掌握不同金融市场工具的区别。
5. 了解金融市场的发展趋势。

引导案例

砥砺奋进，上海国际金融中心建设风鹏正举

2023年6月8日，第十四届陆家嘴论坛在上海开幕。其中，一组数字引发广泛关注：2022年，上海金融业增加值达到8 626.31亿元，占上海生产总值的19.3%。这表明：新时代十年来，上海金融市场建设获得全新进展，金融总量跃升，市场结构不断优化，核心功能持续增强，已实现截至2020年"基本建成"国际金融中心的战略目标。

1. 运筹帷幄，开启上海国际金融中心1.0

上海成为中国金融中心具有悠久的历史背景，早在清朝乾隆年间，上海就拥有全国最多的钱庄，抗战前上海也是商业银行和外国银行聚集最多的城市。新中国成立后，1991年，邓小平在听取浦东开发专题汇报后指出，中国如果要在金融方面取得国际地位，首先需要依赖上海，1992年党的十四大报告进一步明晰了构筑上海国际金融中心的战略目标。

2. 十载星月兼程，建设上海国际金融中心2.0

2009年5月，上海市人民政府出台《上海市人民政府贯彻国务院关于推进上海加快发展现代服务业和先进制造业建设国际金融中心和国际航运中心意见的实施意见》，对于建设上海国际金融中心作出了全面具体战略部署，上海金融市场发展方兴未艾。

3. 奋进3.0，步入上海国际金融中心建设新征程

2021年8月，《上海国际金融中心建设"十四五"规划》发布，对上海国际金融中心建设提出更高的要求和更全面的指导举措，规划目标是"到2025年，上海国际金融中心能级显著提升"，"为到2035年建成具有全球重要影响力的国际金融中心奠定坚实基础"，具体目标包括2025年基本确立"国际绿色金融枢纽"地位等六大目标，标志着上海国际金融中心建设步入3.0时代，也就是创新发展阶段。

资料来源：姚玉洁，桑彤，陈云富.上海国际金融中心建设风鹏正举——星月兼程"施工"11年，将交出第一阶段成绩单[N].新华每日电讯，2020-06-18(7).

第一节　金融市场的概念与功能

一、金融市场的概念

所谓金融,即货币资金的融通,就是指资金盈余的一方通过金融交易将多余的资金贷借、融通给资金短缺的另一方。

金融市场是指资金融通或进行金融资产交易的场所,它是以金融资产为交易对象而形成的供求关系及其机制的总和。这个概念包括如下三层含义：一是金融市场是进行金融资产交易的场所,这个场所可以是有形的,如证券交易所、期货交易所；也可以是无形的,如外汇交易员通过电信网络构成的看不见的市场所进行的资金调拨。二是金融市场反映了金融资产的供应者和需求者之间所形成的供求关系。三是金融市场包含了金融资产交易过程中所产生的运行机制,其中最主要的是价格机制,表现为金融产品的价格和资金借贷的利率。

金融市场通常又有广义和狭义之分,广义的金融市场,是指包括直接融资和间接融资活动的金融市场；狭义的金融市场是指仅包括直接融资活动的金融市场。

金融市场是现代经济体系的重要组成部分。在现代经济系统中,人们通常认为三类重要的市场对经济的运行起着主导作用,这就是要素市场、产品市场和金融市场。要素市场是分配土地、劳动、资本、技术、数据等生产要素的市场。在要素市场上,消费部门将劳动力和其他资源出售给出价最高的生产部门。产品市场是商品和服务进行交易的场所。在经济系统中引导资金的流向,使资金由盈余部门向短缺部门转移的市场即为金融市场。

同产品市场以及要素市场相比较而言,金融市场具有如下特征。

(1) 在产品市场和要素市场的其他子市场中,一旦有形的商品或无形的所有权交易完成,交易双方的买卖关系也就结束。而金融市场中因为交易对象(金融资产或金融工具)的特殊性,其交易的实质是资金所有权和使用权的暂时分离或让渡。因此,金融交易并不是一种单纯的买卖关系,而是一种以信用为基础的借贷关系和委托代理关系。

(2) 在金融市场中,金融机构扮演了关键的角色,因为金融机构不仅是金融市场最积极的交易参与者,还是所有金融工具的创造者和所有金融工具交易的中介。

(3) 现代金融市场大部分情况下是无形市场,不受固定场所、固定时间的限制,随着现代通信手段的发展和计算机网络的普及,越来越多的金融交易借助无形市场,在瞬间便可以完成。

金融资产是指一切代表未来收益或资产合法要求权的凭证,亦称金融工具或证券。金融资产可以划分为基础性金融资产与衍生性金融资产两大类。前者主要包括债务性资产和权益性资产；后者主要包括远期、期货、期权和互换等。

金融是现代经济的核心。经济的发展依赖于资源的合理配置,而资源的合理配置主要靠市场机制的运行来实现。金融市场在市场机制中扮演着主导和枢纽的角色,发挥着极为关键的作用。在一个有效的金融市场上,金融资产的价格和资金的利率能及时、准确和全面地反映所有公开的信息,资金在价格信号的引导下迅速、合理地流动。金融市场作为货币资金交易的渠道,以其特有的运作机制使千百万居民、企业和政府部门的储蓄汇成巨大的资金流,推动和润滑着商品经济这个巨大的经济机器持续地运转。金融市场还以其完整而又灵敏的信号系统和灵活有力的调控机制引导经济资源向着合理的方向流动,优化资源的配置。在金融市场上,价格机制是其运行的基础,而完善的法规制度、先进的交易手段则是其顺利运行的保障。

二、金融市场的功能

在发达的市场经济中,金融市场的存在不仅为经济主体融资提供了极大的方便,还具有其他多方面的功能,概括起来,分为微观经济功能和宏观经济功能两大类。

(一)微观经济功能

金融市场的微观经济功能体现在价格发现机制、提供流动性和降低交易成本上。

1. 价格发现机制

金融市场的各参与方能够根据发行人和投资人的需要设计出各种不同的金融工具,并通过金融机构的努力,将这些金融工具销售到各种不同类型的投资者手里,从而在资金的供给方和需求方之间建立资金传递机制。市场中买卖双方通过对资金借贷的利率、期限及金额等条件的竞争决定了金融资产的价格,这就是金融资产的价格发现机制。这一机制的存在使金融市场的资产创造和分配得以顺利进行。

2. 提供流动性

金融市场为投资者提供了卖出金融资产的机制。正是此种机制,才使当外界因素迫使或者驱动投资者出售金融资产时,可以较小的代价在很短的时间内实现。换言之,此种机制为金融市场提供了流动性。如果金融市场不具备此种机制,则债券的持有者只有等到债券到期,而股权的持有者只能等到公司清盘,才得以套现其资金,那么只有很少的人愿意将资金投入金融市场中去。所有金融市场都能够提供某种形式的流动性,这是金融市场生命力的表现。

3. 降低交易成本

金融市场的另一个重要作用是将卖者和买者聚合在一起,以便利金融资产的交易、降低交易成本、促进市场成长。当买者和卖者比较分散时,收集交换信息必须付出相当的成本,这样买者就难以找到卖者,交换就难以完成。金融市场此时的作用就在于通过提供交易场所将资金供求双方聚集在一起,从而减少信息收集的费用,方便金融交易的开展。

(二)宏观经济功能

1. 聚敛

金融市场的聚敛功能是指金融市场引导众多分散的小额资金汇聚成为可以投入社会再生产的资金集合功能。在这里,金融市场起着资金"蓄水池"的作用。

金融市场是由资金供应者和资金需求者组成的。资金供应者就是在一定时间内的资金有余者,这些资金有余者的资金之所以暂时闲置,或者是因为要预防未来的意外急需,或者是要等到积累到足够数量之后进行某项大额投资或消费。如个人为预防意外事件或为了满足将来生活及购买大件消费品之需而进行储蓄,企业为了积存足够的资金投资于某个新项目而进行的资金积累等。这些暂时闲置的资金在使用之前有通过投资谋求保值增值的需要。对资金需求者来说,其资金的需求往往是由于要进行某项经济活动,或为了满足其比较迫切的需要,但手中积累的资金不足,因此,需要寻求更多的资金来源。但是,经济中各经济单位的闲置资金是相对有限的,这些暂时不用的资金就显得相对零散,不足以满足大规模的投资需求,特别是企业为发展生产而进行的大额投资和政府部门进行大规模的基础设施建设与公共支出的要求。这就需要一个能将众多的小额资金集合起来以形成大额资金的渠道,金融市场就提供了这种渠道,这就是金融市场的资金聚敛功能。

金融市场之所以具有资金的聚敛功能,一是由于金融市场创造了金融资产的流动性。现代金融市场正发展成为功能齐全、法规完善的资金融通场所,资金需求者可以很方便地通过直接或间接的融资方式获取资金,而资金供应者也可通过金融市场为资金找到满意的投资渠道。二是金融市场多样化的融资工具为资金供应者的资金寻求合适的投资手段找到了出路。金融市场根据不同的期限、收益和风险要求,提供了多种多样的供投资者选择的金融工具,资金供应者可以依据自己的收益、风险偏好和流动性要求选择满意的投资工具,实现资金效益的最大化。

2. 配置

金融市场的配置功能表现在三个方面:一是资源的配置,二是财富的再分配,三是风险的再分配。

在经济的运行过程中,拥有多余资产的盈余部门并不一定是最有能力和机会做最有利投资的部门。现有的财产在这些盈余部门得不到有效的利用,金融市场通过将资源从低效率利用的部门转移到高效率利用的部门,使一个社会的经济资源最有效地配置在效率最高或效用最大的用途上,实现稀缺资源的合理配置和有效利用。在金融市场中,证券价格的波动,实际上反映证券背后所隐含的相关信息。投资者可以通过证券交易中公开公告的信息及证券价格波动所反映出的信息来判断整体经济运行情况以及相关企业、行业的发展前景,从而决定其资金和其他经济资源的投向。一般地说,资金总是流向最有发展潜力、能够为投资者带来最大利益的部门和企业。这样,通过金融市场的作用,有限的资源就能够得到合理的利用。

财富是各经济单位持有的全部资产的价值。政府、企业及个人通过持有金融资产的方式来持有财富,当金融市场上的金融资产价格发生波动时,其财富的持有数量也会发生变化,一部分人的财富量随金融资产价格的升高而增加,而另一部分人则由于其持有的金融资产价格下跌,所拥有的财富量也相应减少。这样,社会财富就通过金融市场价格的波动实现了财富的再分配。

金融市场同时也是风险再分配的场所。在现代经济活动中,风险无时不在、无处不在。而不同的主体对风险的厌恶程度是不同的。利用各种金融工具,厌恶风险程度较高的人可以把风险转嫁给厌恶风险程度较低的人,从而实现风险的再分配。

3. 调节

调节功能是指金融市场对宏观经济的调节作用。金融市场一边连着储蓄者,另一边连着投资者,金融市场的运行机制通过对储蓄者和投资者的影响而发挥作用。

首先,金融市场具有直接的调节作用。在金融市场大量的直接融资活动中,投资者为了自身利益,一定会谨慎、科学地选择投资的国家、地区、行业、企业、项目及产品。只有符合市场需要、效益高的投资对象,才能获得投资者的青睐。而且,投资对象在获得资本后,只有保持较高的经济效益和较好的发展势头,才能继续生存,并进一步扩张。否则,它的证券价格就会下跌,继续在金融市场上筹资就会面临困难,发展就会受到后续资本供应的抑制。这实际上是金融市场通过其特有的引导资本形成及合理配置的机制,首先对微观经济部门产生影响,进而影响到宏观经济活动的一种有效的自发调节机制。

其次,金融市场的存在及发展,为政府实施对宏观经济活动的间接调控创造了条件。货币政策属于调节宏观经济活动的重要宏观经济政策,其具体的调控工具有存款准备金政策、再贴现政策、公开市场操作等,这些政策的实施都以金融市场的存在、金融部门及企业成为金融市场的主体为前提。金融市场既提供货币政策操作的场所,也提供实施货币政策的决策信息。第一,因为金融市场的波动是对有关宏微观经济信息的反映,所以政府有关部门可以通过收集及分析金融市场的运行情况来为政策的制定提供依据。第二,中央银行在实施货币政策时,通过金融市场可以调节货币供应量、传递政策信息,最终影响到各经济主体的经济活动,从而达到调节整个宏观经济运行的目的。此外,财政政策的实施也越来越离不开金融市场,政府通过国债的发行及运用等方式对各经济主体的行为加以引导和调节,并提供中央银行进行公开市场操作的手段,也对宏观经济活动产生巨大的影响。

4. 反映

金融市场历来被称为国民经济的"晴雨表"和"气象台",是公认的国民经济信号系统。这实际上就是金融市场反映功能的写照。

金融市场的反映功能表现在如下几个方面:第一,由于证券买卖大部分都在证券交易所进行,人们可以随时通过这个有形的市场了解到各种上市证券的交易行情,并据以判断投资机会。证券价格的涨跌在一个有效的市场中实际上是反映其背后企业的经营管理情况及发展前景。此外,一个有组织的市场,一般要求上市公司定期或不定期地公布其经营信息和财务报表,这也有助于人们了解及推断上市公司及相关企业、行业的发展前景。所以,金融市场首先是反映微观经济运行状况的指示器。第二,金融市场交易直接和间接地反映国家货币供应量的变动。货币的紧缩和放松均是通过金融市场进行的,货币政策实施时,金融市场会出现波动,表现出紧缩和放松的程度。因此,金融市场所反馈的宏观经济运行方面的信息,有利于政府部门及时制定和调整宏观经济政策。第三,由于证券交易的需要,金融市场有大量专业人员长期从事商情研究和分析,并且他们每日与各类工商企业直接接触,能了解企业的发展动态。第四,金融市场有着广泛而及时地收集和传播信息的通信网络,整个世界金融市场已联成一体,使人们可以及时了解世界经济发展变化情况。

第二节 金融市场的类型

在金融市场中,各种金融交易的对象、方式、条件、期限等都不尽相同。为了更加充分地了解金融市场,需要对之加以分类。金融市场的分类方法较多,按不同的标准可以有不同的分类。

一、按金融交易的标的物分类

按金融交易的标的物,金融市场可分为货币市场、资本市场、外汇市场、黄金市场、保险市场。

(一) 货币市场

货币市场是一年期以内的短期金融工具交易所形成的供求关系及其运行机制的总和。它的主要功能是保持金融资产的流动性,以便随时转换成现实的货币。它一方面满足了借款者的短期资金需求;另一方面也为暂时闲置的资金找到了出路。在美国金融史上,早期的货币市场概念狭义地指对证券商和交易商进行通知放款的市场。后来,货币市场的概念又广义地包含了短期资金市场。现在,货币市场一般指国库券、商业票据、银行承兑汇票、可转让定期存单、回购协议、联邦基金等短期信用工具买卖的市场。许多国家将银行短期贷款也归入货币市场的业务范围。一般地说,资金借贷以3~6个月期最为普遍,而国库券则以6~9个月期为多。由于该类市场信用工具随时可以在发达的二级市场上出售变现,具有很强的变现性和流动性,功能近似于货币,故称货币市场。又由于该市场主要经营短期资金的借贷,故亦称短期资金市场。货币市场使经济单位能够管理它们的流动性头寸。

货币市场一般没有正式的组织,其交易活动不是在特定的场所集中开展,而是通过电信网络形式完成。因此,货币市场是一个无形的市场。市场交易量大是货币市场区别于其他市场的重要特征之一。巨额交易使货币市场实际上成为一个批发市场。由于货币市场的非人为性及竞争性,因而它又是一个公开市场,任何人都可以进入市场进行交易,在那里不存在固定不变的顾客关系,说明货币市场同时也是一个富有竞争性的市场。

(二) 资本市场

资本市场是指期限在1年以上的金融资产交易的市场。一般来说,资本市场包括两大部分:一是银行中长期存贷款市场,二是有价证券市场。

通常所说的资本市场等同于有价证券市场,主要指的是债券市场和股票市场。它与货币市场之间的区别为:第一,期限的差别。资本市场上交易的金融工具均为1年以上,最长者可达数十年,有些甚至无期限,如股票等。而货币市场上一般交易的是1年以内的金融工具,最短的只有几日甚至几小时。第二,作用不同。货币市场所融通的资金,大多用于工商企业的短期周转。而在资本市场上所融通的资金,大多用于企业的创建、更新、扩充设备和储存原料,政府在资本市场上筹集长期资金则主要用于兴办公共事业和保持财政收支平衡。第三,风险程度不同。货币市场的信用工具,由于期限短,因此流动性高,价格不会发生剧烈变化,风险较小。资本市场的信用工具,由于期限长,流动性较低,价格变动幅度较大,风险也较高。

(三)外汇市场

外汇市场是从事外汇买卖或兑换的交易场所,是各种不同货币进行交换的场所。如同货币市场,外汇市场也是各种短期金融资产交易的市场,不同的是货币市场交易的是同一种货币或以同一种货币计值的票据,而外汇市场则是以不同种货币计值的两种票据之间的交换。在货币市场上所有的贷款和金融资产的交易都受政府法令条例管制,但在外汇市场上,一国政府只能干预或管制本国的货币。

世界上最主要的外汇市场有伦敦外汇市场、纽约外汇市场、法兰克福外汇市场以及香港外汇市场。

(四)黄金市场

黄金市场是专门集中进行黄金等贵金属买卖的交易中心或场所。尽管随着时代的发展,黄金非货币化趋势越来越明显,但黄金作为国际储备工具之一,在国际结算中占据着重要的地位。因此,黄金市场仍被看作金融市场的组成部分。黄金市场早在19世纪初就已形成,是最古老的金融市场。现在,世界上已发展到40多个黄金市场。其中,伦敦、纽约、苏黎世、芝加哥和香港的黄金市场被称为五大国际黄金市场。

(五)保险市场

保险市场是保险商品交换关系的总和或是保险商品供给与需求关系的总和。它既可以指固定的交易场所如保险交易所,也可以是所有实现保险商品让渡的交换关系的总和。在保险市场上,交易的对象是保险人为消费者所面临的风险提供的各种保险保障。

二、按金融交易中交割的方式和时间分类

按金融交易中交割的方式和时间,金融市场可分为现货市场和衍生市场。

现货市场实际上是即期交易的市场,是金融市场上最普遍的一种交易方式。现货市场指市场上的买卖双方成交后须在若干个交易日内(通常是3天)办理交割的金融交易市场。现货交易包括现金交易、固定方式交易及保证金交易。现金交易是指成交日和结算日在同一天发生的证券买卖。固定方式交易则是指成交日和结算日之间相隔很短的几个交易日,一般在7天以内。保证金交易也称垫头交易,它是投资者在资金不足、又想获得较多的投资收益时,交付一定比例的现金,其余资金由经纪人贷款垫付,买进证券的一种交易方法。目前现货市场上的大部分交易均为固定方式交易。

衍生市场是各种衍生金融工具进行交易的市场。衍生金融工具,是指由原生性金融商品或基础性金融工具创造出的新型金融工具。它一般表现为一些合约,这些合约的价值由其交易的金融资产的价格决定。衍生金融工具包括远期合约、期货合约、期权合约、

互换协议等。由于衍生金融工具在金融交易中具有套期保值防范风险的作用,衍生金融工具的种类仍在不断增多。衍生金融工具同时也是一种投机的对象,其交易所带来的风险也引起了广泛的关注。

三、按金融资产的发行和流通特征分类

按金融资产的发行和流通特征,金融市场可分为一级市场和二级市场。

资金需求者将金融资产首次出售给公众时所形成的交易市场称为初级市场、发行市场或一级市场。金融资产的发行方式主要有两种:公募和私募。公募更多地被称为公开发行,是指发行人通过中介机构向不特定的社会大众广泛发售证券的方式。在公开发行的情况下,所有合法的社会投资者都可以参与认购。为了保障广大投资者的利益,各国对公开发行都有严格的要求。私募又称非公开发行和内部发行,是指面对少数特定投资者发行证券的方式。私募发行的对象大致有两类,一是个人投资者,如公司股东和员工;二是机构投资者,如养老基金和保险公司等。

私募又分为包销和代销两种。包销,是指金融资产的发行人与银行等金融机构协商,由银行等承销机构按照商定的条件把全部证券承接下来负责对公众销售的方式。包销期满后,不论证券是否已经推销出去,包销机构都要如数付给发行人应得资金。代销则是发行人自己承担全部发行风险,只将公开销售事务委托投资银行等办理的一种方式,代销商销多少算多少,它只收取手续费等费用,不承担任何风险。此外还有一种自办发行或称自销的方式,一般通过私下洽商的方式直接销售给为数不多的个人及团体投资者。目前国际上流行的是包销方式。

证券发行后,各种证券在不同的投资者之间买卖流通所形成的市场即为二级市场,又称流通市场或次级市场。它又可分为两种:一是场内市场即证券交易所,二是场外交易市场。证券交易所是依照国家有关法律规定,经政府主管机关批准设立的证券集中竞价的有形场所。场外交易市场又称柜台交易或店头交易市场。它是在证券交易所之外进行证券买卖的市场。原则上在场外交易的证券以未上市的证券为主。然而现在情况发生了很大的变化,为数不少的上市证券,尤其是政府债券、地方债券和公司债券也纷纷涌入场外交易市场进行交易。

一级市场是二级市场的基础和前提,没有一级市场就没有二级市场;二级市场是一级市场存在与发展的重要条件之一,无论是从流动性上还是从价格的确定上,一级市场都要受到二级市场的影响。

四、按有无固定场所分类

按有无固定场所,金融市场可分为有形市场和无形市场。

有形市场即有固定交易场所的市场,"固定交易场所"一般指的是证券交易所等固定的交易场地。在证券交易所进行交易首先要开设账户,然后由投资人委托证券商买卖证券,证券商负责按投资者的要求进行操作。无形市场则是在证券交易所外进行金融资产交易的总称。它的交易一般通过现代化的电信工具在各金融机构、证券商及投资者之间

进行。它是一个无形的网络,金融资产及资金可以在其中迅速地转移。在现实世界中,大部分金融资产交易均在无形市场中进行。

五、按金融市场作用的地域范围分类

按金融市场作用的地域范围,金融市场可分为国内金融市场及国际金融市场。

国内金融市场是指金融交易的作用范围仅限于一国之内的市场,它除了包括全国性的以本币计值的金融资产交易市场之外,还包括一国范围内的地方性金融市场。国际金融市场则是金融资产的交易跨越国界进行的市场,即进行金融资产国际交易的场所。国际金融市场有狭义和广义之分。狭义的国际金融市场指进行各种国际金融业务的场所,有时又称传统的国际金融市场,包括货币市场、资本市场、外汇市场、黄金市场以及衍生市场等;广义的国际金融市场则包括离岸金融市场。离岸金融市场是非居民间从事国际金融交易的市场。离岸金融市场以非居民为交易对象,资金来源于所在国的非居民或来自国外的外币资金。离岸金融市场基本不受所在国的金融监管机构的管制,并可享受税收方面的优惠待遇,资金出入境自由。离岸金融市场是一种无形市场,从广义来看,它只存在于某一城市或地区而不是一个固定的交易场所,由所在地的金融机构与金融资产的国际性交易而形成。

国内金融市场是国际金融市场形成的基础。实际上,从金融监管角度来看,国内金融市场及传统的国际金融市场都要受到所在国金融监管当局的管制,而新兴的国际金融市场,如离岸金融市场则可以说是完全国际化的市场,它不受任何国家法令的限制,主要经营境外货币。国际金融市场是国内金融市场发展到一定阶段的产物,是与实物资产的国际转移、金融业较为发达、资本的国际流动及现代电子信息技术的高度发展相辅相成的。

六、按在资金的融通中的中介机构特征分类

金融市场的形成是直接与资金的融通相联系的。在正常的经济生活中,总有资金暂时闲置者及资金短缺者存在,金融市场就为这两者提供互通有无的渠道。按在资金的融通中的中介机构特征,金融市场可分为直接金融市场和间接金融市场。

直接金融市场指的是资金需求者直接从资金所有者那里融通资金的市场,一般是通过发行债券和股票方式在金融市场上筹集资金的融资市场。而间接金融市场则是通过银行等信用中介机构作为媒介来进行资金融通的市场。在间接金融市场上,资金所有者将手中的资金贷放给银行等信用中介机构,然后再由这些机构转贷给资金需求者。在此过程中,不管这笔资金最终归谁使用,资金所有者都将只拥有对信用中介机构的债权而不能对最终使用者具有任何权利要求。

直接金融市场与间接金融市场的差别并不在于是否有金融中介机构的介入,而主要在于中介机构的特征的差异。在直接金融市场上也有金融中介机构,只不过这类公司不像银行那样,它们不是资金的中介,而大多是信息中介和服务中介。

第三节 金融市场的主体、工具与媒体

一、金融市场的主体

从动机看,金融市场的主体主要有投资者(投机者)、筹资者、套期保值者、套利者、调控和监管者五大类。金融市场的投资者与实际部门的投资者是不同的,它是指为了赚取差价收入或者股息、利息收入而购买各种金融工具的主体,它是金融市场的资金供应者。按交易动机、时间长短等,广义的投资者又可以分为投资者和投机者两大类。筹资者则是金融市场上的资金需求者。套期保值者是指利用金融市场转嫁自己所承担风险的主体。套利者是利用市场定价的低效率来赚取无风险利润的主体。调控和监管者是指对金融市场实施宏观调控和监管的中央银行和其他金融监管机构。

更具体地,可以把金融市场的主体分为政府部门、工商企业、家庭部门、金融机构以及中央银行五个部门。由于上述五个部门在专业化分工中所处的地位不同,因此它们在金融市场中所扮演的角色也就不尽相同。

(一) 政府部门

在各国的金融市场上,通常该国的政府部门(含中央政府与地方政府)都是资金的需求者,它们主要通过发行中央政府债券或地方政府债券来筹集资金,用于基础设施建设,弥补财政预算赤字等。中央政府部门通过财政部门发行中央政府债券,包括国库券和国家公债,一般不存在违约风险,信用等级最高,同时可以享受税收优惠,其利息收入可以免征所得税。政府部门也可能是资金的供应者,如税款集中收进还没有支出时。另外,不少国家,政府也是国际金融市场上的积极参加者,如中东的主要石油出口国家就是金融市场上资金供应的大户,一些发展中国家则是金融市场上的主要资金需求者。不论是发展中国家还是发达国家,政府部门都是金融市场上的经济行为主体之一。

(二) 工商企业

在不少国家,国有或私营的工商企业是仅次于政府部门的资金需求者,它们既通过市场筹集短期资金从事经营,以提高企业财务杠杆比例和增加营利,又以发行股票或中长期债券等方式筹措资金用于扩大再生产和经营规模。另外,工商企业也是金融市场上的资金供应者之一。它们在生产经营过程中暂时闲置的资金,为了使其保值或获得营利,它们也会将其暂时让渡出去,以获得更大效益。此外,工商企业还是套期保值的主体。

(三) 家庭部门

家庭部门一般是金融市场上的主要资金供应者。个人或家庭为了存集资金购买大件商品如住房、汽车等,或是留存资金以备急需、养老等,都有投资以使其保值增值的要求。因此,家庭部门通过在金融市场上合理购买各种有价证券来进行组合投资,既满足日常的流动性需求,又能获得资金的增值。家庭部门的投资可以是直接购买债券或股票,也可以

是通过金融中介机构进行间接投资,如购买共同基金份额、投入保险等,最终都是向金融市场提供资金。家庭部门有时也有资金需求,但数量一般较小,常常是用于耐用消费品的购买及住房消费等。

(四)金融机构

具体地,参与金融市场的金融机构可分为存款性金融机构和非存款性金融机构。

1. 存款性金融机构

存款性金融机构是指通过吸收各种存款而获得可利用资金,并将之贷给需要资金的各经济主体及投资于证券等以获取收益的金融机构。它们是金融市场的重要中介,也是套期保值和套利的重要主体。存款性金融机构一般包括如下几类。

(1)商业银行。在存款性金融机构中,商业银行是最主要的一种机构。早期的商业银行是指接受活期存款并主要为工商企业提供短期贷款的金融机构。但现代意义上的商业银行已经成为金融领域中业务最广泛、资金最雄厚的存款性金融机构。商业银行既是资金的供应者,又是资金的需求者,几乎参与了金融市场的全部活动。作为资金的需求者,商业银行利用其可开支票转账的特殊性,大量吸收居民及企业和政府部门暂时闲置不用的资金,还可以发行大额可转让定期存单(CDs)、发行金融债券、参与同业拆借等。作为资金的供应者,商业银行主要通过贷款、投资以及同业拆放来提供资金。此外,商业银行还能通过派生存款的方式创造和收缩货币,对整个金融市场的资金供应和需求产生巨大的影响。

(2)储蓄机构。在西方国家有一种专门以吸收储蓄存款作为资金来源的金融机构,这就是储蓄机构。储蓄机构的大部分资金都是用来发放不动产抵押贷款,投资于国债和其他证券。与商业银行相比,储蓄机构的资产业务期限长,抵押贷款比重高。政府常利用储蓄机构来实现其某些经济目标,其中多为房地产政策目标。因此,一些储蓄机构得到了政府的扶持。储蓄机构在各国的名称不一样,如在美国是储蓄贷款协会、互助储蓄银行,在英国是信托储蓄银行、房屋互助协会,在法国、意大利和德国则为储蓄银行等。在金融市场上,它们与商业银行一样,既是资金的供应者,又是资金的需求者。

(3)信用合作社。信用合作社是由某些具有共同利益的人组织起来、具有互助性质的会员组织。其资金来源主要是会员的存款,也可以是非会员的存款。其资金则是用于对会员提供短期贷款、消费信贷、票据贴现及从事证券投资,也有部分资金用于同业拆借和转存款等。信用合作社在经济生活中起着广泛动员社会资金的作用,它们遍布大银行难以顾及的每一个角落,进一步促进了社会闲散资金的汇聚和利用。由于金融竞争的影响及金融创新的发展,信用合作社的业务有拓宽的趋势。其资金来源及运用都从原有的以会员为主逐渐转向多元化,因而其在金融市场上的作用也越来越大。

2. 非存款性金融机构

金融市场上另一类重要的金融机构参与者就是非存款性金融机构。它们的资金来源和存款性金融机构吸收公众存款不一样,主要是通过发行证券或以契约性的方式聚集社会闲散资金。

(1) 保险公司。保险公司包括人寿保险公司和财产保险公司。人寿保险公司是为人们因意外事故或死亡而造成经济损失提供保险的金融机构。财产保险公司是为企业及居民提供财产意外损失保险的金融机构。保险公司的主要资金来源于按一定标准收取的保险费。一般地说,人寿保险具有保险金支付的可预测性,并且只有当契约规定的事件发生或到约定的期限时才支付,因此,保险费实际上是一种稳定的资金来源。这与财产保险公司不同,财产保险事故的发生具有偶然性和不确定性。它们之间的差别决定了其资金运用方向的不一致。人寿保险公司的资金运用以追求高收益为目标,主要投资于高收益、高风险的证券如股票等,也有一部分用作贷款。这样,人寿保险公司成为金融市场上的主要资金供应者之一。在一些西方国家,人寿保险公司是金融市场上最大、最活跃的机构投资者。财产保险公司在资金的运用上则注重资金的流动性,以货币市场上的金融工具为主,还有一部分投资于安全性较高的政府债券、高级别的企业债券等。

(2) 养老基金。养老基金是一种类似于人寿保险公司的专门金融组织。其资金来源是公众为退休后生活所准备的储蓄金,通常由资方和劳方共同缴纳,也有单独由资方缴纳的。养老金的缴纳一般由政府立法加以规定,因此其资金来源是有保证的。与人寿保险一样,养老基金也能较精确地估计未来若干年它们应支付的养老金,因此,其资金主要投资于长期公司债券、质地较好的股票和发放长期贷款上。养老基金也是金融市场上的主要资金供应者之一。

(3) 投资银行。投资银行是资本市场上从事证券的发行买卖及相关业务的一种金融机构。投资银行产生于长期证券的发行及推销要求,随着资本市场的发展,投资银行的业务范围也越来越广。目前,投资银行业务除了证券的承销外,还涉及证券的自营买卖、公司理财、企业购并、咨询服务、基金管理和风险资本管理等。

投资银行在不同的国家有不同的称呼,在美国为投资银行或公司,在英国为商人银行,在日本为证券公司等。在我国,目前一些比较规范的证券公司即是我国的投资银行。

(4) 投资基金。投资基金是向公众出售其股份或受益凭证募集资金,并将所获资金分散投资于多样化证券组合的金融中介机构。投资基金的当事人有四个:①委托人。委托人是基金的发起人。②受托人。受托人是基金经理公司即代理投资机构,经营基金所募资金。③受益人。受益人是投资者,即持有基金份额的人,基金份额的持有者可以按其持有比例分享基金的投资收益或资产净值。④信托人。信托人负责基金资产的保管,一般由投资银行、信托公司和商业银行等大金融机构充当。

此外,参与金融市场的还有一些官方、半官方和在各国各具特色的其他类型的金融机构,如开发银行、进出口银行及农业信贷机构、大企业所属的金融公司等。在我国金融市场上,三大政策性银行、金融信托机构及财务公司等也归入金融机构,是金融市场的主体之一。

(五) 中央银行

中央银行在金融市场上处于一种特殊的地位,它既是金融市场的行为主体,又是金融市场上的监管者。从中央银行参与金融市场的角度来看,首先,作为银行的银行,它扮演最后的贷款人角色,从而成为金融市场资金的提供者。其次,中央银行为了执行货币政策,调节货币供应量,通常采取在金融市场上买卖证券的做法,进行公开市场操作。中央银行的公开市场操作不以营利为目的,但会影响到金融市场上资金的供求及其他经济主体的行为。此外,一些国家的中央银行还接受政府委托,代理政府债券的还本付息;接受外国中央银行的委托,在金融市场买卖证券参与金融市场的活动。

二、金融市场工具

（一）金融市场工具的概念

金融市场的参与者进行金融交易的目的是货币资金融通,而资金的融通又是建立在信用关系的基础之上,信用关系基础之上的资金融通必须借助某种金融工具才能实现,说明信用关系的建立和终止都是通过金融工具的取得和出让来完成的,金融工具于是成为信用关系的化身,成为金融市场上的客体或交易对象。

金融工具就是完成资金融通所使用的工具。狭义的金融工具是指资金短缺单位向资金盈余单位借入资金,或发行者向投资者筹措资金时依一定格式制成标准化的、在金融市场上被普遍接受和交易的金融资产。广义的金融工具不仅包括股票、债券等有价证券,而且包括存款、贷款等金融资产。金融市场上的金融工具种类繁多,如货币市场的货币头寸、票据、国库券以及可转让大额定期存单,资本市场上的债券和股票,证券投资基金市场上的基金证券,外汇市场上的外汇,保险市场上的保险单,衍生金融市场上的衍生金融工具等。

（二）金融市场工具的特性

金融工具在金融市场上发挥着两个重要作用:一是促进资金从盈余方向需求方流动,以投资于有形资产;二是通过金融工具的交易,使收益和风险在资金的供求双方重新分布。金融工具方便了资金供求双方根据自己的偏好进行资金的调剂。为此,金融工具必须具有一些重要的特性,即期限性、收益性、流动性和安全性。

(1) 期限性。期限性是指债务人在特定期限之内必须清偿特定金融工具的债务余额的约定。金融工具都有期限规定,如政府发行的国债就有半年、一年、三年、五年之分。但金融工具的偿还期限有长有短,短的如隔夜拆借的货币头寸,长的如股票,期限是不确定的无限长。短期金融工具以各类票据为代表,长期金融工具则多为有价证券。

(2) 收益性。收益性是指金融工具能够定期或者不定期地给持有人带来价值增值的特性。金融工具的收益有两种形式:一种直接表现为股息、红利等;另一种则为金融工具的买卖的价差收益。金融工具收益性的大小,是通过收益率来衡量的,其具体指标有名义收益率、实际收益率、平均收益率等。由于金融工具具有表外风险,国际会计准则和美国公认会计原则均要求操作金融工具的企业在财务报表的主体和附注中披露金融工具的信息。规定的会计处理大多数与衍生金融工具的会计处理包含在应付债券、投资、股东权益等准则之中。

(3) 流动性。流动性是指金融工具转变为现金而不遭受损失的能力。金融工具的流动性解决了投资者退出市场的问题。除货币以外,各种金融资产都存在不同程度的不完全流动性。其他金融资产在没有到期之前要想转换成货币,或者打一定的折扣,或者花一定的交易费用,一般来说,金融工具如果具备下述两个特点,就可能具有较高的流动性:第一,发行金融资产的债务人信誉高,在以往的债务偿还中能及时、全部履行其义务。第二,债务的期限短。这样它受市场利率的影响很小,转现时所遭受亏损的可能性就很小。

(4) 安全性。安全性是指投资于金融工具的本金和收益能够安全收回而不遭受损失的可能性。金融工具通常存在两类风险:一类是债务人不能按期还本付息的违约风险;另一类是市场风险,即因市场利率上升而导致的金融工具市场价格下跌的风险。当利率上升时,金融证券的市场价格就下跌;当利率下跌时,则金融证券的市场价格就上涨。证券的偿还期越长,则其价格受利率变动的影响越大。一般来说,本金安全性与偿还期成反比,即偿还期越长,其风险越大、安全性越小。本金安全性与流动性成正比,与债务人的信誉也成正比。此外,金融工具的风险性还在于其所带来的未来现金流往往是不确定的。

任何金融工具都是以上四种特性的组合,也是四种特性相互之间矛盾的平衡体。一般来说,期限性与收益性正向相关,即期限越长,收益越高;反之亦然。流动性、安全性则与收益性反向相关,安全性、流动性越高的金融工具其收益性越低。正是期限性、流动性、安全性和收益性相互间的不同组合导致了金融工具的丰富性和多样性,使之能够满足多元化的资金需求和对"四性"的不同偏好。

三、金融市场媒体

金融市场媒体是指那些在金融市场上充当交易媒介,从事交易或促使交易完成的组织、机构或个人。金融市场的媒体多种多样,既有在金融市场扮演着各种角色的经纪人,也有各种性质的金融中介机构。它们的作用和金融市场主体比较相似,都是金融市场的主要参与者,金融市场交易的产生往往离不开它们,其作用在于促进金融市场上的资金融通,在资金供给者和资金需求者之间架起桥梁,满足不同投资者和筹资者的需要。

但金融市场媒体与金融市场主体之间又有着显著的区别。首先,就参与市场的目的而言,金融市场媒体本身并非最终意义上的资金供求者或需求者,因此,其参与市场的目的是以市场为中介获取佣金。其次,就其市场行为而言,金融市场媒体在市场上往往是以投机者而非投资者的身份从事交易的,因此,在选择金融产品时,与金融主体的选择偏好有所不同。

金融市场媒体主要包括金融市场经纪人和金融中介机构,另外还有商人银行、财务公司、信托公司等。金融市场经纪人,如货币经纪人、证券经纪人、外汇经纪人等是金融市场上为投资人和筹资人介绍交易的中间商,本身并不参与金融商品的交易,通过促成资金供给者和需求者之间的交易来赚取佣金。金融中介机构,如证券公司、证券交易所等通过证券承销、自营、提供信息和交易场所、投资咨询等业务获得利润。金融市场媒体是金融市场的组成要素之一。

(一) 金融市场经纪人

1. 经纪人概述

经纪人又称中间人,是作为中介撮合两个相关的市场主体并收取佣金的商人或商号。

中国古代唐朝以前,经纪人已经出现,唐朝时经纪人称为牙郎,遍及各行业;明朝时经纪人已分为政府指定的官牙和政府批准认可的私牙。清代出现了牙商、牙行。到了近代,经纪人行业进一步发展,南方称为"掮客",北方称为"跑合"。在国外发达的市场经济国家,经纪人行业更为成熟,逐步形成了一套较为完善的经纪人制度。在当代,随着全球金融业的发展和创新,金融市场的业务也变得越来越复杂,对经纪人的要求也越来越高。现在,经纪人已经成为市场经济运行过程中不可或缺的中间环节,它们为满足市场需要从事着多种多样的中介业务,在金融市场中扮演着重要的角色。

2. 经纪人的分类

根据经纪人所从事的业务,它们主要可被分为四类:货币经纪人、证券经纪人、证券承销人、外汇经纪人。

(1) 货币经纪人。顾名思义,货币经纪人就是在货币市场上充当交易双方中介收取佣金的中间商人。货币经纪人的主要业务是为客户的货币交易提供中介服务。货币交易一般有以下几个流程:首先有交易意向的金融机构向货币经纪公司提出要求,经纪公司随即通过电子通信系统将信息发往其分布在全世界各金融中心和新兴市场的分支机构,再根据各地分支机构反馈的报价进行综合筛选,向客户报出最佳价格。

由于货币经纪公司拥有完备的电子通信系统和分支机构网络,它在金融市场上具有得天独厚的优势。通过货币经纪人,金融机构与国际金融市场形成了统一的整体,有利于金融机构根据市场的动态来调整经营策略、调整资产结构,并进行风险管理。有时,金融机构还可以通过货币经纪人在某一个特定的时间里,以最短的时间、最公平的价格达成交易,而不必像直接交易那样,一家一家银行询价比较,不仅节省时间,而且降低成本。所以选择货币经纪人成为货币交易的主流方式。

此外,货币经纪人的存在使资金的运作更加安全。由于货币经纪人在交易完成之前不能透露客户的姓名,因此,金融市场的参与者会更愿意报价,这样不但促进了交易量的增长,而且防止了市场的剧烈波动。

当然,随着金融市场的日益完善,货币经纪人的功能又有了一些变化。以前,货币经纪人只要从事中介完成交易就可以了,但现在,货币经纪人越来越强调信息服务。货币经纪人不再仅仅是一个价格提供者,而是要帮客户发现可能的交易机会。因此,除了要撮合双方的交易之外,成功的货币经纪人还要随时随地注意客户的需求,传递对客户有用的信息。

货币经纪人获利的途径有两条:一是收取佣金;二是赚取价差。因此有的货币经纪人兼有经纪人和自营商的性质。

(2) 证券经纪人。证券经纪人就是为客户证券交易提供中介服务并收取佣金的中间商人。他们以代理人的身份从事证券交易,与客户是委托代理关系。证券经纪人既可以是自然经纪人,也可以是法人经纪人。法人经纪人一般由银行、证券公司、信托公司等具有合法经营地位的证券经营机构承担证券经纪人角色,称为证券经纪商。证券经纪人主要有佣金经纪人、次级经纪人、专业经纪人、零股经纪人、债券经纪人、证券自营商六种类型。

(3) 证券承销人。证券承销人是指依照规定有权包销或代销有价证券的证券经营机构或商号。有时也被称为证券承销商,属于证券一级市场上的发行人与投资者之间的媒介。证券承销人大多为投资银行和一些大的证券公司。其作用是受发行人的委托,寻找潜在的投资公众,并且通过一系列广泛有效的公关活动,将这些潜在的投资人引导成为真正的投资者,从而使发行人募集到所需要的资金。承销的方式有包销与代销两种。在美国和欧洲,证券承销人多为投资银行。在日本,公司债券、股票承销由证券公司垄断经营。在中国,证券承销人主要是一些大的证券公司及一些商业银行。

(4) 外汇经纪人。外汇经纪人是指在外汇市场上为了促成买卖双方的外汇交易成交的中介人。外汇经纪人既可以是个人,也可以是中介机构,如外汇经纪人公司和外汇经纪行等。由于外汇市场的汇率波动相当频繁,所以初级报价者(包括一些大型银行、大型投资交易商与大型企业)通过各种不同方式进行交易,最常见的方法是以电话直接联络另一位报价者,或通过电报或互联网的电子交易系统与其他报价者进行交易。但是有时直接交易仍会存在一些困难,这时就可以通过外汇经纪人。通过经纪人进行交易,报价能够以匿名方式报给市场。如果主要报价者提供的价格即经纪人手中的最佳价格,那么经纪人就会提出报价。当一项交易完成后,经纪人就会通知交易双方,然后交易双方就可以各自签发单据给对方。但外汇经纪人并不是交易当事人。简而言之,外汇经纪人的作用就是撮合外汇买卖双方,并通过提供这种中介服务来收取佣金获利。

(二) 机构媒体或组织媒体

证券市场的发展和完善离不开金融市场媒体的参与。随着证券市场的不断发展,机构媒体成为证券市场中不可或缺的重要媒体,在证券市场中扮演着非常重要的角色,机构媒体主要包括投资银行、证券公司、商人银行、证券交易所及其他金融机构。

1. 投资银行、证券公司、商人银行

投资银行、证券公司和商人银行是金融市场中的重要媒体,它们对金融市场特别是证券市场的发展和完善起到了非常重要的推动作用。其实,从业务分类的角度来看,投资银行、证券公司和商人银行所从事的业务类型基本上都是相同的。它们之所以有不同的称呼,主要是因为各国的历史习惯不一样,虽然称呼不同,但它们所从事的业务基本上都有相同的几个特点:第一,它们的业务属于金融服务业,区别于一般的咨询、中介服务业;第二,它们主要服务于资本市场,区别于传统的商业银行;第三,它们所从事的是智力密集型行业,区别于其他专业性金融服务机构。因此,为了分析的方便,也为了不造成理解的混乱,本节将投资银行、证券公司、商人银行并称为投资银行进行介绍。

投资银行是指专门对工商企业办理投资和长期信贷业务的银行。它是资本市场上的主要金融中介。从狭义上来说,投资银行所从事的业务是投资银行作为证券承销商在证券发行市场上的承销业务和作为证券经纪商在证券市场上的经纪业务。从广义上来说,投资银行的业务还涉及公司并购、项目融资、资产管理、投资咨询、创业资本融资等。因此,投资银行是与商业银行相对而言的一个概念,是现代金融业为了适应现代经济发展而形成的一个新兴行业。

1) 投资银行的类型

当前投资银行主要有四种类型。

(1) 独立的专业性投资银行。这种形式的投资银行在全世界范围内最为广泛。如美国的高盛、摩根士丹利公司，日本的野村证券、大和证券，英国的华宝公司、宝源公司等均属于此种类型，并且它们都有各自擅长的专业方向。

(2) 商业银行拥有的投资银行(商人银行)。这种形式的投资银行主要是商业银行对现存的投资银行通过兼并、收购、参股或建立自己的附属公司形式从事商人银行及投资银行业务。这种形式的投资银行在英、德等国非常典型。

(3) 全能银行直接经营投资银行业务。这种类型的投资银行主要在欧洲大陆，它们在从事投资银行业务的同时也从事一般的商业银行业务。

(4) 一些大型跨国公司兴办的财务公司。

2) 投资银行的业务

经过最近100年的发展，现代投资银行已经突破了证券发行与承销、证券交易经纪、证券私募发行等传统业务框架，企业并购、项目融资、风险投资、公司理财、投资咨询、资产及基金管理、资产证券化、金融创新等都已成为投资银行的业务组成部分。其中证券承销是投资银行传统核心业务，企业并购是其另一核心业务。

(1) 证券承销。证券承销是投资银行最本源、最基础的传统核心业务。投资银行承销的职权范围很广，包括本国中央政府、地方政府、政府机构发行的债券、企业发行的股票和债券、外国政府和公司在本国和世界发行的证券、国际金融机构发行的证券等。投资银行在承销过程中一般根据双方签订的协议包销或分销发行人的有价证券。选择承销方式时，则要按照承销金额及风险大小来权衡。一般承销方式有四种。

第一种是包销。包销是指证券公司或承销商将发行人发售的证券按照协议全部购入或者在承销期结束时将售后剩余证券全部自行购入的承销方式。包销一般又分为全额包销和余额包销两种。这就意味着主承销商同意按照与发行人商定的价格购买其发行的全部或者售后剩余的有价证券，然后承销商再把这些证券卖给它的客户。在包销的过程中，发行人并不承担风险，它把风险都转嫁到了投资银行的身上。

第二种是投标承购。对于信用度较高、颇受广大投资者欢迎的证券通常采用这种承销方式。当然，这并不是投资银行自愿选择的结果，而是众多投资银行相互竞争的结果。在此过程中，投资银行处于被动竞争的地位。最后由中标银行承销此证券。

第三种是代销。采用这种方式承销证券时，投资银行并不承担风险。它只是接受证券发行人的委托，代理其销售证券。双方在签订协议时，确定一个代销期限。倘若在此期限内，投资银行并没有把所有代销的证券销售出去，那它则将所剩余的证券再返回给证券发行人，即由发行人自己承担发行风险。这种代销方式主要适用于那些公认的信用等级较低、承销风险大的证券。

第四种是赞助推销。这种承销方式主要用于发行公司增资扩股。它的主要对象是现有股东。发行公司一般都委托投资银行来办理对现有股东发行新股的工作。这时证券发行的风险已被转嫁给了投资银行。

(2) 证券经纪。它是投资银行的传统业务。投资银行在二级市场中扮演着做市商、经纪商和交易商三重角色。作为做市商,在证券承销结束之后,投资银行有义务为该证券创造一个流动性较强的二级市场,并维持市场价格的稳定。作为经纪商,投资银行又代表买方或卖方,按照客户提出的价格代理进行交易。作为交易商,投资银行则有自营买卖证券的需要。

(3) 企业兼并与收购。企业兼并与收购已经成为现代投资银行除证券承销与经纪业务外最重要的业务组成部分。投资银行在企业进行兼并与收购的活动中主要扮演顾问的角色。如为企业提供各种战略方案、帮助寻找兼并与收购的对象、进行资产评估、设计并购结构、确定兼并的价格。另外,它也可以参与收购工作的谈判、公司改组和资产结构重组等活动。

(4) 项目融资。由于投资银行与当地的各类股东和各个公共部门都有长期良好的联系,所以有条件成为项目融资中的中介人。一般它有能力对一个特定的经济单位或项目策划安排一揽子融资手段。从这点我们可以清楚地看到,投资银行在项目融资中起着非常关键的作用,它把项目融资中的各方(包括政府机关、金融机构、投资者与项目发起人)联系在一起,并组织有关的专业人士(包括律师、会计师、工程师等)一起进行项目可行性研究,然后通过各种形式,如发行债券、基金、股票等,组织项目投资所需的资金融通。

(5) 公司理财。公司理财实际上是投资银行作为客户的金融顾问或经营管理顾问而提供咨询、策划或操作的一种投资咨询业务。一般它分为两类:第一类是根据不同客户(公司、个人或政府)的要求,对某个行业、某种市场、某种产品或证券进行深入的研究与分析,提供较为全面的、长期的决策分析资料;第二类则是在企业经营遇到困难或宏观经济发生变化时,帮助企业出谋划策,提出应变措施,提供各种适合该企业的可行性报告。

(6) 基金管理。在现在的投资项目中,基金是一种重要的投资工具。基金管理是由基金发起人组织,吸收大量投资者的零散资金,聘请有专门知识和投资经验的专家进行投资并取得收益的业务。最普遍的情况是,投资银行作为基金的发起人发起和建立基金。有时投资银行还可作为基金管理者管理基金。当然,投资银行也可以作为基金的承销人。归纳而言,投资银行在基金管理中可以扮演三种角色:发起人、管理者、承销人。

(7) 金融创新。创新对一个企业来说是不可或缺的,对投资银行也不例外。根据不同的金融创新工具(如期货类和期权类),有相应地使用这些衍生工具的策略,如套利保值和改进有价证券的投资管理等。通过这些金融创新工具的设立与交易,投资银行进一步拓展了投资银行的业务空间和资本收益,使现在投资银行的业务范围大大扩大了。金融创新的另一个直接影响就是打破了商业银行和投资银行之间的分明界限和传统的市场划分。这种影响具有十分重要的意义,它使人们对分业经营和混业经营再度关注。在一定程度上,金融创新又加剧了金融市场的竞争。

(8) 风险投资。风险投资又称创业资本投资。创业资本是指对新兴公司在创业期和拓展期所融通的资金。企业创业具有极大的风险,当然也不排除它的高收益。由于存在高风险,所以一般来说普通投资者往往都不愿投资这类新兴企业,但恰恰这类企业又最需要资金的支持,所以投资银行就进入这个领域——风险投资。投资银行涉足风险投资会有不同的方式,如作为中介机构为这类公司融资或者进行直接投资,成为其股东。目前最为普遍的是投资银行设立"风险基金"向这些公司提供资本进行创业。很多网络公司创业初期的资本就是从投资银行的风险基金而来。投资银行在选择投资项目时的要求也比较高,它主要会关注那些成长性较好的公司。

2. 证券交易所

当证券市场发展到一定程度的时候,证券交易所也就随之产生了。它是集中交易制度下证券市场的组织者和最前沿的监管者。

证券交易所是专门的、有组织的市场,又称场内交易市场,是指在一定的场所、一定的时间、按一定的规则,集中买卖已发行证券而形成的市场。与证券公司等证券经营机构不同的是,证券交易所本身并不持有证券,也不进行证券的买卖业务,当然更不能决定证券交易的价格,它只是为证券交易提供一个公开、公平、公正的交易场所,同时也履行对证券交易的监管职能。证券交易所的形成必须具备两个条件:足够的交易主体(买卖双方)及足够的交易客体(有价证券)。

证券交易所作为一个证券买卖的场所,具有以下功能。

(1) 提供证券交易场所。在这个集中的交易市场中,证券买卖的双方可以随时把其所持有的证券流通变现。这一点也保证了证券市场的连续性,即实现了买卖立即实现、买价与卖价之间的差距不大等连续性市场的职能。

(2) 形成价格与公告价格。由于证券买卖是公开、集中进行的,即采用双边竞价的方式来达成交易,所以它的价格是比较公平和合理的。证券交易所及时向社会公告此价格,这样对交易双方都较公平,同时这也为各种相关经济活动提供了重要的依据。

(3) 促进投资与筹资。随着交易所的规模不断扩大、上市的股票不断增多、各类证券的不断流通,成交的数量也相应增加,这样有利于将社会上闲置的资金吸引到股票市场,为企业的筹资提供了更多的条件,有利于企业的进一步发展。

(4) 引导投资的合理流向。证券交易所每天都会详细地公布当日行情和各家上市公司的信息,以此来反映证券发行公司及其所在行业的获利能力与发展前景。证券价格的变化会引导社会资金的流向,投资者会根据各类信息与价格浮动选择自己的投资方向,保证社会资金向最需要和有利的方向流动。

3. 其他金融机构

(1) 信托公司。信托公司是以营利为目的的,并以委托人身份经营信托业务的金融机构。它是依照法律程序设立的经营信托业务的金融机构。

中国信托业只有短短的40多年,但中国实行信托制度却已有近一个世纪的历史。1979年7月筹备成立的中国国际信托投资公司是全国第一家信托投资机构(中国中信集团有限公司的前身)。中国国际信托投资公司的业务范围主要限于信托、投资和其他代理业务,少数确属需要的经中国人民银行批准可以兼营租赁、证券业务和发行一年以内的专项信托受益债券,用于进行有特定对象的贷款和投资,但不准办理银行存款业务。

(2) 基金公司。基金在中国发展的历史较短,所以人们对于基金交易的认识并不深刻。基金交易是指以基金证券为对象进行的流通转让活动。

基金公司就是负责这些基金具体投资操作和日常管理的公司。基金公司通常由证券公司、信托投资公司发起成立,具有独立的法人地位。由于基金公司是发起设立的,所以监督管理部门就要设定一定的要求与指标来规范它的发展。

第四节 金融市场的发展趋势

一、金融全球化、国际化趋势将更为明显

金融市场的全球化已成为当今世界的一种重要趋势。20世纪70年代末期以来,西方国家兴起的金融自由化浪潮,使各国政府纷纷放宽对金融业活动的管制。随着外汇、信贷及利率等方面的管制的放松,资本在国际的流动日渐自由,国际利率开始趋同。目前,国际金融市场正在成为一个密切联系的整体市场,在全球各地的任何一个主要市场上都可以进行相同品种的金融交易,并且由于时差,由伦敦、纽约、东京和新加坡等国际金融中心组成的市场可以实现24小时不间断的金融交易,世界上任何一个局部市场的波动都可能马上传递到全球的其他市场上。这就是金融全球化。

（一）金融全球化的内容

金融体系是一个复杂的整体,金融全球化意味着资金可以在国际自由流动,金融交易的币种和范围超越国界。它具体包括以下内容。

1. 市场交易的国际化

在金融全球化的背景下,实际上意味着各个金融子市场交易的国际化。在资产证券化的趋势影响之下,传统以国际银行为主的间接信贷市场已让位于直接的证券买卖和发行。而各国间资金的流动必然又涉及各国货币的交易及兑换,这也对外汇市场的全球化提出了要求。

首先,从货币市场交易的国际化来看。国际货币市场主要指欧洲货币市场。它涉及银行间的拆借、定期存单的发行及交易和各国大银行进行的银团贷款活动。此外,还有20世纪80年代资产证券化所产生的证券发行便利和欧洲票据市场。西方主要发达国家及部分发展中国家的银行及其他一些大金融机构通过欧洲货币市场筹集或运用短期资金,参与国际金融市场的活动。一些跨国公司也通过国际货币市场发行短期商业票据来融通资金。目前,伦敦是最重要的国际货币市场中心。另外,巴黎、香港等地在国际货币市场的交易中也占据着重要地位。

其次,从国际资本市场交易的角度来看。适应企业跨国经营和国内企业对外融资的需要,一些国家的政府和一些大企业纷纷进入国际资本市场融资。国际资本市场的融资主要是通过发行国际债券和到国际性的股票市场直接募资。国际债券市场一般分为两类：一是各发达国家国内金融市场发行的以本币计值的外汇债券,如美国的扬基债券、日本的武士债券都是这种类型。二是离岸债券市场,即欧洲债券市场发行的以多种货币计值的债券。它是以政府名义在国外发行的以本币计值的债券,但不受本国法规的约束,其发行地也不一定局限于欧洲。股票市场交易的国际化体现在两个方面：一是一些重要的股票市场纷纷向外国的公司开放,允许国外公司的股票到其国家的交易所上市交易。如英国的伦敦、德国的法兰克福、美国的纽约等都是国外上市公司的上市可选地之一。二是

一些国家允许外国投资者参与本国股票市场上股票的买卖,如1986年10月27日被称为"大爆炸"(Big Bang)的伦敦证券交易所改革使国外的银行、非银行金融机构及证券商等可以直接进入英国股市进行交易。同时,也允许本国投资者买卖在国外市场交易的股票。虽然目前资本市场的开放还有地区性及国别的差异,但由于一些主要发达国家在市场上所占份额很大,这些国家市场的国际化对国际金融市场的影响是巨大的。

最后,从外汇市场的全球一体化角度来看。由于外汇市场涉及的是各国间的货币交易,因此,它的国际性更加明显。尤其是浮动汇率制实行以来,各国中央银行为了稳定汇率,在外汇市场上进行的外币买卖使外汇市场交易更加活跃。外汇市场上的新工具层出不穷,诸如互换、期权等创新日新月异。

2. 市场参与者的国际化

金融市场的全球化还表现为市场参与者的国际化。传统的以大银行和主权国政府为代表的国际金融活动主体正为越来越多样化的国际参与者所代替。大企业、投资银行、保险公司、投资基金甚至私人投资者也纷纷步入国际金融市场,参与国际投资组合,以分散投资风险、获取高收益。在这个过程中,银行和各种非银行金融机构纷纷向全球各金融中心扩散,代理本国或国外的资金供求者的投资与筹资活动,或直接在金融市场上参与以营利为目的的交易活动。特别值得一提的是,近几十年来各国金融机构之间并购重组浪潮风起云涌,以及各种各样的投资基金在全球金融市场上所取得的空前大发展,更是大大地促进了金融市场交易的国际化。

(二)金融全球化的影响

金融全球化对全球经济的影响可谓有利有弊。其有利方面主要表现在以下两个方面。

(1) 多元化和更有效率的资本流动,有利于提高稀缺资源在全球范围内的配置效率,并促进国际贸易增长和各国经济的发展,从而推动整个世界的经济增长。

(2) 为各类经济主体提供了更多的机会。在国际资本流动中,得益最大的首推跨国公司、跨国银行和各种机构投资者,这些机构投资者可以利用国际金融市场寻找投资机会,合理配置资产结构有效分散风险。而一些国际收支不平衡的国家,也可以因国际金融市场的发展而便利地利用其国内盈余资金或弥补国际收支赤字。发展中国家和地区的经济发展,更因在国际金融市场上筹集资金的相对容易,而得到宝贵的境外资金的支持。

然而,伴随金融全球化的发展,各种不利因素也在不断涌现。

(1) 国际金融风险频发。由于金融全球化使各国金融市场联系日趋紧密,一旦一国出现金融动荡,很可能会波及其他国家的金融市场,甚至引发全球金融动荡。

(2) 金融风险防范难度加大。由于国际资本流动速度较快,各种经济变量越发地受到各种国际因素的影响,因而各国政府在金融监管上的难度都在加大,政府单纯依靠传统的货币政策进行宏观调控往往难以奏效,国际合作已摆上各国政府的日程。防范金融风险、维护金融市场的稳定客观上需要建立具有国际协调机制的全新的国际金融体系。

二、金融创新速度加快、质量提高

金融创新就其实质来说,就是为了提高和改善金融资源分配效率,在金融交易结构、交易制度、交易组织、交易技术、交易工具和交易方法等方面发生的创新和变革。伴随经济全球化、金融全球化的大趋势以及先进的信息技术的发展,在世界范围内,各类金融创新活动将获得进一步发展。

(一) 金融创新的动因

1. 规避金融风险

在当代金融市场上,各类金融风险层出不穷,目前金融风险的种类包括汇率风险、利率风险、信用风险、流动性风险、购买力风险、证券价格风险、金融衍生产品价格风险、金融机构经营风险、国家风险等。为此,各国金融机构都在大力发展金融创新,以有效规避、分散风险。

2. 金融竞争的压力

伴随金融市场的发展,尽管机构之间金融竞争的范围、内容等均发生了较大变化,但金融竞争加剧、传统业务利润日趋下降仍是其主要趋势。因此,在金融创新过程中,提升金融机构的市场竞争能力仍然是金融创新的重要动力。

3. 金融技术的发展进一步促进了金融创新

目前,金融技术在金融创新中越来越居于突出重要的地位。随着电子计算机技术,特别是网络技术的迅猛发展和广泛应用,金融技术因素不仅成为金融创新的手段,而且成为推动金融创新的强大压力和巨大动力。

4. 金融管制的规避

20世纪30年代"大危机"后,西方各国纷纷立法,对银行业施加严格的管理和限制。在激烈竞争中,金融业为求得自身发展,发掘法规漏洞,推出许多新业务。但是,进入20世纪90年代后,世界各国特别是发达国家金融改革如火如荼,金融市场监管主体不再墨守成规,开始积极顺应世界经济金融发展趋势的客观要求,大胆进行金融改革。所以,20世纪90年代以前的金融创新以规避金融管制为特征,而今天的金融创新则以金融改革推动为特征。金融监管当局由金融创新的被动接受者变成了金融创新的推动力量。

(二) 金融创新的表现

1. 金融产品的多样化

为适应金融市场的快速发展、客户需求的多样化以及金融风险的复杂化,整个市场对金融产品的要求会越来越高,与之相对应,有关机构开发金融产品的动力也会越来越大。各种适应市场需求的新型金融产品将不断涌现。

2. 资产证券化

所谓资产证券化，就是指把流动性较差的资产，如金融机构的一些长期固定利率放款或企业的应收账款等通过商业银行或投资银行的集中及重新组合，以这些资产做抵押来发行证券，实现了相关债权的流动化。资产证券化起源于美国，最初是储蓄银行、储蓄贷款协会等机构的住宅抵押贷款的证券化，接着商业银行也纷纷效仿，对其债权实行证券化，以增强资产的流动性和市场性。从20世纪80年代后期开始，证券化已成为国际金融市场的一个显著特点，传统的以银行为中心的融资借贷活动开始发生新的变化。

资产证券化的主要特点是将原来不具有流动性的融资形式变成流动性的市场性融资。以住宅抵押融资的证券化为例。住宅抵押融资虽然信用度较好，但属小额债权，且现金流动不稳定。为此，有关金融机构就将若干小额债权集中起来，通过政府机构的担保，使其转换成流动性较高的住宅抵押证券。又如对信用度较低的借款人融资的证券化。一些信用度较低的风险企业和中小企业，其资金大都依靠商业银行的贷款，因为受自身信用度的限制，它们难以在资本市场上筹资。但是，随着流通市场的扩大，这种低信用等级的企业发行的债券迅速增加，出现了一种高收益债券市场。这种高收益债券可视为银行向低信用企业融资证券化的一种形式。此外对于某些信用度较低的发展中国家，贷款也开始出现证券化的趋向，从而提高其流动性，以便解决不断积累的债务问题。

3. 金融工程化

金融工程是指将工程思维纳入金融领域，综合采用各种工程技术方法（主要有数学建模、数值计算、网络图解、仿真模拟等）设计、开发新型的金融产品，创造性地解决金融问题。这里的新型和创造性指的是金融领域中思想的跃进、对已有观念的重新理解与运用，或者是对已有的金融产品进行分解和重新组合。

金融工程采用图解、数值计算和仿真技术等工程手段来研究问题，金融工程的研究直接而紧密地联系着金融市场的实际。大部分有实际意义的金融工程研究，必须有计算机技术的支持。图解法需要计算机制表和作图软件的辅助，数值计算和仿真则需要很强的运算能力，经常用到百万甚至上亿次的计算，没有计算机的高速运算和设计，这些技术将失去意义。电信网络的发展能够实现即时的数据传送，这样在全球范围内进行交易才成为可能。

4. 金融服务智能化

当前，以区块链、大数据、人工智能等技术为代表的金融科技（FinTech）对传统金融及其商业运作模式进行改造，让人们越发依赖科技所带来的高效、平等与专业。科技不断淡化金融边界，拓宽金融服务的广度与深度，实现物理资源与人力资源的智能化分配，开辟了金融业经营发展的蓝图，智能化已成必然趋势。加特纳集团（Gartner Group）于1996年首次提出金融智能的概念，指出金融智能将通过最新的信息技术，结合先进管理理念与决策理论，收集、处理、分析数据并转化为知识，以供用户进行及时、准确的决策。百度首席执行官李彦宏随后定义智能金融概念，认为智能金融是人工智能、大数据、云计算、区块链等新兴科技对传统金融的全面赋能，金融业有能力对海量、多维的非结构化信息实现高效处理。

金融智能化对于金融服务具有颠覆效应,具体表现在以下几个方面:第一,降低金融服务门槛。金融智能化将开启价值交换的全新时代,缩小普通人与金融机构之间的信息鸿沟,填补服务空白,降低金融服务门槛。通过金融科技大数据、物联网技术衍生的智能化产品有能力消除现有状况与用户期望之间的差异,提供低门槛、易操作、个性化的金融服务。第二,优化金融业务流程。金融智能化几乎冲击着所有商业领域,重塑行业格局,原有金融流程有望迎来全面升级。新兴科技区块链或将重构业务流程优化技术,通过在不同目标或相互竞争的企业间进行数据分享,实现行业整体的业务流程智能化,为自动化及优化原有高成本、低效率的工作流程提供支持。第三,开辟金融业新"蓝海"。金融智能化释放"蓝海效应"体现在价值创造与市场开拓方面。高成本、低效率一直是金融行业的痛点问题,金融科技的出现,将大幅降低交易成本,提升服务效率,其衍生的智能化产品或服务还能满足个性化的金融需求,将充分弥补金融行业的不足。而互联网的蓬勃发展,让金融科技有能力拓展客户群体的边界,其智能化产品将以极低的成本服务于过去未被服务的客户,提供更多、更便捷的消费金融产品,实现长尾收益与市场开拓。

金融智能化具有积极作用,但也蕴藏着巨大的潜在风险。金融智能化的普及,很可能分流部分银行业务,机构现有的盈利模式及盈利能力将受到一定冲击。此外,金融智能化存在着较大的网络安全风险,因系统缺陷所引起的交易数据泄露,容易让客户的信息安全得不到保障。

5. 互联网推动金融市场的深刻变革

互联网金融是互联网企业和传统金融机构利用互联网技术与移动通信技术等现代信息科学技术手段,在各种金融活动中实现资金融通、支付、投资和信息中介服务的一种新型金融模式。首先,互联网金融的发展离不开互联网技术的进步,尤其是移动互联网技术和移动通信的普及奠定了互联网金融的用户基础。其次,随着经济的快速发展,消费者对金融的诉求不断提高,传统金融体系已经不能满足人们日益增长变化的金融服务需求是互联网金融产生和发展的根本原因。另外,规避监管和监管套利也是互联网金融创新发展的动力之一。处于经济结构调整的新时代,政府大力倡导大众创业、万众创新,出台的相关政策也是互联网金融发展必不可少的支持。因此,技术、社会需求和政策因素成为互联网金融发展的主要驱动因素。

三、金融自由化大趋势不可逆转

金融自由化的趋势是指 20 世纪 70 年代中期以来在西方国家特别是发达国家所出现的一种逐渐放松甚至取消对金融活动的一些管制措施的过程。金融的自由化和金融的证券化、全球化在进入 20 世纪 90 年代以来,表现得尤其突出,它们相互影响、互为因果、共同促进。

(一)金融自由化的表现

金融自由化,是指 20 世纪 80 年代初西方国家普遍放松金融管制后出现的金融体系和金融市场充分经营、公平竞争的趋势。其具体表现为以下四个方面:①价格自由化,即取消利率、汇率的限制,同时放宽本国资本和金融机构进入外国市场的限制,让金融商品的价格发挥市场调节作用。如美国已经在20世纪90年代取消了Q条例规定的银行存款利率上限。②业务自由化,即允许各类金融机构交叉业务、公平竞争。20世纪70年代以后,很多国家逐渐放松对分业经营的严格管制,特别是20世纪90年代以后,一些发达国家逐渐放弃分业经营。③市场自由化,即放松各类金融机构进入金融市场的限制,完善金融市场的融资工具和技术。④资本流动自由化,即放宽外国资本、外国金融机构进入本国市场的限制。

(二)金融自由化的原因

(1)经济自由主义兴起。以古典经济学派、货币学派等为代表的经济学派都普遍强调市场机制的调节作用,反对政府对金融市场的干预,并得到了上自政府、下至普通公众的认可。

(2)金融创新的影响。各种新型金融工具的出现以及交易方式由之而发生的巨大变化使市场交易主体更容易利用金融创新来规避各国政府对金融市场的严格管制,使监管者认识到传统的管制难以适应金融市场形势的发展,转而开始放松金融管制。

(3)金融自由化的影响。在金融自由化的条件下,金融信息更具有公开性,能够更好地反映市场供求关系,形成更为有效的价格体系,更为重要的是减少了产品间、银行间的资金流动障碍,从而使资源配置更接近最优化。因此,金融自由化改革对增进发展中国家现有金融市场效率,深化金融体制以满足现实经济高效运行的需求,起到了积极的促进作用。

(三)金融自由化的影响

金融自由化带来了诸多好处。

(1)金融自由化提高了整个金融市场的效率。金融自由化使金融信息更具公开性,能够更为准确、更为迅速地反映市场的供求状况,即资金的稀缺程度,形成更为有效的价格信号体系,从而大大地降低了市场交易成本,方便了市场参与者的投融资活动,推动了世界性的金融一体化,随着各国日益敞开本国金融市场的大门,资本流动的速度不断加快。如果不考虑时区划分,世界性金融市场应当说已经初具雏形。资本流动的自由化使资源配置在世界范围得到改善。

(2)金融自由化增强了金融市场的竞争性,提高了世界金融市场的效率。例如,金融自由化促进了世界银行业的发展。金融自由化对所有的金融市场参与者,无论是借款者还是贷款人,都既形成了压力也提供了机会,使其有可能也有必要降低成本或提高收益,从而推动银行业的金融创新。

(3)金融自由化为金融企业提供了更多的盈利机会。一方面,金融自由化极大地推动了金融资本的形成,为金融企业提供了更广阔的活动空间;另一方面,分业管理制度的逐步解除为金融企业(尤其是商业银行)提供了更灵活的经营手段。

(4)金融自由化,尤其是分业管理制度的逐步解除,为商业银行在营利性与安全性之间的平衡选择提供了条件和手段。分业管理制度的建立原本着眼于商业银行的安全性,然而在传统的分业管理制度下,由于商业银行一方面囿于经营手段的匮乏,另一方面却面对国内外同业的竞争,安全性并未真正得到保障,银行破产倒闭现象依旧层出不穷。在分业管理制度逐步解除之后,商业银行的经营手段大量增加,从而有可能将高风险、高收益的产品与低风险、低收益的产品合理地搭配起来,使商业银行从原有的两难局面中解脱出来。

金融自由化也同样面临着诸多问题。国际资本的自由流动,既有机遇,也充满了风险。金融市场上管制的放松,对金融机构的稳健经营提出了较高的要求,一旦处理不好,就有可能危及金融体系的稳定,并导致金融动荡和经济危机。金融自由化还给货币政策的实施及金融监管带来了困难。

上述情况都表明,金融自由化绝非有利无害。金融自由化在增强金融市场效率的同时,往往在其他方面又具有降低金融市场效率的作用;在提供了提高安全性的金融工具的同时又是增加风险的因素,因此切不可把金融自由化理想化。无论是在金融市场较发达的国家,还是在金融市场较不发达的国家,金融自由化都是有利有弊。只有用积极的、审慎的态度客观地评估每一项具体措施的利弊,权衡利害,大胆推进金融体制改革才是根本出路。

四、后金融危机时期金融市场发展趋势

2008年,由美国次贷危机引发的全球金融危机,使全球金融市场遭受重创、世界经济蒙受巨大损失。在遭受金融危机后,全球经济正处于漫长的恢复调整过程中。这个过程也被称为后金融危机时期。全球金融市场的运行态势也因金融危机而出现巨大调整,并将对未来产生显著影响。

(一)金融市场与产业发展的关系将更趋紧密

虚拟经济与实体经济严重脱节是金融危机的主要原因。此次金融危机的发生发展,金融泡沫的破裂,金融服务业大幅缩水,都表明虚拟经济不能脱离实体经济而独自发展。西方发达国家脱离实体经济盲目发展金融业,使得金融业遭受重创。金融危机使人们看到失去监管的金融市场的破坏力,各国主权投资基金与金融创新更加谨慎。加强金融监管已成为全球共识,强调金融谨慎发展原则以及回归实体经济也成为公认的良性发展所需。

(二)发展中国家在国际金融体系中的地位和作用将得到提高

2008年全球金融危机后,主要经济体的发展遭受重创,进入低增长、高风险的"新平庸"时期;世界经济加速"南升北降",新兴市场和发展中经济体按购买力平价衡量的经济总量,占全球的比重从金融危机前后与发达经济体大体相当上升到2020年的接近60%。[①] 在危机爆发前的2004—2008年,发达国家对全球经济增长的贡献率就已经低于

---

① 周太东.国际观察:始终不渝做全球发展的贡献者和促进者[EB/OL].(2022-06-30). http://world.people. com.cn/n1/2022/0630/c1002-32461618.html.

发展中国家(44%∶56%)。在危机爆发后的2008—2012年,二者的差距扩大至13%∶87%。相应地,发达国家和发展中国家经济总量之比已从20世纪80年代的约4∶1变为目前的约2∶1。① 贸易投资区域结构也出现显著调整。进入21世纪以来,发展中国家全球货物贸易占比不断上升。2020年,发展中国家货物贸易出口、进口分别占世界总量的45.9%和42.1%,与发达国家之间的差距不断缩小。② 不过受发达国家经济持续低迷的拖累,近两年发展中国家的经济增长也有所放慢,但仍明显高于发达国家。

随着美国在全球经济总量中所占份额的进一步下降,以及世界贸易和投资数额的持续扩张,美元国际结算货币的霸主地位、美国金融市场作为全球资源配置中心的地位受到严重挑战。其中人民币逐步区域化、国际化以及资本项目逐步开放等因素对此具有决定性影响。在2009年G20(二十国集团)峰会上发表的领导人声明中,二十国集团领导人同意将新兴市场和发展中国家在国际货币基金组织的份额至少增加5%,将发展中国家和转轨经济体在世界银行中的投票权至少增加3%,表明发展中国家在国际金融体系中的地位和作用正在日益提升与增强。

(三)长期看,国际金融中心呈现向亚洲转移的趋势

伦敦金融城公司的全球金融中心指数(GFCI)是全球范围内金融中心专业排名的权威性指数,该指数从市场灵活度、适应性以及发展潜力等方面对全球范围内的119个金融中心进行评价,以显示金融中心竞争力的变化。从全球金融中心指数2007年到2011年的10期评比报告可以看出,伦敦、纽约、香港和新加坡一直稳坐世界金融中心前四的位置。截至2022年,上海、北京和深圳排名较过去显著提升,尤其上海作为后起之秀,跻身全球第五位,北京和深圳分列第八位和第九位。相比之下,苏黎世、日内瓦等欧洲传统金融中心的地位在逐渐下降。可以看出,金融危机以来,亚洲金融市场的竞争力迅速提升,国际金融中心呈现向亚洲转移的趋势。

(四)各国加强对金融市场的干预和部分管制

危机推动全球金融监管改革迈出巨大步伐,全球金融监管将在监管理念、监管规则、监管方法等方面发生根本性变革。未来全球金融监管环境将会发生如下重大变化。

(1)金融监管范围将扩大。在以如何应对危机为主题的2009年G20峰会上,各国领导人一致同意将金融监管范围扩大至所有重要的金融机构、金融市场和金融工具,并首次将第三方服务机构包括信用评级机构等也纳入监管。

(2)金融监管约束力度将加大。尽管各国依然坚持认为市场原则和自由发展是金融体系运行的基石,但各国在监管方案中都对强化金融交易信息披露、限制过度杠杆化、反避税等方面提出了更为严格的要求。

(3)金融监管协调与国际合作将深化。各国正在加强各自国内的监管协调,强调货币当局对金融稳定的重要作用。国际上,各国监管机构的合作也在不断加强。

---

① 刘世锦,余斌,陈昌盛.金融危机后世界经济格局调整与变化趋势[J].中国发展观察,2014(2):18-19.
② 中国国际发展知识中心.全球发展报告[R].2021.

(4) 金融监管的一些原则被改写。鉴于此前的一些监管方法未能预警、阻止和有效治理金融危机,一些新的重要监管原则正在形成,包括强调系统性风险的监管、减少监管标准的顺周期机制、加强对投资者和消费者的利益保护、提高针对风险缓释的资本要求等。

重要概念

金融市场　金融工具　公开市场　有形市场　无形市场　现货市场　衍生市场　投资银行

思考练习题

1. 什么是金融市场?其具有哪些特征?
2. 简述一级市场和二级市场的区别。
3. 简述金融市场的微观经济功能和宏观经济功能。
4. 什么是间接金融市场?其与直接金融市场的本质区别是什么?
5. 什么是存款性金融机构?存款性金融机构主要包括哪几类?
6. 什么是金融市场工具?金融市场工具有哪些特性?
7. 简述投资银行的证券承销方式。
8. 你认为未来金融市场发展的趋势如何?

案例讨论

天桥百货——中国首家股份制企业的改革之路

曾经,老北京城中有这样一个地标,它被誉为"京城十大百货商场",有着"全国第一面商业红旗"的美誉;曾经,它以改革闻名全国,第一个打破中国30年来实行的工资制;曾经,它是率先破冰进行股份制改革的企业,引领了中国股份制改革的浪潮。它就是曾经的天桥百货商场,中国第一家股份制企业。

然而,日月变迁,面对新天地等综合类大型购物商场的崛起,20世纪90年代初开始,天桥百货逐渐步入下坡。随后,天桥百货经历了与北大青鸟的并购重组,几经整修、转型,却都收效甚微,未能展现出老牌百货商场的魄力与辉煌。

1　企业介绍

北京天桥百货股份有限公司始建于1953年,原名为中国百货公司北京市公司第四批发部,后定名为天桥百货商场。1958年,周恩来曾经视察过天桥商场。不久天桥百货商场倡导开展"比、学、赶、帮、超"社会主义劳动竞赛,在全国掀起"学天桥,赶天桥"的热潮,成为全国闻名的红旗单位。

20世纪80年代,当人们还在争论股份制姓"社"还是姓"资"的时候,天桥百货商场已经着手股份制改造的工作。1984年7月25日,北京天桥百货股份有限公司率先突破禁区,成为全国第一家由国营企业转制为股份制的注册商业企业。随后,上海、广州、沈阳等地许多企业也开始悄悄进行企业股份化的尝试。

2 不断探索的改革之路

2.1 穷则思变,不破不立

曾经,天桥百货以服务态度好、企业管理严、经济效益高为社会所公认,但企业没有自主权是其难言的苦衷。从1953年到1983年的30年间,商场自有资金总额不过80多万元,财务审批权限仅在10元以下。

穷则思变,不破不立。当时的管理人员开始思考公司的出路,而改革的最初动力不仅是对现状的不满意,更在于对自主权的渴求。

1983年,北京市开始承包试点,天桥百货与上级主管单位签订了实行经营管理责任制的承包合同,并于当年全面完成各项指标,创历史最高水平。同时,天桥百货进行自费工资改革,打破了平均主义,调动职工的积极性,推动了经营管理工作。然而,这些改革仅是万里长征的第一步。当时,天桥百货面临的问题是必须扩大规模,才能适应改革开放的新形势。但矛盾的交织点在于其既无新的资金来源,又没有自主经营权。

1984年,在国家经济体制改革委员下发的城市经济体制改革试点座谈会纪要的影响下,天桥百货商场走上了股份制改造的新路。

首先,天桥百货确定了改革的宗旨和性质。即"为进一步贯彻'对外开放,对内搞活经济'的方针,认真贯彻国家的各项政策,改革商业体制;实行政企分开,所有权与经营权分离,扩大企业自主权,发挥职工的积极性和创造性,更好地为人民服务"。

1984年7月25日,北京天桥百货股份有限公司正式成立。7月26日,北京天桥百货股份有限公司召开"成立大会",公布公司《章程》,并当场发行了第一批股票300万元。发行结果是:国家股占50.97%,银行股占25.89%,企业参股占19.69%,职工个人入股占3.46%。

北京天桥百货股份有限公司成立后,按照《章程》规定完成了公司的组建工作。同时,公司还进行了内部机制的配套改革:实行全员劳动合同制,采取择优汰劣的用工制度;推行干部聘任制;实行效益与奖金挂钩的分配制度。

天桥百货实行国有资产股份制改造,不仅合理量化产权,明确所有经营者之间的责权界限,而且为企业真正成为独立的经营主体铺垫了基础。国家作为企业的股东,除按掌握的股量定期取得收益外,不再对企业经营活动进行强制性的干预,为企业提供了真正的发展平台。

股份制使天桥百货扩大经营。在原来天桥商场的基础上,公司通过组合,逐步增加了前门商场、百货批发部、家用电器批发部和副食品批发部,还在广渠门外开设了百货商场,经营点迅速增加,业务量不断扩大,出现了交往多、渠道活、效益好的可喜局面。

1985年,公司同全国一些有影响的大型商场共同组建了"全国新兴商场开发联合会",成员单位达25家,进一步开辟了货源渠道,密切了信息交流。1986年,公司又会同22个省市的30家中型百货商店,组建了"全国大中城市百货商店联合会",在9个城市设立了办事处,除进行联购分销、联合经营、联合展销、调剂余缺等业务活动外,还共同集资

150万元,开设"北京商业联合总公司",并陆续开设分公司,探索投资开发途径,获得了较高的经济效益。

1987年初,根据《国务院关于加强股票、债券管理的通知》和北京市政府《北京市企业股票、债券管理试行办法》的规定,天桥百货对股票进行了整顿,把全部股金转为永久股。到1987年底,入股资金总额已达581万余元,其中国家股163万元,社会股418万元。

1988年,"天桥"发行第二期700万元股票。1992年11月将股票面值由每股100元拆细为每股1元。1992年发行股票时发行价格为每股1.5元。1993年5月24日,天桥股票正式在上海证券交易所上市挂牌交易。截至1996年12月31日,公司净资产19 387万元,是1984年公司成立前的114倍。经济学家万典武概括"天桥"的三个"独占鳌头"之举:全国第一家正式注册的股份制企业、第一批规范化股份制企业、第一批异地上市的股份制企业,由此可见天桥百货对我国股份制改革的深刻影响。

天桥百货商场的成功改制,为北京市乃至全国的国营商业企业实行股份制改造树立了榜样,起到了巨大的示范作用。股份制是改革不断深化的一个结晶。当时国内市场疲软,物价稳定靠财政补贴支撑,工业增长速度靠银行贷款维持,并出现了货币过剩、资金紧缺问题。通过发行股票、债券,企业直接向市场筹资,可以减轻银行资金供应的压力,直接转化为生产建设所需要的资金。

2.2 借力青鸟,艰难转型

随着商业行业竞争格局的改变以及企业所处地理环境的限制,天桥百货开始由盛变衰,步入经营困境,1996年公司净资产收益率已降至5.45%,失去了资本市场再筹资功能。1998年的市场形势更为严峻,到6月底,每股收益仅为0.032元,净资产收益率为1.34%。经过几年的经营,公司股东和管理层都已对该行业前景不再看好,企业唯一出路就在于寻求新的大股东和优良资产,以获得商业经营以外的利润来源。

经过数月协商,北大青鸟与北京天桥百货股份有限公司达成了先收购资产,再受让股权的买壳上市方式。1998年12月25日,北京天桥百货股份有限公司董事会发布公告,宣布以1264万元的价格收购北大青鸟有限责任公司所属子公司青鸟商用信息系统公司98%的股权,以5323万元的价格收购青鸟软件系统公司的两项无形资产。12月29日,公司董事会再次公告,北大青鸟有限责任公司以协议购买方式取得了北京天桥百货股份有限公司1535万股法人股,从而以16.76%的持股比例成为公司第一大股东。

此后,北京天桥百货股份有限公司制定了高科技、商业双主业的发展战略。半年后,青鸟天桥的主营业务收入同比增长了11.2倍,净资产收益率提高到12.36%。此后,北大青鸟又陆续将北大青鸟通讯技术有限公司和北大仪器厂从青鸟转到天桥,进一步加大了天桥的高科技比重。在一年多时间里,北大青鸟的优质资产累计有1.55亿元注入天桥。

但是,高科技产业和传统商业这两种完全不同的业务经营很难做到和睦共处。派往天桥的管理人员都不懂传统商业运作,而且忽视了天桥传统商业零售业务的发展,全部资金都流向了高科技项目,对天桥商场业务转变至关重要的商场二期扩建工程被转让。从1999年上半年开始,商场的利润开始下降,年底的时候,出现建场47年来首次亏损。

20世纪90年代跌进低谷的天桥百货在2005年底对珠宝城进行了内部整改,然而这种小修小补早已经无济于事,商场品牌少、档次低、客流流失的状况并未得到改观。于是,2008年,公司开始了第一次的定位调整。为了与周围商场形成差异化经营,针对天桥地区的民俗特色,商场转型打起了"民俗牌",但在不到一年的时间里依然毫无起色。2009年再次转型,引入各地特色食品,但不合时宜的定位让其依然无力扭转冷清的业绩。于是这位老品牌毅然地开始了第三次转型。此次老百货在多方面都在按照全新的思路去发展,考虑到目前商场周边的顾客,大多是上了年纪的老"天桥人",对于商品的需求和年轻人相比有很大不同,所以天桥百货主要目标是服务于周边的社区,定位为"社区型百货商场"。

两年内三度"变脸",从民俗商场到全国特色产品商场,再到时尚运动商城的经营转变,天桥百货商场没有停止探索的脚步,一直保持其敢为天下先的改革精髓。

3 结束语

回顾天桥百货几十年来的兴衰浮沉,天桥百货商场三度"推倒重建",这是老牌商场的无奈,但也反映了当前传统商业市场面对电商行业崛起、面对日益压缩的市场竞争空间的无奈。在老百货转型中,天桥百货虽然算不得最坎坷的一个,但却是屡败屡战最有进取心的一个,不断作出改变探索适合自己发展的策略,誓将改革进行到底。

这个走过了50多个春秋的百货品牌能否在此次开业中成功转型、重现活力仍然是个未知数,但是无法否认的是,天桥百货一直秉承其不断改革、不断创新的企业文化,率先试水股份制改革对我国国有企业股份制改革的作用和借鉴意义却是不可磨灭的。"雄关漫道真如铁,而今迈步从头越。"像"天桥"一样,我国企业要走的路还很长很长。

启发思考题

1. 天桥百货经历了哪几次企业转型、效果如何?
2. 什么是股份制改革?天桥百货的破冰股改对我国股份制改革有什么影响?
3. 通过本案例,你认为是什么原因导致天桥百货这类的商业老地标的没落甚至倒闭?
4. 你如何看待北京天桥百货股份有限公司对北大青鸟的收购事件?具有什么借鉴意义?

即测即练

第二章 货币市场

本章学习目标

1. 了解货币市场的基本情况。
2. 了解货币市场的定义、构成。
3. 掌握国库券市场的定义及国库券的特点、功能、贴现及其计算。
4. 掌握商业票据市场的特征、商业票据市场与银行承兑票据市场的区别。
5. 了解可转让大额定期存单与普通定期存款存单的区别。
6. 了解货币市场共同基金市场。

引导案例

国债逆回购的前世今生

近年来,伴随着我国证券市场日趋成熟,国债逆回购凭借着安全性好、操作方便、流动性高等优势,从最初的无人问津到崭露头角,如今已成为投资者现金管理的有效工具,受到投资者们的青睐。

自2006年5月8日起,国债逆回购就已经开始在上海证券交易所进行交易了。当时,逆回购的交易量非常小,是一个非常冷门的品种。直到2013年,股票市场低迷,人们几乎"谈股色变",大量的资金流出证券市场。为了留住客户,证券公司开始了固定收益类产品的研发与推广。其中,国债逆回购就是一个吸引投资者的典型产品。2013年6月底,货币市场上出现了"钱荒",市场上资金异常紧张,隔夜银行间拆借利率高达13.44%。国债逆回购利率也不断走高,甚至在6月底,年化利率高达30.5%,丰厚的回报率引起了市场的广泛关注。至此国债逆回购市场逐渐走入投资者的视野。2015年11月以后,股票市场再次走弱,投资者纷纷将资金兑现出来,放在国债逆回购当中,等待下一轮牛市的出现。

随着国债逆回购交易机制的不断调整与完善,国债逆回购为更多投资者所熟知。其作为货币市场的重要工具,巧妙地通过抵押式回购方式将持有国债的金融机构和股票市场的投资者们联系到了一起,帮助投资者实现了市场中流动资金的合理调配。不仅普通投资者热爱国债逆回购,上市公司也热衷投资于国债逆回购市场。一方面,上市公司可以盘活账面闲置资金,提高资金使用效率;另一方面,国债逆回购产品风险低、流动性强,是上市公司闲置资金短期理财的好去处。

资料来源:第一期:国债逆回购的前世今生[EB/OL].(2018-12-26).https://www.chinatimes.net.cn/article/82956.html.

第一节 货币市场概述

货币市场的活动主要是为了保持资金的流动性,以便随时获得现实的货币。它一方面满足资金需求者的短期资金需要,另一方面也为资金盈余者的暂时闲置资金提供能够获取盈利的途径。在货币市场中,短期金融工具的存在及发展是货币市场发展的基础。短期金融工具将资金供应者和资金需求者联系起来,并为中央银行实施货币政策提供操作手段。

一个有效率的货币市场应该是一个具有广度、深度和弹性的市场。货币市场的广度是指货币市场参与者的多样化,深度是指货币市场交易的活跃程度,货币市场的弹性则是指货币市场在应对突发事件及大手笔成交之后价格的迅速调整能力。在一个具有广度、深度和弹性的货币市场上,市场容量大,信息流动迅速,交易成本低廉,交易活跃且持续,能吸引众多的投资者和投机者参与。

货币市场可分为国库券市场、票据市场、回购市场、同业拆借市场及货币市场共同基金等若干个子市场。

第二节 国库券市场

一、国库券和国库券市场的概念

国库券是国家财政当局为弥补国库收支不平衡而发行的一种政府债券。因国库券的债务人是国家,其还款保证是国家财政收入,所以它几乎不存在信用违约风险,是金融市场风险最小的信用工具。我国国库券的期限最短的为1年,而西方国家国库券品种较多,一般可分为3个月、6个月、9个月、1年期四种,其面额起点不一。国库券采用不记名形式,无须经过背书就可以转让流通。

由于国库券期限短、风险小、流动性强,因此国库券利率比较低。国库券发行通常采用贴现方式,即发行价格低于国库券面值,票面不记明利率,国库券到期时,由财政按票面值偿还。发行价格采用招标方法,由投标者公开竞争而定,故国库券利率代表了合理的市场利率,灵敏地反映出货币市场资金供求状况。

国库券市场,是指以国债券为交易对象而形成的市场,它是整个证券市场不可分割的组成部分,也是货币市场最重要的组成部分之一。该市场发行量和交易量都非常大,在满足政府短期资金周转的需要方面发挥着重要作用。它既包括作为债务人的国库券发行者(由中央政府代表中央财政)与作为债权人的认购投资者之间的交易关系,也包括国库券流通转让时二手债券持有者之间的交易关系。也就是说,国库券市场是进行国库券的发行与流通转让的场所的总称,是发行市场与流通市场的统一体,二者互为存在条件,缺一不可。国库券市场不仅是投资者的理想场所,是商业银行调节二级准备金的重要渠道,还是政府调整国库收支的重要基地,是中央银行进行公开市场业务操作的重要场所。

二、国库券的特征

与其他货币市场信用工具不同,国库券交易具有一些较明显的投资特征,这些特征对投资者购买国库券具有很大影响。国库券的四个投资特征如下。

(一)安全性高

由于国库券是国家的债务,因而它被认为是没有违约风险的。相反,即使是信用等级最高的其他货币市场票据,如商业票据、大额可转让定期存单等,也存在一定的风险,尤其在经济衰退时期。国库券无违约风险的特征增强了对投资者的吸引力。

国库券的这一特征还间接地影响到投资者对国库券的需求,因为各种法令和条例赋予了国库券在投资者中的特殊地位。对商业银行和地方政府来说,利用国库券可以解决其他形式的货币市场票据如商业票据和银行承兑票据所无法解决的问题。例如,银行利用国库券可以很容易地与企业及地方政府等部门进行回购协议交易。

(二)流动性强

国库券高度的可流通性使国库券能在交易成本较低及价格风险较低的情况下迅速变现。国库券之所以具有这一特征,是由于它是一种在高组织性、高效率和竞争市场上交易的短期同质工具。当然,当投资者需要资金时,究竟是出卖国库券还是通过其他手段来筹集资金,很大程度上取决于其所需资金的期限及筹集资金的机会成本问题,它包括对风险的考虑、通信费用等从属性交易成本及报价和出价之差额所形成的成本。

(三)面额小

相对于其他货币市场票据来说,国库券的面额较小。在美国,1970年以前,国库券的最小面额为1 000美元。1970年初,国库券的最小面额升至1 000~10 000美元,截至2024年为10 000美元。其面额远远低于其他货币市场票据的面额(大多为10万美元)。对许多小投资者来说,国库券通常是他们能直接从货币市场购买的唯一有价证券。

(四)收入免税

在美国,免税主要是指免除州及地方所得税。国库券的免税优点的体现取决于投资者所在州及地方税率的高低和利率的现有水平。从式(2.1)可以看出,州及地方税率越高,国库券的吸引力越大。市场利率水平越高,国库券的吸引力也越大。

假设州所得税率为 T,那么国库券收益率和商业票据收益率之间的关系可以通过式(2.1)表示:

$$RCP(1-T) = RTB \tag{2.1}$$

其中,RCP表示商业票据利率;RTB表示与其等收益的国库券利率;T表示州及地方税率。

三、国库券的发行

国库券大多是通过拍卖方式发行,投资者可以通过两种方式来投标:一是竞争性方式,竞标者报出认购国库券的数量和价格(拍卖中长期国债时通常为收益率),所有竞标根据价格从高到低(或收益率从低到高)排队;二是非竞争性方式,由投资者报出认购数量,并同意以中标的平均竞价购买。竞标结束时,发行者首先将非竞争性投标数量从拍卖总额中扣除,剩余数额分配给竞争性投标者。发行者从申报价最高(或从收益率最低)的竞争性投标开始依次接受,直至售完。当最后中标标位上的投标额大于剩余招标额时,该标位中标额按等比分配原则确定。

竞争性招标又可以分为单一价格(即荷兰式)招标方式或多种价格(即美国式)招标方式。按单一价格招标时,所有中标者都按最低中标价格(或最高收益率)获得国库券。按多种价格招标时,中标者按各自申报价格(收益率)获得国库券。非竞争性投标者则按竞争性投标的平均中标价格来认购。

在多种价格投标方式中,竞争性投标者竞价过高要冒认购价过高的风险,竞价过低又要冒认购不到的风险,从而约束投标者合理报价。在单一价格招标方式中,所有中标者均按最低中标价格(或最高中标收益率)中标,各投标者就有可能抬高报价,从而抬高最后中标价。而非竞争性投标者多为个人及其他小投资者,他们不会因报价太低而冒丧失购买机会的风险,也不会因报价太高冒高成本认购的风险。非竞争性投标方式认购的国库券数额较少。在美国,每个投标者最多只能申购100万美元,非竞争性申购量通常占总发行量的10%~25%。

国库券通过拍卖方式发行,具有如下优点:第一,传统的认购方式下,财政部事先设置好新发行证券的息票和价格,实际上出售之前就决定了发行收益,若认购金额超过发行额,可足额发行,若认购金额少于发行金额,则只能部分发行。采用拍卖方式,较认购方式简单,耗时也少。在拍卖过程中,市场决定收益,因而不存在发行过多或不足的问题。财政部仅决定国库券的供应量,其余皆由市场决定。第二,采用拍卖方式发行,也为财政部提供了灵活的筹资手段,因为财政部负债中的少量变化可简单地通过变动每周拍卖中的国库券的供应来实现。

四、国库券收益的计算

国库券的收益率一般以银行贴现收益率表示,其计算方法为

$$Y_{BD} = \frac{10\,000 - P}{10\,000} \times \frac{360}{t} \times 100\% \tag{2.2}$$

其中,Y_{BD}为银行贴现收益率;P为国库券价格;t为距到期日的天数。

【例2.1】 一张面额10 000美元、售价9 818美元、到期期限182天(半年期)的国库券,其贴现收益率为

$$[(10\,000 - 9\,818)/10\,000] \times 360/182 = 3.6\%$$

若我们已知某国库券的银行贴现收益率,就可以算出相应的价格,其计算方法为

$$P = 10\,000 \times [1 - Y_{BD} \times (t/360)] \tag{2.3}$$

实际上,用银行贴现收益率计算出来的收益率低估了投资国库券的真实年收益率。真实年收益率指的是所有资金按实际投资期所赚的相同收益率再投资的话,原有投资资金在1年内的增长率,它考虑了复利因素。其计算方法为

$$Y_E = \left[1 + \left(\frac{10\,000 - P}{P}\right)\right]^{365/t} - 1 \tag{2.4}$$

其中，Y_E 为真实年收益率。

在例 2.1 中，该国库券的真实年收益率为

$$\left[1 + \left(\frac{10\,000 - 9\,818}{9\,818}\right)\right]^{365/182} - 1 = 3.74\%$$

与真实年收益率相比，银行贴现收益率存在三个问题：首先，在折算为年率时，银行贴现收益率用的是 360 天而不是 365 天；其次，它用单利计算法而不是复利计算法；最后，式 (2.2) 的分母用的是面额而不是投资额。

由于在实践中期限小于 1 年的大多数证券的收益率都是按单利计算的，因此《华尔街日报》在国库券行情表的最后一栏中所用的收益率既不是银行贴现收益率，也不是真实年收益率，而是债券等价收益率。其计算方法为

$$Y_{BE} = \frac{10\,000 - P}{P} \times \frac{365}{t} \times 100\% \tag{2.5}$$

其中，Y_{BE} 表示债券等价收益率。

债券等价收益率考虑了 365 天[在闰年的年份式(2.5)中的 365 应为 366 天]和分母应为投资额的问题，但未考虑复利问题。上述国库券的债券等价收益率为

$$[(10\,000 - 9\,818)/9\,818] \times 365/182 = 3.71\%$$

可见，债券等价收益率低于真实年收益率，但高于银行贴现收益率。

第三节　票据市场

一、票据概述

票据是一种重要的有价证券，它作为金融市场上通行的结算和信用工具，是货币市场上主要的交易工具之一。以票据为媒介所构成的票据市场构成了货币市场的一个重要组成部分。依据票据的种类，票据市场可简单地分为商业票据市场、大额可转让定期存单市场和银行承兑汇票市场三类货币子市场。

（一）票据的特点

(1) 票据是一种完全有价证券。有价证券可分为完全有价证券和不完全有价证券。完全有价证券本身和该证券拥有的权利在任何情况下都不可分离；而不完全有价证券本身和权利可以剥离。票据的权利随票据的设立而设立、随票据的转让而转让。只有在权利行使之后，票据体现的债权债务关系才宣告结束，所以票据是一种典型的完全有价证券。票据的这一特点也是票据贴现市场形成的基础。

(2) 票据是一种设权证券。设权证券是指证券权利的发生必须以制成票据为前提。票据所代表的财产权利，即一定金额的给付请求权，完全由票据的制成而产生。换言之，票据的制成并非用来证明已经存在的权利，而是创立一种新的权利。票据一旦制成，票据关系人的权利义务关系随之确立。

（3）票据是一种无因证券。所谓无因证券，就是指证券上的权利只由证券上的文义确定，持有人在行使权利时无须负证明责任。票据的持票人只要持有票据，就能享票据拥有的权利，而不必说明票据取得及票据行为发生的原因。票据债务人也不能以票据所有权发生变化为理由而拒绝履行其因票据行为而负担的付款义务。正是由于这种无因性，票据的流通和转让才成为可能。

（4）票据是一种要式证券。所谓要式证券，就是指证券的制成必须遵照法律规定。票据的制成和记载事项必须严格依据法律规定进行，并且票据的签发、转让、承兑、付款、追索等行为的程序和方式也都必须依法进行。如果违反了法律规定，将会导致票据行为的无效或对票据权利产生影响。

（5）票据是一种文义证券。这是指票据的所有权利义务关系均以票据上的文字记载为准，不受任何外来因素的干扰。票据在流通过程中，若发现文字内容有错误，也不得用票据以外的证据方法予以变更或补充。这样做是为保证流通信用和交易安全，保护流通过程中善意持票人的权利。例如，当票据上记载的出票日与实际出票日不符时，以票载日期为准。

（6）票据是一种流通证券。票据权利可以通过一定的方式转让，一般包括背书和交付。票据债权债务关系的转让不需依照民法中有关债权转让的规定进行，这使票据具有了高度的流通性。西方国家票据制度中特别强调了这一点。英、美等国就是以"流通证券"来形容票据的。

（7）票据是一种返还证券。票据权利人实现了自己的权利、收领了票据上的金额后，应将票据归还给付款人。而在其他债权中，债务人履行债务后，即使债权人不同时交还有关债权证书，也可以用其他的凭证如收据来证明债务的履行。在票据债权中，若债权人不交还票据，债务人可拒付票款。如果付款人是债务人，付款后票据关系宣告结束；如果付款人是次债务人，付款后可向其前手追索。

（二）票据的种类

票据的基本形式有三类：汇票、本票和支票。

1. 汇票

汇票是由出票人签发的，委托付款人在见票时或者在指定日期无条件支付一定金额给收款人或持票人的一种票据。汇票有三方当事人，即出票人、付款人和收款人。出票人是在票据关系中履行债务的当事人。当其采用票据方式支付所欠金额时，可以签发汇票给其相对人。收款人，也称受款人，是在票据关系中享有债权的人。他是出票人的相对人，在接受汇票时，有权向付款人请求付款。付款人，即受出票人委托，向持票人进行票据金额支付的人。付款人与出票人之间存在一定的资金关系，通常是出票人的开户银行。

按记载权利人方式的不同，汇票可分为记名汇票、指定式汇票和不记名汇票。在汇票上记载收款人名称的为记名汇票；记载特定人或其指定人为权利人的为指定式汇票；没有记载收款人名称或只记"来人"字样的为不记名汇票。按汇票上记载付款期限的长短，汇票可分为即期汇票和远期汇票。前者指见票即付的汇票，后者指必须约定一个出票日之外的日期才能请求付款的汇票。按汇票当事人的不同，汇票可分为一般汇票和变式汇票。前者指汇票三方基本当事人分别是不同的人；后者指三个基本当事人中有两个是同一主体充当的，如出票人同时为收款人，出票人同时为付款人等。

按出票人的不同，汇票可分为银行汇票和商业汇票。银行汇票是指汇款人将款项交存当地银行，由银行签发的汇款人持往异地办理转账结算或支取现金的票据。这种票据的当事人三方分别是出票人、收款人和汇款人。出票人为收妥汇款人交存款项后签发票据的银行。收款人是指从银行提取汇票所汇款项的单位和个人。收款人可以是汇款人本身，也可以是与汇款人有商品交易往来或汇款人要与之办理结算的人。汇款人为出票人委托的其他兑付银行。在银行汇票的票据关系中，汇款人不一定是票据关系的当事人。商业汇票是指银行以外的其他工商企业、事业单位、机关团体签发的汇票。商业汇票又分为银行承兑的商业汇票和工商企业承兑的商业汇票。在中国，银行汇票和商业汇票须记名。

按签发和支付的地点不同，汇票可分为国内汇票和国际汇票。国内汇票指在一国境内签发和付款的汇票；国际汇票是指汇票的签发和付款一方在国外或都在国外，流通范围涉及两个及两个以上国家的汇票。

2. 本票

本票是指出票人签发的，承诺自己在见票时无条件支付确定的金额给收款人或者持票人的票据。本票具有以下三个特征：一是本票的基本当事人只有两个，即出票人和收款人；二是本票的付款人为出票人自己；三是本票的出票人自己承担无条件付款的责任，故没有承兑制度。

在国际票据分类中，本票的种类与汇票的划分基本相同，以出票人的不同为依据分为银行本票和商业本票；以到期日的不同分为定期付款和见票即付两种。但中国规定，在中国本票仅指银行本票，不承认商业本票，即本票在中国只能由商业银行签发，而且均为即期本票，无远期本票。

3. 支票

支票是出票人签发的，委托办理支票存款业务的银行或其他金融机构在见票时无条件支付确定金额给收款人或持票人的票据。支票的主要职能是代替现金作为支付工具。

（三）票据行为

票据行为是指以产生票据上载明的债权债务关系为目的的要式行为，包括出票、背书、承兑、保证、付款、追索。在中国，汇票可发生上述全部票据行为，而支票和本票是以出票人或银行及金融机构为付款人的，所以无须承兑。

票据行为又可分为基本票据行为和附属票据行为。基本票据行为仅指出票，其他创设票据及其附带的权利和义务等其他票据行为都是附属票据行为。它们是建立在出票的前提下的。只有出票行为，即基本票据行为有效，这些附属票据行为才能有效存在。倘若出票行为无效，则即使当事人事后追认也不能使票据行为发生效力。在无效票据上的附属票据行为一律无效。

出票又称发票，是指出票人按法定形式签出票据并将它交付收款人的票据行为。出票是一切票据行为的基础,票据的权利义务关系从此产生。

背书是指以转让票据权利或者将一定票据权利授予他人行使为目的,在票据的背面或者粘单上记载有关事项并签章的票据行为。背书是票据权利转让的重要方式。和无记名票据仅以票据交付即可转让不同,记名票据必须经转让人背书后方能转让。但出票人在票据上记载"不得转让"字样的,票据不能转让。

承兑是指票据付款人承诺在票据到期日支付票载金额的行为。承兑是汇票特有的票据行为,主要目的在于明确汇票付款人的票据责任。受出票人委托的付款人在承兑之前,从法律意义上并非汇票债务人,只有经过承兑,表示愿意支付汇票金额,付款人才成为债务人,对持票人负有付款的责任。

保证是指票据债务人以外的任何第三人担保票据债务人履行债务的票据行为。担保票据债务履行的人叫票据保证人,被担保的票据债务人叫被保证人。保证人为票据担保后,票据到期而得不到付款的,持票人有权向保证人请求付款,保证人应当足额支付。

付款是指票据的付款人向持票人支付票载金额、从而消除票据关系的票据行为。票据的付款人仅限于票据上记载的当事人,其他任何人的付款都不具有票据付款行为的性质。只有付款人足额支付后,才能收回票据,消除该票据的债权债务关系,所以付款是票据关系的最后一个环节。

追索是指票据到期不获付款或期前不获承兑,或有其他法定原因出现时,持票人请求背书人、出票人及其他债务人偿还票据金额及有关损失和费用的票据行为。追索权的形式可以在票据到期之前,也可以在票据到期之后。

二、商业票据市场

商业票据是大公司为了筹措资金,以贴现方式出售给投资者的一种短期无担保承诺凭证。美国的商业票据属本票性质,英国的商业票据则属汇票性质。由于商业票据没有担保,仅以信用做保证,因此能够发行商业票据的一般都是规模巨大、信誉卓著的大公司。商业票据市场就是这些信誉卓著的大公司所发行的商业票据交易的市场。

(一) 商业票据市场的演进

商业票据是货币市场上历史最悠久的工具,可以追溯到19世纪初。早期商业票据的发展和运用几乎都集中在美国,发行者主要为纺织品工厂、铁路、烟草公司等非金融性企业。大多数早期的商业票据通过经纪商出售,主要购买者是商业银行。20世纪20年代以来,商业票据的性质发生了变化。汽车和其他耐用消费品的进口产生了消费者对短期季节性贷款的需求,这一时期产生了大量的消费信贷公司,以满足消费品融资购买的需要,而其资金来源则为发行商业票据。首家发行商业票据的大消费信贷公司是美国通用汽车承兑公司,它发行商业票据主要为购买通用汽车公司的汽车融资。通用汽车承兑公司进行的改革是将商业票据直接出售给投资者,而不通过商业票据经纪商销售。

20世纪60年代,商业票据的发行迅速增加。其原因有三:一是持续8年的经济增长。这段时间企业迅速增加、资金短缺,从银行贷款的费用增加,于是企业便转向商业票据市场求援。二是美联储体系实行紧缩的货币政策。1966年和1969年,那些过去使用银行短期贷款的公司发现Q条例利率上限的限制使银行无法贷款给它们。这样,许多公司转向商业票据市场寻找替代的资金来源。三是银行为了满足其资金需要,自己发行商业票据。为逃避Q条例的限制,银行仅在1969年就发行了110多亿美元的商业票据。

历史上,商业银行是商业票据的主要购买者。自20世纪50年代初期以来,由于商业票据风险较低、期限较短、收益较高,许多公司也开始购买商业票据。现在,商业票据的主要投资者是保险公司、非金融企业、银行信托部门、地方政府、养老基金等。商业银行在商业票据的市场需求上已经退居次要地位,但银行在商业票据市场上仍具有重要作用。这表现在商业银行代理发行商业票据、代保管商业票据以及提供商业票据发行的信用额度支持等。由于许多商业票据是通过"滚动发行"偿还,即发行新票据取得资金偿还旧票据,加之许多投资者选择商业票据时较为看重银行的信用额度支持,因此,商业银行的信用额度对商业票据的发行影响极大。

(二) 商业票据的优点

商业票据之所以得到迅速发展,主要是源自其不同于其他融资工具的一些特点。无论是对发行者、投资者,还是对票据市场而言,商业票据都是一种理想的金融工具。对于发行者来说,用商业票据融资主要有以下几个优点。

(1) 成本较低。由于商业票据一般由大型企业发行,有些大型企业的信用要比中小型银行更好,发行者可以获得成本较低的资金,再加上从市场直接融资,省去了银行从中赚取的一笔利润,因此一般来说,商业票据的融资成本要低于银行的短期贷款成本。

(2) 具有灵活性。根据发行机构与经销商的协议,在约定的一段时间内,发行机构可以根据自身资金的需要情况,不定期、不限次数地发行商业票据。

(3) 提升发行公司的声誉。由于商业票据的发行者多为信誉卓著的大型企业,票据在市场上就像一种信用的标志,公司发行票据的行动本身也是对公司信用和形象的免费宣传,有助于提升公司声誉。

对于投资者来说,选择商业票据既可以获得高于银行利息的收益,又具有比定期存款更好的流动性,虽然面临的风险要稍大,但在通常情况下,风险的绝对值还是很小的,因而商业票据不失为一种受欢迎的投资工具。

对于票据市场来说,伴随着票据市场和货币市场的深入发展,商业票据的广泛使用有利于促进利率市场化,增强金融调控的灵活性和时效性,为金融的市场化创造有利条件。

(三) 商业票据市场的要素

1. 发行者

商业票据的发行视经济及市场状况的变化而变化。一般说来,高利率时期发行数量较少,资金来源稳定时期、市场利率较低时,发行数量较多。商业票据的发行者包括金融性公司和非金融性公司。金融性公司主要有三种:①附属性公司,其一般附属于某些大的制造公司,如前述的通用汽车承兑公司。②与银行有关的公司,即银行持股公司的下属子公司。③独立的金融公司。非金融性公司发行商业票据的频次较金融公司少,发行所得主要满足企业的短期资金需求,以及进行季节性开支,如应付工资及交纳税收等。

2. 面额及期限

和其他货币市场工具一样,发行者利用商业票据吸收了大量资金。在美国商业票据市场上,虽然有的商业票据的发行面额只有 25 000 美元或 5 万美元,但大多数商业票据的发行面额都在 10 万美元以上。二级市场商业票据的最低交易规模为 10 万美元。

3. 销售

商业票据的销售方式有两种:一是发行者通过自己的销售力量直接出售;二是通过商业票据交易商间接销售。究竟采取何种方式,主要取决于发行者使用这两种方式的成本高低。非金融性公司主要通过商业票据间接交易商销售,因为它们的短期信用需求通常具有季节性及临时性,建立永久性的商业票据销售队伍不合算。但有一些规模非常大的公司则通过自己的下属金融公司直接销售,在这样的大公司中,其未到期的商业票据一般在数亿美元以上,其中大多数为大金融公司和银行持股公司。

尽管在投资者急需资金时,商业票据的交易商和直接发行者可在到期之前兑现,但商业票据的二级市场并不活跃。其主要是因为商业票据的期限非常短,购买者一般都计划持有到期。另一个原因是商业票据是高度异质性的票据,不同经济单位发行的商业票据在期限、面额和利率等方面各有不同,其交易难以活跃。

4. 信用评估

全球主要有 3 家机构对商业票据进行评级,它们是穆迪投资服务公司、标准普尔公司、惠誉国际信用评级公司。商业票据的发行人至少要获得其中的一个评级,大部分获得两个。商业票据的评级和其他证券的评级一样,也分为投资级和非投资级。美国证券交易委员会(SEC)认可两种合格的商业票据:一级票据和二级票据。一般说来,要想成为一级票据,必须有两家评级机构对所发行的票据给予"1"的评级,成为二级票据则必须有一家给予了"1"的评级,至少还有一家或两家的评级为"2"。二级票据为中等票据,货币市场基金对其投资会受到限制。

5. 发行商业票据的非利息成本

同发行商业票据有关的非利息成本有:①信用额度支持的费用。其一般以补偿余额的方式支付,即发行者必须在银行账号中保留一定金额的无息资金,有时则按信用额度的 0.375%~0.75% 一次性支付。后一种方法近年来较受商业票据发行者欢迎。②代理费用。其主要是商业银行代理发行及偿付的费用。③信用评估费用。这是发行者支付给信用评估机构的报酬。

6. 投资者

在美国,商业票据的投资者包括中央银行、非金融性企业、投资公司、政府部门、私人抚恤基金、基金组织及个人。另外,储蓄贷款协会及互助储蓄银行也获准以其资金的 20% 投资于商业票据。投资者可以从三个方面购买商业票据:交易商;发行者;投资商业票据的基金份额。

（四）商业票据的收益

商业票据是低于面值出售、到期得到面值的折扣工具。它的收益计算是以 360 天为基础的。

影响商业票据收益的主要因素有以下几个。

（1）发行机构的信用。不同公司的商业票据的收益往往不同,由穆迪投资服务公司或标准普尔公司对各公司的信用评级,各公司发行的商业票据的利率水平基本取决于它们的信用等级。由最大的金融公司直接发售的评级利率相对于不那么著名的公司发行的票据利率要低些,因为著名大公司的信用更有保证,票据风险要相对小些。投资者宁可买安全性好、利率低些的商业票据,也不愿买信誉差、利率高的商业票据。

（2）同期借贷利率。优惠利率是商业银行向它最好的企业顾客收取的贷款利率,商业票据利率与优惠利率之间有着重要的联系。由于大公司始终可以在发行商业票据筹资和向银行借款筹资之间进行选择,因此,在大公司追求低成本资金的动机的作用下,两种利率经常保持在相当接近的水平上。当然,商业票据同短期国库券与其他利率之间亦有紧密的联系。

（3）当时货币市场的情况。商业票据的收益一般高于短期国库券收益,原因有三：①与国家信用比,商业票据的风险毕竟高于短期国库券的风险；②投资于短期国库券的可享受免征州和地方政府收入税的待遇,只在联邦一级纳税,而商业票据的收益要向中央和地方的各级政府纳税,这就需要商业票据提供更高的利率以抵补这种税收的差别；③商业票据没有确定的二级市场,而短期国库券有优越的二级市场,因此,商业票据比短期国库券的流动性差一些。并且,商业票据的利率比大额可转让定期存单的利率稍高,这也是由于大额可转让定期存单有更好的流动性所致。

三、大额可转让定期存单市场

大额可转让定期存单是 20 世纪 60 年代以来金融环境变革的产物。由于 20 世纪 60 年代市场利率上升而美国的商业银行受 Q 条例的存款利率上限的限制,不能支付较高的市场利率,大公司的财务主管为了增加临时闲置资金的利息收益,纷纷将资金投资于安全性较好又具有收益的货币市场工具,如国库券、商业票据等。这样,以企业为主要客户的银行存款急剧下降。为了阻止存款外流,花旗银行率先设计了大额可转让定期存单这种短期的有收益票据来吸引企业的短期资金。此后,这一货币市场工具迅速在各大银行得到推广。大额可转让定期存单一般由较大的商业银行发行,主要是由于这些机构信誉较高,可以相对降低筹资成本,且发行规模大,容易在二级市场流通。

同传统的定期存款相比,大额可转让定期存单具有以下几点不同：①定期存款记名、不可流通转让;而大额可转让定期存单则是不记名的、可以流通转让。②定期存款金额不固定,可大可小;而大额可转让定期存单金额较大,在美国,向机构投资者发行的大额可转让定期存单面额最少为 10 万美元,二级市场上的交易单位为 100 万美元,但向个人投资者发行的大额可转让定期存单面额最少为 100 美元。在中国香港,最少面额为 10 万港元。③定期存款利率固定;大额可转让定期存单利率既有固定的,也有浮动的,且一般来说比同期限的定期存款利率高。④定期存款可以提前支取,提前支取时要损失一部分利息;大额可转让定期存单不能提前支取,但可在二级市场流通转让。⑤大额可转让定期存单是商业银行主动性负债,而定期存款是被动型负债。

大额可转让定期存单也不同于商业票据及债券等金融工具:①商业票据等不属于存款,不需交纳准备金,也不受存款保险法的保护,而大额可转让定期存单则需交纳一定数额的准备金。②存单的发行人是银行,而商业票据和债券的发行人主要是企业,在信誉方面等级不同,因而利率也有所不同。

以美国市场为例,大额可转让定期存单主要包括国内存单、欧洲美元存单、扬基存单和储蓄机构存单。国内存单是四种存单中最重要、也是历史最悠久的一种,它由美国国内银行发行。欧洲美元存单是美国境外银行(外国银行和美国银行在外的分支机构)发行的以美元为面值的一种可转让定期存单。欧洲美元存单市场的中心在伦敦,但欧洲美元存单的发行范围并不仅限于欧洲。扬基存单是外国银行在美国的分支机构发行的一种可转让的定期存单。其发行者主要是西欧和日本等地的著名的国际性银行在美分支机构。储蓄机构存单是一种出现较晚的存单,它是由一些非银行金融机构(储蓄贷款协会、互助储蓄银行、信用合作社)发行的一种可转让定期存单。其中,储蓄贷款协会是主要的发行者,储蓄机构存单的二级市场规模很小。

(一)大额可转让定期存单的市场交易

1. 利率和期限

20世纪60年代,大额可转让定期存单主要以固定利率的方式发行,存单上注明特定的利率,并在指定的到期日支付。这在利率稳定时深受投资者欢迎,那些既注重收益又要求流动性的投资者购买短期可转让存单,而那些更注重收益的投资者则购买期限稍长的存单。20世纪60年代后期,金融市场利率开始发生变化,利率波动加剧,并趋于上升。在这种情况下,投资者都希望投资于短期的信用工具,可转让存单的期限大大缩短。20世纪60年代存单的期限为3个月左右,1974年以后缩短为两个月左右。

2. 风险和收益

对投资者来说,大额可转让定期存单的风险有两种:一是信用风险,二是市场风险。信用风险指发行存单的银行在存单期满时无法偿付本息的风险。在美国,虽然一般的会员商业银行必须在联邦存款保险公司投保,但由于存单发行面额大,而每户存款享受的最高保险额只有10万美元,因此存单的信用风险依然存在。更不用说没有实行存款保险制度国家的银行所发行的存单了。而且,由于近年来国际金融风波不断,信用风险还有加大的趋势。市场风险指的是存单持有者急需资金时,存单不能在二级市场上立即出售变现或不能以较合理的价格出售。尽管大额可转让定期存单的二级市场非常发达,但其发达程度仍比不上国库券市场,因此并非完全没有市场风险。

一般地说,存单的收益取决于三个因素:发行银行的信用评级、存单的期限及存单的供求量。另外,收益和风险的高低也紧密相连。存单的收益要高于同期的国库券收益,主要原因是国库券的信用风险低并且具有免税优惠。另外,国库券市场的流动性也比存单市场高。在四种存单之间,欧洲美元存单的利率高于国内存单,一般高 0.2%~0.3%。扬基存单的利率和欧洲美元存单的利率差不多。平均来说,扬基存单的利率略低于欧洲美元存单利率。这有两个原因:一是扬基存单受美国法令和条例保护,因而投资者不用承担国外政治或国家风险;二是交易商从事扬基存单交易比欧洲美元存单交易更容易、成本更低。储蓄机构存单由于其很少流通,因而利率无法与以上三种存单比较。

(二)大额可转让定期存单市场的投资者

大企业是大额可转让定期存单的最大买主。对于企业来说,在保证资金流动性和安全性的情况下,其现金管理目标就是寻求剩余资金的收益的最大化。企业剩余资金一般用途有两种:一种是应付各种固定的预付支出如纳税、分红及发放工资等;一种是意想不到的应急。企业可将剩余资金投资于存单,并将存单的到期日同各种固定的预期支出的支付日期联系起来,到期以存单的本息支付。至于一些意外的资金需要,则可在企业急需资金时在二级市场上出售存单来满足。

金融机构也是存单的积极投资者。货币市场基金在存单的投资上占据着很大的份额。其次是商业银行和银行信托部门。银行可以购买其他银行发行的存单,但不能购买自己发行的存单。此外,政府机构、外国政府、外国中央银行及个人也是存单的投资者。

对许多投资者来说,大额可转让定期存单既有定期存款的较高利息收入特征,又有活期存款的可随时获得兑现的优点,是追求稳定收益的投资者的一种较好选择。对银行来说,发行存单可以增加资金来源,而且由于这部分资金可视为定期存款而能用于中期放款。发行存单的意义不仅在于增加银行存款,更主要是由发行存单所带来的对银行经营管理方面的作用。存单发行使银行在调整资产的流动性及实施资产负债管理上具有了更灵活的手段。

存单市场在很大程度上是通过存单交易商维持的。存单交易商的功能主要有两个:一是以自己的头寸买进存单后再零售给投资者;二是为存单的不断买卖创造市场,即支持存单的二级市场。交易商购买存单的资金头寸主要是通过回购协议交易进行的。由于存单较政府证券的风险要大,因而以存单做抵押进行回购协议交易时,买回存单的价格要高于买回政府债券的价格。在美国,存单交易商的数量一度超过 30 家,但今天只有很少的交易商为存单做市。因此,存单的流动性大为降低。

四、银行承兑汇票市场

银行承兑汇票是为方便商业交易活动而创造出的一种工具,在对外贸易中运用较多。当一笔国际贸易发生时,由于出口商对进口商的信用不了解,加之没有其他的信用协议,出口方担心对方不付款或不按时付款,进口方担心对方不发货或不能按时发货,交易就很难进行。这时便需要银行信用从中做保证。一般地,进口商首先要求本国银行开立信用证,作为向国外出口商的保证。信用证授权国外出口商开出以开证行为付款人的汇票,可以是即期的也可是远期的。若是即期的,付款银行(开证行)见票付款。若是远期汇票,付款银行(开证行)在汇票正面签上"承兑"字样,填上到期日,并盖章为凭。这样,银行承兑汇票就产生了。

为了进一步解释银行承兑汇票的产生过程,这里结合一笔进出口贸易来加以说明。假设甲国进口商要从乙国进口一批汽车,并希望在90天后支付货款。进口商要求本国银行按购买数额开出不可撤销信用证,然后寄给外国出口商。信用证中注明货物装运的详细要求并授权外国出口商按出售价格开出以进口方开证行为付款人的远期汇票。汽车装船后,出口商开出以甲国开证行为付款人的汇票,并经由乙国通知行将汇票连同有关单据寄往甲国开证行,要求承兑。甲国开证行审核无误后,在汇票正面加盖"承兑"图章,并填上到期日。承兑后,这张远期汇票便成为甲国(进口国)开证银行的不可撤销负债。开证行承兑后将承兑过的汇票交由乙国的通知行退还给开出汇票的出口商。出口商收到汇票后,可要求通知行贴现,取得现款,等于提前收回货款。乙国通知行取得汇票后,可持有至到期日向甲国承兑行(开证行)收款,也可以将汇票拿到金融市场上出售。

从上面这个简单的例子可以看出,在国际贸易中运用银行承兑汇票至少具有如下三方面的优点:第一,出口商可以立即获得货款进行生产,避免由货物装运引起的时间耽搁;第二,由于乙国银行以本国货币支付给出口商,因此避免了国际贸易中的不同货币结算上的麻烦及汇率风险;第三,由于有财力雄厚、信誉卓著的银行对货款的支付做担保,出口商无须花费财力和时间去调查进口商的信用状况。

(一)银行承兑汇票市场的构成

1. 初级市场

银行承兑汇票不仅在国际贸易中运用,也在国内贸易中运用。在有些货币为国际硬通货的国家如美国,银行承兑汇票还因其他国家周期性或季节性的美元外汇短缺而创造,这种承兑汇票称外汇承兑汇票。但总的来说,为国际贸易创造的银行承兑汇票占绝大部分。国际贸易承兑主要包括三个部分:为本国出口商融资的承兑、为本国进口商融资的承兑及为其他国家之间的贸易或外国国内的货物仓储融资的第三国承兑。为国内贸易融资创造的银行承兑汇票,主要是银行应国内购货人的请求,对国内售货人签发的向购货人索取货款的汇票承兑,承担付款责任而产生的汇票。外汇承兑汇票指由一国季节性外汇短缺而引起的承兑汇票。它只是单纯的银行承兑汇票,不以指定的交易或库存为基础。这种承兑汇票只在中央银行指定的国外有效,数量非常少。

银行承兑汇票最常见的期限有30天、60天和90天等。另外,也有期限为180天和270天的。交易规模一般为10万美元和50万美元。银行承兑汇票的违约风险较小,但有利率风险。

2. 二级市场

银行承兑汇票被创造后,银行既可以自己持有当作一种投资,也可以拿到二级市场出售。如果出售,银行有两种方式:一是利用自己的渠道直接销售给投资者;二是利用货币市场交易商销售给投资者。因此,银行承兑汇票二级市场的参与者主要是创造承兑汇票的承兑银行、市场交易商及投资者。

银行将承兑汇票销售给投资者后,投资者也可以贴现的方式将汇票转让给银行。汇票贴现是指持票人为了取得现款,将未到期的已承兑汇票,以支付自贴现日至票据到期日的利息为条件,向银行所做的票据转让。银行扣减贴息,支付给持票人现款,称为贴现。贴现的条件主要有两个:一是银行的信用好;二是必须提供在途货物或一笔信用证交易来证明汇票的自行偿还性。

通常商业银行通过贴现方式买入自己承兑的汇票后,可持有汇票至到期日,也可以通过交易商把汇票再贴现出去。再贴现是商业银行和其他金融机构将其持有的未到期汇票,向中央银行所做的票据转让行为,它是中央银行对商业银行及其他金融机构的一种融资方式,是中央银行的授信业务。

以美国为例,二级市场上的银行可分为五个层次:第一层次是若干家最大的国内银行。它们创造的银行承兑汇票最安全,市场性最强,因而利率(贴现率)最低。第二层次是略逊于最大银行的银行,它们创造的银行承兑汇票的利率通常接近第一层次的银行的承兑汇票的利率。余下的银行属于第三层次及第四层次,它们的利率远高于前两层次的银行承兑汇票的利率。第五层次的银行为外国银行在美国的分支机构,它们创造的承兑汇票利率要高出国内承兑汇票很多,主要是因为投资者对它们的信誉缺乏足够的信任。

(二)银行承兑汇票的成本、风险和收益

使用银行承兑汇票是有成本的,其成本包括以下几部分:第一,交付给承兑银行的手续费,一般为总金额的1.5%。假如借款人的资本实力和信用情况较差,银行会相应地增加手续费;第二,承兑银行收取的承兑费;第三,向银行贴现后支付的贴现息,这由当时的市场利率水平决定。传统的银行贷款,除了必须支付一定的利息外,借款人还必须在银行保持超过其正常周转资金余额的补偿性最低存款额,这部分存款没有利息,构成企业的非利息成本。因此,要求银行承兑汇票的企业实际上是向银行借了一笔"贷款",而这笔"贷款"的成本相对要低于使用传统银行贷款的成本。

由于有银行信用和承兑汇票的开票人双方保证,同对又要求融资的商品担保,银行承兑汇票的信用风险很低,因而违约风险较小,但是仍会有利率风险。

在承兑汇票的二级市场上,承兑汇票的票面金额是以融资的商品数量为基础的,而它的偿还期经常以商品交货的时间为基础,另外,承兑汇票的购买者数量较少,在这些因素影响下,银行承兑汇票的市场要求收益率高于短期国债等更低风险、更高流动性的金融工具。

(三)银行承兑汇票市场的作用

同其他货币市场工具相比,银行承兑汇票在某些方面更能吸引储蓄者、银行和投资者,因而它是既受借款者欢迎又为投资者青睐,同时也受到银行喜欢的信用工具。

1. 从借款人角度看

首先,借款人利用银行承兑汇票较传统银行贷款的利息成本及非利息成本之和低。要求银行承兑汇票的企业实际上就是借款者,它必须向银行交付一定的手续费。当它向银行贴现后,又取得现款,故其融资成本为贴息和手续费之和。考虑到传统银行贷款中的企业的非利息成本,对比而言,使用传统银行贷款的成本比运用银行承兑汇票的成本高。

其次,借款者运用银行承兑汇票比发行商业票据筹资有利。能在商业票据市场上发

行商业票据的都是规模大、信誉好的企业。许多借款者都没有足够的规模和信誉以竞争性的利率发行商业票据筹资,这部分企业却可以运用银行承兑票据来解决资金上的困难。即使是少数能发行商业票据的企业,其发行费用和手续费加上商业票据利息成本,总筹资成本也高于运用银行承兑汇票的成本。

2. 从银行角度看

首先,银行运用承兑汇票可以增加经营效益。银行通过创造银行承兑汇票,不必动用自己的资金,即可赚取手续费。当然,有时银行也用自己的资金贴进承兑汇票。但由于银行承兑汇票拥有大的二级市场,很容易变现,因此银行承兑汇票不仅不影响其流动性,而且提供了传统的银行贷款所无法提供的多样化的投资组合。

其次,银行运用其承兑汇票可以增强其信用能力。一般地,各国银行法都规定了其银行对单个客户提供信用的最高额度。通过创造、贴现或出售符合中央银行要求的银行承兑汇票,银行对单个客户的信用可在原有的基础上得以增加。

最后,银行法规定出售合格的银行承兑汇票所取得的资金不要求缴纳法定存款准备金。这样,在流向银行的资金减少的信用紧缩时期,这一措施将刺激银行出售银行承兑汇票,引导资金从非银行部门流向银行部门。

3. 从投资者角度看

投资者最重视的是投资的收益性、安全性和流动性。

首先,投资于银行承兑汇票的收益同投资于其他货币市场工具,如商业票据、大额可转让定期存单等的收益不相上下。

其次,银行承兑汇票的承兑银行对汇票持有者负不可撤销的第一手责任,汇票的背书人或出票人承担第二责任,即如果银行到期拒绝付款,汇票持有人还可向汇票的背书人或出票人索款。因此,投资于银行承兑汇票的安全性非常高。

最后,一流质量的银行承兑汇票具有公开的贴现市场,可以随时转售,因而具有高度的流动性。

第四节 回购市场

回购市场是指通过回购协议进行短期资金融通交易的市场。所谓回购协议,指的是在出售证券的同时,和证券的购买商签订协议,约定在一定期限后按原定价格或约定价格购回所卖证券,从而获取即时可用资金的交易行为。从本质上说,回购协议是一种抵押贷款,其抵押品为证券。

一、回购协议的交易机制

回购协议的期限从1日至数月不等。当回购协议签订后,资金获得者同意向资金供应者出售政府债券和政府代理机构债券以及其他债券以换取即时可用的资金。一般地,回购协议中所交易的证券主要是政府债券。回购协议期满时,再用即时可用资金做相反的交易。从表面上看,资金需求者通过出售债券获得了资金,而实际上,资金需求者是从短期金融市场上借入一笔资金。对于资金借出者来说,它获得了一笔短期内有权支配的债券,但这笔债券到时候要按约定的数量如数交回。所以,出售债券者实际上是借入资金者,购入债券者实际上是借出资金者。出售一方允许在约定的日期,以原来买卖的价格再加若干利息购回该证券。这时,不论该证券的价格是升还是降,均要按约定价格购回。在回购交易中,若贷款或证券购回的时间为一天,则称为隔夜回购;如果时间长于1天,则称为期限回购。

金融机构之间的短期资金融通,一般可以通过同业拆借的形式解决,不一定要用回购协议的办法。一些资金有余部门不是金融机构,而是非金融行业、政府机构和证券公司等,它们采用回购协议的办法可以避免对放款的管制。此外,回购协议的期限可长可短,比较灵活,也满足了部分市场参与者的需要。期限较长的回购协议还可以套利,即在分别得到资金和证券后,利用再一次换回的间隔期进行借出或投资,以获取短期利润。

逆回购协议实际上与回购协议是一个问题的两个方面。它是从资金供应者的角度出发相对于回购协议而言的。回购协议中,卖出证券取得资金的一方同意按约定期限以约定价格购回所卖出证券。在逆回购协议中,买入证券的一方同意按约定期限以约定价格出售其所买入证券。从资金供应者的角度看,逆回购协议是回购协议的逆进行。

二、回购市场及风险

回购市场没有集中的有形场所,交易以电信方式进行。大多数交易由资金供应方和资金获得者直接进行。但也有少数交易通过市场专营商进行。这些专营商大多为政府证券商,它们和获得资金的一方签订回购协议,并和供应资金的另一方签订逆回购协议。

大银行和政府证券商是回购协议市场的主要资金需求者。银行利用回购协议市场作为其资金来源之一,作为资金获得者,它有着与众不同的优势:首先,它持有大量的政府证券和政府代理机构证券,这些都是回购协议项下的正宗抵押品。其次,银行利用回购协议所取得的资金不属于存款负债,不用缴纳存款准备金。政府证券商也利用回购协议市场以其持有的政府证券或其他证券来筹措资金,满足自己或顾客的需要。回购协议中的资金供给方很多,如资金雄厚的非银行金融机构、地方政府、存款机构、外国银行及外国政府等。其中资金雄厚的非银行金融机构和地方政府占统治地位。对于中央银行来说,通过回购交易可以实施公开市场操作,所以,回购市场是其执行货币政策的重要场所。

回购协议中的交易计算公式为

$$I = PP \times RR \times T/360 \tag{2.6}$$

$$RP = PP + I \tag{2.7}$$

其中,PP 表示本金;RR 表示证券商和投资者所达成的回购时应付的利率;T 表示回购协议的期限;I 表示应付利息;RP 表示回购价格。

尽管回购协议中使用的是高质量的抵押品,但是交易的双方当事人也会面临信用风险。回购协议交易中的信用风险来源如下:如果到约定期限后交易商无力购回政府债券等证券,客户只有保留这些抵押品。但如果适逢债券利率上升,则手中持有的证券价格就会下跌,客户所拥有的债券价值就会小于其借出的资金价值;如果债券的市场价值上升,交易商又会担心抵押品的收回,因为这时其市场价值要高于贷款数额。减少信用风险的方法有如下两种：一是设置保证金。回购协议中的保证金是指证券抵押品的市值高于贷款价值的部分，其大小一般在1%～3%。对于较低信用等级的借款者或当抵押证券的流动性不高时，差额可能达到10%之多。二是根据证券抵押品的市值随时调整。既可以重新调整回购协议的定价，也可以变动保证金的数额。如在回购协议的条款中规定，当回购协议中的抵押品价值下跌时，回购协议可以要求按新的市值比例追加保证金，或者降低贷款的数额。

回购协议中证券的交付一般不采用实物交付的方式，特别是在期限较短的回购协议中。但为了防范资金需求者在回购协议期间将证券卖出或与第三方做回购所带来的风险，一般要求资金需求方将抵押证券交到贷款人的清算银行的保管账户中，或在借款人专用的证券保管账户中，以备随时查询，当然也有不做这样规定的。

三、回购利率的决定

在回购市场中，利率是不统一的，利率的确定取决于多种因素。

（1）用于回购的证券的质地。证券的信用度越高，流动性越强，回购利率就越低；否则，利率就会相对来说高一些。

（2）回购期限的长短。一般来说，期限长，由于不确定因素多，因而利率也应高一些。但这并不是一定的，实际上利率是可以随时调整的。

（3）交割的条件。如果采用实物交割的方式，回购利率就会较低，如果采用其他交割方式，则利率就会相对高一些。

（4）货币市场其他子市场的利率水平。回购协议的利率水平不可能脱离货币市场其他子市场的利率水平而单独决定，否则该市场将失去其吸引力。它一般是参照同业拆借市场利率而确定的。由于回购交易实际上是一种用较高信用的证券特别是政府证券做抵押的贷款方式，风险相对较小，因而利率也低。

第五节 同业拆借市场

同业拆借市场，也可以称为同业拆放市场，是指金融机构之间以货币借贷方式进行短期资金融通活动的市场。同业拆借的资金主要用于弥补短期资金的不足、票据清算的差额以及解决临时性的资金短缺问题。由于同业拆借业务具有期限短、流通性高、利率敏感性强及交易方便等特点，同业拆借市场已成为国际金融市场和国内金融市场中非常活跃、交易量很大的一个市场，也成为商业银行、非银行金融机构及中央银行非常重视的市场。同业拆借市场交易量大，能敏感地反映资金供求关系和货币政策意图，影响货币市场利率，因此，它是货币市场体系的重要组成部分。

一、同业拆借市场的形成和发展

同业拆借市场产生于存款准备金政策的实施，伴随着中央银行业务和商业银行业务的发展而发展。为了控制货币流通量和银行的信用扩张，美国最早于1913年以法律的形式规定,所有接受存款的商业银行都必须按存款余额计提一定比例的存款准备金,作为不生息的支付准备存入中央银行,准备金数额不足就要受到一定的经济处罚。美国规定,实际提取的准备金若低于应提取数额的2%,就必须按当时的贴现率加2%的利率交付罚息。由于清算业务活动和日常收付数额的变化,总会出现有的银行存款准备金多余、有的银行存款准备金不足的情况,存款准备金多余的银行,一般愿意尽可能地对多余部分加以利用,以获取利息收益,而存款准备金不足的银行,又必须按规定加以补足。这样,在存款准备金多余的银行和存款准备金不足的银行之间,客观上就存在互相调剂的要求。同业拆借市场便应运而生。1921年,在美国纽约形成了以调剂联邦储备银行会员银行的准备金头寸为内容的联邦基金市场,实际上即美国的同业拆借市场。在英国,伦敦同业拆借市场的形成,则是建立在银行间票据交换过程的基础之上的。各家银行在轧平票据交换的差额时,有的银行头寸不足,从而就有必要向头寸多余的银行拆入资金,由此使不同银行之间出现经常性的资金拆借行为。

在经历20世纪30年代第一次资本主义经济危机之后,西方各国普遍强化了中央银行的作用,相继引入法定存款准备金制度作为控制商业银行信用规模的手段。与此相适应,同业拆借市场也得到了较快发展。在经历了较长时间的发展之后,当今西方国家的同业拆借市场,无论是在交易内容、开放程度方面,还是在融资规模、功能作用方面,都发生了深刻的变化。拆借交易不仅发生在银行之间,还出现在银行与其他金融机构之间。以美国为例,同业拆借市场形成之初,市场仅局限于联邦储备银行的会员银行之间。后来,互助储蓄银行和储蓄贷款协会等金融机构也参与了这一市场。20世纪80年代以后,外国银行在美分支机构也加入这个市场。市场参与者的增多,使市场融资规模也迅速扩大。

二、同业拆借市场的交易原理

同业拆借市场主要是银行等金融机构之间相互借贷在中央银行存款账户上的准备金余额,用以调剂准备金头寸的市场。一般来说,任何银行可用于贷款和投资的资金数额都只能小于或等于负债额减法定存款准备金余额。然而,在银行的实际经营活动中,资金的流入和流出是经常化的和不确定的,银行时时刻刻保持在中央银行准备金存款账户上的余额恰好等于法定存款准备金余额是不可能的。如果准备金存款账户上的余额大于法定存款准备金余额,即拥有超额准备金,那么就意味着银行有资金闲置,也就产生了相应的利息收入的损失;如果银行在准备金存款账户上的余额等于或小于法定存款准备金余额,在出现有利的投资机会,而银行又无法筹集到所需资金时,银行就只有放弃投资机会,或出售资产、收回贷款等。为了解决这一矛盾,有多余准备金的银行和存在准备金缺口的银行之间就出现了准备金的借贷。这种准备金余额的买卖活动就构成了传统的银行同业拆借市场。

随着市场的发展,同业拆借市场的参与者开始呈现出多样化的格局,交易对象也不仅限于商业银行的准备金,它还包括商业银行相互间的存款以及证券商和政府拥有的活期存款。拆借的目的除满足准备金要求外,还包括轧平票据交换的差额和解决临时性、季节性的资金要求等,但它们的交易过程都是相同的。

同业拆借市场资金借贷程序简单快捷,借贷双方可以通过电话直接联系,或与市场中介人联系,在借贷双方就贷款条件达成协议后,贷款方可直接或通过代理行经中央银行的电子资金转账系统将资金转入借款方的资金账户上,数秒钟即可完成转账。当贷款归还时,可用同样的方式划转本金和利息,有时利息也可通过向贷款行开出支票进行支付。

三、同业拆借市场的参与者

同业拆借市场的主要参与者首推商业银行。商业银行既是主要的资金供应者,又是主要的资金需求者。由于同业拆借市场期限较短、风险较小,许多银行都把短期闲置资金投放于该市场,以及时调整资产负债结构、保持资产的流动性。特别是那些市场份额有限、承受经营风险能力脆弱的中小银行,更是把同业拆借市场作为短期资金运用的经常性的场所,力图通过该市场提高资产质量、降低经营风险、增加利息收入。

非银行金融机构也是同业拆借市场的重要参与者。非银行金融机构如证券商、互助储蓄银行、储蓄贷款协会等参与同业拆借市场的资金拆借,大多以贷款人身份出现在该市场上,但也有需要资金的时候,如证券商的短期拆入。此外,外国银行的代理机构和分支机构也是同业拆借市场的参与者。市场参与者的多样化,使商业银行走出了过去仅仅重新分配准备金的圈子,同业拆借市场的功能范围进一步扩大,并促进了各种金融机构之间的密切联系。

同业拆借市场中的交易既可以通过市场中介人,也可以直接联系交易。市场中介人指为资金拆入者和资金拆出者之间媒介交易以赚取手续费的经纪商。同业拆借市场的中介人可以分为两类:一类是专门从事拆借市场及其他货币市场子市场中介业务的专业经纪商,如日本的短资公司就属这种类型;另一类是非专门从事拆借市场中介业务的兼营经纪商,大多为大中型商业银行。这些大中型商业银行不仅充当经纪商,其本身也参与该市场的交易。

四、同业拆借市场的拆借期限与利率

同业拆借市场的拆借期限通常以1~2天为限。短至隔夜,多则1~2周,一般不超过1个月,当然也有少数同业拆借交易的期限接近或达到1年的。同业拆借的拆款按日计息,拆息额占拆借本金的比例为拆息率。拆息率每天不同,甚至每时每刻都有变化,其高低灵敏地反映着货币市场资金的供求状况。

在国际货币市场上,比较典型的、有代表性的同业拆借利率有三种,即伦敦银行同业拆借利率(LIBOR)、新加坡银行同业拆借利率和香港银行同业拆借利率。伦敦银行同业拆借利率,是伦敦金融市场上银行间相互拆借英镑、欧洲美元及其他欧洲货币时的利率,由报价银行在每个营业日的上午11时对外报出,分为存款利率和贷款利率两种报价。其资金拆借的期限为1、3、6个月和1年等几个档次。自20世纪60年代初,该利率即成为伦敦金融市场借贷活动中的基本利率。目前,伦敦银行同业拆借利率已成为国际金融市场上的关键利率,一些浮动利率的融资工具在发行时,也以该利率作为浮动的依据和参照物。相比之下,新加坡银行同业拆借利率和香港银行同业拆借利率的生成和作用范围是

两地的亚洲货币市场,其报价方法与拆借期限与伦敦银行同业拆借利率并无差别,但它们在国际金融市场上的地位和作用,则要差得多。

为进一步推动中国的利率市场化,培育中国货币市场基准利率体系,提升金融机构自主定价能力,指导货币市场产品定价,完善货币政策传导机制,上海银行间同业拆放利率(Shanghai Interbank Offered Rate,Shibor)自2007年1月4日起运行。上海银行间同业拆放利率以位于上海的全国银行间同业拆借中心为技术平台计算、发布并命名,是由信用等级较高的银行组成报价团自主报出的人民币同业拆出利率计算确定的算术平均利率,是单利,无担保、批发性利率。对社会公布的Shibor品种包括隔夜、1周、2周、1个月、3个月、6个月、9个月及1年。

Shibor报价银行团由18家商业银行组成。报价银行是公开市场一级交易商或外汇市场做市商,是在中国货币市场上人民币交易相对活跃、信息披露比较充分的银行。全国银行间同业拆借中心受权Shibor的报价计算和信息发布,每个交易日根据各报价行的报价,剔除最高、最低各4家报价,对其余报价进行算术平均计算后,得出每一期限品种Shibor,并于11:00对外发布。为了防止参与银行随意报价、干扰市场,央行建立一套跟踪监控和惩罚制度,以确保Shibor的权威性和代表性。

五、同业拆借市场的特点

相对于其他市场而言,由于同业拆借市场上的交易品种期限短、流动性高、信用要求高,它有着不同于其他市场的特点。

(1) 融通资金的期限比较短,一般是1天、两天或1个星期,最短为几个小时或隔夜,是为了解决头寸临时不足或头寸临时多余所进行的资金融通。然而,发展到今天,拆借市场已成为各金融机构弥补短期资金不足和进行短期资金运用的市场,成为解决或平衡资金流动性和盈利性矛盾的市场,从而临时调剂性市场也就变成短期融资市场。

(2) 严格的市场准入条件。同业拆借基本上是信用拆借,拆借活动有严格的市场准入条件,一般在金融机构或指定某类金融机构之间进行,而非金融机构包括工商企业、政府部门及个人或非指定的金融机构,不能进入拆借市场。有些国家或在某些特定的时期,政府也会对进入此市场的金融机构进行一定的资金限制。例如,只允许商业银行进入,进行长期融资的金融机构不能进入,只允许存款性金融机构进入,不允许证券、信托、保险机构进入等。

(3) 交易手段比较先进,交易手续比较简便,成交的时间也较短。同业拆借市场的交易主要是采取电子交易系统或电话协商的方式进行,是一种无形的市场;达成协议后,就可以通过各自在中央银行的存款账户自动划账清算;或者向资金交易中心提出供求和进行报价,由资金交易中心撮合成交,并进行资金交割划账。

(4) 交易额较大,且一般不需要担保或抵押,完全是一种信用资金借贷式交易。在同业拆借市场上进行资金借贷或融通,没有单位交易额限制,一般也不需要以担保或抵押品作为借贷条件,完全是一种协议和信用交易关系,双方都以自己的信用担保,都严格遵守交易协议。

(5) 利率由供求双方议定,可以随行就市。同业拆借市场上的利率可由双方协商,讨价还价,最后议价成交。因此,同业拆借市场上的利率是一种市场利率,或者说是市场化程度最高的利率,能够充分灵敏地反映市场资金供求的状况及变化。应注意的是,拆借利率应低于中央银行的再贴现率,否则,银行不仅会拒绝向客户办理贴现,而且会争相向中央银行申请再贴现贷款,从而引起混乱。但拆借利率有时也可能低于市场利率(主要在货币头寸供过于求时)。

六、同业拆借市场的功能

在发达的市场经济国家,同业拆借市场是货币市场中最为活跃的市场。发达的同业拆借市场对于促进国家的经济发展、增强中央银行货币政策的有效性、保障国家金融体系的安全运行有着重要的意义。

(1) 同业拆借市场的存在加强了金融机构资产的流动性,保障了金融机构运营的安全性。良好的流动性是金融机构正常运作的基本条件之一,也是金融机构实现经营安全性的前提。同业拆借市场的存在提供了一种增强金融机构流动性的机制,同时也间接保障了金融机构经营的安全性。由于同业拆借市场的存在,金融机构可以比较方便地获得短期的资金融通来弥补资金缺口,从而满足了其流动性的需要。同时,同业拆借的存在又使金融机构不需要通过低价出售资产来维持流动性,这在一定程度上又保障了金融机构的经营安全。因此,金融机构通过同业拆借加强了资产的流动性和运营的安全性,优化了资产和负债的组合。

(2) 同业拆借市场的存在提高了金融机构的盈利水平。通过拆借市场,金融机构一方面可以将暂时盈余的资金头寸及时贷放出去,减少资金的闲置,并借此增加资产的总收益;另一方面,金融机构也不必为了维持一定的法定存款准备金而刻意保持较多的超额储备资金,这使金融机构有能力更充分、更有效地运用所有资金,增加盈利性资产的比重,提高总资产的盈利水平。此外,同业拆借市场的存在也有利于金融机构灵活地调整流动性储备,提高资产组合的平均及总体盈利水平。

(3) 同业拆借市场是中央银行制订和实施货币政策的重要载体。首先,同业拆借市场及其利率可以作为中央银行行使货币政策的重要传导机制。中央银行可以通过调节存款准备金率,增加或减少商业银行缴存准备金的数量,使同业拆借市场银根抽紧或放松,使利率上扬或下降,进而带动其他利率变动,最后使信贷需求、投资需求、消费需求发生变化,从而控制商业银行的信贷能力与规模。其次,同业拆借市场的交易价格即同业拆借市场利率,反映了同业拆借市场资金的供求状况,是中央银行货币政策调控的一个重要指标。中央银行可以结合当前的通货膨胀(或通货紧缩)情况、就业率及经济增长率制定适当的货币政策,从而实现宏观金融调控目标。

(4) 同业拆借市场利率往往被视作基础利率,对宏观经济发挥着重要的作用。金融体系"头寸"或"银根"的松紧以及整个社会资金供求的状况往往在同业拆借市场的交易量及价格上得到反映。因此,同业拆借市场的利率也就成了体现资金供求状况的一个重要指标。同业拆借利率的水平及其变化,可以反映出整个金融市场利率的变动趋势以及资金的供求情况,对宏观经济也起着十分重要的作用。因此,有些国家的中央银行将同业拆借市场利率视为货币政策的中间目标。同业拆借市场上的利率也经常被看成基础利率,各金融机构的存放款利率都在此利率基础上进行确定。比如,国际上广为使用的伦敦银行同业拆借利率就被欧洲货币市场、美国金融市场及亚洲美元市场作为基础利率来确定其各种利率水平。

第六节　货币市场共同基金

货币市场共同基金是美国 20 世纪 70 年代以来出现的一种新型投资理财工具。共同基金是将众多小额投资者的资金集合起来,由专门的经理人进行市场运作,赚取收益后按一定的期限及持有的份额进行分配的一种金融组织形式。而对于主要在货币市场上进行运作的共同基金,则称为货币市场共同基金。

一、货币市场共同基金的发展历史

货币市场共同基金最早出现在 1972 年。当时,由于美国政府出台了限制银行存款利率的 Q 条例,银行存款对许多投资者的吸引力下降,他们急于为自己的资金寻找到新的能够获得货币市场现行利率水平的收益途径。货币市场共同基金正是在这种情况下产生的。它能将许多投资者的小额资金集合起来,由专家操作。货币市场共同基金出现后,其发展速度是很快的。目前,在发达的市场经济国家,货币市场共同基金在全部基金中所占比重最大。与股票型基金和债券型基金不同,货币市场基金的投资对象主要是国库券、银行承兑汇票、大额可转让定期存单和商业票据等货币市场投资品种,故称货币市场基金。它通过提高投资的流动性而降低了投资的风险性。

二、货币市场共同基金的市场运作

(一) 货币市场共同基金的发行及交易

货币市场共同基金一般属于开放式基金,即其基金份额可以随时购买和赎回。当符合条件的基金经理人设立基金的申请经有关部门许可后,它就可着手基金份额的募集。投资者认购基金份额与否一般依据基金的招募说明书来加以判断。基金的发行方式有公募与私募两种。具体来说,基金的发行可采取发行人直接向社会公众招募、由投资银行或证券公司承销或通过银行及保险公司等金融机构进行分销等办法。

基金的初次认购按面额进行,一般不收或收取很少的手续费。由于开放式基金的份额总数是随时变动的,因此,货币市场共同基金的交易实际上是指基金购买者增加持有或退出基金的选择过程。但货币市场共同基金与其他投资于股票等证券交易的开放式基金不同,其购买或赎回价格所依据的净资产值是不变的,一般是每个基金单位 1 元。同时,对基金所分配的盈利,基金投资者可以选择是转换为新的基金份额还是领取现金。一般情况下,投资者用投资收益再投资,增加基金份额。由于货币市场基金的净资产值是固定不变的,因此,衡量该类基金表现好坏的标准就是其投资收益率。

（二）货币市场共同基金的特征

货币市场共同基金首先是基金中的一种，同时，它又是专门投资货币市场工具的基金，除了具有一般基金的专家理财、分散投资等特点外，货币市场共同基金还具有如下一些投资特征。

（1）投资于货币市场中高质量的证券组合。货币市场共同基金是规避利率管制的一种金融创新，其产生的目的最初是给投资者提供稳定或高于商业银行等存款金融机构存款利率的市场利率水平。因此，货币市场共同基金产生之后，就在各种短期信用工具中选择组合投资。早期的货币市场共同基金所投资的证券级别是没有限制条款的，但一些货币市场共同基金为追求高回报而投资于高风险的证券，导致其发生巨额亏损，损害了投资者的利益，从而引起了监管者的重视。这样，1991年2月，美国证券交易委员会要求货币市场共同基金提高在顶级证券上的投资比例，规定其投资在顶级证券低一档次的证券数量不超过5%，对单个公司发行的证券的持有量不超过其净资产的1%。这里的顶级证券是指由一些全国性的证券评级机构中的至少两家评定在其最高的两个等级之中。由于货币市场共同基金投资的高质量证券具有流动性高、收益稳定、风险小等特点，而资金较少的小投资者除了在货币市场上可以购买国库券外，一般不能直接参与货币市场交易，货币市场共同基金的出现满足了一部分小额资金投资者投资货币市场获取稳定收益的要求，因此受到投资者的青睐。

（2）提供一种有限制的存款账户。货币市场共同基金的投资者可以签发以其基金账户为基础的支票来取现或进行支付。这样，货币市场共同基金的份额实际上发挥了获得短期证券市场利率的支票存款的作用。尽管货币市场共同基金在某种程度上可以作为一种存款账户使用，但它们在法律上并不算存款，因此不需要提取法定存款准备金及受利率最高限的限制。当然，货币市场共同基金账户所开支票的数额是有最低限额要求的，一般不得低于500美元。另外，许多基金还提供客户通过电报电传方式随时购买基金份额或取现等的方便。

（3）受到的法规限制相对较少。由于货币市场共同基金本身是一种绕过存款利率最高限的金融创新，因此，最初的发展中对其进行限制的法规几乎没有，其经营较为灵活。如加在商业银行及其他储蓄机构上的利率上限的限制，对未到期的定期存款的提取要收取罚金等。这使货币市场共同基金在和银行等相关金融机构在资金来源的竞争中占有一定的优势。货币市场共同基金也不用缴纳存款准备金，所以，即使是保持和商业银行等储蓄性金融机构一致的投资收益，由于其资金的运用更充分，其所支付的利息也会高于银行储蓄存款利息。相对较少的法规限制使货币市场共同基金可以负担比银行传统存款更高的利息。

（三）货币市场共同基金的发展方向

货币市场共同基金的发展方向取决于其在金融市场中的作用。只有被市场需要的交易手段和机构，才能不断发展。从目前的发展趋势看，货币市场共同基金的一部分优势仍得以保持，如专家理财、投资于优等级的短期债券等，但另一些优势正逐渐被侵蚀。其主要表现在三个方面。

（1）货币市场共同基金没有获得政府有关金融保险机构提供的支付保证。货币市场共同基金提供支票账户，因此在某种程度上可被看作一种存款性金融机构，但政府存款保险公司不为货币市场共同基金的投资者的资金提供存款保险。这在经营出现风险时容易导致投资者的损失，使基金在市场竞争中不利于争取稳健投资者的参与，尤其是在20世纪80年代以来银行业的经营风险增大、银行倒闭事件增多的情况下。尽管一些基金组织尝试建立私人保险机构或采取限制投资方向如将基金资金只投资于无风险的政府债券上等措施，但并不能完全消除投资者的担忧。

（2）投资于货币市场共同基金的收益和投资于由银行等存款性金融机构创造的货币市场存款账户的收益差距正在消失。一是银行面对竞争，在不断地推出新的更有吸引力的信用工具；二是货币市场共同基金受到管制较少的历史正逐渐成为过去。货币市场共同基金在追求高收益的过程中，必然伴随着高风险。一些货币市场共同基金出现了巨额的亏损，给基金持有人带来了损害，这导致了政府的干预。以美国为例，1991年美国证券交易委员会对货币市场共同基金投资的短期证券的级别做了限制，1996年还加强了对货币市场共同基金投资于风险较大的衍生金融证券的限制。这表明政府监管机构逐渐加强对货币市场共同基金的监管。

（3）货币市场共同基金因其易受挤兑造成了美国经济的系统性风险。货币市场共同基金的大规模撤出迫使其停止购买新资产并大规模折价出售现有资产，在2008年金融危机期间甚至出现了跌破面值触发的赎回潮。资金从货币市场共同基金的大规模撤出使依靠货币市场共同基金的短期融资市场冻结，对实体经济造成了直接负面影响。

虽然货币市场共同基金的发展面临着一些问题，但货币市场共同基金并不会从市场上消失。它们仍将和其他存款性金融机构在竞争中一道发展。在这个过程中，货币市场共同基金将面临兼并重组要求，通过优胜劣汰、不断创新，以求在市场竞争中立足。

重要概念

货币市场　国库券　同业拆借市场　回购协议　逆回购协议　票据　商业票据市场　银行承兑票据　大额可转让定期存单　货币市场共同基金

思考练习题

1. 货币市场的界定标准是什么？它包括哪些子市场？
2. 国库券通过拍卖方式发行有哪些优点？
3. 为什么国库券市场具有明显的投资特征？
4. 商业票据市场和银行承兑票据市场有哪些联系和区别？
5. 大额可转让定期存单市场是如何产生的？有哪些特征？
6. 回购协议交易中的信用风险是怎样产生的？如何减少信用风险？
7. 对银行来说，运用回购协议市场作为资金来源的优势有哪些？

8. 简述同业拆借市场的主要参与者及利率形成机制。
9. 货币市场共同基金有哪些特征？

案例讨论

中国大额可转让定期存单市场发展历程

货币市场在我国属于新兴的金融市场。经过多年的发展，我国的货币市场已初具规模，并带动相关衍生品的形成与发展。但我国货币市场的发展一直相对缓慢，在大额可转让定期存单市场中表现得尤为突出。

1 我国大额可转让定期存单市场的发展历程

发行大额可转让定期存单的目的是稳定存款、扩大资金来源。中国银行的大额可转让定期存单业务随着相关政策的变化经历了曲折的发展历程。

早在1986年交通银行即已经首先引进和发行大额可转让定期存单，1987年中国银行和工商银行相继发行大额可转让定期存单。当时大额可转让定期存单的利率比同期存款上浮10%，同时又具有可流通转让的特点，集活期存款流动性和定期存款盈利性的优点于一身，因而面世以后即深受欢迎。

由于全国缺乏统一的管理办法，在期限、面额、利率、计息、转让等方面的制度建设一度出现混乱，因此中国人民银行于1989年5月下发了《大额可转让定期存单管理办法》，对大额可转让定期存单市场的管理进行完善和规范。中央银行当时规定：对个人发行的存单面额为500元及其整数倍，对单位发行的存单面额为5万元及其整数倍，存单的期限分别为1个月、3个月、6个月及1年。1990年5月，中央银行下达通知规定，向企事业单位发行的大额可转让定期存单，其利率与同期存款利率持平，向个人发行的大额可转让定期存单利率比同期存款上浮5%，由此导致大额可转让定期存单的利率优势尽失，大额可转让定期存单市场陷入停滞状态。1996年，中国人民银行重新修改了《大额可转让定期存单管理办法》。第二章第九条规定：对城乡居民个人发行的大额可转让定期存单，面额为1万元、2万元、5万元；对企业、事业单位发行的大额可转让定期存单，面额为50万元、100万元和500万元；第十条规定：大额可转让定期存单的期限为3个月、6个月和12个月，存单不分段计息，不能提前支取，到期时一次性还本付息，逾期部分不计付利息；存单全部通过银行，由营业柜台向投资者发放，不须借助中介机构。存单的利率水平一般是在同期期限的定期储蓄存款利率的基础上再加1~2个百分点，弹性不大，银行以大额可转让定期存单吸收的存款需向中央银行缴存准备金。

然而，由于没有给大额可转让定期存单提供一个统一的交易市场，同时大额可转让定期存单出现了很多问题，特别是盗开和伪造大额可转让定期存单进行诈骗等犯罪活动十分猖獗，中国人民银行于1997年暂停审批银行的大额可转让定期存单发行申请，大额可转让定期存单业务因而实际上被完全暂停。其后，大额可转让定期存单再次淡出人们的视野。

随着利率市场化程度的提高，2013年12月7日，中国人民银行发布《同业存单管理暂行办法》，允许金融机构在银行间市场发行大额可转让同业存单(NCD)。该办法规定，同业存单的投资和交易主体为全国银行间同业拆借市场成员、基金管理公司及基金类产品。2015年6月2日,中国人民银行公布了《大额存单管理暂行办法》,允许存款类金融机构向公众发行大额存单,存单利率不受政府控制。个人投资人认购大额存单起点金额不低于30万元,机构投资人认购大额存单起点金额不低于1 000万元。大额存单期限包括1个月、3个月、6个月、9个月、1年、18个月、2年、3年和5年共9个品种。大额存单发行利率以市场化方式确定。固定利率存单采用票面年化收益率的形式计息,浮动利率存单以上海银行间同业拆借利率为浮动利率基准计息。个人投资人认购大额存单起点金额2016年调整为20万元,之后一直执行最低20万元的起购门槛。但在2018年之后,大额存单的门槛更加丰富,增加了50万、100万元的起购门槛,门槛越高,对应的利率也越高。

2　我国大额可转让定期存单市场发展的经验与教训

大额可转让定期存单虽然在国外得到了很好的发展,但在中国却"水土不服"。由对中国大额可转让定期存单市场发展历程的回顾,可以得到一些经验与教训。

(1) 利率市场化程度尚未成熟是以前发展大额可转让定期存单市场的最大障碍。过去由于中国资金供求关系紧张,出于对高息揽存问题的担心,中央银行对大额可转让定期存单利率进行严格管制,导致大额可转让定期存单的吸引力尽失。由于利率管制,中国以前大额可转让定期存单市场的发展并非由银行出于自身的需要而进行创新所主导,而更大程度上是由监管机构所主导,银行的创新活动受到严重的限制。

(2) 无法保证流动性是大额可转让定期存单无法发展的重要原因。由于10多年以前,中国二级证券市场还没有完全形成,人们的投资意识不强,大额可转让定期存单在很大程度上欠缺流动性,形成可转让存单难以转让的状况。而且,由于存单难以转让还导致很多问题,同时我国尚没有一家专门办理票据贴现和转让的机构,货币市场交易商和经销商缺乏,不能起到活跃货币市场的作用,无法形成活跃的二级市场,投资者无法随时变现,也就不能发挥存单的流动性作用,达不到发行存单的最终目的。

(3) 金融市场的技术条件难以满足存单市场发展的需要。例如,按大额可转让定期存单管理有关规定,记名大额可转让定期存单可办理挂失,10天后补发新存单。而记名存单转让时由买卖双方和证券交易机构背书即可生效,由于技术条件所限,原发行银行无法掌握大额可转让定期存单的转让情况,从而给存单到期兑现带来麻烦,而且制度的缺失也导致了银行资金的损失。正是由于技术条件所限,金融基础设施不完备导致当时以大额可转让定期存单为媒介的各种犯罪活动相当猖獗。

3　结束语

根据国外经验,大额可转让定期存单可以作为存款利率上限的突破口。一旦大额可转让定期存单在利率上放开,由投资者和银行通过市场机制定价,并且在大规模发行的基础上保证足够的市场流动性,那么在一定程度上,利率市场化改革就已经取得最重要的突破。因此,发展大额可转让定期存单市场对中国金融市场来说不仅仅是一种金融工具创新,更重要的是,它是中国利率市场改革相当重要的一步。因此对于我国大额可转让定期存单市场将如何发展,我们还需要很多思考。

资料来源:潘成夫.大额可转让定期存单市场重建及相关问题分析[J].经济与管理,2006(9):34-36.融360数科研究院.大额存单四年之变:从默默无闻到新宠[EB/OL].(2019-06-21). https://xueqiu.com/7630587018/128543152.

启发思考题

1. 大额可转让定期存单与定期存款有何区别？
2. 本案例表明我国大额可转让定期存单市场存在哪些缺陷？
3. 通过本案例，你认为我国是否有必要继续发展大额可转让定期存单市场？
4. 如果你是政策制定者，你对我国大额可转让定期存单市场未来的发展有何建议？

 即测即练

第三章 债券市场

本章学习目标

1. 掌握债券市场的定义和分类。
2. 了解债券的发行主体、发行和流通。
3. 掌握债券收益率的计算、了解债券的定价原理。
4. 掌握债券的价值评估方法。

引导案例

绿色债券助力比亚迪转型

改革开放以来,我国经济实现高速发展的同时,我国的生态环境破坏、污染问题日益凸显,这不利于我国经济社会的长期可持续发展。为了改变现状,国家提出构建绿色低碳循环发展的经济体系和清洁低碳、安全高效的新型能源体系。在此背景下,新能源汽车行业兴起。然而,新能源汽车产业的发展需要高水平的技术创新和大量的研发投入。

绿色债券是一种将借款资金专门用于支持符合规定条件的绿色产业、绿色项目或绿色经济活动,依照法定程序发行并按约定还本付息的有价证券。其不仅可以满足新能源汽车企业的融资需求,同时也响应了国家产业政策的号召,为促进新能源汽车的技术创新和扩大产能以及提升国际竞争力提供资金支持。

比亚迪股份有限公司(以下简称"比亚迪公司")是一家拥有汽车和新能源产业的高新技术企业,主要从事新能源汽车生产、动力电池生产、光伏业务等。公司在新能源汽车销量上一直位于行业龙头地位。随着新能源汽车行业的飞速发展,面对日益激烈的市场竞争,为了稳固市场地位及竞争优势,比亚迪公司积极寻求外部融资以获得长期稳定的资金投入用于生产扩建与创新研发,在获得国家发改委发行绿色债券的核准批复后,分别在2018年、2019年发行规模为10亿元、票面利率为4.98%、期限为5年的绿色债券。其中,10亿元资金流向新能源汽车及零部件和电池材料等符合国家产业政策的绿色项目。这些项目的建设保证比亚迪公司的竞争优势,具有良好的社会效益和经济效益,又符合国家的政策导向,为新能源汽车企业融资提供参考。

资料来源:绿色债券助力比亚迪转型!揭秘其发行动因,将如何影响汽车行业?[EB/OL].(2023-09-16). https://www.yoojia.com/video/9236382142119535463.html.

第一节 债券市场概述

一、债券的概念

债券是投资者向政府、公司或金融机构提供资金的债权债务合同,该合同载明发行者在指定日期支付利息并在到期日偿还本金的承诺,其要素包括期限、面值与利息、税前支付利息、求偿等级、限制性条款、抵押与担保及选择权(如赎回与转换条款)。这些要素使债券具有与股票不同的特征,两者的区别如下。

(1)股票一般是永久性的,因而是无须偿还的;而债券是有期限的,到期日必须偿还本金,且每半年或1年支付一次利息,因而对于公司来说,若发行过多的债券就可能资不抵债而破产,而公司发行越多的股票,其破产的可能性就越小。

(2)股东从公司税后利润中分享股利,而且股票本身增值或贬值的可能性较大;债券持有者则从公司税前利润中得到固定利息收入,而且债券面值本身增值或贬值的可能性不大。

(3)在求偿等级上,股东的排列次序在债权人之后,当公司由于经营不善等原因破产时,债权人有优先取得公司财产的权力,其次是优先股股东,最后才是普通股股东。但通常,破产意味着债权人要蒙受损失,因为剩余资产不足以清偿所有债务,这时债权人实际上成了剩余索取者。尽管如此,债权人无权追究股东个人资产。同时,债券按索取权的排列次序也区分为不同等级,高级债券是指具有优先索取权的债券,而低级或次级债券是指索取权排名于一般债权人之后的债券,一旦公司破产清算,先偿还高级债券,然后才偿还低级或次级债券。

(4)限制性条款涉及控制权问题,股东可以通过投票来行使剩余控制权,而债权人一般没有投票权,但他可能要求对大的投资决策有一定的发言权,这主要表现在债务合同常常包括限制经理及股东职责的条款,如在公司进行重大的资产调整时要征求大债权人的意见;另外在公司破产的情况下,剩余控制权将由股东转移到债权人手中,债权人有权决定是清算公司还是重组公司。

(5)权益资本是一种风险资本,不涉及抵押担保问题,而债务资本可要求以某一或某些特定资产作为保证偿还的抵押,以提供超出发行人通常信用地位之外的担保,这实际上降低了债务人无法按期还本付息的风险,即违约风险或称信用风险。

(6)在选择权方面,股票主要表现为可转换优先股和可赎回优先股,而债券则更为普遍。一方面,多数公司在公开发行债券时都附有赎回条款,在某一预定条件下,由公司决定是否按预定价格(一般比债券面值高)提前从债券持有者手中购回债券。另一方面,许多债券附有可转换性,这些可转换债券在到期日或到期日之前的某一期限内可以按预先确定的比例(称为转换比率)或预先确定的价格(转换价格)转换成股票。

二、债券的种类

债券的种类繁多,按发行主体不同可分为政府债券、公司债券和金融债券三大类,而各类债券根据其要素组合的不同又可细分为不同的种类。

（一）政府债券

政府债券是指中央政府、政府机构和地方政府发行的债券，它以政府的信誉做保证，因而通常无须抵押品，其风险在各种投资工具中是最小的。

1. 中央政府债券

中央政府债券是中央政府财政部发行的以国家财政收入为保证的债券，也称国债或国家公债。其特点首先表现为一般不存在违约风险，故又称"金边债券"；其次是可享受税收优惠，其利息收入可豁免所得税。

在美国，国债按期限可分为1年以内的短期国库券、1年到10年的中期国债和10年到30年长期国债，前者属货币市场工具，是一种贴现证券，后两者属资本市场工具，是一种息票证券，通常是每6个月付一次息，到期偿还本金。此外，按是否与物价挂钩，国债可分为固定利率公债和保值公债。前者在发行时就确定名义利率，投资者得到的真实利率取决于投资期的通货膨胀率，而后者的本金则随通货膨胀指数做调整，利息是根据调整后的本金支付的，因而不受通货膨胀影响，可以保护债券的价值。

按债券形式，我国目前发行的国债可分为记账式国债和储蓄式国债两种。记账式国债是以电子记账形式记录债权，由财政部面向全社会各类投资者发行，可以记名、挂失、上市和转让的国债品种，由于记账式国债的发行和交易均采用无纸化形式，所以效率高、成本低、交易安全性好。储蓄式国债是政府面向个人投资者发行、以吸收个人投资者储蓄资金为目的，满足长期储蓄性投资需求，不可流通且记名的国债品种。在持有期内，持券人如遇特殊情况需要提取现金，可以到购买网点提前兑换。按记录债权形式的不同，国债又分为凭证式国债和电子式储蓄国债。凭证式国债以"凭证式国债收款凭证"记录债权，电子式储蓄国债以电子方式记录债权。

2. 政府机构债券

在美国、日本等不少国家，除了财政部外，一些政府机构也可发行债券。这些债券的收支偿付均不列入政府预算，而是由发行单位自行负责。有权发行债券的政府机构有两种：一种是政府部门机构和直属企事业单位，如美国联邦住宅和城市发展部下属的政府全国抵押贷款协会(GNMA)；另一种是虽然由政府主办却属于私营的机构，如联邦国民抵押贷款协会(FNMA)和联邦住宅抵押贷款公司(FHLMC)。这些政府有关机构或资助企业具有某些社会功能，它们通过发行债券的经济部门增加信贷资金以及降低融资成本，其债券最终由中央政府做后盾，因而信誉也很高。

3. 地方政府债券

在多数国家，地方政府都可以发行债券，这些债券也由政府担保，其信用风险仅次于国债及政府机构债券，同时也具有税收豁免特征。若按偿还的资金来源，其可分为普通债券和收益债券两大类。普通债券是以发行人的无限征税能力为保证来筹集资金用于提供基本的政府服务，如教育、治安、防火、抗灾等，其偿还列入地方政府的财政预算。收益债券则是为了给某一特定的盈利建设项目(如公用电力事业、自来水设施、收费公路等)筹资而发行的，其偿付依靠这些项目建成后的营运收入。

由于存在融资方式不规范、资金用途不透明等问题,我国自1995年开始实施的《中华人民共和国预算法》禁止发行地方政府债券,但在2009年3月政府工作报告中提出安排发行地方政府债券2 000亿元,地方政府债券"禁止条令"得以解除。2010年以来,地方政府债券发行规模不断上升,在2017年发行规模首次超过国债。截至2021年,从规模来看,地方政府债券已跃居为仅次于金融债的第二大债券品种。

(二) 公司债券

公司债券是公司为筹措营运资本而发行的债券,该合同要求不管公司业绩如何都应优先偿还其固定收益,否则将在相应破产法的裁决下寻求解决,因而其风险小于股票,但比政府债券高。公司债券的种类很多,通常划分如下。

1. 按抵押担保状况可分为信用债券、抵押债券、担保信托债券和设备信托证

(1) 信用债券。信用债券是完全凭公司信誉,不提供任何抵押品而发行的债券。其持有者的求偿权排名于有抵押债权人对抵押物的求偿权之后,对未抵押的公司资产有一般求偿权,即和其他债权人排名相同,发行这种债券的公司必须有较好的声誉,一般只有大公司才能发行而且期限较短,利率较高。

(2) 抵押债券。抵押债券是以土地、房屋等不动产为抵押品而发行的一种公司债,也称固定抵押公司债。如果公司不能按期还本付息,债权人有权处理抵押品以资抵偿。在以同一不动产为抵押品多次发行债券时,应按发行顺序分为第一抵押债券和第二抵押债券,前者对抵押品有第一置留权,首先得到清偿;后者只有第二置留权,只能待前者清偿后,用抵押品的剩余款偿还本息。

(3) 担保信托债券。担保信托债券是以公司特有的各种动产或有价证券为抵押品而发行的公司债券,也称流动抵押公司债。用作抵押品的证券必须交由受托人保管,但公司仍保留股票表决及接受股息的权利。

(4) 设备信托证。设备信托证是指公司为了筹资购买设备并以该设备为抵押品而发行的公司债券。发行公司购买设备后,即将设备所有权转交给受托人,再由受托人以出租人的身份将设备租赁给发行公司,发行公司则以承租人的身份分期支付租金,由受托人代为保管及还本付息,只有债券本息全部还清后,该设备的所有权才转交给发行公司。这种债券常用于铁路、航空或其他运输部门。

2. 按利率可分为固定利率债券、浮动利率债券、指数债券和零息债券

(1) 固定利率债券。固定利率债券也称定息债券或直接债券,是指事先确定利率,每半年或1年付息一次,或一次还本付息的公司债券。这种公司债券最为常见。

(2) 浮动利率债券。浮动利率债券是在某一基础利率(如同期限的政府债券收益率、优惠利率、LIBOR等)之上增加一个固定的溢价,如100个基点即1%,以防止未来市场利率变动可能造成的价值损失。对某些中小型公司或状况不太稳定的大公司来说,固定利率债券发行困难或成本过高时,可考虑选择浮动利率债券。

(3) 指数债券。指数债券是通过将利率与通货膨胀率挂钩来保证债权人不致因物价上涨而遭受损失的公司债券,挂钩办法通常为:债券利率=固定利率+通胀率+固定利率×通胀率。有时,用来计算利息的指数并不与通胀率联系,而与某一特定的商品价格(如油价、金价等)挂钩,这种债券又称商品相关债券。

(4) 零息债券。零息债券即以低于面值的贴现方式发行,到期按面值兑现,不再另付利息的债券,它与短期国库券相似,可以省去利息再投资的麻烦,但该债券价格对利率变动极为敏感。

3. 按内含选择权可分为可赎回债券、偿还基金债券、可转换债券和带认股证的债券

(1) 可赎回债券。可赎回债券是指公司债券附加可提前赎回和以新偿旧条款,允许发行公司选择于到期日之前购回全部或部分债券。当市场利率降至债券利率之下时,赎回债券或代之以新发行的低利率债券对债券持有人不利,因而通常规定在债券发行后至少5年内不允许赎回。

(2) 偿还基金债券。偿还基金债券是要求发行公司每年从盈利中提存一定比例存入信托基金,定期偿还本金,即从债券持有人手中购回一定量的债券。这种债券与可赎回债券相反,其选择权在债券持有人一方。

(3) 可转换债券。可转换债券是指公司债券附加可转换条款,赋予债券持有人按预先确定的比例(转换比率)转换为该公司普通股的选择权。大部分可转换债券都是没有抵押的低等级债券,并且是由风险较大的小型公司所发行的。这类公司筹措债务资本的能力较低,使用可转换债券的方式将增强对投资者的吸引力;另外,可转换债券可被发行公司提前赎回。

(4) 带认股证的债券。带认股证的债券是指公司债券可把认股证作为合同的一部分附带发行。与可转换债券一样,认股证允许债券持有人购买发行人的普通股,但对于公司来说,认股证是不能赎回的。

(三) 金融债券

金融债券是银行等金融机构为筹集信贷资金而发行的债券。在西方国家,由于金融机构大多属于股份公司组织,故金融债券可纳入公司债券的范围。

发行金融债券,表面看来和银行吸收存款一样,但由于债券有明确的期限规定,不能提前兑现,所以筹集的资金要比存款稳定得多。更重要的是,金融机构可以根据经营管理的需要,主动选择适当时机发行必要数量的债券以吸引低利率资金,故金融债券的发行通常被看作银行资产负债管理的重要手段,而且,由于银行的资信度比一般公司要高,金融债券的信用风险也较公司债券低。

除了按发行主体不同分类外,债券还可以按偿还期限长短分为短期债券、中期债券和长期债券。短期债券是指偿还期限在1年以内的债券,属于货币市场的金融工具。而偿还期限在1年以上者则为中长期债券。中期债券和长期债券之间并没有统一的划分标准。有的国家以3~5年为界,有的国家则以10年为界,如在美国超过10年的就称为长期债券。根据中国企业债券的期限划分,短期企业债券期限在1年以内,中期企业债券期限在1年以上5年以内,长期企业债券期限在5年以上。有时国债与企业债券可长达100年之久。中长期债券是资本市场上的重要金融工具。

第二节 债券的发行与流通

一、债券的发行市场

债券的发行与股票类似,不同之处主要有发行合同书和债券评级两个方面。同时,由于债券是有期限的,因而其一级市场多了一个偿还环节。

(一)发行合同书

发行合同书也称信托契据,是说明公司债券持有人和发行债券公司双方权益的法律文件,由受托管理人(通常是银行)代表债券持有人利益监督合同书中各条款的履行。

债券发行合同书一般很长,其中各种限制性条款占很大篇幅。对于有限责任公司来说,一旦资不抵债而发生违约,债权人的利益会受损害,这些限制性条款就是用来设法保护债权人利益的,其一般可分为否定性条款和肯定性条款。

1. 否定性条款

否定性条款是指不允许或限制股东做某些事情的规定。最一般的否定性条款是有关债券清偿的条款,如利息和偿还基金的支付,只要公司不能按期支付利息或偿还基金,债券持有人就有权要求公司立即偿还全部债务。

典型的否定性条款对追加债务、分红派息、营运资金水平与财务比率、使用固定资产抵押、变卖或购置固定资产、租赁、工资以及投资方向等都可能作出不同程度的限制。这些限制实际上为公司设置某些最高限。

有些债券还包括"交叉"违约条款,该条款规定,对于有多笔债务的公司,只要对其中一笔违约,则认为公司对全部债务违约。

2. 肯定性条款

肯定性条款是指公司应该履行某些责任的规定,如要求营运资金、权益资本达到一定水平以上。这些肯定性条款可以理解为对公司设置某些最低限。

无论是肯定性条款还是否定性条款,公司都必须严格遵守,否则可能导致违约。但在违约的情况下,债权人并不总是急于追回全部债务,一般情况下会设法由债券受托管理人找出变通办法,要求公司改善经营管理,迫使公司破产清算一般是债权人的最后手段,因为破产清算对于债权人通常并不是最有利的。

(二)债券评级

债券违约风险的大小与投资者的利益密切相关,也直接影响着发行者的筹资能力和成本。为了较客观地估计不同债券的违约风险,通常需要由中介机构进行评级。债券的信用评级是指由专门的信用等级机构根据发行人提供的信息材料,通过调查、预测等手段,运用科学的分析方法,对拟发行的债券资金使用的合理性和按期偿还债券本息的能力及其风险程度所作出的综合评价。

1. 信用评级的目的

虽然债券公开发行要求发行人公布与债券发行有关的信息，但是由于所公布的信息内容较多、专业性较强，并不是所有投资者都能够根据公布的信息准确判断发行人的偿债能力。为此，债券评级机构使用简略易懂的符号，向投资者提供有关债券风险性的实质信息，以供投资者作出债券投资的决策。多数国家并不强迫发行者采取债券评级，但是，由于没有经过评级的债券在市场上往往很难被市场投资者所接受，因此，在市场上公开发行债券的发行人都自愿向债券评级公司申请评级。

2. 信用评级的依据

对债券的信用评级并不是评价各种债券的市场价格、市场销路和证券投资收益，而是评价该债券发行人的偿债能力、资信状况和投资者承担的风险水平。表3.1归纳了债券评级机构在债券评级过程中所依据的三个主要因素。

表3.1 信用评级的依据

债券发行人的偿债能力	预期盈利
	负债比例
	能否按期还本付息
债券发行人的资信状况	金融市场的信誉
	历次偿债情况
	历史上是否如期偿还债务
投资者承担的风险水平	破产可能性的大小
	破产后债权人所能受到的保护程度
	破产后债权人所能得到的投资补偿程度

3. 信用评级的等级

在信用评级机构中，最具权威性的是标准普尔公司和穆迪公司。表3.2和表3.3分别是这两家公司的等级评定系统。

表3.2 标准普尔等级评定系统

级 别	说 明
AAA	最高级：债务人有非常强的本息偿还能力
AA	高级：债务人有很强的本息偿还能力
A	中上级：债务人本息偿还能力强，但可能受到经济因素和环境变化的不良影响
BBB	中级：债务人有充分的本息偿还能力，但受经济因素和环境变化的影响较大
BB	中低级：不断发生一些可能导致不安全能力的事件
B	投机级：具有可能损害其本息偿还能力或意愿的不利情况
CCC	强投机级：现在就有可能违约
CC	超强投机级：次于CCC
C	保留收入债券：已经停止付息，但还保留收入
D	残值证券：不可能偿还本息，只能按一定比例兑付残值

表 3.3 穆迪等级评定系统

级别	说明
Aaa	最佳:质量最高,风险最小,本息偿还有充分的保证,又被称为"金边债券"
Aa	高级:证券保护措施不如 Aaa 级,且其中某些因素可能使远期风险略大于 Aaa 级
A	中高级:担保偿付本息的措施适当,但含有某些将起损害作用的因素
Baa	中低级:偿付本息的措施在短期内适当,但远期不适当
Ba	投机级:担保本息偿付的措施似乎可以,但有投机因素和其他不确定因素
B	不宜长期投资:不具备吸引投资的特点,长远看本息偿付的保护不可靠
Caa	较差:属于低等级债券,本息偿付将被延误,甚至危及支付
Ca	有较高投机性:经常发生本息推迟偿付或者其他明显问题
C	最低等级债券

4. 信用评级的主要内容

公司债券信用评级的内容主要包括对发行公司的经营环境、法人治理结构与内部风险管理体制、主要风险与管理、财务分析、债权保护条款等方面的分析。

1) 经营环境

经营环境方面主要考察发行公司所处的经济环境、行业环境、监管状况和社会环境。

2) 法人治理结构与内部风险管理体制

此方面主要考察发行公司的股权结构、股东的性质及股东对公司经营的支持与限制,领导者素质及员工素质,公司治理结构(股东大会、董事会、监事会、经营管理团队之间的实际运作机制)等。

3) 主要风险与管理

此方面主要考察发行公司的信用风险、流动性风险、市场风险等。

(1) 信用风险。信用风险的评估主要包括定性分析与定量分析。定性分析的主要内容是发行公司贷款的决策程序、风险控制标准与措施、呆坏账的处置政策、有关法规等。定量分析主要是根据行业水平、监管要求、合理标准等,进行有关指标的比较和分析,并对未来走势进行预测。这些指标主要有不良资产/贷款总额、准备金/不良资产、不良资产/(所有者权益+准备金),以及资产风险度、贷款的集中度、关联贷款等。

(2) 流动性风险。流动性风险是指发行公司无力为负债的减少或资产的增加提供融资,在极端情况下,流动性不足会造成发行公司的清偿问题。流动性风险的定性评估主要是对发行公司在危机中自行融资能力的评估,包括在市场上筹资与融资的能力、增加资本的能力以及发行公司对流动性问题的重视程度和应急计划。

(3) 市场风险。市场风险是指市场价格的变动导致发行公司表内头寸和表外头寸遭受损失的风险。市场风险主要有汇率风险、利率风险等。汇率风险又称外汇风险或外汇暴露,是指由于汇率的波动而引起公司资产价值涨跌的可能性。利率风险是指发行公司的财务状况在利率出现不利变动时所面临的风险,这种风险不仅影响发行公司的盈利水平,也影响其资产、负债和表外金融工具的经济价值。

4) 财务分析

财务分析主要考察发行公司的盈利能力、偿债能力、杠杆比率、流动性比率以及现金流对总负债比率。

(1) 盈利能力。对发行公司而言,抵御风险的最重要能力是其持续盈利能力。持续盈利能力的基础是发行公司的核心,这包括发行公司获得存款的能力、筹资与融资成本、资金来源的稳定性等,也包括获得优质资产的竞争力、资产的合理组合及资产的盈利能力、资产的适当增长等。除了对历史和现状进行分析外,更重要的是预测其未来情况。主要的定量评估指标包括资产收益率(ROA)与净资产收益率(ROE)。资产收益率是支付利息和税收之前的利润(EBIT)与总资产之比,净资产收益率是净利润与净资产之比。较高的资产收益率与净资产收益率表明公司的盈利能力强,因而在资本市场上更有能力筹资。

(2) 偿债能力。一般用收入与固定成本之比来衡量发行公司的偿债能力,具体包括:利息保障倍数,是支付利息和税收之前的收入与应付利息之比;固定费用偿付比率,是用扣除税收、利息和租金前的净收益总额除以利息、租金和调整税项后的偿债基金支付款项的总数。低水平或下降的偿债能力比率意味着可能会发生现金流困难。

(3) 杠杆比率。杠杆比率是债务与净资产(即资本)总额之比。过高的杠杆比率表明负债过多,财务负担过重,标志着公司无力获取足够的收益以保证债券的偿还与安全性。

(4) 流动性比率。最常见的两种流动性比率是流动比率(流动资产与流动负债之比)、速动比率(扣除存货之后的流动资产与流动负债之比)。

(5) 现金流对总负债比率。现金流对总负债比率是现金总流量与债务之比。

5) 债权保护条款

所谓债权保护条款,就是发行公司在发行债券时,制定或提供的特别保护措施,如规定债务的优先顺序、由第三方提供担保、建立偿债基金、对公司的利润分配进行限制、公司以自有的资产提供抵押、银行等提供融资便利和授信等。这些措施是防范债券违约风险的重要措施。

(三) 债券的发行方式

按其发行方式和认购对象,债券可分为私募发行与公募发行;按其有无中介机构协助发行,债券可分为直接发行与间接发行。

1. 私募发行与公募发行

私募发行是指面向少数特定投资者的发行。一般来讲,私募发行的对象主要有两类:一是有所限定的个人投资者,一般情况是限于发行单位内部或有紧密联系的单位内部的职工或股东;二是指定的机构投资者,如专业性基金(包括养老退休基金、人寿保险基金等),或与发行单位有密切业务往来的企业、公司等。

公募发行是指公开向社会非特定投资者的发行,充分体现公开、公正的原则。相对于私募发行而言,对发行者来讲,其有利之处在于:一是可以提高发行者的知名度和信用度,从而有利于扩大筹资渠道,享受较有利的筹资条件;二是发行的债券可以上市转让流通,从而提高其流动性和吸引力;三是发行范围广,因而筹资潜力较大;四是发行者和投资者完全处于平等竞争、公平选择的地位,受投资者制约较少。但公募发行也有三点不利之处:一是公募发行的成本较高;二是公募发行的门槛更高;三是发行者需进行更多的信息披露。

2. 直接发行与间接发行

债券不论是私募发行还是公募发行,按其是否需要中介机构予以协助发行,可区分为直接发行和间接发行两种方式。一般而言,私募发行多采用直接发行的方式,而公募发行则多采用间接发行的方式。

直接发行是指债券发行人直接向投资者推销债券,而不需要中介机构进行承销。采用直接发行方式,可以节省中介机构的承销、包销费用,节约发行成本,但需要花费大量的人力和时间进行申报登记、资信评估、征募宣传、债券印制、发信收款等繁杂的工作,同时也需要设立一些发行网点和派出众多发售人员。对此,一些小公司往往难以承受。另外,发行人还要完全承担债券不能按时售完的发行风险。因此,选择直接发行方式的一般都是一些信誉较高、知名度较高的大公司、大企业以及具有众多分支机构的金融机构。

间接发行是指发行人不直接向投资者推销,而是委托中介机构进行承购推销。间接发行可节省人力、时间,减少一定的发行风险,迅速、高效地完成发行。作为承购推销的中介机构,包括投资银行、证券公司、信托投资公司及专业的承销商都具有丰富的承销经验、知识和专门人才,具有雄厚的资金实力、较高的承销信誉、较多的承销网点,以及较灵通的信息,从而使发行推销工作准确、高效、顺利地进行。当然,选择间接发行方式,发行人要支出一笔较大的承销费用,从而增加发行成本。

(四)债券的发行条件

世界各国对债券的发行都进行了限制,必须达到一定的条件方可发行。比如在中国,只有当企业符合一定的要求时才能发行企业债券:即企业债券的发行人必须是经中央银行批准发行的企业法人,是股份有限公司、国有独资公司和两个以上的国有企业或者其他两个以上的国有投资主体投资设立的有限责任公司,是为筹集生产经营资金,方可发行企业债券。我国2020年施行的《中华人民共和国证券法》(以下简称《证券法》)规定,公开发行公司债券必须符合以下条件。

(1) 具备健全且运行良好的组织机构。

(2) 最近3年平均可分配利润足以支付企业债券1年的利息。

(3) 国务院规定的其他条件。另外,《国务院办公厅关于贯彻实施修订后的证券法有关工作的通知》还提出以下内容:一是发行企业应当具有合理的资产负债结构和正常的现金流量;二是鼓励发行企业债券的募集资金投向符合国家宏观调控政策和产业政策的项目建设。

(五)债券的承销过程

当债券的发行人选择间接发行方式时,就需要委托承销商等中介机构对其发行的债券进行承销。债券的承销过程主要包括三个不同的要素:债券发行定价、债券的承销和相关承销成本的分配。

1. 债券发行定价

当首次进行债券发行时,如何对其进行定价是第一个必须解决的问题。承销商知道如果债券发行的息票利率过高,发行人可能会取消发行;而如果发行的息票利率过低,则很少有承销商愿意参与这种承销,因为在出售债券时,过低的利率将使债券很难推销出去。因此,承销商必须把息票利率确定为发行人愿意出售而投资者愿意购买的水平。它们有时采取"预先销售"来确定投资者对所发行债券的兴趣,并确定债券被售出的可能价格。

承销商对债券价格的估计并不是抽象的,它们往往采取以下两种形式。

(1) 当一个特定的发行人将没有发行并公开交易的债券作为新发行债券定价基础时,承销商在可比性的基础上制定它的承诺价格。这一方法是使用具有可比风险和期限的公司作为选择对象,如果没有这样一个可比的经济实体,可以寻找一组经济实体,或现有经济实体的组成部分,经过若干指标的筛选后,可以看作与发行人具有可比性,比照其债券的价格对新发行债券定价。

(2) 当无法获得这种可比性时,可以选择直接计算法。使用这种方法可以对任何债券的定价进行合理性的检验,对现金流量进行估计,通过相关公式计算得出。

2. 债券的承销

债券的承销过程是通过主办承销商、承销辛迪加和销售集团来完成的,具体的承销体系如图 3.1 所示。

在这个体系中,主办承销商组成一个承销辛迪加和一个销售集团,其中每个销售集团成员被分配暂时性的证券份额以向投资者出售。组成一个规模较大的销售集团可以更为广泛地向公众出售债券,以完成承销任务。当债券无法出售时,销售集团的成员只是将债券简单地返还给辛迪加,并不承担任何销售风险。

而承销辛迪加的成员则同意购入无法很快出售给外部投资者的债券作为自己的存货,使自己的资本置于购买债券的风险之下。在一项交易完成之后,由承销辛迪加在金融报刊上发布新债券的发行公告,具体报道发行企业、发行价格、承销辛迪加和销售集团成员等。

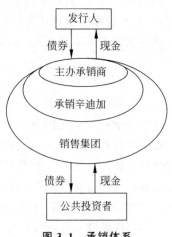

图 3.1 承销体系

3. 相关承销成本的分配

如果发行的债券被全部售出,总的承销利差,即给发行人的担保价格与商定零售价格的价差在参与者之间进行分配(承销人的收入就是发行人在发行债券时所支付的承销成本)。根据每个参与者在承销中所起的作用和所承担的风险,对发行人的承销成本进行分配。具体而言,主办承销商为发行做准备而获得收益;承销辛迪加的成员用它们的资本承担风险获得收益;销售集团成员为销售债券而获得收益。由于它们的作用和所承担的风险各不相同,所以它们的报酬也不尽相同。

对于发行人而言,支付给承销商的费用就是其发行成本,其中主要包括债券印刷费、发行手续费、宣传广告费、律师费、担保抵押费、信用评级和资产重估费用、其他发行费用等。

（六）债券的偿还

债券的偿还一般可分为定期偿还和任意偿还两种方式。

1. 定期偿还

定期偿还是在经过一定宽限期后，每过半年或一年偿还一定金额的本金，到期时还清余额。这一般适用于发行数量巨大、偿还期限长的债券，但国债和金融债券一般不使用该方法。

定期偿还具体有两种方法：第一种是抽签偿还法，即在实行定期偿还的情况下，发行者用抽签的办法决定应偿还债券的号码，又叫强制性偿还。发行者采用这种方法时，对将来偿还的债券按券种和号码分组，通常由发行公司的业务办理行进行抽签，决定应偿还的号码。偿还时，应提前若干天通知业务办理行，抽签后中签者要在报上公布。在偿还时，不论当时的市价如何，均按票面额偿还。中签者都应按规定接受偿还。发行者按中签日计付利息，中签日后的利息不予支付。所以这种偿还方法带有强制性。第二种是买进偿还法，即在定期偿还的条件下，发行者委托证券公司或其他有关中介机构，在二级市场上以市场价格购回其所发行的债券。发行者采用这一方法偿还要向其委托者支付手续费，但不需要像抽签偿还那样支付广告费，而且可以提高债券的流通性。买进偿还方式没有强制性，如果购回额未达到预定偿还额，则发行者可采用抽签偿还与买进偿还并用的方法来完成偿还。采用买进偿还方法时，如果在债券市场价格高于票面额时买进，则对投资者有利；如果在市场价格低于票面额时买进，则对发行者有利。当流通市场上公众大量抛售某债券时，该债券的转让价格便会大幅度下降，尤其下降到低于发行价格或票面额时，发行者为了维护其信誉、增强债券流通性，更应积极买进一定数额债券，借此达到偿还目的。

2. 任意偿还

任意偿还是债券发行一段时间（称为保护期）以后，发行人可以任意偿还债券的一部分或全部，具体操作可根据提前赎回或以新偿旧条款，也可在二级市场上买回予以注销。

投资银行往往是具体偿还方式的设计者和操作者，在债券偿还的过程中，投资银行有时也为发行者代理本金偿还。

二、债券的流通市场

债券的二级市场与股票类似，也可分为证券交易所、场外交易市场以及第三市场和第四市场几个层次。证券交易所是债券二级市场的重要组成部分，在证券交易所申请上市的债券主要是公司债券，国债一般不用申请即可上市，享有上市豁免权。然而，上市债券与非上市债券相比，它们在债券总量中所占的比重很小，大多数债券的交易是在场外市场进行的，场外交易市场是债券二级市场的主要形态。下面将主要介绍债券流通市场中的证券交易市场和柜台交易市场。

（一）证券交易市场

债券的场内交易是指债券在证券交易所上市并进行集中的交易，也称证券交易市场。

能在证券交易所上市交易的债券一般都信用较好,因为证券交易所在接受发行主体的债券上市申请时都要对债券的上市资格进行审查,要求其符合一定的审查标准。证券交易所在审查债券以及债券的发行主体时,一般考虑以下几个方面:①债券的发行规模。这主要是考虑到上市债券的市场安全性,如果债券规模较小,价格易于波动,也较易受大户的操纵。譬如,深圳证券交易所在2017年发布的《深圳证券交易所债券招标发行业务指引》中规定公司信用类债券当期债券发行总规模不少于人民币10亿元。②发行主体的经营质量。这主要是从发行主体的经营效益和稳定性方面作出规定来提高上市债券的安全性。各国证券交易所对发券主体的净资产、收益状况、盈利能力等作出了较高的规定。③债券持有者的分散程度。证券交易所对在其上市的债券要求持有者比较分散,以确保债券较高的流通性。④其他基准。如前3年没有虚假记载等,深圳证券交易所还要求上市债券信用评级不低于AA级。

债券在证券交易所上市一般在交易所内集中进行交易,其交易方式可分为现货交易、期货交易、期权交易和回购交易。企业债券的交易方式与国债等债券的交易方式并无大的不同。在中国,一般企业债券上市品种少,规模也比较小,流通性差,企业债券市场与股票市场、国债市场比起来还处于萌芽阶段,因此目前中国的企业债券只有现货交易,还没有衍生品交易。

(二) 柜台交易市场

未在证券交易所上市的债券并不是不能流通,它通过证券公司作为转让中介进行交易,一般在证券公司的柜台上进行,因此称作柜台交易,也称场外交易。柜台交易市场的发达程度很大程度上与一国的债券上市标准的严格程度相关,场外交易的债券有一些是因为不符合上市标准、信用级别比较低,但另外也有一部分是因为不愿意公开过多的信息或者不愿意其债券持有者变动过于频繁。

在债券的柜台交易市场,证券商一般是自营商,它们用自有资金向客户购买债券,再按一定的差价将债券转让给其他客户或自营商,从差价中获利。

第三节 债券收益率

一、债券收益率的概念

债券收益率,就是衡量债券投资收益通常使用的一个指标,是债券收益与其投入本金的比率,通常用年利率表示。债券的投资收益不同于债券利息,债券利息仅指债券票面利率与债券面值的乘积,它只是债券投资收益的一个组成部分。除了债券利息以外,债券的投资收益还包括价差和利息再投资所得的利息收入,其中价差可能为负值。此外,债券利息再投资时所获得的收益也应纳入债券收益率的计算。

决定债券收益率的主要因素,有债券的票面利率、期限、面值、持有时间、购买价格和出售价格。

二、债券收益率的计算

(一)债券票面收益率

债券票面收益率又称名义收益率或票息率,是债券票面上的固定利率,即年利息收入与债券面额的比率,计算公式为

$$债券票面收益率 = 债券年利息/债券面值 \times 100\% \quad (3.1)$$

(二)债券直接收益率

债券直接收益率又称本期收益率、当前收益率,指债券的年利息收入与买入债券的实际价格之比率,通常每年支付两次,它占了公司债券所产生收益的大部分。直接收益率是债券的年利息除以债券当前的市场价格所计算出的收益率。它并没有考虑债券投资所获得的资本利得或损失。债券直接收益率的计算公式为

$$债券直接收益率 = 债券年利息/债券买入价 \times 100\% \quad (3.2)$$

【例3.1】 一张面额为100元的债券,每年有6元的利息(每6个月3元),发行价格为95元,期限1年,试计算该债券的直接收益率。

$$债券直接收益率 = (6 \div 95) \times 100\% = 6.32\%$$

(三)债券持有期收益率

债券持有期收益率是指买入债券后持有一段时间,又在债券到期前将其出售而得到的收益,包括持有债券期间的利息收入和资本损益与买入债券的实际价格之比率。

若不考虑时间价值,债券持有期收益率常用的计算公式:

$$债券持有期收益率 = \frac{[债券年利息 + (债券卖出价 - 债券买入价)]}{债券买入价 \times 持有年限} \times 100\% \quad (3.3)$$

【例3.2】 某人于2018年1月1日以120元的价格购买了一张面值为100元、利率为10%、每年1月1日支付一次利息的1992年发行的10年期国库券,并持有到2023年1月1日以140元的价格卖出,则

$$债券持有期收益率 = (140 - 120 + 100 \times 10\% \times 5)/(120 \times 5) \times 100\% = 11.7\%$$

(四)债券到期收益率

债券到期收益,是指将债券持有到偿还期所获得的收益,包括到期的全部利息。债券到期收益率又称最终收益率,是投资购买债券的内部收益率,即可以使投资购买债券获得的未来现金流量的现值等于债券当前市价的贴现率。它相当于投资者按照当前市场价格购买并且一直持有到满期时可以获得的年平均收益率。

1. 单利到期收益率

在债券的收益中,既考虑债券的利息收入,又考虑投资资本损益(债券买卖盈亏)的收益率称为单利到期收益率。单利到期收益率是债券利息收入加上本金损益与理论平均价格的比率,其计算方法如下:

$$\text{单利到期收益率} = \frac{\text{每张债券的每年总收益}}{\text{购买价格与到期价值的平均数}} \times 100\% \quad (3.4)$$

即

$$\text{单利到期收益率} = \left[\left(\text{每年利息收入} + \frac{\text{面额} - \text{市场价格}}{\text{距到期年数}}\right) \div \frac{\text{面额} + \text{市场价格}}{2}\right] \times 100\% \quad (3.5)$$

【例3.3】 一张面额1 000元的债券,票面年利率为8%,发行价格为950元,期限10年,试计算其到期收益率。

$$\text{单利到期收益率} = \left[\left(80 + \frac{1\,000 - 950}{10}\right) \div \frac{1\,000 + 950}{2}\right] \times 100\% = 8.72\%$$

利用单利到期收益率的计算方法,可以对不同期限、不同价格及不同利率债券的收益率进行比较,而用直接收益率的计算方法却不能进行这种比较。这一点通过计算可以看得更清楚。

【例3.4】 两种债券面额均为1 000元,票面年利率8%,购买价格950元,所不同的是,第一种债券期限为1年,第二种债券期限为10年,试比较这两种债券的直接收益率和单利到期收益率。

第一种债券:

$$\text{直接收益率} = \left(\frac{80}{950}\right) \times 100\% = 8.42\%$$

$$\text{单利到期收益率} = \left[\left(80 + \frac{1\,000 - 950}{1}\right) \div \frac{1\,000 + 950}{2}\right] \times 100\% = 13.33\%$$

第二种债券:

$$\text{直接收益率} = \left(\frac{80}{950}\right) \times 100\% = 8.42\%$$

$$\text{单利到期收益率} = \left[\left(80 + \frac{1\,000 - 950}{10}\right) \div \frac{1\,000 + 950}{2}\right] \times 100\% = 8.72\%$$

通过计算可以看出,这两种债券的直接收益率是一样的,但是由于它们的期限不同,因而单利到期收益率是不同的。

【例3.5】 一张面额1 000元的债券,票面年利率为9%,发行价格为1 069元,期限10年,试计算其当期收益率和单利到期收益率,并与例3.4中的第二种债券进行比较。

$$\text{直接收益率} = \left(\frac{90}{1\,069}\right) \times 100\% = 8.42\%$$

$$\text{单利到期收益率} = \left[\left(90 + \frac{1\,000 - 1069}{10}\right) \div \frac{1\,000 + 1\,069}{2}\right] \times 100\% = 8.03\%$$

通过比较可以看出,例3.5中的债券与例3.4中的第二种债券的直接收益率是一样的,期限也是一样的,但由于它们的发行价格和票面利率不同,因而单利到期收益率是不同的。

以上分析和计算表明,直接收益率既不能反映同其他债券在收益上的差别,也不能反映债券折价或溢价出售而产生的损益。因此,在比较不同期限、不同价格和不同票面利率的债券的到期收益率时,要用单利到期收益率的计算方法。单利到期收益率的计算方法是最常用的收益率计算方法。

2. 复利到期收益率

在债券收益中,对三方面因素都加以考虑,即除了考虑债券的利息收入和资本损益外,还考虑了债券利息再投资的因素而计算的收益率称为复利到期收益率。它是将每年的利息收入加入投资本金内构成新的投资本金计算出来的再投资收益率。其计算方法为

设:r=复利到期收益率

C=年利息(年利率×面额)

P=购买价格(投资本金)

m=每年付息次数

n=距到期年数

R=债券面额

当 $m=1$ 时(即当债券每年付息一次时):

假如以价格 P 买入某种债券后按复利方式进行计算,则1年后债券的价值为

$$P_1 = P + P \cdot r = P(1+r)$$

两年后,债券的价值为

$$P_2 = P_1 + P \cdot r = P_1(1+r) = P(1+r) \cdot (1+r) = P(1+r)^2$$

n 年后,债券的价值为

$$P_n = P(1+r)^n \qquad (3.6)$$

再加入该债券的年利息 C,以复利方式计算,则1年后可能得到利息 C,两年后可得到利息 $C+C(1+r)$,3年后可得到利息 $C+C(1+r)+C(1+r)^2$,n 年后可得到利息 $C+C(1+r)+C(1+r)^2+C(1+r)^3+\cdots+C(1+r)^{n-1}$。因此,当 n 年后偿还时,该债券的价值应为利息和面值之和:

$$P_n = C(1+r)^{n-1} + C(1+r)^{n-2} + \cdots + C + R \qquad (3.7)$$

用等比级数前 n 项和的公式将式(3.7)整理后:

$$P_n = \frac{C}{r}[(1+r)^n - 1] + R \qquad (3.8)$$

通过式(3.6)和式(3.8),可以引出:

$$P(1+r)^n = \frac{C}{r}[(1+r)^n - 1] + R \qquad (3.9)$$

通过式(3.9)可以求出购买价格:

$$P = \frac{C}{r}[(1+r)^n - 1]/(1+r)^n + [R/(1+r)^n] \qquad (3.10)$$

在式(3.10)中,r 就是复利到期收益率,P 是包括应计利息的价格。因从式(3.9)到式(3.10)无法直接求出复利到期收益率 r,所以通常使用固定程序的电子计算机求近似值。

式(3.10)的文字表示为

$$市场价格 = \frac{C}{R}\left[\frac{(1+收益率)^{距到期年数}-1}{(1+收益率)^{距到期年数}}\right] + \frac{面额}{(1+收益率)^{距到期年数}}$$

式(3.10)中的收益率是指复利到期收益率。

三、债券收益率的影响因素

（一）基础利率

基础利率是投资者所要求的最低利率，一般使用无风险的国债收益率作为基础利率的代表，并应针对不同期限的债券选择相应的基础利率基准。

（二）风险溢价

债券收益率与基础利率的利差反映了投资者投资于非国债的债券时面临的额外风险，因此也称为风险溢价。可能影响风险溢价的因素包括以下几个。

1. 发行人的种类

不同的发行人种类代表了不同的风险与收益率，它们以不同的能力履行其合同义务。例如，工业公司、公用事业公司、金融机构、外国公司等不同的发行人发行的债券与基础利率之间存在一定的利差，这种利差有时也称为市场板块内利差。

2. 发行人的信用度

债券发行人自身的违约风险是影响债券收益率的重要因素。债券发行人的信用程度越低，投资人所要求收益率越高；反之则越低。

3. 提前赎回等其他条款

如果债券发行条款包括了提前赎回等对债券发行人有利的条款，则投资者将要求相对较高的利差；相反，如果条款对债券投资者有利，则投资者可能要求一个小的利差。

4. 税收负担

债券投资者的税收状况也将影响其税后收益率。

5. 债券的预期流动性

债券的交易有不同程度的流动性，流动性越大，投资者要求的收益率越低；反之则要求的收益率越高。

6. 到期期限

债券价格的波动性与其到期期限的长短相关，期限越长，市场利率变动时其价格波动幅度也越大，债券的利率风险也越大，投资者要求的收益率也越高；反之亦然。

四、利率的期限结构

即使风险、流动性和税收因素完全相同的债券，由于距离债券到期日时间的不同，票面利率也往往不同，因此债券期限结构是影响利率的一个重要因素。债券的到期期限与利率之间的关系称为利率的期限结构。利率的期限结构可以形象地以收益率曲线表示出来。在直角坐标系中，以债券剩余到期期限为横坐标，以债券收益率为纵坐标，将风险相同，但不同期限的利率连接，就形成了一条收益率曲线。

一条合理的债券收益率曲线将反映出某一时点上（或某一天）不同期限债券的到期收

益率水平。研究债券收益率曲线具有重要的意义,对于投资者而言,可以用来作为预测债券的发行投标利率,在二级市场上选择债券投资券种和预测债券价格的分析工具;对于发行人而言,可为其发行债券、进行资产负债管理提供参考。

债券收益率曲线的形状可以反映出当时长、短期利率水平之间的关系,它是市场对当前经济状况的判断及对未来经济走势预期(包括经济增长、通货膨胀、资本回报率等)的结果。债券收益率曲线通常表现为四种情况:①正向收益率曲线,表明在某一时点上债券的投资期限越长,收益率越高,也就意味社会经济处于增长期阶段;②反向收益率曲线,表明在某一时点上债券的投资期限越长,收益率越低,也就意味着社会经济进入衰退期;③水平收益率曲线,表明收益率的高低与投资期限的长短无关,这通常是正向收益率曲线与反向收益率曲线转化过程中出现的短暂现象;④波动收益率曲线,表明债券收益率随投资期限不同而呈现波浪变动,也就意味着社会经济未来有可能出现波动。

在金融市场上,人们观察到,不同期限的债券利率水平有三种现象:①同向波动。不同期限的债券和利率往往会同向波动。就是说,如果短期利率上升,长期利率一般也会相应上升;如果短期利率下降,长期利率一般也会相应下降。②如果短期利率偏低,收益率曲线有可能向上倾斜。如果短期利率偏高,收益率曲线可能向下倾斜。③多数情况下,收益率曲线都是向上倾斜的。

为什么金融市场上的利率的期限结构会存在上述三种现象?对于这些问题的回答,各个经济学家给出了不同的回答,主要有三种理论解释利率的期限结构,它们是预期假说、市场分割假说和偏好停留假说。

(一) 预期假说

预期假说的基本命题是:长期利率相当于在该期限内人们预期出现的所有短期利率的平均数,因而收益率曲线反映所有金融市场参与者的综合预期。

预期假说中隐含着以下几个前提假定。

(1) 投资者对债券的期限没有偏好,其行为取决于预期收益的变动。如果一种债券的预期收益低于另一种债券,那么,投资者将会选择购买后者。

(2) 所有市场参与者都有相同的预期。

(3) 在投资人的资产组合中,期限不同的债券是完全替代的。

(4) 金融市场是完全竞争的。

(5) 完全替代的债券具有相等的预期收益率。

假定某投资人面临两个不同的投资决策。决策 A:在第 t 期购买一份利率为 r_t 的一期债券,到期以后再购买另一份一期债券,第 $t+1$ 期的预期利率水平为 r_{t+1}^e。决策 B:在第 t 期购买利率为 r_{2t} 的两期债券。

$$决策 A 的预期收益 = (1+r_t)(1+r_{t+1}^e) - 1$$
$$\approx r_t + r_{t+1}^e \quad (r_t \cdot r_{t+1}^e \text{ 的值较小,可以忽略不计})$$
$$决策 B 的预期收益 = (1+r_{2t})(1+r_{2t}) - 1$$
$$\approx 2r_{2t} \quad (r_{2t}^2 \text{ 的值较小,可以忽略不计})$$

如果决策 A 与决策 B 的结果对投资人是无差异的,那么,决策 A 与决策 B 的预期收益必定相等。因而,可以用公式把决策 A 与决策 B 联系起来：

$$r_{2t} = \frac{r_t + r_{t+1}^e}{2} \tag{3.11}$$

推而广之,如果债券的期限更长,那么

$$r_{nt} = \frac{r_t + r_{t+1}^e + r_{t+2}^e + \cdots + r_{t+n-1}^e}{n} \tag{3.12}$$

从中我们可以看出,n 期债券的利率等于在 n 期债券的期限内出现的所有一期债券利率的平均数。

预期假说解释了利率期限结构随着时间不同而变化的原因。

(1) 当预期的短期利率在未来呈上升趋势时,长期利率会高于现行短期利率,收益率曲线向上倾斜。很明显,在公式 $r_{nt} = \frac{r_t + r_{t+1}^e + r_{t+2}^e + \cdots + r_{t+n-1}^e}{n}$ 中,由于 $r_{t+1}^e > r_t$,$r_{t+2}^e > r_t, \cdots, r_{t+n-1}^e > r_t$,所以必定有 $r_{nt} > r_t$。例如,如果两年期债券的利率为 10%,而一年期债券的现行利率为 9%,那么,一年期债券的利率预期明年会上升到 11%。

(2) 当预期的短期利率在未来呈下降趋势时,长期利率低于现行短期利率,收益率曲线向下倾斜。明显地,在公式 $r_{nt} = \frac{r_t + r_{t+1}^e + r_{t+2}^e + \cdots + r_{t+n-1}^e}{n}$ 中,由于 $r_{t+1}^e < r_t$,$r_{t+2}^e < r_t, \cdots, r_{t+n-1}^e < r_t$,所以必定有 $r_{nt} < r_t$。例如,如果两年期债券的利率为 10%,而一年期券的现行利率为 11%,那么,一年期债券的利率预期明年会下降到 9%。

(3) 当预期的短期利率在未来保持不变时,收益率曲线呈水平状态。在公式 $r_{nt} = \frac{r_t + r_{t+1}^e + r_{t+2}^e + \cdots + r_{t+n-1}^e}{n}$ 中,由于 $r_{t+1}^e = r_t, r_{t+2}^e = r_t, \cdots, r_{t+n-1}^e = r_t$,必然有结果 $r_{nt} = r_t$。即未来短期利率的平均数等于现行短期利率,长期利率水平与短期利率水平相等。

此外,预期假说也解释了长期利率与短期利率一起变动的原因。一般而言,短期利率有这样一个特征,即短期利率水平如果今天上升,那么往往在未来会更高。因此,短期利率水平的提高会提高人们对未来短期利率的预期。由于长期利率相当于预期的短期利率的平均数,因此短期利率水平的上升也会使长期利率上升,从而导致短期利率与长期利率同方向变动。

预期假说为利率结构的行为提供了简明的解释,但其缺陷在于无法解释收益率曲线通常是向上倾斜的。典型的向上倾斜的收益率曲线意味着预期的短期利率将上升。事实上,未来短期利率可能上升,也可能下降。据此无法解释收益率曲线普遍上升的现象。

(二) 市场分割假说

市场分割假说的基本命题是：期限不同的证券的市场是完全分离的或独立的,每一种证券的利率水平在各自的市场上,由该证券的供给和需求所决定,不受其他不同期限债券预期收益变动的影响。该假说中隐含着以下几个前提假定。

(1) 投资者对不同期限的证券有较强的偏好,因此只关心他所偏好的那种期限的债券的预期收益水平。

(2) 在期限相同的证券之间,投资者将根据预期收益水平的高低决定取舍,即投资者是理性的。

(3) 理性的投资者对其投资组合的调整有一定的局限性,许多客观因素使这种调整滞后于预期收益水平的变动。

(4) 期限不同的证券不是完全替代的。这一假定和预期假说的假定正好截然相反。

一般而言,持有期较短的投资人宁愿持有短期证券,而持有期较长的投资人可能倾向于持有长期证券。由于投资人对特定持有期的证券具有特殊的偏好,因而可以把证券的不同期限搭配起来,使它等于期望的持有期,从而获得确定的无风险收益。举例来说,收入水平较低的投资人可能宁愿持有短期证券,而收入水平较高或相对富裕的投资人选择的平均期限可能会长一些。如果某个投资人的投资行为是为了提高近期消费水平,他可能选择持有短期证券;如果其投资行为有长远打算,那么,他可能希望持有期限稍长的证券。

按照市场分割假说的解释,收益率曲线形式之所以不同,是由于对不同期限债券的供给和需求不同:①当对短期证券的需求相对高于对长期证券的需求时,结果是短期证券具有较高的价格和较低的利率水平,长期利率高于短期利率,收益率曲线向上倾斜;②当对长期证券的需求相对高于对短期证券的需求,结果是长期证券有较高的价格和较低的利率水平,短期利率高于长期利率,收益率曲线向下倾斜;③由于平均看来,大多数人通常宁愿持有短期证券而非长期证券,因而收益率曲线通常向上倾斜。

市场分割假说解释了为什么收益率曲线通常向上倾斜,但是却无法解释长期利率随着短期利率波动呈现出的明显的有规律性的变化。

(三) 偏好停留假说

偏好停留假说是对预期假说和市场分割假说的进一步完善。

偏好停留假说的基本命题是:长期债券的利率水平等于在整个期限内预计出现的所有短期利率的平均数,再加上由债券供给与需求决定的时间溢价。该假说中隐含着以下几个前提假定。

(1) 期限不同的债券之间是互相替代的,一种债券的预期收益率确实会影响其他不同期限债券的利率水平。

(2) 投资者对不同期限的债券具有不同的偏好。如果某个投资者对某种期限的债券具有特殊偏好,那么,该投资者可能更愿意停留在该债券的市场上,表明他对这种债券具有偏好停留。

(3) 投资者的决策依据是债券的预期收益率,而不是他偏好的某种债券的期限。

(4) 不同期限债券的预期收益率不会相差太多。因此在大多数情况下,投资人存在喜短厌长的倾向。

(5) 投资人只有获得一个正的时间溢价,才愿意转而持有长期债券。

根据偏好停留假说的基本命题,长期利率 r_{nt} 等于在该期限内预计出现的所有短期

利率的平均数 $\dfrac{r_t + r_{t+1}^e + r_{t+2}^e + \cdots + r_{t+n-1}^e}{n}$，再加上一个正的时间溢价 K_{nt}（$K_{nt} > 0$）。长、短期利率之间的关系可以用式(3.13)来描述：

$$r_{nt} = K_{nt} + \dfrac{r_t + r_{t+1}^e + r_{t+2}^e + \cdots + r_{t+n-1}^e}{n} \tag{3.13}$$

式中，K_{nt} 为 n 期债券在第 t 期时的时间溢价。

根据偏好停留假说，可以得出以下几点结论。

(1) 由于投资者对持有短期债券存在较强偏好，只有加上一个正的时间溢价作为补偿时，投资人才会愿意持有长期债券。因此，时间溢价大于零。即使短期利率在未来的平均水平保持不变，长期利率仍然会高于短期利率。这就是收益率曲线通常向上倾斜的原因。

(2) 在时间溢价水平一定的前提下，短期利率的上升意味着平均看来短期利率水平将来会更高，从而长期利率也会随之上升，这解释了不同期限债券的利率总是共同变动的原因。

(3) 时间溢价水平大于零与收益率曲线有时向下倾斜的事实并不矛盾，因为在预期的短期利率未来会大幅度下降的情况下，预期的短期利率的平均数即使再加上一个正的时间溢价，长期利率仍然低于现行的短期利率水平。

(4) 当短期利率水平较低时，投资者总是预期利率水平将来会上升到某个正常水平，未来预期短期利率的平均数会相对高于现行的短期利率水平，再加上一个正的时间溢价，使长期利率大大高于现行短期利率，收益率曲线向上倾斜。相反，当短期利率水平较高时，投资者总是预期利率将来会回落到某个正常水平，未来预期短期利率的平均数会相对低于现行的短期利率水平。在这种情况下，尽管时间溢价是正的，长期利率也有可能降到短期水平以下，从而使收益率曲线向下倾斜。

此外，按照偏好停留假说的解释，根据实际收益率曲线的斜率，可以判断出未来短期利率的市场预期。一般而言，陡峭上升的收益率曲线表明短期利率预期将来会上升；平缓上升的收益率曲线表明短期利率预期将来不会变动很多；平直的收益率曲线表明短期利率预期将来会平缓下降；向下倾斜的收益率曲线表明短期利率预期将来会急剧下降。

第四节　债券的价值评估

一、收入资本化法的一般形式

收入资本化法认为任何资产的内在价值取决于持有资产可能带来的未来的现金流收入的现值。由于未来的现金流取决于投资者的预测，其价值采取将来值的形式，所以，需要利用贴现率将未来的现金流调整为它们的现值。在选用贴现率时，不仅要考虑货币的时间价值，而且应该反映未来现金流的风险大小。用数学公式表示（假定对所有未来的现金流选用相同的贴现率）：

$$V = \dfrac{C_1}{(1+y)} + \dfrac{C_2}{(1+y)^2} + \dfrac{C_3}{(1+y)^3} + \cdots = \sum_{t=1}^{n} \dfrac{C_t}{(1+y)^t} \tag{3.14}$$

其中，V 为资产的内在价值；C_t 为第 t 期的现金流；y 为贴现率。

二、收入资本化法在债券价值分析中的运用

基本而言，金融资产的内在价值取决于投资者对持有该资产预期的未来现金流的现值。将这一基本理论运用到债券上，其内在价值由每一时期债息收入现金流量的现值决定，即将每一期债息收入的现金流量用一定的贴现率折为现值（为体现货币的时间价值，使用复利贴现），相加后计算的总和即为债券的内在价值，这种方法称为金融资产内在价值定价的收入资本化法。

收入资本化法是最基础也是最常用的债券定价方法。该方法的理论核心是，任何资产的内在价值都取决于该资产预期的未来现金流量的现值。

假设 V 为债券的内在价值，C_t 为第 t 年的债券利息（债券利率乘以债券面值），r 为债券的折现率（一般为市场年利率），A 为债券的面值，n 为债券的期限，则债券的价值用公式表示为

$$V = \frac{C_1}{(1+r)^1} + \frac{C_2}{(1+r)^2} + \cdots + \frac{C_n + A}{(1+r)^n} \tag{3.15}$$

债券按利息的支付方式不同，可分为零息债券、附息债券、永久公债。依据收入资本化法，可以计算以上三种债券的价值。

（一）零息债券

零息债券是指以低于债券面值的价格折价发行，到期按面值支付本息的债券。贴现债券的发行价格与其面值的差额即为债券的利息。一张零息债券的现金流量相当于每期利息流都为零的附息债券，其估值公式为

$$V = \frac{A}{(1+r)^n} \tag{3.16}$$

【例 3.6】 从现在起 15 年到期的一张零息债券，如果其面值为 100 元，收益率为 12%，它的价格为

$$P = \frac{100}{(1+0.12)^{15}} = 18.27$$

（二）附息债券

附息债券，顾名思义是附有息票的债券，或是按照债券票面载明的利率计算支付利息的债券。常见的附息债券有到期一次性还本付息的债券，还有按约定期限（通常为 1 年或半年）付息、到期还本的债券。它的价值可直接套用收入资本化公式计算。

【例 3.7】 美国政府发行一种 10 年期的国债，债券面值为 1 000，息票利率为 10%，每年支付一次利息，假设该债券的折现率为 12%，计算该债券的内在价值。

$$V = \sum_{t=1}^{10} \frac{(1\,000 \times 10\%)}{(1+0.12)^t} + \frac{1\,000}{(1+0.12)^{10}}$$
$$= 887.02$$

(三) 永久公债

永久公债是一种特殊的债务,它同附息债券的相同点就是二者都按期支付利息,但一般附息债券的利息会随着时间的推移而变动且有固定的到期期限,永久公债则是每期等额付息并且没有到期日。这种无限期的附息债券类似于优先股股东。其价值决定公式如下:

$$V = \frac{C}{(1+r)} + \frac{C}{(1+r)^2} + \cdots + \frac{C}{(1+r)^n} + \cdots$$
$$= C\left[\frac{1}{(1+r)} + \frac{1}{(1+r)^2} + \cdots\right] \tag{3.17}$$
$$= C \times \frac{1}{r} = \frac{C}{r}$$

其中,C 为每期等额的利息。

【例 3.8】 一种永久公债,每年利息为 100 元,假设收益率为 10%,计算该永久公债的内在价值。

$$V = 100/10\% = 1\,000(元)$$

三、投资决策分析——两种常见的债券价值的评估方法

(一) 净现值法

通过收入资本化法,可以计算出各种不同债券的内在价值,而价格总是以价值为依据,围绕价值上下波动。对于一种债券,如果其价格高于价值,则说明此债券被高估;相反,如果价格低于价值,债券被低估。这样,通过债券的内在价值与价格的比较分析,可判断债券价格是否合理,进而理性地进行投资决策。而通过比较债券内在价值与价格来衡量投资决策的方法,即为净现值法。

所谓净现值,就是指债券的内在价值(V)与债券价格(P)的差额。

当净现值大于零时,意味着内在价值大于债券价格,即市场利率低于债券承诺的到期收益率,该债券被低估;相反,当净现值小于零时,债券被高估。

$$NPV = V - P \tag{3.18}$$

其中,P 为 $t=0$ 时购买债券的成本(市场价格);NPV 为净现值。

如果 NPV>0,意味着内在价值大于投资成本,这种债券被低估,应购买债券。

如果 NPV<0,意味着内在价值小于投资成本,这种债券被高估,应卖出债券。

这样,在进行项目投资分析时,可先根据收入资本化法,计算投资项目的内在价值,再运用净现值分析法,通过比较内在价值与价格之间的差额来判断项目是否存在投资价值。

【例 3.9】 某一附息债券的面值为 1 000 元,期限为 2 年,票面利率为 5%,每年付息,如市场利率为 15%,当前该债券的市场价格为 900 元,是否应购买?

$$债券的内在价值 V = \sum_{t=1}^{2} \frac{1\,000 \times 5\%}{(1+0.15)^t} + \frac{1\,000}{(1+0.15)^2} = 837.43$$

$NPV = V - P = 837.43 - 900 = -62.57 < 0$ 意味着该债券被高估,此时不应买进。

(二) 到期收益率比较法

到期收益率是使债券未来现金流量的现值等于债券价格的收益率,即投资净现值为零的贴现率。它代表投资者自购买债券日起直至债券到期所能获得的平均收益率。

$$NPV = V - P = \sum_{t=1}^{n} \frac{C}{(1+k^*)^t} + \frac{A}{(1+k^*)^n} - P = 0 \qquad (3.19)$$

由式(3.19)可求得债券的到期收益率 k^*。把 k^* 与具有同等风险水平的必要收益率(用 k 表示,一般指市场利率)相比较:

如果 $k^* > k$,则该债券被低估,可购买债券。

如果 $k^* < k$,则该债券被高估,可卖出债券。

【例3.10】 某债券的面值为1 000元,债券期限为3年,票面利率为6%,每年付息一次,若投资者的必要收益率为9%,现行价格为900元,投资者是否应该购买债券?

1. 使用到期收益率比较法

$$900 = \sum_{t=1}^{3} \frac{1\,000 \times 6\%}{(1+k^*)^t} + \frac{1\,000}{(1+k^*)^3}$$

得:$k^* = 10.02\%$,大于9%,该债券被低估,可购买债券。

2. 使用净现值法

$$NPV = \frac{1\,000 \times 6\%}{(1+0.09)^1} + \frac{1\,000 \times 6\%}{(1+0.09)^2} + \frac{1\,000 \times 6\% + 1\,000}{(1+0.09)^3} - 900 = 24.06(元)$$

即NPV大于零,该债券的内在价值高于投资成本,该债券被低估,应购买。

由例3.10可见,依据到期收益率法和净现值法进行投资决策分析,所得的结论是一致的,它们分别从两个角度对投资决策进行评价,但基本原理都是利用收入资本化法决定债券的内在价值,在此基础上进行投资决策分析。

第五节 债券的定价原理

根据以上讨论,我们可以给出债券定价原理,并讨论与债券定价原理有关的债券的两个特性:凸度(convexity)和久期(duration)。

一、定价原理

1962年,伯顿·G.麦尔齐(Burton G. Malkiel)系统提出了债券定价的五个原理。至今,这五个原理仍然被视为债券定价理论的经典。

定理3.1 债券的价格与债券的收益率呈反比例关系。换句话说,当债券收益率上升时,债券的价格下降;相反,当债券收益率下降时,债券的价格上升。

【例3.11】 某5年期的债券A,面值为1 000美元,每年支付利息80美元,即息票率为8%。如果现在的市场价格等于面值,意味着它的收益率等于息票率8%。如果收益率下降为 5.76%，它的市场价格上升到 1 100 美元，高于面值；相反，收益率上升到 10.98%，市场价格下降到 900 美元时，低于面值。

$$1\,000 = \frac{80}{(1+0.08)} + \cdots + \frac{80}{(1+0.08)^5} + \frac{1\,000}{(1+0.08)^5}$$

$$1\,100 = \frac{80}{(1+0.057\,6)} + \cdots + \frac{80}{(1+0.057\,6)^5} + \frac{1\,000}{(1+0.057\,6)^5}$$

$$900 = \frac{80}{(1+0.109\,8)} + \cdots + \frac{80}{(1+0.109\,8)^5} + \frac{1\,000}{(1+0.109\,8)^5}$$

定理 3.2 当债券的收益率不变，即债券的息票率与收益率之间的差额固定不变时，债券的到期时间与债券价格的波动幅度之间成正比关系。换言之，到期时间越长，价格波动幅度越大；相反，到期时间越短，价格波动幅度越小。

这个定理不仅适用于不同债券之间的价格波动的比较，而且可以解释同一债券的期满时间的长短与其价格波动之间的关系。

【例 3.12】某 5 年期的债券 B，面值为 1 000 美元，每年支付利息 60 美元，即息票率为 6%。如果它的发行价格低于面值，为 833.31 美元，意味着收益率为 9%，高于息票率；如果一年后，该债券的收益率维持在 9% 的水平不变，它的市场价格将为 902.81 美元。这种变动说明了在维持收益率不变的条件下，随着债券期限的临近，债券价格的波动幅度从 116.69(1 000－883.31)美元减少到 97.19(1 000－902.81)美元，两者的差额为 19.5 美元，占面值的 1.95%，具体计算公式如下：

$$833.31 = \frac{60}{(1+0.09)} + \cdots + \frac{60}{(1+0.09)^5} + \frac{1\,000}{(1+0.09)^5}$$

$$902.81 = \frac{60}{(1+0.09)} + \cdots + \frac{60}{(1+0.09)^4} + \frac{1\,000}{(1+0.09)^4}$$

定理 3.3 随着债券到期时间的临近，债券价格的波动幅度减小，并且是以递增的速度减小；相反，到期时间越长，债券价格波动幅度越大，并且是以递减的速度增大。

这个定理同样适用于不同债券之间的价格波动的比较，以及同一债券的价格波动与其到期时间的关系。

【例 3.13】沿用例 3.12 中的债券。假定两年后，它的收益率仍然为 9%，当时它的市场价格将为 924.06 美元，该债券的价格波动幅度为 75.94(1 000－924.06)美元。与例 3.12 中的 97.19 美元相比，两者的差额为 21.25 美元，占面值的比例为 2.125%。所以，第一年与第二年的市场价格的波动幅度(1.95%)小于第二年与第三年的市场价格的波动幅度(2.125%)。第二年后的市场价格计算公式为

$$924.06 = \frac{60}{(1+0.09)} + \cdots + \frac{60}{(1+0.09)^3} + \frac{1\,000}{(1+0.09)^3}$$

定理 3.4 对于期限既定的债券，由收益率下降导致的债券价格上升的幅度大于同等幅度的收益率上升导致的债券价格下降的幅度。换言之，对于同等幅度的收益率变动，收益率下降给投资者带来的利润大于收益率上升给投资者带来的损失。

【例 3.14】某 5 年期的债券 C，面值为 1 000 美元，息票率为 7%。假定发行价格等

于面值,那么它的收益率等于息票率7%。如果收益率变动幅度定为1个百分点,当收益率上升到8%时,该债券的价格将下降到960.07美元,价格波动幅度为39.93美元(1 000－960.07);相反,当收益率下降1个百分点,降到6%,该债券的价格将上升到1 042.12美元,价格波动幅度为42.12美元(1 042.12－1 000)。很明显,同样1个百分点的收益率变动,收益率下降导致的债券价格上升幅度(42.12美元)大于收益率上升导致的债券价格下降幅度(39.93美元),具体计算如下:

$$1\,000 = \frac{70}{(1+0.07)} + \cdots + \frac{70}{(1+0.07)^5} + \frac{1\,000}{(1+0.07)^5}$$

$$960.07 = \frac{70}{(1+0.08)} + \cdots + \frac{70}{(1+0.08)^5} + \frac{1\,000}{(1+0.08)^5}$$

$$1\,042.12 = \frac{70}{(1+0.06)} + \cdots + \frac{70}{(1+0.06)^5} + \frac{1\,000}{(1+0.06)^5}$$

定理 3.5 对于给定的收益率变动幅度,债券的息票率与债券价格的波动幅度之间成反比关系。换言之,息票率越高,债券价格的波动幅度越小。[①]

【**例 3.15**】 与例3.14中的债券C相比,某5年期的债券D,面值为1 000美元,息票率为9%,比债券C的息票率高2个百分点。如果债券D与债券C的收益率都是7%,那么债券C的市场价格等于面值,而债券D的市场价格为1 082美元,高于面值。如果两种债券的收益率都上升到8%,它们的价格无疑都将下降,债券C和债券D的价格分别下降到960.07美元和1 039.93美元。债券C的价格下降幅度为3.993%,债券D的价格下降幅度为3.889%。很明显,债券D的价格波动幅度小于债券C,具体公式如下:

债券C:

$$1\,000 = \frac{70}{(1+0.07)} + \cdots + \frac{70}{(1+0.07)^5} + \frac{1\,000}{(1+0.07)^5}$$

$$960.07 = \frac{70}{(1+0.08)} + \cdots + \frac{70}{(1+0.08)^5} + \frac{1\,000}{(1+0.08)^5}$$

债券D:

$$1\,082 = \frac{90}{(1+0.07)} + \cdots + \frac{90}{(1+0.07)^5} + \frac{1\,000}{(1+0.07)^5}$$

$$1\,039.93 = \frac{90}{(1+0.08)} + \cdots + \frac{90}{(1+0.08)^5} + \frac{1\,000}{(1+0.08)^5}$$

图3.2说明了以上五个定理。

二、久期

债券的久期的概念是弗雷得·R.麦考利(Frederick R. Macaulay)于1938年提出的,所以又称麦考利久期(简记为D)。麦考利使用加权平均数的形式计算债券的平均到期时间。

久期的基本作用在于近似地衡量债券到期收益率或利率水平变化导致的债券价格的

[①] 定理3.5不适用于一年期的债券和统一公债为代表的无限期债券。

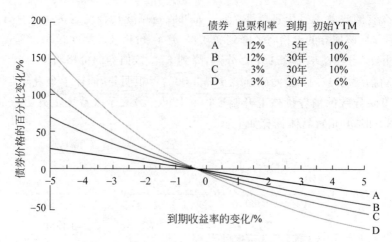

图 3.2 价格变化和息票率、期限等因素的关系

波动,是衡量债券或债券组合利率风险的一个基本指标。其简要推导如下:

$$P_0 = \sum_{t=1}^{T} \frac{CF_t}{(1+y)^t}$$

$$\frac{dP_0}{dy} = -\frac{CF_1}{(1+y)^2} - \frac{2CF_2}{(1+y)^3} - \cdots - \frac{TCF_T}{(1+y)^{T+1}}$$

$$= -\frac{1}{1+y}\left[\frac{CF_1}{1+y} + \frac{2CF_2}{(1+y)^2} + \cdots + \frac{TCF_T}{(1+y)^T}\right]$$

该式给出了债券到期收益率变动所引起的债券价格变化的近似值。将上式两边除以债券价格,可以得到:

$$\frac{dP_0}{dy}\frac{1}{P_0} = -\frac{1}{1+y}\left[\frac{CF_1}{1+y} + \frac{2CF_2}{(1+y)^2} + \cdots + \frac{TCF_T}{(1+y)^T}\right]\frac{1}{P_0}$$

令

$$D \equiv \left[\frac{CF_1}{1+y} + \frac{2CF_2}{(1+y)^2} + \cdots + \frac{TCF_T}{(1+y)^T}\right]\frac{1}{P_0} = \frac{1}{P_0}\sum_{t=1}^{T}\frac{tCF_t}{(1+y)^t} \quad (3.20)$$

我们称之为麦考利久期,从而有

$$\frac{dP_0}{dy}\frac{1}{P_0} = -\frac{1}{1+y}D \quad (3.21)$$

进一步地,令 $MD = \frac{1}{1+y}D$ 表示修正久期,则有

$$\frac{dP_0}{dy}\frac{1}{P_0} = -MD$$

由此,债券价格变动的近似百分比为

$$\frac{\Delta P_0}{P_0} = -MD\Delta y \quad (3.22)$$

应该注意的是,用久期(或修正的久期)来考察收益率变动与价格变动之间的关系只

是一种近似的计算,这是因为久期计算法没有考虑债券的凸度。

【例 3.16】 某债券当前的市场价格为 950.25 美元,收益率为 10%,票面利率为 8%,面值 1 000 美元,3 年后到期,一次性偿还本金。可知:

$$D = \frac{72.73 \times 1 + 66.12 \times 2 + 811.40 \times 3}{950.25} = \frac{2\,639.17}{950.25} = 2.78(年)$$

【例 3.17】 某债券的现行市场为 1 000 美元,收益率为 8%,债券的久期为 10 年。如果收益率增至 9%,则该债券的价格预计将出现多大的变化?

$$\text{MD} = \frac{1}{1+y}D = \frac{10}{1+0.08} = 9.259\,2$$

$$\frac{\text{d}P_0}{P_0} = -\text{MD}\text{d}y = -9.259\,2 \times 1\% = -9.26\%$$

由计算结果可知,债券价格大约下降 9.26%。

三、凸度

债券的凸度是指债券价格变动率与收益率变动关系曲线的曲度,是比修正久期更好的度量指标。可以把债券的凸度(C)定义为债券价格对收益率二阶导数除以价格,即

$$C = \frac{1}{P_0}\frac{\text{d}^2 P_0}{\text{d}y^2} \tag{3.23}$$

在现实生活中,债券价格变动率和收益率变动之间并不是线性关系,而是非线性关系。如果我们只用久期来估计收益率变动与价格变动率之间的关系,那么从上面公式可以看出,收益率上升或下跌一个固定的幅度时,价格下跌或上升的幅度是一样的。显然这与事实不符。

在图 3.3 中,A 直线表示用久期近似计算的收益率变动与价格变动率的关系,B、C 曲线分别表示不同凸度的收益率变动幅度与价格变动率之间的真实关系,其中 C 的凸度大于 B。从图 3.3 可以看出,当收益率下降时,价格的实际上升率高于用久期计算出来的近似值,而且凸度越大,实际上升率越高;而当收益率上升时,价格的实际下跌比率却小于用久期计算出来的近似值,且凸度越大,价格的实际下跌比率越小。这说明:①当收益率变动幅度较大时,用久期近似计算的价格变动率就不准确,需要考虑凸度调整;②在其他条件相同时,人们应该偏好凸度大的债券。

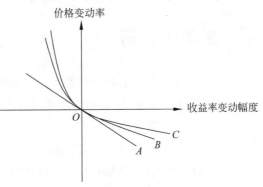

图 3.3 价格敏感度与凸度的关系

对于债券价格的函数 $P_0 = \sum_{t=1}^{T}\frac{\text{CF}_t}{(1+y)^t}$,其泰勒级数的二阶展开式为

$$\text{d}P_0 = \frac{\text{d}P_0}{\text{d}y}\text{d}y + \frac{1}{2}\frac{\text{d}^2 P_0}{\text{d}y^2}\text{d}y^2$$

在等式两边同时除以价格 P_0，可得到

$$\frac{\mathrm{d}P_0}{P_0} = \frac{\mathrm{d}P_0}{\mathrm{d}y}\frac{1}{P_0}\mathrm{d}y + \frac{1}{2}\frac{\mathrm{d}^2P_0}{\mathrm{d}y^2}\frac{1}{P_0}\mathrm{d}y^2$$

从而有

$$\frac{\mathrm{d}P_0}{P_0} = -\mathrm{MD}\mathrm{d}y + \frac{C}{2}\mathrm{d}y^2 \tag{3.24}$$

当收益率变动幅度不太大时，收益率变动幅度与价格变动率之间的关系就可以近似表示为

$$\frac{\Delta P}{P_0} = -\mathrm{MD}\Delta y + \frac{C}{2}(\Delta y)^2 \tag{3.25}$$

式(3.25)中的第一项是修正久期对债券价格的近似估计，第二项是凸度对久期价格的修正。当 Δy 很小时，第二项可以忽略不计，但当 Δy 较大时，凸度的修正会使计算的价格波动值更加接近实际。

另外在其他条件相同时，人们应该偏好凸度大的债券，因为在其他条件相同的情况下，凸度越大的债券，收益率下降时债券价格上涨幅度越大，而收益率上升时债券价格下跌的幅度越小。

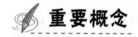
重要概念

债券　公司债券　债券市场　票面利率　直接发行　间接发行　公募　私募　信用评级　直接收益率　到期收益率　持有期收益率　久期　凸度

思考练习题

1. 什么是债券？它具有哪些与股票不同的特征？
2. 按发行主体的不同，债券主要可分为哪几类？
3. 试述债券有哪些发行方式。
4. 债券收益率的影响因素有哪些？
5. 试用预期理论解释利率的期限结构。
6. 简述债券的定价原理。
7. 某一附息债券的面值为 1 000 元，期限为 2 年，票面利率为 6%，每年付息，如市场利率为 15%，当前该债券的市场价格为 950 元，是否应购买？
8. 一种 9 年债券的到期收益率为 10%，久期为 7.194 年。如果市场到期收益率变动了 50 个基点，其价格会变动多大比例？
9. 一种 3 年期债券的票面利率为 6%，每年支付一次利息，到期收益率为 6%，计算该债券的久期。如果到期收益率为 10%，那么久期等于多少？

案例讨论

寻变则通：本钢集团的中期票据融资之路

2019年3月5日，本钢集团有限公司（以下简称"本钢集团"）在上海清算所披露了2019年第一期中期票据发行计划，这也标志着债券承销商即将正式开始向银行间潜在投资者开展簿记建档工作、统计申购要约，本钢集团也终于找到了适合的融资方式。在过去几年间，集团出现了严重的财务与经营问题，如非上市子公司负债逐年增加、每年要维持高额的投资支出等。雪上加霜的是，几大主要融资渠道又纷纷出现了问题，这也使面临融资困境的本钢集团在获得外部长期融资时历尽曲折与艰辛……

1 本钢集团的前世今生

本钢集团是由辽宁省政府在2010年8月将本溪钢铁（集团）有限公司与北台钢铁（集团）有限公司重组后成立的大型国有钢铁企业，在职员工11万人，总资产923亿元，拥有年产2 000万吨优质钢材的生产能力，年销售收入超1 000亿元。经过几次重组，本钢集团成为一家国有特大型钢铁联合企业，涵盖采矿、烧结、炼铁、炼钢、轧钢以及机械加工制造、建筑等多种产业。上述生产业务的运营交由子公司负责，本钢集团本身没有生产经营活动。本钢集团下属包括本溪钢铁（集团）有限公司（全资持股）和北台钢铁（集团）有限公司（持股比83.66%）在内的9家子公司。其中，本钢集团全资控股本溪钢铁（集团）有限责任公司的下属子公司本钢板材股份有限公司（以下简称"本钢板材"）为深圳证券交易所上市公司，是本钢集团主要的利润来源。

2 财务与经营的内忧外患

2.1 财务：负债过高，盈利下降

近几年不断恶化的财务风险成为本钢集团的心头大患，连续的亏损和负债压得本钢集团喘不过来气。首先是资产负债率过高，虽然近几年国内钢企都保持着较高的负债，但本钢集团的负债一直高于行业平均水平，长、短期偿债能力均居行业较弱水平。2015—2018年3月末，本钢集团的资产负债率分均超过70%，如此之高的资产负债率限制了未来的融资空间，也加大了经营风险。近几年本钢集团产能规模大幅提升，企业原燃料需求和储备大幅增加，在产品、半成品储备上升，并且库存价格也有所上升，使应付债务未结算或延期付款出现大幅增长，再加上企业短期借款的规模也不断扩大，导致资产负债率接连攀升。此外，中国银监会、国家发改委、工业和信息化部联合发布了《关于钢铁煤炭行业化解过剩产能金融债权债务问题的若干意见》，将钢企债务处理的目标定为经过3~5年的努力，钢铁行业的平均资产负债率降到60%以下，这对于本钢集团来说也是一项不小的挑战。

盈利能力的下降更是雪上加霜，2016—2018年，本钢集团毛利率逐年下滑。净利润情况也不容乐观，而且近几年产成品价格下跌、钢铁及相关行业景气度不足等不利因素使得盈利空间进一步缩窄。

如果未来市场环境仍不改善，盈利能力和偿债能力互相影响就会形成恶性循环，本钢

集团很难熬过行业变革的漫漫严冬。集团上市子公司本钢板材的2017年净利润约为16.00亿元人民币,但同年其母公司净利润仅为2.04亿元,而本钢集团净利润为3.58亿元,侧面说明部分其他非上市子公司亏损严重,存在拖后腿的现象。

本钢集团目前短期债务偿付压力较大,随着这几年集团规模的不断扩大,应付账款、预收款项增加,导致了集团的流动负债占比高。存货跌价和应收坏账损失进一步提升了本钢集团经营的不确定性。本钢集团的生产规模大,存货相对较多,截至2017年,本钢集团计提了相应的存货跌价准备1.16亿元,但是2017—2018年铁矿石和钢材市场价格波动较大,仍存在着存货跌价准备计提不足的风险。集团的应收账款余额虽然占资产比重不大,但换算成余额仍是相当大的一笔资金,一旦发生坏账,对本钢集团的利润也是不小的影响。近年来,钢铁行业面临的不确定因素不断增加,本钢集团不稳定的资产负债结构极易受到冲击。

本钢集团的成本项也存在较大的波动。在成本中占比最高的两项是铁矿粉和焦炭,近年来的价格波动也给集团的利润造成不小的压力。焦炭价格近年来快速上涨,并一直处于高位震荡。集团自产铁精矿成本也显著高于海外采购铁矿石成本。2018年随着进口铁矿石价格上升,集团自产铁精矿成本相对海外采购铁矿石拥有一定成本优势,但优势并不显著。

2.2 经营:外界不确定因素和内在的资金需求

本钢集团还面临着经营方面的压力。首先是本钢集团的细分业务具有较强的周期属性,营收情况受环境的影响较大。再加上近年来美国贸易保护主义给钢铁行业带来不小的冲击。此外,国内的政策也向本钢集团的经营提出了难题。2015年3月,工业和信息化部在《钢铁产业调整政策(2015年修订)(征求意见稿)》中提出"兼并重组步伐加快,混合所有制发展取得积极成效",目的是要通过兼并重组以及所有制改革优化行业格局。通过合并收购的巨型钢企,可能借助规模经济和范围经济优化成本提高竞争力,对本钢集团未来的生产销售和盈利空间造成很大威胁。对此,本钢集团并无扩张与抗衡的能力。

市场的价格变化也使本钢集团举步维艰。钢铁产业是与经济周期关联度较高的产业,近年来钢材市场销售价格波动较大并且行业内产能过剩严重,直接影响了集团的经营业绩。

综上,本钢集团在财务与经营方面出现了较为严重的问题;同时,行业的变革与国家政策的变化也为今后的经营带来了很大的不确定性。因此,本钢集团的融资方案既要在短期内缓解偿债期限的燃眉之急,又要争取在长期内满足行业政策的要求。最便捷的方法就是使用长期资金替换短期负债,并在此期内对自身经营状况进行调整。

3 行路难又多歧路,融资渠道受阻

虽然2015年以来央行下调了贷款利率,但受限于银行诸多因素,银行贷款利率并没有显著下滑。基于目前市场情况,本钢集团的间接融资成本将有可能上升。尽管本钢集团在各银行有1 171.80亿元的授信额度,但目前已使用超过80%,考虑到今后仍有大量的借款需求,故银行借款并非最好的选择。

另一制约因素是公司质押资产较多。截至2018年3月,本钢集团及其下属子公司以货币资金、固定资产和子公司股权为子公司借款、债券提供抵、质押担保,且大量资产目前

仍处于受限状态。受限资产会影响企业的资产变现能力,对本钢集团未来的融资能力和偿债能力进一步地产生影响。与此同时,本钢集团混改的道路仍然是"路漫漫其修远兮"。

4　柳暗花明又一村,中期票据发行

在一系列融资渠道屡屡碰壁后,本钢集团发现发行债券类融资工具是最合适的融资方式,但鉴于本钢集团及其下属子公司此前已发行过大量债券,且先前发行的债券即将到期尚未偿付,可交换债券的发行利率虽低至2.00%,但其发行却是以公司股权的抵押为条件的,为了保留集团自身的持股比例,目前可交换债券并不是最佳选择。超短期融资券的时间过短,不足以满足本钢集团长期资金需求。而此前发行的企业债券由于利率、发行金额和期限安排较为固定,使本钢集团不能按自身需求灵活调整发行规模和利率。传统的债券融资方式已不再适用于本钢集团所面临的困境。

但是,机会往往是留给有准备的人。2011年前后,本钢集团下属子公司本溪钢铁有限公司曾发行过几期中期票据用于偿还银行贷款以及补充非上市子公司的营运资金,以优化债务结构和营运能力。相对于传统债券,中期票据最大的优势在于灵活性,发行方式、规模、时机和条款等方面的多样选择搭配可以最大化公司的利益。本钢集团也可以借鉴这样的方法来优化自身债务结构。

而且,本钢集团早已在2015年获得中期票据的发行资格,掌握有60亿元的融资规模,并且已于2017年10月收到交易商协会下达的《接受注册通知书》,而现在正是运用中期票据来解决燃眉之急的最佳时机。由于面临利率上行的风险,使用固定利率的中期票据获得融资并提前偿还银行贷款是较为明智的选择。此外,本钢集团获批的60亿元的中期票据融资规模可以按自身需求分批次进行多次融资。因此,本钢集团决定于2019年发行第一期15亿元规模的中期票据。

发行中期票据需要有簿记建档人来统计汇总投资者们关于票据利率的意见,本钢集团联系到了中国建设银行作为主承销商、中国工商银行作为联席主承销商来承担中期票据发行工作。

经过协商,本钢集团此次中期票据的发行将采用发行金额动态调整机制以及余额包销的方式。本钢集团还将收入利润、未来经营现金流、可变现资产等作为偿债保障,并承诺不会将本次发行所获金额用于股权投资、房地产相关业务以及金融行业,严格规定募集资金用途,确保合理、有效地使用资金。此外,本钢集团还得到了中诚信国际发行主体与发行债项双AAA的评级。

5　尾声

2019年3月11日前后,本钢集团依法在中国货币网、上海清算所网站披露了本次发行计划书、近3年的审计后财务报表及其审计意见、第三方开具的法律意见书以及债项主体评级书。至此,中期票据发行的前期准备工作已全部完成,接下来中国建设银行作为主承销商和簿记建档人即将在银行间市场对潜在投资者们展开簿记建档的统计汇总工作。发行过程不一定是一帆风顺的,但这终究是一次开始,经历如此挫折后,本钢集团终于迈出了改善经营状况与债务结构的重要一步。

资料来源:史金艳,康琛,高雅,等.寻变则通:本钢集团的中期票据融资之路[Z].中国管理案例共享中心案例库,2022.

启发思考题

1. 本钢集团公司存在着怎样的内忧外患，使其需要发行中期票据获得融资？
2. 为什么发行中期票据的融资方式适用于本钢集团？
3. 此次中期票据的发行能为本钢集团带来哪些好处？
4. 本钢集团在中期票据发行的过程中会遇到哪些风险？

 即测即练

第四章 股票市场

本章学习目标

1. 掌握股票市场的概念和功能。
2. 掌握普通股和优先股。
3. 了解股票的发行与流通,掌握股票价格指数的计算方法。
4. 重点掌握市盈率模型和股息贴现模型等股票价值评估方法。
5. 了解上市公司的控制机制。

引导案例

金融助力乡村振兴,脱贫路上"跑"出幸福生活

重庆市石柱土家族自治县地处武陵山集中连片特困地区,是集民族地区、三峡库区、革命老区和武陵山连片特困地区于一体的特殊县份,曾几何时,这里还是全国14个重点扶贫工作县之一。尽管石柱县拥有富集的旅游资源,但却因子公司经营性资产分散、运营不规范、配套设施不完善等问题,当地的民族文化资源和风景资源难以充分开发与利用。

西南证券长期在重庆多个国家扶贫工作重点县域进行业务开拓,结合当地绿色资源丰富的特点,利用新三板专门服务中小企业的优势,帮助企业"走出去"和资金"引进来"。

针对石柱旅游业发展中面临的问题,西南证券组织团队深入调查,并选择重庆康养旅游股份有限公司(以下简称"重庆康旅")作为承担资源整合及挂牌的载体,在政府及相关部门的支持下,发挥中介机构的指导和协调作用,整合重组相关经营性资产、优化内部组织管理,为重庆康旅在新三板挂牌扫清了多重障碍。该项目从正式申报到取得股转系统挂牌函,审核过程仅38天。2019年7月8日,重庆康旅在京举办挂牌仪式,成为重庆市石柱土家族自治县首家新三板挂牌企业。

资源整合、改制规范以及资本市场的资金支持使石柱旅游迅速发展,接客量逐年增加,有效带动当地消费和就业,提升了当地贫困人口的增收。"太阳出来罗嘞喜洋洋罗郎罗……只要我们罗来多勤快罗郎罗,不愁吃来郎郎采光采,不愁穿罗郎罗……"一首土家族民歌《太阳出来喜洋洋》,过去唱的是土家儿女对"不愁吃不愁穿"的热切期盼,如今则唱出了大家对美好生活的无限向往。

资料来源:上市公司乡村振兴最佳实践案例——中国上市公司协会。

第一节 股票市场概述

一、股票的概念和特征

股票是投资者向公司提供资本的权益合同,是公司的所有权凭证。股东的权益在利润和资产分配上表现为索取公司对债务还本付息后的剩余收益,即剩余索取权;在公司破产的情况下股东通常一无所获,但只负有限责任,即公司资产不足以清偿全部债务时,股东个人财产也不受追究。同时,股东有权投票决定公司的重大经营决策,如经理的选择、重大投资项目的确定、兼并与反兼并等,对于日常的经营活动则由经理作出决策。换言之,股东对公司的控制表现为合同所规定的经理职责范围之外的决策权,称为剩余控制权;但同样地,如果公司破产,股东将丧失其控制权。概括而言,在公司正常经营状态下,股东拥有剩余索取权和剩余控制权,这两者构成了公司的所有权。

股票只是消失掉的或现实资本的纸制复本,它本身没有价值,但它作为股本所有权的证书,代表取得一定收入的权力,因此具有价值,可以作为商品转让。但股票的转让并不直接影响真实资本的运动。股票一经认购,持有者就不能要求退股,但可到二级市场上交易。

股票具有如下特征。

(1) 不可偿还性。股票是一种无偿还期限的有价证券,投资者认购股票后不能要求退股。

(2) 参与性。股东有权出席股东大会,选举公司董事会,参与公司重大决策。股东参与公司决策的权力大小,取决于其所持有的股份的多少。

(3) 收益性。股东凭其持有的股票,既可以从公司领取股息或红利,也可以在二级市场上流通转让获得资本利得。

(4) 风险性。股票投资收益具有不确定性。投资者在买入股票时,对其未来收益会有一个预期,但真正实现的收益可能会高于或低于原先的预期,也可能产生亏损。

(5) 流动性。股票的流动性是指股票可以在不同投资者之间依法转让而变现。流动性通常以可流通的股票数量、股票成交量以及股价对交易量的敏感程度来衡量。可流通股数越多,成交量越大,价格对成交量越不敏感(价格不会随着成交量一同变化),股票的流动性就越好;反之就越差。

(6) 永久性。股票是一种无限期的法律凭证。股票的有效期与股份公司的存续期间相联系,两者是并存的关系。

二、股票的种类

将剩余索取权和剩余控制权进一步划分成不同层次并进行组合,可以设计出不同种类的股票。

(一) 普通股

1. 概念

普通股是在公司的经营管理和盈利及财产的分配上享有普通权利的股份,代表满足所有债权偿付要求及优先股股东的收益权和求偿权要求后对企业盈利和剩余财产的索取权。其股息收益上不封顶、下不保底，每一阶段的红利数额也是不确定的。普通股股东一般有出席股东大会的会议权、表决权和选举权、被选举权等，他们通过投票（通常是一股一票制和简单多数原则）来行使剩余控制权。

中国的普通股还有 A 股、B 股之分。A 股仅限于中国内地居民以人民币买卖。B 股原来只限于外国投资者以外币买卖，目前则开放至境内外投资者都可以外币买卖。除了买卖主体、所用币种以及由此决定的流动性存在差异外，A 股、B 股股东的其他权益是相同的，但两者存在很大的价差。

普通股股东还具有优先认股权，即当公司增发新的普通股时，现有股东有权按其原来的持股比例认购新股，以保持对公司所有权的现有比例。现有股东也可以在市场上出售优先认股权，其价值取决于市场价格、新股出售价和购买一股所需的权数。当然，如果股东认为新发行的普通股无利可图，他也可以放弃这种权利。

普通股的价格受公司的经营状况、经济政治环境、心理、供求关系等诸多因素的影响，其波动没有范围限制，暴涨暴跌现象屡见不鲜。因此，普通股的投资风险较大，其预期收益率高。

2. 分类

根据风险特征，普通股可分为以下几类：①蓝筹股，指具备稳定盈利记录，能定期分派股利的，大公司发行的，并被公认具有较高投资价值的普通股。②成长股，指销售额和利润迅速增长，并且其增长速度快于整个国家及其所在行业的公司所发行的股票。这类公司在目前一般只对股东支付较低红利，而将大量收益用于再投资，随着公司的成长，股票价格上涨，投资者便可以从中得到大量收益。③收入股，指那些当前能支付较高收益的普通股。④周期股，指那些收益随着经济周期而波动的公司所发行的普通股。⑤防守股，指在面临不确定因素和经济衰退时期，高于社会平均收益且具有相对稳定性的公司所发行的普通股。公用事业公司发行的普通股是典型的防守股。⑥概念股，指适合某一时代潮流的公司所发行的、股价呈较大起伏的普通股。⑦投机股，指价格极不稳定，或公司前景难以确定，具有较大投机潜力的普通股。

（二）优先股

1. 概念

优先股是指在剩余索取权方面较普通股优先的股票，这种优先性表现在分得固定股息并且在普通股之前收取股息。当股份有限公司因解散、破产等原因进行清算时，优先股股东可先于普通股股东分取公司的剩余资产。但是，优先股在剩余控制权方面则劣于普通股，优先股股东通常是没有投票权的，只是在某些特殊情况下才具有临时投票权。例如，当公司发生财务困难而无法在规定时间内支付优先股股息时，优先股就具有投票权而且一直延续到支付股息为止。又如，当公司发生变更支付股息的次数、发行新的优先股等影响优先股股东的投资利益时，优先股股东就有权投票表决。当然，这种投票权是有限的。

由于优先股股息是固定的,因此优先股的价格与公司的经营状况关系不如普通股密切,而主要取决于市场利息率,其风险小于普通股,预期收益率也低于普通股。普通股股东除了获取股息收益外,收益也来源于二级市场股票价格上涨,而优先股的二级市场股价波动相对较小。此外,优先股股东可依约将股票回售给公司,而普通股股东不能要求退股,只能在二级市场上变现退出。

相比债券,发行优先股可以减轻公司的财务负担,由于优先股股利不是公司必须偿付的法定债务,如果公司财务状况恶化,可以不向股东支付股息,从而减轻了企业的财务负担和降低了企业破产风险。

2. 分类

如果考虑跨时期、可转换性、复合性及可逆性等因素,优先股的剩余索取权和剩余控制权则有不同的特点,由此分为不同的种类。

按剩余索取权是否可以跨时期累积,优先股可分为累积优先股与非累积优先股。累积优先股是指如果公司在某个时期内所获盈利不足以支付优先股股息,则累积于次年或以后某一年盈利时,在普通股的红利发放之前,连同本年优先股的股息一并发放;而非累积优先股是指当公司盈利不足以支付优先股的全部股息时,非累积优先股股东不能要求公司在以后年度补发所欠股息。

按剩余索取权是不是股息和红利的复合,优先股可分为参加优先股和非参加优先股。参加优先股又称参与分红优先股,是指除了可按规定的股息率优先获得股息外,还可以与普通股分享公司的剩余收益,它可进一步分为无限参加优先股和有限参加优先股两种,前者指优先股股东可以无限制地与普通股股东分享公司的剩余收益,后者则指优先股股东只能在一定限度内与普通股股东分享公司的剩余收益。而非参加优先股是指只能获取固定股息、不能参加公司额外分红的优先股。目前大多数公司发行的优先股都属于非参加优先股。

可转换优先股,它指在规定的时间内,优先股股东可以按一定的转换比率把优先股换成普通股。这实际上是给予优先股股东选择不同的剩余索取权和剩余控制权的权力。例如,当公司盈利状况不佳时,优先股股东就可以仍持有优先股,以保证较为固定的股息收入;而当公司大量盈利、普通股价格猛涨时,优先股股东可以行使其转换的权力,以便具有更大剩余索取权。又如,当优先股股东要加强对公司的控制时,也可以转换成普通股。在某些情况下,优先股兼有转换性和累积性,对投资者更具吸引力。

可赎回优先股,即允许公司按发行价格加上一定比例的补偿收益予以赎回的优先股。通常,当公司为了减少资本或者认为可以用较低股息率发行新的优先股时,就可能以上述办法购回已发行的优先股股票。显然,可赎回优先股在剩余索取(及剩余控制)方面对股东不利。

三、股票市场的功能

(一)股票市场是股份公司筹措资本的渠道

一方面,发行股票可以使股份公司获得创立的初始资本。也可以说,股票市场是股份公司得以形成的必要条件。股份公司与股票市场是一种相互依存、相互制约、相互促进的关系。没有股份公司设立,当然也就不会有股票及股票市场;但没有股票发行或股票市场,股份公司也难以生存和发展。股份公司要设立,首先要有一笔原始资本,可以供公司长期运用,包括购买房屋、设备等基本设施。这种原始资本不能靠贷款、举债形成,而必须由发起人及股东认购股份来形成。股东认购的股票,是证明股东具有资本所有权及收益权的凭证,是一种资本所有权凭证,而不是债务凭证。发行股票筹集资本,不需还本和支付固定利息。因此,股票及股票市场是股份公司聚集资本的主要途径。许多国家的公司法都明确规定,采取募集方式设立的股份公司,发起人可以认购一部分公司股份,剩余部分可向社会非特定投资者公开发行股票来募集。

另一方面,发行股票可以使股份公司不断扩充资本,增加固定资产投资,扩大生产经营规模。股份公司设立并投入运营后,短期性、临时性和周转性流动资本,可通过银行贷款解决,但要扩大生产经营规模,就必须增加固定资本投入,增加设备投资,购买新的机器设备和扩建厂房以及增加原材料等。这些长期性资金,不可能全部通过贷款和发债来筹集,而需要采用扩股或增发新股的方式来筹集。

(二)股票市场为股份公司改善经营状况创造了条件

发行股票募集资金,可以使股份公司减轻债务还本付息的压力,降低资金成本和经营成本,从而改善公司财务状况、增加利润积累、提升竞争力。如果公司贷款、发债过多,债务过重,还本付息压力过大,就会影响公司的资信,减少公司的利润积累,增加公司经营的困难,最后会削弱公司的竞争力,甚至会发生资不抵债,出现债务支付危机,面临破产倒闭的危险。

由于上市公司的资本来自众多股东,公司必须履行信息披露义务,这就使企业时时处在各方面的监督和制约之中。这些监督和制约促使上市公司必须改善和健全内部运作机制,这在一定程度上促进了股份公司经营状况的改善。

(三)股票市场是投资者的投资场所

发行股票,可以为投资者提供一种高风险与高收益并存的投资工具,增加一种新的金融资产,这对改善投资者金融资产结构,将消费基金转化为长期储蓄、长期储蓄转化为长期投资具有十分重要的作用。

投资者通过及时披露的各种信息,选择成长性好、盈利潜力大的股票进行投资,抛弃业绩滑坡、收益差的股票,这就使资金逐渐流向效益好、发展前景好的企业,推动其股价逐步上扬,为该公司利用股票市场进行资本扩张、吸引优秀人才、开发高新技术产品、扩大再生产等提供了良好的运作环境;而产权不清、业绩差、前景暗淡的企业股价下滑,难以继续筹集资金,以致逐渐衰落。这就等于利用市场的力量,促使资金向最佳投资场所配置、集中。

股票市场不仅提供了融资渠道,还提供了分散风险的途径。从资金需求者来看,其通过发行股票筹集了资金,同时将其经营风险部分地转移和分散给投资者,实现了风险的社会化。投资者可以根据个人承担风险的程度,通过买卖多种股票和建立投资组合来转移与分散风险。投资者在资金多余时,可以购买股票进行投资,把消费资金转化为生产资金;在资金短缺时,可以把股票卖掉变成现金以满足即期支付之需。股票市场的高变现性,股票的高流动性,使几十年、几百年的实业投资风险分散,缩短为几个月、几天的风险,使长期风险短期化、集中风险分散化,这就使人们敢于把一定的闲置资金投入股票市场,从而使闲散资金转化为生产资金,既可以使社会最大限度地利用分散的闲置资金,又可以促进个人财富的保值增值。

(四)股票市场是企业经营的"晴雨表"

股票市场,特别是股票流通市场的价格变化,用以综合反映股票发行公司的经营状况及国民经济的运行情况,成为企业经营状况和经济状况的"晴雨表"。同时,股票市场也会对发行企业形成一种外在的约束和压力,促使企业不断改善经营管理,努力开拓市场,提高资金的使用效益。

第二节 股票的发行与流通

一、股票的发行

一级市场也称发行市场,它是指公司直接或通过中介机构向投资者出售新发行的股票。新发行的股票包括初次发行的股票和再发行的股票,前者是公司第一次向投资者出售的原始股,后者是在原始股的基础上增加新的份额。

一级市场的整个运作过程通常由咨询与管理、认购与销售两个阶段构成。

(一)咨询与管理

这是股票发行的前期准备阶段,发行人(公司)须听取投资银行的咨询意见并对一些主要问题作出决策,主要包括以下几点。

1. 发行方式

股票发行的方式一般可分为公募、私募和配股。

(1)公募,是指面向市场上大量非特定的投资者公开发行股票。其优点是:可以扩大股票的发行量,筹资潜力大;无须提供特殊优厚的条件,发行者具有较大的经营管理独立性;股票可在二级市场上流通,从而提高发行者的知名度和股票的流动性。其缺点则表现为:工作量大,难度也大,通常需要承销者的协助;发行者必须向证券管理机构办理注册手续;必须在招股说明书中如实公布有关情况以供投资者作出正确决策。

(2)私募,是指只向少数特定的投资者发行股票,其对象主要有个人投资者和机构投资者两类,前者如使用发行公司产品的用户或本公司的职工,后者如大的金融机构或与发行者有密切业务往来关系的公司。私募具有节省发行费、通常不必向证券管理机构办理注册手续、有确定的投资者从而不必担心发行失败等优点。其缺点表现为需向投资者提供高于市场平均条件的特殊优厚条件、发行者的经营管理易受干预、股票难以转让。

(3)配股,对于再发行的股票还可以采取优先认股权方式,它给予现有股东以低于市场价值的价格优先购买一部分新发行的股票的权利。其优点是发行费用低并可维持现有股东在公司的权益比例不变。在认股权发行期间,公司设置一个除权日,在这一天之前,股票带权交易,即购得股票者同时也取得认股权;而除权日之后,股票不再附有认股权。

2. 选定作为承销商的投资银行

公开发行股票一般都通过投资银行来进行,投资银行的这一角色称为承销商。许多公司都与某一特定承销商建立牢固的关系,承销商为这些公司发行股票而且提供其他必要的金融服务。在某些场合,公司通过竞争性招标的方式来选择承销商,这种方式虽有利于降低发行费用,但不利于与承销商建立持久、牢固的关系。承销商除了销售股票外,事实上还为股票的信誉做担保,这是公司试图与承销商建立良好关系的基本原因。

当发行数量很大时,常由多家投资银行组成承销辛迪加或承销银团来处理整个发行,其中一家投资银行作为牵头承销商起主导作用。

在私募的情况下,发行条件通常由发行公司和投资者直接商定,从而绕过了承销环节。投资银行的中介职能减弱许多,通常是寻找可能的投资者、帮助发行公司准备各项文件,进行尽责调查和制定发行日程表等。

3. 准备招股说明书

招股说明书是公司公开发行股票的计划的书面说明,并且是投资者准备购买的依据。招股说明书必须包括:财务信息和公司经营历史的陈述,高级管理人员的状况,筹资目的和使用计划,公司内部悬而未决的问题如诉讼等。

在招股说明书的准备过程中,一般组建专家工作团并有较明确的专业分工,发行公司的管理层在其律师的协助下负责招股说明书的非财务部分,作为承销商的投资银行负责股票承销合约部分,发行公司内部的会计师准备所有的财务数据,独立的注册会计师对财务账目的适当性提供咨询和审计。招股说明书各部分起草完成后,还须一遍遍地修改以寻求最完善的定稿。该稿称为预备说明书,它包括发行股票的大部分主要事实,但不包括价格。然后,将预备说明书连同上市登记表一起交送证券管理机构审查,后者要确认这些信息是否完整与准确,并可以要求发行公司做一些修改或举行听证会。在认定没有虚假陈述和遗漏后,证券管理机构才批准注册,此时的招股说明书称为法定说明书,它应标明发行价格并送予可能的投资者。应该指出的是,证券管理机构批准新股票的发行,仅表明法定说明书内有充分、公正的信息披露能使投资者对这只股票的价值作出判断,但并不保证股票发行的投资价值。

在私募的情况下,注册豁免并不意味着发行公司不必向潜在的投资者披露信息。发行公司通常会雇用一家投资银行代理起草一份类似于招股说明书的文件——招股备忘录,两者的区别在于,招股备忘录不包括证券管理机构认为是"实质"的信息,而且不需要送证券管理机构审查。

4. 发行定价

发行定价是一级市场的关键环节。如果定价过高,会使股票的发行数量减少,进而使发行公司不能筹到所需资金,股票承销商也会遭受损失;如果定价过低,则股票承销商的工作容易,但发行公司却会蒙受损失,对于再发行的股票,价格过低还会使老股东利益受损。

（二）认购与销售

发行公司着手完成准备工作之后即可按照预定的方案发售股票。对于承销商来说，就是执行承销合同批发认购股票，然后售给投资者。其具体方式通常有包销和代销等。

根据《证券法》的规定，证券包销是指证券公司将发行人的证券按照协议全部购入或者在承销期结束时将售后剩余证券全部自行购入的承销方式。证券代销是指证券公司代发行人发售证券，在承销期结束时，将未售出的证券全部退还给发行人的承销方式。这样承销商不承担风险，而发行公司需要承担发行失败的风险。

与承销相比，私募条件下的认购和销售则较为简单，它通常是根据认购协议直接出售给投资者，而投资银行因为安排投资者和提供咨询而得到酬金收入。

二、股票的流通

股票在二级市场流通，二级市场也称交易市场，是投资者之间买卖已发行股票的场所。这一市场为股票创造流动性，即能够迅速脱手换取现值。在流动的过程中，投资者将自己获得的有关信息反映在交易价格中，而一旦形成公认的价格，投资者凭此价格就能了解公司的经营概况，公司则知道投资者对其股票价值即经营业绩的判断，这样一个"价格发现过程"降低了交易成本。同时，流动也意味着控制权的重新配置，当公司经营状况不佳时，大股东通过卖出股票放弃其控制权，它使股票价格下跌以"发现"公司的有关信息并改变控制权分布状况，进而导致股东大会的直接干预或外部接管。由此可见，二级市场另一个重要作用是优化控制权的配置，从而保证权益合同的有效性。

二级市场通常可分为场内交易和场外交易。

（一）场内交易

场内交易是指通过证券交易所进行股票买卖流通的组织方式。证券交易所是由证券管理部门批准的，为证券的集中交易提供固定场所和有关设施，并制定各项规则以形成公正合理的价格和有条不紊的秩序的正式组织。在这个场所内进行的股票交易就称为场内交易。目前在世界各国，大部分股票的流通转让交易都是在证券交易所内进行的，因此，证券交易所是股票二级市场的核心，场内交易是股票流通的主要组织方式。

（二）场外交易

场外交易是相对于证券交易所交易而言的，凡是在证券交易所之外的股票交易活动都可称作场外交易。场外交易有各种形式，不同形式的交易又有不同的市场名称，同一形式在不同国家还有不同的称呼，常见的有店头市场或柜台市场、第三市场、第四市场等。

之所以采用场外交易的组织形式，是因为股票在交易所内挂牌上市，必须遵守一系列严格而复杂的规定，以保障投资者的权益。这样，有的股票发行以后，达不到在证券交易所上市的要求，有的股票即使上市了，也因为各种原因在证券交易所以外成交。随着商品经济特别是货币金融的发展和现代科技的不断进步，场外交易也日益活跃起来，其交易量和交易方式日益增多，成为股票二级市场的重要组成部分。场外交易比证券交易所上市所受的管制少,灵活方便,因而为中小型公司和具有发展潜质的新公司提供二级市场。但是,场外市场也存在缺乏统一的组织、信息不通等缺点。

三、股票价格指数

证券交易所上市的股票价格几乎每天都有变化,从股票价格行情表上,大致可以知道每种股票价格的涨跌。但对整个股市或某一行业的股票来说,有些股票的价格上涨,有些下跌,要判断整个股票市场或某一行业股价的涨跌,就必须借助股票价格指数。

股票价格指数是用以表示多种股票平均价格水平及其变动并衡量股市行情的指标。股票价格指数是一个广义的概念,它除了包括"股价指数"指标外,还包括"股价平均数"指标。

股价平均数和股价指数在计算时要注意以下四点:①样本股票必须具有典型性、普遍性,为此,选择样本股票应综合考虑其行业分布、市场影响力、规模等因素;②计算方法要科学,计算口径要统一;③基期的选择要有较好的均衡性和代表性;④指数要有连续性,要排除非价格因素对指数的影响。

(一)股价平均数的计算

股价平均数反映一定时点上股票价格的绝对水平,人们通过对不同时期股价平均数的比较,可以看出股票价格的变动情况及其趋势。它可分为简单算术股价平均数、修正的股价平均数和加权股价平均数三类。

1. 简单算术股价平均数

(1)计算方法。简单算术股价平均数是将样本股票每日收盘价之和除以样本数得出的,即

$$简单算术股价平均数 = \frac{1}{n}\sum_{i=1}^{n}P_i \tag{4.1}$$

其中,n 为样本的数量;P_i 为第 i 只股票的价格。

世界上第一个股票价格平均数——道琼斯股票价格平均数在1928年10月1日前就是使用简单算术平均法计算的。

(2)缺点。它未考虑各样本股票的权重,从而未能区分重要性不同的样本股票对股价平均数的不同影响;当样本股票发生拆细、派发红股、增资等情况时,股价平均数就会失去连续性,使前后期的比较发生困难。

2. 修正的股价平均数

修正的股价平均数有两种计算方法。

(1)除数修正法。除数修正法又称道氏修正法。该法的核心是求出一个除数,以修正因股份分割、增资、发放红股等因素造成的股价平均数的变化,从而保持股价平均数的连续性和可比性。其具体做法是以新股价总额除以旧股价平均数,求出新除数,再以报告期的股价总额除以新除数,从而得出修正的股价平均数,即

$$新除数 = \frac{变动后的新股价总额}{旧股价平均数}$$

$$修正的股价平均数 = \frac{报告期股价总额}{新除数}$$

例如,昨天 A 股票为 260 美元,B 股票为 140 美元,其单纯平均股价为:(260+140)÷2=200 美元。今天 A 股票发生股份分割,面额减半,则分割后的股价为 130 美元。此时,若不进行修正,平均股价变为:(130+140)÷2=135 美元,比昨天下跌 65 美元,但事实上股价并没有下跌,故有修正的必要,方法是

新除数 =(130 + 140)÷ 200 = 1.35

修正后的股价平均数 =(130 + 140)÷ 1.35 = 200 美元

如果明天其他情况不变,只是股票价格发生变化,A 股票升为 145 美元,B 股票升为 152 美元,则其修正平均价为(145+152)÷1.35=220 美元,比前一天上升 20 美元,符合股票升值的实际。除数修正法的重点在于除数,求出的除数相对稳定,只有当作为计算对象的采样股票发生有偿增资、股份分割或除权以及更换采样股时,才重新调整除数。目前美国的道琼斯股价平均数和日本的日经股价平均数均采用除数修正法计算。

(2)股价修正法。股价修正法就是将发生股份分割等变动后的股价还原为变动前的股价,使股价平均数不会因此变动。例如,假设第 j 种股票进行拆分,拆分前股价为 P_j,拆分后每股新增的股数为 R,股价为 P'_j,则修正的股价平均数的公式为

$$修正的股价平均数 = \frac{1}{n}[P_1 + P_2 + \cdots + P'_j(1+R) + P_n] \quad (4.2)$$

由于 $P'_j(1+R)=P_j$,因此该股价平均数不会受股票分割等的影响。美国纽约时报编制的 500 种股价平均数就是采用股价修正法来计算的。

3. 加权股价平均数

加权股价平均数就是根据各种样本股票的相对重要性进行加权平均计算的股价平均数,其权数 Q 可以是成交股数、股票总市值、股票总股本等,其计算公式为

$$加权股价平均数 = \frac{1}{n}\sum_{i=1}^{n} P_i Q_i \quad (4.3)$$

(二)股价指数的计算

股价指数是反映不同时点股价变动情况的相对指标。通常是报告期的股票价格与选定的基数价格相比,并将二者的比值再乘以基数的指数值即为该报告期的股票价格指数。人们通过观察股票价格指数的变化,可以衡量出报告期股价与基期相比的变动方向及其幅度。

股价指数的计算方法主要有两种:简单算术股价指数和加权股价指数。

1. 简单算术股价指数

计算简单算术股价指数的方法有两种:相对法和综合法。

(1)相对法。相对法又称平均法,就是先计算各样本股价指数,再加总求算术平均数。其计算公式为

$$股价指数 = \frac{1}{n}\sum_{i=1}^{n} \frac{P_1^i}{P_0^i} \quad (4.4)$$

其中，P_1^i 表示第 i 种股票的报告期价格；P_0^i 表示第 i 种股票的基期价格。

（2）综合法。综合法是先将样本股票的基期和报告期价格分别加总，然后相比求出股价指数，即

$$股价指数 = \frac{\sum_{i=1}^{n} P_1^i}{\sum_{i=1}^{n} P_0^i} \qquad (4.5)$$

2. 加权股价指数

加权股价指数是根据各期样本股票的相对重要性予以加权，其权重可以是成交股数、总股本等。按时间划分，权数可以是基期权数，也可以是报告期权数。

以基期成交股数（或总股本）为权数的指数称为拉斯拜尔指数，其计算公式为

$$加权股价指数 = \frac{\sum_{i=1}^{n} P_1^i Q_0^i}{\sum_{i=1}^{n} P_0^i Q_0^i} \qquad (4.6)$$

以报告期成交股数（或总股本）为权数的指数称为派许指数。其计算公式为

$$加权股价指数 = \frac{\sum_{i=1}^{n} P_1^i Q_1^i}{\sum_{i=1}^{n} P_0^i Q_1^i} \qquad (4.7)$$

其中，P_0 和 P_1 分别表示基期和报告期的股价；Q_0^i 和 Q_1^i 分别表示基期和报告期第 i 种成分股的成交股数（或总股本）。拉斯拜尔指数偏重基期成交股数（或总股本），而派许指数则偏重报告期的成交股数（或总股本）。目前世界上大多数股价指数都是派许指数，只有德国法兰克福证券交易所的股价指数为拉斯拜尔指数。

四、中国主要的股票价格指数

（一）上海证券交易所股价指数

1. 指数系列

股票指数提供收盘指数计算，部分股票指数提供实时指数计算。除了价格指数外，部分指数还提供全收益指数、净收益指数。全收益指数、净收益指数是价格指数的辅指数，与价格指数的区别在于其计算中考虑了样本股税前、税后现金红利的再投资收益。

2. 采样范围

纳入指数计算范围的股票称为指数股。纳入指数计算范围的前提条件是该股票在上海证券交易所挂牌上市。

（1）规模指数是按照上市公司市值规模划分的指数，是最基础也是最重要的一类指

数。如上证 180 指数的样本股是在所有 A 股中抽取最具市场代表性的 180 种样本股票。

(2) 综合指数类的指数股是全部股票(A 股和 B 股)。上证综合指数的样本空间由在上海证券交易所上市的股票和红筹企业发行的存托凭证组成,ST、*ST 证券除外。

3. 选样原则

选样原则包括选样标准和调整方法两方面。

(1) 上证 180 指数的选样遵循规模(总市值、流通市值)、流动性(成交金额、换手率)、行业代表性三项指标,即选取规模较大、流动性较好且具有行业代表性的股票作为样本。

(2) 上证成分指数依据样本稳定性和动态跟踪相结合的原则,每半年调整一次成分股,每次调整比例一般不超过 10%,特殊情况下也可能对样本进行临时调整。

4. 计算方法

上证指数系列均以"点"为单位。

1) 基日、基期(除数)与基期指数的确定

上证 30 指数,以 1996 年 1 月至 3 月为基期,基期指数定为 1 000 点,自 1996 年 7 月 1 日起正式发布。上证 180 指数是上证 30 指数的延续,2002 年 7 月 1 日正式发布,基点为 2002 年 6 月 28 日上证 30 指数的收盘点数,即 3 299.06 点。上证综合指数,以 1990 年 12 月 19 日为基期,基期指数定为 100 点,自 1991 年 7 月 15 日起正式发布。

2) 计算公式

(1) 上证指数系列均采用派许加权指数的基本公式计算,即以指数股报告期的股本数作为权数进行加权计算。

(2) 指数的权数。报告期指数计算公式一般为

$$报告期指数 = \frac{报告期样本的调整市值}{基日成分股的调整市值} \times 基点 \qquad (4.8)$$

其中,调整市值 $= \sum$(市价 $\times$ 调整股本数),基日成分股的调整市值亦称为除数,调整股本数采用分级靠档的方法对成分股股本进行调整。

(3) B 股价格单位。指数股中的 B 股在计算上证 B 股指数时,价格采用美元;在计算其他指数时,价格按适用汇率(中国外汇交易中心每周最后一个交易日人民币兑美元的中间价)折算成人民币。

3) 指数的实时计算

其具体做法是,在每一交易日集合竞价结束后,用集合竞价产生的股票开市价(无成交者取昨日收市价)计算开市指数,以后每有一笔新的成交,就重新计算一次指数,直至收盘。每 15 秒向外发布一次。通过卫星通信网络向国内外实时发布。

(二) 深圳证券交易所股价指数

1. 指数种类

深圳证券交易所股价指数共有 194 种,其中最有影响力的是深证成分指数。

(1) 综合指数类。①深证综合指数;②深证 A 股指数;③深证 B 股指数。

(2) 成分股指数类。①成分 A 股指数;②成分 B 股指数。

(3) 深证基金指数。

2. 基日与基日指数

(1) 深证综合指数以1991年4月3日为基日，1991年4月4日开始发布，基日指数为100。

(2) 深证A股指数以1991年4月3日为基日，1992年10月4日开始发布，基日指数定为100。

(3) 深证B股指数以1992年2月28日为基日，1992年10月6日开始发布，基日指数定为100。

(4) 成分股指数类以1994年7月20日为基日，1995年1月23日开始发布，基日指数定为1 000。

(5) 深证基金指数以1996年3月15日为基日，1996年3月18日开始发布，基日指数定为1 000。

3. 计算范围

(1) 综合指数类的指数股是深圳证券交易所上市的全部股票。全部股票均用于计算深证综合指数，其中，A股用于计算深证A股指数，B股用于计算深证B股指数。

(2) 成分股指数类的指数股（即成分股）是从上市公司中挑选出来的40家成分股。成分股中所有A股和B股用于计算深证成分股指数，其中，A股用于计算成分A股指数，B股用于计算成分B股指数。成分股按其行业归类，其中A股用于计算行业分类指数。

4. 成分股选取原则

(1) 有一定的上市交易日期。为了考察上市股票的市场表现和代表性，需要股票有一定的上市交易日期。

(2) 有一定的上市规模。以每家公司一段时期内的平均流通市值和平均总市值作为衡量标准。

(3) 交易活跃。以每家公司一段时期内的总成交金额作为衡量标准。

根据以上标准定出初步名单后，再结合下列各项因素评选出40家上市公司（同时包括A股和B股）作为成分股，计算深证成分股指数：①公司股份在一段时间内的平均市盈率；②公司的行业代表性及所属行业的发展前景；③公司近年的财务状况、盈利记录、增长展望及管理素质等；④公司的地区代表性等。

5. 计算方法

综合指数类和成分股指数类均为派许加权价格指数，即以指数股的计算日股份数作为权数，采用连锁公式加权计算。

两类指数的权数如下。

(1) 综合指数类：股份数＝全部上市公司的总股份数。

(2) 成分股指数类：股份数＝成分股的可流通股本数。

指数股中的B股用外汇平均汇率将港币换算为人民币，用于计算深证综合指数和深证成分股指数。深证B股指数和成分B股指数仍采用港币计算。

每一交易日集合竞价结束后,用集合竞价产生的股票开市价(无成交者取昨日收盘价)计算开市指数,然后用连锁方法计算即时指数,直至收市。

指数通过卫星通信网络实时向国内外发布。

第三节 上市公司的控制机制

一、投资者对上市公司的控制机制

(一)投资者对上市公司控制的目的

投资者通过购买新发行的股票为公司提供资金,当投资者投资于某公司股票时,希望公司经理们的经营目标是使股票价值最大化。然而由于所有权和经营权相分离将导致代理问题,经理们倾向于使自己的利益最大化,而非拥有公司股票的那些投资者的利益最大化。因此,需要监督公司经营,对上市公司进行控制。

机构投资者比个人投资者取得更多的股票头寸,在监督企业经营方面也比个人投资者有更大的力量。很多机构投资者拥有单个公司上百万股的股票,于是愿意花时间去保证经理们服务于投资者的利益。此外,机构投资者习惯于评估公司,且在监督公司方面有专长。这样,它们在监督公司方面会得到更多的经验和资源。

(二)股东积极主义

当投资者对管理层的经营方式不满意时,他们通常有三种选择:一是什么也不做,继续持有股票,希望管理层的经营最终导致股票价格的强势表现。二是卖掉此股票。三是股东积极主义。股东积极主义的常见方式有以下几点。

(1)与公司方沟通。投资者之间达成共识,极力向公司的管理层或董事会成员施加压力。例如,当公司经营范围超出主营业务、试图以高价收购其他公司或拒绝股东认为有利可图的收购时,股东可发表自己的顾虑与观点。

(2)代理权竞争。投资者也可以为改变董事会的组成进行代理权竞争,这是比与公司沟通更加正式的行为。通常只有在投资者非正式地提出改革董事会的要求(如通过与董事会沟通)被忽略时才会采用该方式。

(3)股东诉讼。投资者如果认为董事们没有履行其对股东的职责,可以起诉董事会。这个行动用于迫使董事会作出与股东利益相一致的决策。

二、企业对上市公司的控制机制

(一)收购的潜在利益

如果某企业认为一家相关公司的股票被低估,它可能会考虑收购此公司股票。其收购动因包括:①两家公司的合并可以减少一些多余的业务,提高整体效益,使合并价值超过单个实体的价值之和;②合并可以利用单个实体利用不了的税盾;③合并可以消除无效管理,从而改善企业的经营;④收购可以创造多元化的经营模式,企业可较少地依赖于某一特定行业的环境,从而降低倒闭的可能性并降低资金成本。

当一个准备进行收购的公司的股票价格上升时,它开展收购比较有利。它可以将其股票当作现金来使用,通过将本公司的部分股票与目标公司的股票交换来达到并购的目的。当收购公司的股价较高时,只需要以较少的股票去交换目标公司的股票。

如果投资者预期收购利益会实现,他们将对收购作出积极的反应。相反,如果收购公司的股票并没有表现出积极的市场反应,则说明市场没有预期其将从收购中获利。

(二) 市场的企业控制机制

如果一家企业的股票价格下降是由于管理不善,则有可能受到来自市场的企业控制,也就是可能会被接管。

如果某公司的管理层不服务于股东的利益,导致该公司被另一家公司所收购,则管理层会丢掉工作。也就是说,市场的企业控制机制对其进行了惩罚。如果管理层服务于股东利益,公司股价上升,收购变得昂贵,不易成为被接管的目标,即使被收购了,管理层因服务于股东利益,也可能被收购公司留任。

(三) 市场的企业控制机制的障碍

在收购管理层不为股东利益服务的公司的过程中,由于存在许多障碍使得潜在收购公司的成本增加,旨在消除代理问题的企业控制力量非常有限。以下为一些常见的障碍。

1. 反收购修正案

一些公司已经在其公司章程中加入反收购修正案,反收购修正案有不同种类。例如,修正案可能要求在公司被收购以前至少由 2/3 的股东投票通过。如果收购最终会减少股东的投资评估价值,反收购修正案就能起到重大作用。然而,有不同意见认为股东也会受到反收购修正案的不利影响。

2. 毒丸计划

毒丸计划是指敌意收购的目标公司通过发行证券以降低公司在收购方眼中的价值的措施。毒丸计划是美国的并购律师马丁·利普顿(Martin Lipton)1982 年发明的,正式名称为"股权摊薄反收购措施"。其最初的形式很简单,就是目标公司向普通股股东发行优先股,一旦公司被收购,股东持有的优先股就可以转换为一定数额的收购方股票。毒丸计划于 1985 年在美国特拉华法院被判决合法化。

在最常见的形式中,一旦未经认可的一方收购了目标公司一大笔股份(一般是 10%～20%的股份),毒丸计划就会启动,导致新股充斥市场。一旦毒丸计划被触发,其他所有的股东都有机会以低价买进新股。这样就大大地稀释了收购方的股权,继而使收购变得代价高昂,从而达到抵制收购的目的。美国有超过 2 000 家公司拥有这种工具。

毒丸计划一经采用,至少会产生两个效果:其一,对恶意收购方产生威慑作用;其二,对采用该计划的公司有兴趣的收购方会减少。

有许多研究认为,毒丸计划这一反收购工具往往用于抬高主动收购方的价码,而非真正阻碍交易的达成。20世纪80年代,美国经济发生重大变化,公司易手率高,公司股权控制变化极大,毒丸计划是一种被广泛采用的反收购手段。但随着公司治理越来越受重视,毒丸计划的采用率已大幅度下降。公司董事会不愿给外界造成层层防护的印象。公司治理评估机构也往往给那些有毒丸计划的公司较低的评级。一般情况下,投资者也不愿意看到董事会人为设立一道阻碍资本自由流通的障碍。

3. 金色降落伞

金色降落伞指的是按照聘用合同中公司控制权变动条款,对失去工作的管理人员进行补偿的规定。一般来说,员工被迫离职时(不是由于自身的工作原因)可得到一大笔离职金,它能够促使管理层接受可以为股东带来利益的公司控制权变动,从而减少管理层与股东之间因此产生的利益冲突,以及管理层为抵制这种变动造成的交易成本。

"金色"意味着补偿是丰厚的,"降落伞"则意味着高管可以在并购的变动中平稳过渡。由于这种策略势必让收购者"大出血",因此也被看作反收购的利器之一。

在美国,金色降落伞规定出现以前,许多公司被收购以后,其高管人员通常会在很短时间内被"踢"出公司,辛苦奋斗换来如此结果,让人于心难忍。于是一种旨在保护目标公司高管人员的规定,即金色降落伞应运而生。但是随着商业的发展,新增案例不断出现,金色降落伞的弊端时有暴露。由于高管层得到的经济补偿有时可达到一个天文数字,因此这种补偿反而可能成为高管层急于出售公司的动机,甚至是以很低的价格出售。如果是这样,很显然,股东的利益就将遭受极大的损害。因此这一策略,也一度饱受争议。

4. 白衣骑士

当公司成为其他企业的并购目标后,公司的管理层为阻碍恶意接管的发生,去寻找一家"友好"公司进行合并,而这家"友好"公司被称为"白衣骑士"。一般来说,受到管理层支持的"白衣骑士"的收购行动成功可能性很高,并且公司的管理者在取得机构投资者的支持下,甚至可以自己成为"白衣骑士",实行管理层收购。处于被收购威胁中的目标公司通常会与这家友好公司达成一些协议。这些协议通常都是尽可能地使"白衣骑士"从中获益。

三、上市公司的自我控制机制

(一)股票回购

如果管理层认为其股票被市场低估,他们可能考虑回购一部分已出售的股票。他们可以低于实际价值的相对低价回购这些股票。即使在股票市场表现良好时,只要公司认为股票被低估,股票回购也是常见的。

总的来说,研究发现股票回购公告对股价产生有利的影响,此公告标志着管理层认为股票价格被低估,因此市场对此作出积极反应。但也有投资者会质疑为什么公司不用其资金去拓展业务,而将其股票购回。这样,随着公司性质的不同,投资者对股票回购的反应是不一样的。

（二）杠杆收购

如果管理层认为股价被低估，他们可以考虑组织起来一起购买股票，从而买下整个公司。这种策略一般需要大量地借入资金，故被称为杠杆收购。

使用债务回购公司股票会造成非常高的杠杆资本结构。资本结构改变，有利的一面是公司所有权集中到小部分人手中，他们或许是公司管理层，这样公司代理成本会降低。不利的一面是，因为财务杠杆水平很高，定期还款压力大，公司长期内将存在现金流问题。

一些杠杆收购的公司在改善经营后发行新股，这个过程叫反杠杆收购。反杠杆收购通常在可高价卖出股票时是可取的。实质上，当实施杠杆收购时，收购者都希望将来以比其所付收购价高得多的价位来发行新股。

（三）增发股票

如果管理层因市场高估股价而认为本公司股票价格坚挺，在需要获得资金时可能选择在二级市场增发股票。基于对股票实际价值的评估，他们可能以一个较高的价位发行新股，这样可实现较低的资本成本。

第四节 股票价值评估

一、影响股票投资价值的因素

（一）内部因素

一般来讲，影响股票投资价值的内部因素主要包括公司净资产、公司的盈利水平、重要原材料供应及价格变化、公司的股利政策、股份分割、增资和减资以及公司资产重组等。

1. 公司净资产

净资产是总资产减总负债后的净值，是全体股东的权益，是决定股票投资价值的重要基准。公司经过一段时间的运营，其资产净值必然有所变动。股票作为投资的凭证，每一股代表一定数量的净值。从理论上讲，净值应与股价保持一定比例，即净值增加，股价上涨；净值减少，股价下跌。

2. 公司的盈利水平

公司业绩好坏集中表现在盈利水平的高低。公司的盈利水平是影响股票投资价值的基本因素之一。在一般情况下，预期公司盈利增加，可分配的股利也会相应增加，股票市场价格上涨；预期公司盈利减少，可分配股利相应减少，股票市场价格下跌。但值得注意的是，股票价格的涨跌和公司盈利的变化并不完全同时发生。

3. 重要原材料供应及价格变化

公司正常生产所需的重要原材料的供应及价格变化将严重影响公司的正常运转，进而影响公司股票的价值。如果重要原材料缺货,将会使生产中断;如果重要原材料价格上涨,也会使成本增加、利润减少,这些都会传递出公司运营不利的信号,使股票价格下跌。

4. 公司的股利政策

公司的股利政策直接影响股票投资价值。在一般情况下,股票价格与股利水平成正比,股利水平越高,股票价格越高;相反,股利水平越低,股票价格越低。股利来自公司的税后盈利,但公司盈利的增加只为股利分配提供了可能,并非盈利增加,股利就一定增加。公司为了合理地在扩大再生产和回报股东之间分配盈利,都会有一定的股利政策。股利政策体现了公司的经营作风和发展潜力,不同的股利政策对各期股利收入有不同的影响。此外,公司的股利分配方式也会给股价波动带来影响。

5. 股份分割

股份分割又称拆股、拆细,是将原有股份均等地拆分成若干较小的股份。股份分割一般在年度决算月份进行,通常会刺激股价上升。股份分割给投资者带来的不是现实的利益,因为股份分割前后投资者持有的公司净资产和以前一样,得到的股利也相同。但是,投资者持有的股份数量增加了,给投资者带来了今后可多分股利和收益更高的预期,因此股份分割往往比增加股利分配对股价上涨的刺激作用更大。

6. 增资和减资

增资是指公司因业务发展需要增加资本额而发行新股的行为,对不同公司股票价格的影响不尽相同。在没有产生相应效益前,增资可能会使每股净资产下降,因而可能会促使股价下跌。但对那些业绩优良、财务结构健全、具有发展潜力的公司而言,增资意味着将增强公司经营实力,从而给股东带来更多回报,因此股价不仅不会下跌,可能还会上涨。

当公司宣布减资时,多半是因为经营不善、亏损严重、需要重新整顿,所以股价会大幅下降。

7. 公司资产重组

公司资产重组总会引起公司价值的巨大变动,因而其股价也随之产生剧烈的波动。但需要分析公司重组对公司是否有利,重组后是否会改善公司的经营状况,因为这些是决定股价变动方向的因素。

(二)外部因素

一般来讲,影响股票投资价值的外部因素主要包括宏观经济因素、行业因素及市场因素。

1. 宏观经济因素

宏观经济发展水平和状况是股票市场的背景和后盾,也是影响股票投资价值的重要因素。宏观经济影响股票价格的特点是波及范围广、干扰程度深、作用机制复杂和股价波动幅度较大。宏观经济因素主要包括经济增长、经济周期循环、通货膨胀、市场利率、汇率、国际收支状况、货币政策、财政政策、收入分配政策和对证券市场的监管政策等。

2. 行业因素

产业的发展状况和趋势对于该产业上市公司的影响是巨大的,因而产业的发展状况和趋势、国家的产业政策和相关产业的发展都会对该产业上市公司的股票投资价值产生影响。我国的上市公司主要分为工业类、商业类、房地产类、公用事业类和综合类。

3. 市场因素

证券市场上的投资者对股票走势的心理预期会对股票价格走势产生重要的影响。市场中的散户投资者往往有从众心理,对股市起到助涨、助跌的作用。

二、收入资本化在股票价值评估中的应用

(一)股息贴现模型的一般公式

收入资本化法运用于普通股价值分析中的模型,又称股息贴现模型。其函数表达式如下:

$$V=\frac{D_1}{(1+y)}+\frac{D_2}{(1+y)^2}+\frac{D_3}{(1+y)^3}+\cdots=\sum_{t=1}^{\infty}\frac{D_t}{(1+y)^t} \quad (4.9)$$

其中,V 为普通股的内在价值;D_t 为普通股第 t 期支付的股息和红利;y 为贴现率,又称资本化率。股息贴现模型假定股票的价值等于它的内在价值,而股息是投资股票唯一的现金流。事实上,绝大多数投资者并非在投资之后永久性地持有所投资的股票,即在买进股票一段时间之后可能抛出该股票。

所以,根据收入资本化法,卖出股票的现金流收入也应该纳入股票内在价值的计算。

假定某投资者在第三期期末卖出所持有的股票,根据式(4.9),该股票的内在价值应该为

$$V=\frac{D_1}{(1+y)}+\frac{D_2}{(1+y)^2}+\frac{D_3}{(1+y)^3}+\frac{V_3}{(1+y)^3} \quad (4.10)$$

其中,V_3 为在第三期期末出售该股票时的价格。根据股息贴现模型,该股票在第三期期末的价格应该等于当时该股票的内在价值,即

$$V_3=\frac{D_4}{(1+y)}+\frac{D_5}{(1+y)^2}+\frac{D_6}{(1+y)^3}+\cdots=\sum_{t=1}^{\infty}\frac{D_{t+3}}{(1+y)^t} \quad (4.11)$$

将式(4.10)代入式(4.11),得到:

$$V=\frac{D_1}{(1+y)}+\frac{D_2}{(1+y)^2}+\frac{D_3}{(1+y)^3}+\frac{\frac{D_4}{1+y}+\frac{D_5}{(1+y)^2}+\cdots}{(1+y)^3} \quad (4.12)$$

由于 $\dfrac{D_{t+3}/(1+y)^t}{(1+y)^3}=\dfrac{D_{t+3}}{(1+y)^{t+3}}$,所以式(4.12)可以简化为

$$V=\frac{D_1}{(1+y)}+\frac{D_2}{(1+y)^2}+\frac{D_3}{(1+y)^3}+\frac{D_4}{(1+y)^{3+1}}+\frac{D_5}{(1+y)^{3+2}}+\cdots=\sum_{t=1}^{\infty}\frac{D_t}{(1+y)^t}$$
$$(4.13)$$

所以，式(4.10)与式(4.9)是完全一致的,证明股息贴现模型选用未来的股息代表投资股票唯一的现金流,并没有忽视买卖股票的资本利得对股票内在价值的影响。如果准确地预测股票未来每期的股息,就可以利用式(4.9)计算股票的内在价值。在对股票未来每期股息进行预测时,关键在于预测每期股息的增长率。

如果用 g_t 表示第 t 期的股息增长率,其数学表达式为

$$g_t = \frac{D_t - D_{t-1}}{D_{t-1}} \tag{4.14}$$

根据对股息增长率的不同假定,股息贴现模型可以分为零增长模型、不变增长模型、三阶段增长模型和多元增长模型等形式。

(二) 利用股息贴现模型指导证券投资

所有的证券理论和证券价值分析,都是为投资者投资服务的。换言之,股息贴现模型可以帮助投资者判断某股票的价格属于低估还是高估。判断股票价格高估抑或低估的方法包括两类。

1. 计算股票投资的净现值

如果净现值大于零,说明该股票被低估;反之,该股票被高估,用数学公式表示：

$$\text{NPV} = V - P = \sum_{t=1}^{\infty} \frac{D_t}{(1+y)^t} - P \tag{4.15}$$

其中,NPV 为净现值; P 为股票的市场价格。当 NPV 大于零时,可以逢低买入;当 NPV 小于零时,可以逢高卖出。

2. 比较贴现率与内部收益率的差异

如果贴现率小于内部收益率,证明该股票的净现值大于零,即该股票被低估;相反,当贴现率大于内部收益率时,该股票的净现值小于零,说明该股票被高估。内部收益率(IRR),是当净现值等于零时的一个特殊的贴现率,即

$$\text{NPV} = V - P = \sum_{t=1}^{\infty} \frac{D_t}{(1+\text{IRR})^t} = 0 \tag{4.16}$$

三、股息贴现模型的四种特殊形式

(一) 零增长模型

1. 公式推导

零增长模型是股息贴现模型的一种特殊形式,它假定股息是固定不变的。换言之,股息的增长率等于零。零增长模型不仅可以用于普通股的价值分析,而且适用于统一公债和优先股的价值分析。股息不变的数学表达式为

$$D_0 = D_1 = D_2 = \cdots = D_\infty, \text{或者} \; g_t = 0 \tag{4.17}$$

用 D_0 来替换式(4.9)的 D_t,得

$$V = \sum_{t=1}^{n} \frac{D_0}{(1+k)^t} = D_0 \sum_{t=1}^{\infty} \frac{1}{(1+k)^t} \quad (4.18)$$

由于 $k>0$，按照数学中无穷级数的性质，可知

$$\sum_{t=1}^{\infty} \frac{1}{(1+k)^t} = \frac{1}{k} \quad (4.19)$$

因此，零增长模型公式为

$$D = \frac{D_0}{k} \quad (4.20)$$

其中，V 为股票的内在价值；D_0 为在未来每期支付的每股股息；k 为必要收益率。

2. 净现值法估价

零增长模型下，股票的净现值公式即变为

$$\mathrm{NPV} = V - P = \frac{D_0}{k} - P \quad (4.21)$$

【例 4.1】 假定 A 公司在未来每期支付的每股股息为 6 元，必要收益率为 10%，当前的股票价格为 65 元，投资者是否应该购买 A 公司的股票？

运用零增长模型，可知 A 公司股票的价值等于 $6 \div 0.10 = 60$ 元；而当前每股股票净现值等于 $60 - 65 = -5$ 元。说明 A 公司的股票价格被高估 5 元，因此不可购买该股票。

3. 内部收益率法估价

使用内部收益率法对零增长股票估价时，需要首先计算零增长股票的内部收益率。用股票的当前价格 P 代替 V，用 k^*（内部收益率）替换 k，零增长模型就变形成

$$P = \sum_{t=1}^{\infty} \frac{D_0}{(1+k)^t} = \frac{D_0}{k^*} \quad (4.22)$$

进行转换，可得

$$k^* = \frac{D_0}{P} \quad (4.23)$$

利用这一公式计算上例中 A 公司股票的内部收益率，其结果是 $k^* = 6 \div 65 = 9.23\%$。该股票的内部收益率小于其必要收益率（$9.23\% < 10\%$），表明 A 公司股票价格被高估了。

可见，净现值法和内部收益率法得出了相同的估价结果。

4. 评价

因为假定对某一种股票永远支付固定的股息是不合理的，零增长模型的应用受到限制；但在决定优先股的内在价值时，这种模型相当有用，因为大多数优先股的股息是定期定额支付的。

（二）不变增长模型

不变增长有两种理解：一种是股息按照不变的增长率增长，另一种是股息以固定不变的绝对值增长。因为前者比后者更为常见，所以我们主要讨论股息增长率不变这种情况。

1. 公式推导

假定股息永远按不变的增长率 g 增长,则第一期的股息 $D_1 = D_0 \times (1+g)$,第二期的股息 $D_2 = D_1 \times (1+g) = D_0 \times (1+g)^2$,以此类推,第 t 期的股息为

$$D_t = D_{t-1} \times (1+g) = D_0 \times (1+g)^t \tag{4.24}$$

将式(4.24)代入式(4.9)中,得到式(4.25):

$$V = \sum_{t=1}^{\infty} \frac{D_0(1+g)^t}{(1+k)^t} = D_0 \sum_{t=1}^{\infty} \frac{(1+g)^t}{(1+k)^t} \tag{4.25}$$

运用数学中无穷级数的性质,如果 $k > g$,可得:$\sum_{t=1}^{\infty} \frac{(1+g)^t}{(1+k)^t} = \frac{1+g}{k-g}$,从而不变增长模型可以写成

$$V = D_0 \frac{1+g}{k-g} \tag{4.26}$$

由于 $D_1 = D_0 \times (1+g)$,有时把式(4.26)写成如下形式:

$$V = \frac{D_1}{k-g} \tag{4.27}$$

2. 净现值法估价

不变增长模型下,股票的净现值公式变为

$$NPV = V - P = D_0 \frac{1+g}{k-g} - P = \frac{D_1}{k-g} - P \tag{4.28}$$

【例 4.2】 去年 B 公司支付的每股股息为 1.80 元,预计在未来日子里该公司股票的股息按每年 4% 的速率增长。假定必要收益率是 9%,当前 B 公司的股票价格是 40 元,该股票的价格是否被高估?

运用不变增长模型,预期 B 公司下一年股息 $D_1 = 1.80 \times (1+4\%) = 1.872$(元)。股票的净现值为 −2.56。因此,股票价格被高估了 2.56 元,投资者应考虑出售该股票。

3. 内部收益率法估价

不变增长模型下,运用内部收益率法对股票进行估价时也要先计算股票的内部收益率。首先,用股票的市场价格代替 V;其次,用 k^* 代替 k,其结果是

$$P = D_0 \frac{1+g}{k^* - g} \tag{4.29}$$

经过变换,可得

$$k^* = D_0 \frac{1+g}{P} + g = \frac{D_1}{P} + g \tag{4.30}$$

用式(4.30)来计算 B 公司股票的内部收益率,可得

$$k^* = 1.80 \times (1+4\%) \div 40 + 4\% = 8.68\%$$

由于该公司股票的内在收益率小于其必要收益率 9%,该公司股票价格被高估。如果是持有该公司股票的短期投资者应该考虑抛出该股票。

4. 评价

零增长模型实际上是不变增长模型的一个特例。假定增长率 g 等于零,股息将永远按固定数量支付,这时,不变增长模型就变成了零增长模型。

从这两种模型来看,虽然不变增长模型的假设比零增长模型的假设有所宽松,但是在许多情况下仍然被认为是不现实的。由于不变增长模型是多元增长模型的基础,因此这种模型是极为重要的。

(三) 三阶段增长模型

零增长模型和不变增长模型都对股息的增长率进行了一定的假设。事实上,股息的增长率是变化不定的,因此,零增长模型和不变增长模型并不能很好地在现实中对股票的价值进行评估。下面,主要对可变增长模型中的三阶段增长模型进行介绍。

1. 公式推导

三阶段增长模型将股息的增长分成三个不同的阶段:假定在时间 t_a 之前为第一个阶段,股息以一个 g_a 的不变增长速度增长;从时间 t_a 到时间 t_b 为第二阶段,是股息增长的转折期,股息增长率以线性的方式从 g_a 变化到 g_b,如果 $g_a > g_b$,则在转折期内表现为递减的股息增长率,反之表现为递增的股息增长率;g_b 是第三阶段(即时间 t_b 以后)的股息增长率,也是一个常数,该增长率是公司长期的正常的增长率。

转折期内任何时点上的股息增长率(不管是递增还是递减)g_t 可以用式(4.31)表示:

$$g_t = g_a - (g_a - g_b) \frac{t - t_a}{t_b - t_a} \tag{4.31}$$

当 $t = t_a$ 时,$g_t = g_a$,此时的股息增长率等于第一阶段的常数增长率;当 $t = t_b$ 时,$g_t = g_b$,此时的股息增长率等于第三阶段的常数增长率。

在满足三阶段增长模型的假定条件下,如果已知 g_a、g_b、t_a、t_b 和期初的股息水平 D_0,就可以根据式(4.31)算出所有各期的股息增长率和各期的股息;然后根据贴现率计算股票的内在价值。三阶段增长模型下,股票的内在价值的计算公式为

$$V = D_0 \sum_{t=1}^{t_a} \left(\frac{1 + g_a}{1 + k} \right)^t + \sum_{t=t_a+1}^{t_b} \left[\frac{D_{t-1}(1 + g_t)}{(1 + k)^t} \right] + \frac{D_{t_b}(1 + g_t)}{(1 + k)^{t_b}(k - g_b)} \tag{4.32}$$

式(4.32)中的三项分别对应股息增长的三个阶段。

2. 净现值法估价

三阶段增长模型下,股票的净现值可用式(4.33)表示:

$$\text{NPV} = D_0 \sum_{t=1}^{t_a} \left(\frac{1 + g_a}{1 + k} \right)^t + \sum_{t=t_a+1}^{t_b} \left[\frac{D_{t-1}(1 + g_t)}{(1 + k)^t} \right] + \frac{D_{t_b}(1 + g_t)}{(1 + k)^{t_b}(k - g_b)} - P \tag{4.33}$$

假设 C 公司目前股息为每股 0.5 元,预期回报率为 10%,在今后两年的股息增长率为 6%;股息增长率从第 3 年开始递减;从第 6 年开始每年保持 3% 的增长速度。当前该股票的市场价格为 6.5 元,C 公司股票价值是否被高估?

运用三阶段增长模型进行分析:$g_a = 6\%$、$g_b = 3\%$、$t_a = 2$、$t_b = 6$,$k = 10\%$,$D_0 = 0.5$。

代入式(4.32)得

$$g_3 = 6\% - (6\% - 3\%)(3-2)/(6-2) = 5.25\%$$
$$g_4 = 6\% - (6\% - 3\%)(4-2)/(6-2) = 4.5\%$$
$$g_5 = 6\% - (6\% - 3\%)(5-2)/(6-2) = 3.75\%$$
$$g_6 = 6\% - (6\% - 3\%)(6-2)/(6-2) = 3\%$$

根据公式可得第三阶段的股息 $D = 9.71$。

将各阶段的股息现值相加,即得到该股票的内在价值 $V = 8.06$,得 $NPV = V - P = 8.06 - 6.5 = 1.56$(也可将各参数直接代入公式计算得出)。可见,公司股票价格被低估了1.56元,此时购入该股票对投资者而言较为划算。

3. 内部收益率法估价

在三阶段增长模型中,用股票的市场价格代替 V,k^* 代替 k,同样可以计算出内部收益率 k^*。不过,由于三阶段增长模型相对较为复杂,不容易直接得出内部收益率,因此,主要采取试错法来计算 k^*。

试错法的主要思路是,首先估计一个收益率水平,将其代入模型中。如果计算出在此收益率水平下股票的理论价值高于股票的市场价格,则认为估计的收益率水平低于实际的内部收益率 k^*;同理,如果计算出在此收益率水平下股票的理论价值低于股票的市场价格,则认为估计的收益率水平高于实际的内部收益率 k^*。这样,通过反复地试错,所估计的收益率水平将逐步逼近实际的内部收益率水平。

我们继续看上面 C 公司的例子,计算其内部收益率 k^*:

$$P = D_0 \sum_{t=1}^{t_a} \left(\frac{1+g_a}{1+k^*}\right)^t + \sum_{t=t_a+1}^{t_b} \left[\frac{D_{t-1}(1+g_t)}{(1+k^*)^t}\right] + \frac{D_{t_b}(1+g_t)}{(1+k^*)^{t_b}(k^*-g_b)} \quad (4.34)$$

首先估计一个收益率水平 k_1^*,假设 $k_1^* = 10\%$,将其代入式(4.34),经计算得出的理论价值为 8.06 元,高于其市场价格 6.5 元,则实际的内部收益率一定大于 10%,所以必须提高 k_1^* 再试。如此反复,直到当 $k_1^* = 15\%$ 时,代入式(4.34),得到:$P = 6.6$。

当 $k^* = 15\%$ 时,该股票的理论价值 6.6 元与其市场价格 6.5 元较为接近,所以可以近似认为该股票的内部收益率为 15%。$15\% > 10\%$,也就是内部收益率大于预期报酬率,说明该股票的价值被低估了,此时购买该股票是明智的。

4. 评价

从本质上来说,零增长模型和不变增长模型都可以看作三阶段增长模型的特例。例如,在三阶段增长模型中,当三个阶段的股息增长率都为零时,三阶段增长模型就是零增长模型;当三个阶段的股息增长率相等,但不为零时,三阶段增长模型就是不变增长模型。相对于零增长模型和不变增长模型而言,三阶段增长模型更为接近实际情况。

然而,对于股票的增长形态,我们可以给予更细的分析,以更贴近实际情况。

(四)多元增长模型

普通股价值评估中更具有普遍意义的股息贴现模型是多元增长模型。如果说零增长模型、不变增长模型、三阶段增长模型都是股息贴现模型的特殊形式,那么,多元增长模型就成为股息贴现模型的一般形式。

1. 公式推导

不管是行业还是公司,都有其自身的生命周期。对于一个公司而言,在不同的发展阶段,成长速度也是不断变化的。相应地,股息增长率也随之改变。公司在成立初期,投资机会比较多,故将较多的利润留存用于再投资,股息支付率一般较低,但增长率较高。随着公司步入成熟期,竞争日益激烈,投资机会越来越少,公司会提高股息支付率,但由于利润增长受限,股息增长率也是逐渐放慢的。鉴于此,产生了符合公司生命周期特征的多元增长模型。

多元增长模型假定在未来的某一时刻 T 之后,股息以不变的增长率 g 增长,也就是说,从时刻 T 开始具有不变增长模型的特点;但在时刻 T 之前,股息增长率是可以变化的,没有特定的模式。

我们将时刻 T 之前的股息贴现值用 V_{T-} 表示,将时刻 T 之后的股息贴现值用 V_{T+} 表示,则有下面的等式:

$$V_{T-} = \sum_{t=1}^{T} \frac{D_t}{(1+k)^t} \tag{4.35}$$

$$V_{T+} = \frac{D_{T+1}}{(k-g)(1+k)^T} \tag{4.36}$$

那么,将式(4.35)与式(4.36)相加就得到一只股票在未来各期的所有股息的贴现值,也就是股票的价值。所以,多元增长模型中的股票价值公式如下:

$$V = V_{T+} + V_{T-} = \sum_{t=1}^{T} \frac{D_t}{(1+k)^t} + \frac{D_{t+1}}{(k-g)(1+k)^T} \tag{4.37}$$

2. 净现值法估价

多元增长模型下,股票的净现值公式可表示为

$$\text{NPV} = V - P = \sum_{t=1}^{T} \frac{D_t}{(1+k)^t} + \frac{D_{t+1}}{(k-g)(1+k)^T} - P \tag{4.38}$$

可运用式(4.38)来分析股票价格是否可以合理反映股票价值。

3. 内部收益率法估价

在多元增长模型中,用股票的市场价格代替 V,k^* 代替 k,可以计算出内部收益率 k^*,但同样由于其公式较为复杂,不容易将 k^* 直接表示出来。

$$P = \sum_{t=1}^{T} \frac{D_t}{(1+k^*)^t} + \frac{D_{t+1}}{(k-g)(1+k^*)^T} \tag{4.39}$$

4. 评价

比起前三个股息贴现模型的特殊形式,多元增长模型对股票的增长形态给予了更细的分析。因此,多元增长模型更为贴近实际,更加符合公司股票发展的一般趋势,应用也最为广泛。

(五) 股息贴现模型的参数估计

从上述股息贴现模型的四种特殊形式中可知,股票价值是股息增长率 g 和它的必要收益率 k 共同作用的结果,下面就来介绍这两个变量的估计方法。

1. 股息增长率 g

前面关于股票价值评估模型的讨论是假定股利以 g 的比例增长。那么如何来估计 g 呢?

假定必须有净投资,这样才不会导致公司下年度的盈利与今年的盈利是一样的,因为一项净投资等于总投资减去折旧,如果总投资等于折旧,则净投资就会零增长,公司的物质形态会维持,但盈利没有持续增长。反过来说,只有当一些盈余没有被当作股利支付给投资者,也就是一些盈余被保留时,净投资才会是正的,用等式表示如下:

$$E_1 = E_0 + bE_0 \times \text{ROE} \tag{4.40}$$

其中,E_1 为下一年的盈利;E_0 为今年的盈利;b 为收益留存率;ROE 为留存收益的预期回报率。可见,盈利的增长是留存收益和留存收益预期回报率共同作用的结果。

将式(4.40)两端同时除以 E_0 得出

$$E_1/E_0 = 1 + b \times \text{ROE} \tag{4.41}$$

式(4.41)的左边可以转化成 $1+g$,因为盈余增长是股息增长的前提,如果股息按固定比率发放,则盈余增长率就等于股息增长率 g,有

$$1 + g = 1 + b \times \text{ROE} \tag{4.42}$$

所以,对股息增长率 g 的估计就转化成对留存收益预期回报率 ROE 的估计,这对金融分析师来说也是很困难的,因为将要投资的项目很难预计其细节。但是,通常假设近年选择的项目有着与其他年度投资项目一样的回报。此处,通常用历史的权益报酬率来估计现有的留存收益的预期回报率。由式(4.42)就得到估计股息增长率 g 的公式:

$$g = b \times \text{ROE} \tag{4.43}$$

【例 4.3】 某公司报告有 2 000 万元的盈利,计划保留盈余 20%。公司历史的权益报酬率为 16%,并希望在将来一直保留。那么公司下一年的盈利增长将会是多少?

公司将保留盈余 2 000×20%=400 万元,假设历史的权益报酬率是对未来留存收益回报率的适当估计,那么盈利预计增长 400×16%=64 万元。盈利增长的百分比=盈利的变化/全部盈利=64/2 000=3.2%,这意味着下一年的盈利是 2 000×(1+3.2%)=2 064 万元。

如果用式(4.43)计算,可得 g=20%×16%=3.2%,与上述分析结果一致。

2. 必要收益率 k

这里讲的必要收益率就是用来折现某一特定股票未来现金流的比率,又称折现率。学术界提出了三种估计 k 的方法:第一种是从增长年金的现值概念导出,称作"股利增长模型法";第二种是根据债务成本加上一定的风险溢价估算得出,称作"风险溢价法";第三种是由资本资产定价模型求出,称作"资本资产定价模型法"。

1) 股利增长模型法

不变增长的年金现值可表示如下:

$$\text{现值} = \frac{\text{下一年的年金}}{\text{必要收益率} - \text{增长率}}$$

如果每一期支付的股息的增长率是不变的,就可以用下一期的股息替代下一年的年金,则上式变为

$$现值 = \frac{下一期的股息}{必要收益率 - 增长率}$$

$$必要收益率 = \frac{下一期的股息}{现值} + 股息增长率$$

$$k = \frac{D_1}{P_0} + g \tag{4.44}$$

从式(4.44)可以看出,折现率分为两个部分:一部分是比率 $\frac{D_1}{P_0}$,把股利的回报以百分比的形式表示出来,称为股利收益率,另一部分是股利的增长率 g。

假设目前某公司股票市价为 36 元,估计年增长率为 10%,本年发放股利 2 元,则

$$D_1 = 2 \times (1 + 10\%) = 2.2 (元)$$

$$k = 2.2/36 + 10\% = 16.11\%$$

2) 风险溢价法

根据"风险越大,要求的报酬率越高"的原理,普通股股东对公司的投资风险大于债券投资者,因而会在债券投资者要求的收益率上再要求一定的风险溢价。依照这一理论,普通股的必要收益率公式如下:

$$K = K_b + RP_c \tag{4.45}$$

其中,K_b 表示债务收益率;RP_c 表示股东比债权人承担更大的风险所要求的风险溢价。债权人收益率就是债券投资者从公司得到的利息收入,对公司来讲就是债务成本,包括长期借款成本和债券成本,比较容易计算,难点在于确定 RP_c,即风险溢价。风险溢价可以凭借经验估计。一般认为,某公司股票对自己发行的债券的风险溢价在 3%~5%,当市场利率处于历史性低点时,风险溢价通常较高,在 5%左右;当市场利率达到历史性高点时,风险溢价通常较低,在 3%左右。故通常情况下,采用 4%的平均风险溢价。

这样,普通股的必要收益率为:$K = K_b + 4\%$。

例如,对于债务收益率为 9%的公司来讲,其股票的必要收益率为:$K = 9\% + 4\% = 13\%$。

3) 资本资产定价模型法

根据资本资产定价模型,证券市场线的函数表达式为

$$K_i = r_i = r_f + \beta_i (r_m - r_f) \tag{4.46}$$

其中,K_i 为投资第 i 种证券的必要收益率,即折现率;r_f 和 r_m 分别为无风险资产的收益率和市场组合的平均收益率;β_i 为第 i 种证券的贝塔系数,反映了该种证券的系统性风险的大小。因此,必要收益率取决于无风险资产的收益率、市场组合的平均收益率和证券市场的贝塔系数三个变量。

【例 4.4】 若市场无风险收益率为 10%,平均风险股票必要收益率为 14%,某公司股票 β 值为 1.2,则该公司股票的必要收益率是多少?

将题中各数据代入式(4.46)得,$K_i = 10\% + 1.2 \times (14\% - 10\%) = 14.8\%$。

由此可见,股利增长模型法仅适用于不变增长模型,风险溢价法要求公司的资本结构

中同时包含债务和普通股,资本资产定价模型法则可以用来计算所有股票的必要收益率,应用比较广泛。所以,实践当中经常使用第三种方法来估计股票的必要收益率。

四、市盈率模型

市盈率,又称价格收益比或本益比,是每股价格与每股收益之间的比率,其计算公式为:市盈率=每股价格/每股收益。如果通过模型计算出股票市盈率的理论值,并根据当前的每股价格和每股收益计算出市盈率的实际值,那么就能通过比较市盈率来判断股票价格是否被正确估计。这种评价股票价格的方法就是"市盈率估价方法",由此产生的股票价值评估模型被称为"市盈率模型"。

市盈率模型在使用上更加简单,数据容易取得,通过价格和收益间的联系直观地反映了投入和产出的关系,同时也弥补了股息贴现模型的一些不足。首先,股息贴现模型没有考虑到不同行业公司的收益水平相差较大,而市盈率是股票价格与每股收益的比率,即单位收益的价格,所以市盈率模型可以直接用于不同收益水平的股票价格的比较;其次,股息贴现模型要求股票必须付息,而市盈率模型对于那些在某段时间内没有支付股息的股票同样适用。

但是,市盈率模型也有其自身的局限性:如果收益是负值,市盈率就失去了意义;市盈率除了受企业本身基本面的影响之外,还受到整个经济景气程度的影响。在整个经济繁荣时市盈率上升,整个经济衰退时市盈率下降。

1. 公式推导

为了推导市盈率模型的一般形式,需要引入新的变量股利支付率 p,则

$$D_t = p_t E_t \tag{4.47}$$

这样,就通过股利支付率将每股收益与每股股息联系起来,根据股息贴现模型推导出市盈率模型的一般形式:

$$V = \sum_{t=1}^{\infty} \frac{p_t E_t}{(1+k)^t} \tag{4.48}$$

前面已经提到,每一期的股息都和与之相邻的上期的股息通过股息增长率 g_t 联系起来,相似地,第 t 期的每股收益与其上一期即第 $t-1$ 期的每股收益也通过每股收益增长率 g_{et} 联系起来,即

$$E_t = E_{t-1}(1+g_{et}) \tag{4.49}$$

因为 V 是股票的内在价值,表示股票被正确估价时的价格,则 V/E_0 表示股票被正确估价时的市盈率,通常称作"正常市盈率"。将式(4.48)两端都除以 E_0,得到股票的正常市盈率:

$$\frac{V}{E_0} = \frac{p_1(1+g_{e1})}{1+k} + \frac{p_2(1+g_{e1})(1+g_{e2})}{(1+k)^2} + \cdots \tag{4.50}$$

式(4.50)表明,在其他条件不变的情况下,预期的股息支付率($p_1,p_2,p_3,\cdots$)增加,或者预期的每股收益增长率($g_{e1},g_{e2},g_{e3},\cdots$)增加,或者股东的必要收益率($k$)降低,都会导致正常市盈率变大。

上述结论的前提条件"其他条件不变的情况下"不可忽视,因为单独增加预期的股息支付率,会导致预期的每股收益增长率下降,在公司不改变投资策略时,每股收益增长率的下降将提高预期股息支付率带来的效果抵消掉,最终使股票价值并未改变。

2. 市盈率法估价

在前面介绍的股息贴现模型中,$V>P$ 时股价被低估,$V<P$ 时股价被高估。而市盈率模型是将股息贴现模型等式两端同时除以一个常数 E_0,并不改变上述性质,即 $V/E_0>P/E_0$ 时股价被低估,$V/E_0<P/E_0$ 时股价被高估。因此,如果股票的正常市盈率大于其真实市盈率,股价被低估;如果股票的正常市盈率小于其真实市盈率,股价被高估。

(一)零增长的市盈率模型

1. 公式推导

零增长的市盈率模型假定每股股息一直是固定不变的,也就是股息增长率为零。那么这种情况在每股收益固定不变和股息支付率为 100% 时很有可能发生。为什么如此推测呢?因为若是股息支付率小于 100%,意味着公司保留了部分盈余,从而可能被用于提高未来的每股收益及每股股息,这样就不满足零增长模型的假设前提。

根据上述假定,对以后的各期都有 $p_t=1$,且 $E_0=E_1=E_2=E_3=\cdots$,则有:$D_0=E_0=D_1=E_1=D_2=E_2=\cdots$

则零增长的市盈率模型:

$$V/E_0=1/k \tag{4.51}$$

2. 运用

以上面提到的 A 公司为例,假定 A 公司在未来每期支付的每股股息 $D_0=6$ 元,必要收益率为 10%,当前的股票价格为 65 元,投资者是否应该购买 A 公司的股票?

运用零增长的市盈率模型,可知 A 公司股票的每股收益 $E_0=6$ 元。正常市盈率为 10,真实市盈率 $P/E_0=65/6=10.83$,正常市盈率<真实市盈率,说明 A 公司的股票被高估,因此不可购买该股票。由此可见,市盈率模型与股息贴现模型的结论相同。

(二)不变增长的市盈率模型

1. 公式推导

股息贴现模型中的不变增长模型假定,股息的增长率是固定不变的 g,那么如果股息支付率也为常数,则可推出每股收益增长率是不变的,并且 $g_e=g$,也就是不变增长的市盈率模型。这些假定用公式表示如下:

$$E_1=E_0(1+g_e)$$

$$E_2=E_1(1+g_e)=E_0(1+g_e)^2$$

$$E_3=E_2(1+g_e)=E_0(1+g_e)^3$$

依次类推,第 t 期的每股收益与 E_0 的关系可表示成

$$E_t=E_0(1+g_e)^t \tag{4.52}$$

将式(4.52)代入式(4.48)可得

$$V = \sum_{t=1}^{\infty} \frac{pE_0(1+g_e)^t}{(1+k)^t} = pE_0 \sum_{t=1}^{\infty} \frac{(1+g_e)^t}{(1+k)^t} \quad (4.53)$$

由于 $\sum_{t=1}^{\infty} \frac{(1+g_e)^t}{(1+k)^t} = \frac{1+g_e}{k-g_e}$,所以式(4.53)变成

$$V = pE_0 \frac{1+g_e}{k-g_e} \quad (4.54)$$

可以看出,不变增长的市盈率模型与不变增长的股息贴现模型非常相似,因为 $pE_0 = D_0$, $g_e = g$。

将式(4.54)两边同时除以 E_0,得到不变增长的市盈率模型:

$$\frac{V}{E} = \frac{p(1+g_e)}{k-g_e} \quad (4.55)$$

2. 运用

我们看上面关于 B 公司的例子,去年 B 公司支付的每股股息为 1.80 元,预计在未来的日子里该公司股票的股息按每年 4% 的速率增长。假定必要收益率是 9%,当前其股票价格是 40 元,再假定去年的每股收益为 2.7 元,该股票的价格是否被高估?

运用不变增长的市盈率模型,B 公司的股息支付率 $p = 1.8/2.7 = 66.67\%$, $g_e = 4\%$, $k = 9\%$, $E_0 = 2.7$,则 $V/E_0 = 13.868$; $P/E_0 = 14.81$。因为 $V/E_0 < P/E_0$,所以股票价格被高估了,投资者应考虑出售该股票。这与不变增长的股息贴现模型的结论相同。

(三)多元增长的市盈率模型

1. 公式

与多元增长的股息贴现模型一样,多元增长的市盈率模型假定在未来的某一时刻 T 之后,每股收益以不变的增长率 g_e 增长,股息支付率 p 保持不变,也就是说,从时刻 T 开始具有不变增长的市盈率模型的特点;但在时刻 T 之前,股息增长率和股息支付率是可以变化的,没有特定的模式。沿用式(4.37)(仍将时刻 T 之前的股息贴现值用 V_{T-} 表示,将时刻 T 之后的股息贴现值用 V_{T+} 表示):

$$V = V_{T+} + V_{T-} = \sum_{t=1}^{T} \frac{D_t}{(1+k)^t} + \frac{D_{t+1}}{(k-g)(1+k)^T} \quad (4.56)$$

一般说来,第 t 期的每股收益可以用 E_0 与前 t 期各期的每股收益增长率来表示如下:

$$E_t = E_0(1+g_{e1})(1+g_{e2})\cdots(1+g_{et}) \quad (4.57)$$

任何一期的股息都是每股收益与股息支付率之积,用等式表示如下:

$$D_t = p_t E_t = p_t E_0(1+g_{e1})(1+g_{e2})\cdots(1+g_{et}) \quad (4.58)$$

将式(4.58)代入式(4.56),便可得到多元增长的市盈率模型的公式:

$$\frac{V}{E_0} = \frac{p_1(1+g_{e1})}{1+k} + \frac{p_2(1+g_{e1})(1+g_{e2})}{(1+k)^2} + \cdots +$$

$$\frac{p_T(1+g_{e1})(1+g_{e2})\cdots(1+g_{eT})}{(1+k)^T}+$$

$$\frac{p(1+g_{e1})(1+g_{e2})\cdots(1+g_{eT})(1+g)}{(k-g)(1+k)^T} \quad (4.59)$$

2. 运用

再看 D 公司的例子,假设 D 公司当前(2005 年)股票价格为 35.6 元,每股收益 1.25 元,每股派发股息 0.5 元,预计 2006 年将会实现每股收益 3.375 元,发放股息 1.35 元/股,2007 年将会实现每股收益 4 元,发放股息 2 元/股,从 2008 年开始预计该公司的每股收益将以 10%的不变增长率增长下去,股息支付率保持不变。如果股东要求的必要报酬率为 15%,D 公司的股票价格是否正确反映了股票价值?

首先,前两年 D 公司应该处于成长期,有关数据如表 4.1 所示。

表 4.1 前两年 D 公司有关数据

每股股息	每股收益	每股收益增长率	股息支付率
$D_1=1.35$	$E_1=3.375$	$g_{e1}=170\%$	$p_1=40\%$
$D_2=2$	$E_2=4$	$g_{e2}=18.52\%$	$p_2=50\%$
$D_3=2.2$	$E_3=4.4$	$g_{e3}=10\%$	$p_3=50\%$
$D_4=2.42$	$E_4=4.84$	$g_{e4}=10\%$	$p_4=50\%$
...	...	...	...

从表 4.1 的数据可知,$T=2$,即从第三期开始每股收益和股息都以不变的增长率 10% 增长下去,而股息支付率保持 50% 不变,由此可得该股票的正常市盈率:$\frac{V}{E_0}=28.76$;该股票的实际市盈率 $\frac{P}{E_0}=28.76$。

D 公司的股票正常市盈率与真实市盈率刚好相等,可见市场给予了该只股票正确的估价。

(四)股息支付率参数估计

市盈率模型涵盖了必要收益率、收益增长率和股息支付率三个参数的影响,具有很高的综合性。在前面的股息贴现模型的参数估计中,我们提到了必要收益率和股息增长率的估计方法,并指出盈余增长是股息增长的前提,如果股息按固定比率发放,则盈余增长率 g_e 就等于股息增长率 g,所以在这里仅对股息支付率这一参数的估计加以讨论。

公司的股利分配是在种种限制因素下进行的,公司不可能摆脱这些因素的影响。影响股利支付率的因素有以下几个。

1. 法律限制

为了保护债权人和股东的利益,有关法规对公司的股利支付经常作出如下限制:①为了保全资本,规定公司不能用资本(包括股本和资本公积)发放股利。②为了公司积累,规定公司必须按净利润的一定比例提取法定盈余公积金。③规定公司年度累计净利润必须为正数时才可发放股利,以前年度亏损必须足额弥补。④由于股东接受股利缴纳的所得税高于进行股票交易的资本利得税,于是许多国家规定公司不得超额累积利润,一旦公司的保留盈余超过法律认可的水平,将被加征额外税额。我国法律对公司累积利润尚未作出限制性规定。

2. 经济限制

股东从自身经济利益需要出发,往往会影响公司的股利支付率。公司支付较高的股利,就会导致留存盈余的减少,又意味着将来发行新股的可能性加大,而发行新股必然稀释公司的控制权,这是公司原有的持有控制权的股东们所不愿看到的局面。因此,若他们拿不出更多的资金购买新股以满足公司的需要,宁肯不分配股利而反对募集新股。

3. 财务限制

就公司的财务需要来讲,也存在一些限制股利支付的因素。

(1) 盈余的稳定性。公司是否能获得长期稳定的盈余,是其股利决策的重要基础。盈余相对稳定的公司能够较好地把握自己,有可能支付比盈余不稳定的公司较高的股利;而盈余不稳定的公司一般采取低股利政策,以减少因盈余下降而造成的股利无法支付、股价急剧下跌的风险,又可以将更多的盈余再投资,以提高公司权益资本比重,减少财务风险。

(2) 资产的流动性。较多地支付现金股利,会减少公司的现金持有量,使资产的流动性降低;而保持一定的资产流动性,是公司经营所必需的。

(3) 举债能力。具有较强举债能力的公司因为能够及时地筹措到所需的资金,有可能采取较宽松的股利政策;而举债能力弱的公司则不得不多滞留盈余,因而往往采取较紧的股利政策。

(4) 投资机会。有着良好投资机会的公司,需要有强大的资金支持,因而往往少发放股利,将大部分盈余用于投资;缺乏投资机会的公司,保留大量现金会造成资金的闲置,于是倾向于支付较高的股利。

(5) 资本成本。与发行新股相比,保留盈余不需花费筹资费用,是一种比较经济的筹资渠道,故从资本成本的角度考虑,如果公司有扩大资金的需要,也应当采取低股利政策。

(6) 债务需要。具有较高的到期债务的公司,可以通过举借新债或发行新股筹集资金偿还债务,也可直接用经营积累偿还债务。如果公司认为发行新股的资本成本较高或受其他限制难以进入资本市场,将会减少股利的支付。

由于存在上述种种影响股利支付的不确定因素,所以股利支付率这一参数很难用公式表示,只有在实践当中根据特定公司的情况具体分析,才能作出合理估计。

重要概念

股票　普通股　优先股　承销　代销　包销　公募发行　私募发行　股票价格指数　内部收益率

思考练习题

1. 股票具有哪些特征？
2. 普通股和优先股有什么区别？
3. 简述股票市场的主要功能。
4. 股票公募发行和私募发行有什么区别？
5. 二级市场中的场内交易和场外交易的主要区别是什么？
6. 股价平均数和股价指数的计算需要注意哪些方面？
7. 投资者对上市公司的控制的目的是什么？具体有哪些控制机制？
8. 列举影响股票投资价值的内部因素。
9. 净现值法和内部收益率法是如何指导股票价值投资的？
10. 简述必要收益率的三种估计方法。
11. 列举市盈率模型的优点和局限性。
12. 市盈率模型中股息支付率的影响因素有哪些？
13. 无风险资产收益率为 10%，市场组合收益率为 15%，某只股票的贝塔系数为 1.2，预期明年的股息为 2 元/股，股息增长率为 5%，求该股票的内在价值。
14. 某电子行业上市公司预期未来几年的股利派发情况如下：第一年为 6 元/股，第二年仍为 6 元/股，第三年为 7 元/股，从第四年开始每年的股息增长率预期为 4%。同等风险股票的必要报酬率是 10%。该公司股票的内在价值是多少？如果目前的市价是 100 元/股，该股票是否被市场高估？
15. F 是一家生产医疗设备的上市公司，不同的分析师对 F 公司股票未来的股息增长率存在争议。分析师甲认为未来的股息增长率应为 5%并且保持不变；分析师乙认为未来 3 年的股息增长率应为 20%，第四年及其以后则降为 4%。F 公司目前的股息为 3 元/股，同等风险股票的预期报酬率为 14%。请回答以下三个问题：
    (1) 根据分析师甲的估计，F 股票的内在价值为多少？
    (2) 根据分析师乙的估计，F 股票的内在价值为多少？
    (3) 假设 F 公司股票的当前市价是 39.75 元/股，如果这一价格是被市场正确估计的结果，其股息的不变增长率应为多少？当股利支付率为 25%时，正常市盈率为多少？

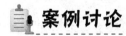

案例讨论

小辣椒也有大资本——英潮公司的赴韩跨境上市之路

2017 年 7 月，中椒英潮辣业发展有限公司（以下简称"英潮公司"）的董事长谭英潮怀着激动的心情，与韩投证券投资部长庚明焕及韩国交易所驻北京代表李相润共同签署企业境外上市合作协议。回顾公司二十余年的发展历程，尤其在最终面对难以逾越的资金瓶颈时，英潮公司探索出一条赴韩上市之路。这一路的各种辛酸，在谭总心中又浮现出来……

1　危中生机与融资困境

英潮公司成立于1997年,主营辣椒调味料、食品添加剂和快速消费品三大系列产品,并致力于将国外智能化生产链同国内特色产品相结合,成功打造出独具特色的"辣椒城堡",成为江北规模最大的集辣椒种植、收购、加工、储藏、销售、出口为一体的综合外向型公司。

2013年国内流行的养生热潮及河南辣椒供应商提供的大量劣质原料,使英潮公司高涨的利润大幅缩水。幸运的是,2014年英潮公司迎来转机。该公司研发出采用韩国传统地下酱池发酵的鲜椒酱,熬制、低热量的特色迎合了社会广大消费者的健康需求,公司的盈利迎来又一高峰。但随着产品订单需求日益高涨,增加产能成为公司面临的一大难题。

扩建生产线意味着更多资金,谭总一如既往地认为此事将水到渠成,原本信心满满的他却被泼了一盆冷水:银行客户经理断然拒绝自己继续借款的请求,县里反馈已经把今年的补助给了一家做原材料烘干的企业。看着吴经理递交的财务报告,谭总郁闷的心中多了一丝忧虑,"公司资金积累不足以支撑生产线扩张,银行和政府已不太信任公司,急需的资金从哪来呢?"

2　赴韩融资与红筹上市

在我国现有的金融体系中,企业融资的主要方式是通过银行间接融资,少数大企业还会发行企业债来募集所需资金。但考虑到贷款的安全性和营利性,多数商业银行无法完全满足民营中小企业的贷款需求,且中小企业难以获批发行股票债券。因此中小企业的资金多靠内部积累,致使它们难以扩张优质项目规模,这已成为制约民企长期发展的瓶颈。农产品贸易出身的英潮公司同样面临这种潜在的"融资歧视",谭总不断探索,试图找到新的资金来源。

"各位,此次会议的目的是讨论解决公司在做精做强过程中面临的资金困难,今天趁谢总从韩国办事处访问回来,大家看看能否讨论出一套切实可行的方案。"2016年底内部总结会上,谭总少有地露出疲态。

从加拿大留学归来的市场助理小赵率先发言:"既然新建生产线及智能化改造都迫切需要大量的资金,我认为近期公司须尽快引进拥有闲置资金的战略投资人,远期争取早日上市,彻底解决公司资金瓶颈。"

"唉,你看现在境内排队上市的企业快挤破头了,上市哪有这么轻松。"会议室内一片唏嘘。

"那不如在韩国上市?"谢总小声道。全场寂静无声,谭总看着主管外联和市场拓展的谢总,疑惑道:"中国企业在韩国上市?"

考虑到部分与会者对金融市场了解有限,谢总娓娓道来:"是这样,企业不单可以在境内上市,也可申请境外上市,且境外上市主要分为直接上市和间接上市。但民营企业要满足境外直接上市准入门槛和严格的审查要求,对于咱们来说成本过高。另一种相对便捷的操作是造壳或买壳上市,即间接上市,又称红筹模式。小型民营企业利用在境外设立的特殊目的公司,通过投资或者协议控制等方式获取境内公司的资产和股权,最终实现境外资本运作实体在境外公开上市融资的目的。"

谭总听后眼前一亮:"韩国市场上市条件比境内有利?韩国本土企业不用等位?五

年内能成功上市吗?"

面对抓住救命稻草般谭总的一系列连珠炮问题,谢总不紧不慢地说:"韩国创业板即韩国 KOSDAQ,和中国创业板一样,都是为了解决中小企业和高新产业融资问题而成立。首先,与境内上市相比,公司赴韩上市所需时间短、不用排队,综合费用低,估值倍数高、融资额度大,流动性好、容易变现。截至2016年底,已有6家中国企业在韩成功上市,公司上市希望很大。其次,农副产品、食品加工业在韩备受关注,筹备在韩国创业板上市的30家中国企业中制造业占90%,另3家主要是海鲜类食品企业,我们面对的竞争较小,易赢得投资者的积极响应。最后,英潮业务涵盖全产业链,辣椒泡菜粉、韩式辣酱等是韩国人最熟悉、热衷的产品之一,公司在韩国的上市势必给韩国人民带来更优质的产品和更优惠的价格,因此公司赴韩上市是对双方互惠互利的决定。"

谭总的心中燃起一丝希望,但他还是继续提出了心中的疑惑:"境外上市有这么多好处,都需要什么条件,公司现在能满足吗?"显然谢总功课做足,在屏幕上展示上市条件,"相对于境内,韩国上市的条件更为简单。除了必须进行的信息披露和投资者保护外,主要对企业经营业绩、经营稳定性和企业规模等要素加以规定。只要我们认真筹备,相信一定能满足这些条件。"

听完这段讲述,谭总脸上饱含热切的期盼,似乎心中已有定论。经过反复调研,并向专家多次做了专业咨询,认真地比较了境外上市的优势与实际差距后,英潮公司最终决定赴韩上市。2017年初,经过两个月的沉淀与准备,谭总敲定大致的三步走上市计划。第一步进行企业的重组,首先整合所有境内业务,成立LB总公司,旗下分设武城县英潮经贸有限公司、山东辣贝尔天然食品有限公司、德州多元食品有限公司以及德州英潮红种业有限公司,分管公司不同业务。然后选择香港来创立自己的境外壳公司——LSJ集团,其对境内公司进行反向收购,将其变更为海外控股公司,而公司的主体业务仍在境内。最后一步则是再以海外控股公司为主体在海外申请上市。随后公司从上至下都紧锣密鼓地投身上市大业之中。

3 未雨绸缪与合作达成

虽说公司已敲定境外上市初步方案,但谭总一想到谢总的汇报,还是愁上心头。"经过调查发现,虽然韩国 KOSDAQ 市场在2014年对中国企业重新开放,但韩国证券交易所的审核也更严格。"在英潮公司高层会议上,谭总根据掌握的材料介绍道:"中国资本市场特别是创业板经历一轮牛市,以及科创板和注册制的推出,都使得不少民企重新审视海外市场的比较优势。我们需要深挖赴韩上市的具体困难,以便提前做好准备。"

市场助理小赵表态道:"考虑到咱们企业实力,A股上市显然更为漫长,所以还是优先考虑境外上市。不过经过我们近期调研,除了共性的政策、税务及外汇管制风险之外,赴韩上市确实还存在很多问题。首先,韩国资本市场在市场监管制度、经济环境以及商业理念等方面与国内存在差异,易使企业承担额外成本,再考虑到境外上市易造成消费者和投资者群体的分离,公司会面临更激烈的社会舆论和更高的客户维护成本。其次,中国企业对韩国法律了解不多,精通韩国上市业务的行家更是寥寥无几。最后,韩国市场中市盈率较高的公司多分布在制药、IT服务、生物行业,投资者对食品行业的热情相对低迷,纵然赴韩上市能迎合消费者意愿,但融资量不会很突出。"

谢总紧接着表示:"倘若执行之前商定的上市方案,这些问题都无法避免,谭总您拍板,咱们到底去不去韩国上市。"谭总起身道:"咱们在韩国的合作伙伴难道只是摆设?只要公司上下一心,专家团队都请过来,不怕走不通赴韩上市路!"

英潮公司以行动拿出了对赴韩上市愿景的诚意:对外,谭总亲自带领公司团队赴韩找寻投资顾问,将有意向的公司资料带回国内调研;对内加强自身管理,严抓产品质量与食品安全,力求对标国际标准。经过半年的酝酿,英潮公司将目标融资额调至 2 000 万~3 000 万美元,用于设备的升级改造和新产品的研发,对于韩交所对生产设备、卫生条件和财务状况提出的要求,公司也用经 ISO 9001 认证的质量管理体系、HACCP(危害分析和关键点控制)认证的食品安全管理体系以及连续 3 年的高盈利提交了一份满意的答卷,并和韩国最具权威的韩投证券确立了合作关系,成功建立投顾团队和律师团队,赴韩上市之路最终有条不紊地铺展开来。

4　尾声

2017 年 7 月骄阳似火,在成功和韩投证券及韩国交易所代表签署合作协议后,谭总与公司管理层也开始庆祝境外上市的阶段性胜利。"困于心,衡于虑,而后作;征于色,发于声,而后喻",作为中国民营企业的一员,英潮公司在赴韩上市路上虽已迈过了一段段坎坷,接下来的路也必定存在困难险阻,但只要公司保持良性生产经营态势,扩大盈利优势,赴韩上市也必定成功,进入下一个发展黄金期。

资料来源:史金艳,靳倩影,等.小辣椒也有大资本——英潮公司的赴韩跨境上市之路[Z].中国管理案例共享中心案例库,2020.

启发思考题

1. 英潮公司在产品市场需求不断增加时遇到了什么问题?该公司为什么要选择境外上市?
2. 英潮公司为什么选择在韩国创业板上市?韩国创业板上市需要具备哪些条件?
3. 英潮公司为什么采用红筹架构上市?这种方式有哪些形式?
4. 英潮公司在境外上市过程中,面临哪些风险和问题?该公司是如何解决的?

 即测即练

第五章 证券投资基金市场

本章学习目标

1. 掌握基金的定义与形式。
2. 熟悉基金的特点、功能和分类。
3. 了解证券投资基金的设立与募集,以及运作与投资。
4. 掌握证券投资基金的投资分析。

引导案例

重仓医药,主动基金强势回血

随着市场行情回暖,主动权益基金再次扛起"急先锋"大旗。自 2023 年 8 月 18 日中国证券监督管理委员会(以下简称"中国证监会")就"活跃资本市场、提振投资者信心"发布一揽子政策措施以来,一大批主动权益基金在反弹行情中强势回血,最高收益率超过 20%。不少基金涨幅甚至超过了近 1 年涨幅,恢复了往日的高弹性特征。

具体看,自 2023 年 8 月 18 日以来,郝淼管理的嘉实互融精选阶段收益超过 25%,在全市场中排名第一;中银创新医疗 A、诺德中小盘、易方达医药生物 A、永赢医药创新智选 A 等基金阶段涨幅均超过 20%。

郝淼在接受采访时表示:经历两年多的调整,医药板块估值到了历史上相对低的区域,有较高的安全边际,目前的性价比相对突出。当前医药板块处于估值、业绩、政策、机构配置的多重底部。当前阶段医药板块是否会反转还有待观察。在可预见的未来,中国的医药行业仍有望保持年化 8%~10% 的复合增长速度,部分细分领域有望保持 20% 以上的增速,对投资者来说仍具有很大的吸引力。

但针对减肥药等热点医药题材,有基金经理较为谨慎。华北某医药基金经理对记者表示,减肥药虽是当下投资热点,但依然要基于产业规律思维进行投资,不能脱离这个基本面去追热点。减肥药系列产品在海外早已卖得非常好,相关受益的产业链机会获得投资机构认可。但从国内情况来看,可能存在阶段性的追热点拉估值现象,短期不建议过多参与。

资料来源:余世鹏.反弹急先锋!逾 100 只基金涨超 10% 医药成大赢家!减肥药却被紧急预警[EB/OL].(2023-11-09).https://finance.eastmoney.com/a/202311092899052631.html.

第一节 证券投资基金市场概述

一、基金的定义和形式

(一)基金与基金市场的定义

基金是通过将众多不确定的投资者的资金汇集起来,设置信托进行股票、债券等金融工具的投资,并由投资者承担投资风险、享受投资收益的一种集合投资制度。

基金市场,指基金的发行市场及上市交易(赎回)市场。

(二)基金的起源和形式

基金的起源可以追溯到19世纪20年代的欧洲。当时一些达官贵人为妥善管理其资产,通常专门聘请理财有方的律师或会计师管理和运用其资产,他们向所聘请的管理人支付一定的报酬,自己则享有投资收益。

1882年,荷兰国王威廉一世在比利时的布鲁塞尔创立了专门投资于外国政府债券的信托基金。这是世界上第一个私人基金,而基金作为社会化的理财工具则起源于英国。18世纪的产业革命极大地推动了英国生产力的发展,使其成为当时最发达的资本主义国家,同时英国依靠对殖民地的掠夺,国民收入和社会财富大幅增加。到19世纪中叶,英国国内投资遍及各个角落,新兴的中产阶级将积累的资金投资于证券市场,受到了"泡沫公司"的蒙骗,其他投资机会则较为缺乏。而从国际上来看,此时随着新航路的开辟,欧美贸易繁忙,美洲的开发急需大量的资金,显示了较多的投资机会。但一般投资者缺乏海外投资的知识,同时由于地域和文化的限制,投资者也无法获得充分的信息。为了克服这些不利因素,投资者萌发了集合众人资金,委托专人经营管理的想法,这得到了政府的支持。英国政府特许一些达官贵人共同出资向海外投资,聘请理财能手管理和运用其资产,委托律师签订契约合同以保证投资的安全与资产的增值。这样基金便得以产生。1868年,英国成立了"海外及殖民地政府信托",这被公认为世界基金业诞生的标志。

最早的基金通常采取契约的形式,由投资者和管理人签订契约,将一定的资金交给管理人管理,基金以契约资产的形式存在,而且基金的规模是固定的,基金一旦形成,便不再发行新的份额,投资者也不能随便撤回投入的资金,即基金的形式是封闭的。19世纪70年代以后,由于经济危机,一些海外国债、公司债无法履行债务,许多基金无法向投资者支付固定利息。为了分散风险,契约型基金依据英国1879年的股份公司法而发展为公司型基金。随着基金的发展,其又产生了新的形式。1924年3月21日,"马萨诸塞投资信托基金"在美国波士顿正式成立,投资者可以向基金管理人卖出他们所持的基金份额,即基金的形式是开放的。

二、基金的特点

(一)集合投资

基金设立的目的是获取投资收益,但不是单个投资者分散投资,而是将单个投资者资金集中起来进行投资,这便形成了集合投资的方式。集合投资方式的特点在于它是有组织的,是机构性的,因此集合投资也可称为组织投资或机构投资。

(二)专家经营

基金一般没有自己的经营机构,它是通过设置信托,将资产委托给基金管理人进行经营管理。基金管理人具有高效的组织机构,以及训练有素的一批基金管理人员,他们具有扎实而广泛的金融证券知识、高超娴熟的投资技巧、丰富的投资经验,还可以获得及时、全面的信息,从而为经营运用基金资产提供保证。基金专家经营的特点为基金的投资人提供了更好的服务。

(三)组合投资

基金在进行投资时,一般会衡量投资收益与风险,希望把投资风险降到最低。为了达到这样的目的,基金往往在法律规定的投资范围内进行科学的组合,分散投资于多种证券,实现资产组合的多样化。通过组合投资,既分散了投资风险,也降低了投资风险。

(四)安全性较高

为保证基金资产的安全,基金一般要委托基金托管人保管基金的资产,而不是由基金管理人保管。基金托管人一般由专门的机构担任,往往是商业银行等机构,这些机构一般实力雄厚、资信较好、设备先进,可以保证基金资产的安全。同时,基金托管人一般也负责监督基金管理人对基金资产的运用,以防发生损害基金投资者利益的行为。

(五)流动性较高

基金的买卖十分方便,投资者可以根据个人的需求随时进行。封闭式基金的买卖一般通过证券交易所或柜台交易进行,其程序与股票买卖相似。而开放式基金的买卖渠道则更多,投资者可以随时向基金管理公司认购或赎回基金,除此之外,还可以通过基金的代销银行或证券商等买卖基金。

(六)交易费用较低

由于基金是一种集合投资,因此基金具有规模经济的优势,投资费用在众多的投资者之间分摊,降低了投资成本;基金之间的相互竞争,使基金的购买费用和管理费用大为降低,直接降低了投资者投资于基金的成本。此外,很多国家对基金也给予一定的税收优惠。

三、基金的功能

(一)基金的基本功能

基金将投资者的资金集中起来进行投资,这表明了基金的两个功能,即融资和投资。通过基金融资,可以筹集规模巨大的资金,具有股票、债券等金融工具所不可比拟的优势;

通过基金投资,可以通过专家服务获得较好的投资收益。

(二) 基金的其他功能

基金除了融资、投资这两个基本功能外,还具有以下功能。

(1) 为投资者拓展投资渠道。基金募集资金,由专家进行投资,从而为投资者提供了一种较好的投资工具;投资者通过基金间接投资获取收益,获得了又一条投资渠道。再者,基金的设计也往往根据投资者的预期收益和风险承受能力进行,这就使基金更能为投资者提供个性化服务,更能满足投资者多样化的投资需求。

(2) 将储蓄转化为投资。通过存款、债券、股票等金融工具可以将储蓄转化为投资,通过基金同样也可以将储蓄转化为投资,而且更加有利于储蓄向投资的转化。由于基金可以为投资者提供个性化服务,能吸引更多的投资者通过基金将资金转化为投资。基金在将储蓄转化为投资上更富于效率。存款、债券、股票在将储蓄转化为投资上存在一定的时滞,而且募集资金还存在闲置的现象。基金的募集资金80%投资于债券和股票,闲置资金较少,其资产多以投资组合的形态存在;基金专家经营的特点,也决定了所投资的债券、股票具有业绩好、投资价值大的特点,这就提高了基金转化资金的使用效率。

(3) 促进证券市场的发展。基金汇集众多资金进入证券市场,成为证券市场增量资金的来源,为证券市场源源不断地输送新鲜血液。同时基金也成为证券市场上一个新的投资工具,丰富了证券市场上的金融产品。基金作为投资者,成为证券市场上的机构投资者,是证券市场上一支十分重要的投资力量,改善证券市场上的投资者结构。基金的产生还促进了金融创新,基金为了科学投资,往往需要大量的金融工具,如股指期货。基金可以运用股指期货进行套期保值,以避免在证券市场行情下跌时遭受巨大损失。事实上,基金等金融中介是许多新出现的金融工具的主要使用者。从这几个方面来说,基金有助于证券市场的发展,可以使证券市场更富有深度、广度和宽度。

(4) 促进上市公司治理结构的改善。基金参与公司治理的方式主要有:与所投资的公司管理层直接沟通,征集股东代理投票权,提出股东议案,发布"黑名单"等。通过这些方式,基金在公司治理中发挥了较大的作用。

四、基金的分类

证券投资基金经过一个多世纪的发展,已经形成一个种类繁多的庞大家族。按不同的标准可以把基金划分为不同的类型。

(一) 按基金单位是否可增加或赎回,基金可分为开放式基金和封闭式基金

1. 开放式基金

开放式基金原则上只发行一种基金单位,发行在外的基金单位或受益凭证没有数额限制,可以随时根据实际需要和经营策略而增加或减少。投资者可以根据市场状况和自己的投资决策决定退回基金单位份额(即要求基金购回自己持有的基金单位份额)或增加基金单位份额。基金经理人则随时准备按照招募说明书中的规定以资产净值向投资人出

售或赎回基金单位。因此,开放式基金又称为追加型或不定额型投资基金,即其单位份额总数是不固定、不封闭的。

开放式基金有着资金不能全部用于投资而会在一定程度上影响收益的缺陷,但其优点也是很明显的。首先,基金销售手续费在招募说明书中已经写明,而且通常比通过市场买卖交给经纪商的佣金低。其次,对中小投资者来说,按基金单位资产净值赎回,具有安全性和流动性两大优势。最后,基金经理人也喜欢开放式基金,他们只负责经营,并从赎回基金受益凭证中收取一定比例的手续费。目前国外的大部分基金都是开放式的。

2. 封闭式基金

封闭式基金是相对于开放式基金而言的。它是指基金规模在发行前已确定,在发行完毕后和规定的期限内固定不变的基金。如果投资者想购买基金,只能向基金持有者购买,若持有基金的投资者想将手中的基金变现,只能向其他投资者转让。

和开放式基金相比,封闭式基金吸引的资金比较稳定,可以把全部基金用于投资甚至可以投资于流动性较差的投资品种或项目。但这类基金周转速度比较慢、灵活程度较低,不适合大规模短线投资,所投资的证券市场多为封闭式市场或开放程度比较低的市场。

3. 开放式基金和封闭式基金的主要区别

(1) 基金规模的可变性不同。封闭式基金均有明确的存续期限(我国为不得少于5年),在此期限内已发行的基金单位不能被赎回。虽然特殊情况下此类基金可进行扩募,但扩募应具备严格的法定条件,因此,在正常情况下,基金规模是固定不变的。开放式基金所发行的基金单位是可赎回的,而且投资者在基金的存续期间内也可随意申购基金单位,导致基金的资金总额每日均不断变化。换言之,它始终处于"开放"的状态。这是封闭式基金与开放式基金的根本区别。

(2) 基金单位的买卖方式不同。封闭式基金发起设立时,投资者可以向基金管理公司或销售机构认购。当封闭式基金上市交易时,投资者可委托证券商在证券交易所按市价买卖。投资者投资于开放式基金时,则可以随时向基金管理公司或销售机构申购或赎回。

(3) 基金单位的买卖价格形成方式不同。封闭式基金因在证券交易所上市,其买卖价格受市场供求关系影响较大。当市场供小于求时,基金单位买卖价格可能高于每份基金单位资产净值,这时投资者拥有的基金资产就会增加;当市场供大于求时,基金价格则可能低于每份基金单位资产净值。开放式基金的买卖价格是以基金单位的资产净值为基础计算的,可直接反映基金单位资产净值的高低。在基金的买卖费用方面,投资者在买卖封闭式基金时与买卖上市股票一样,也要在价格之外付出一定比例的证券交易税和手续费;而开放式基金的投资者需缴纳的相关费用(如首次认购费、赎回费)则包含于基金价格之中。一般而言,买卖封闭式基金的费用要高于买卖开放式基金。

(4) 基金的投资策略不同。由于封闭式基金不能随时被赎回,其募集到的资金可全部用于投资,这样基金管理公司便可据以制定长期的投资策略,取得长期经营绩效。开放式基金必须保留一部分现金,以便投资者随时赎回,因此不能尽数地用于长期投资,一般投资于变现能力强的资产。

（二）按其组织形式不同，基金可分为契约型投资基金和公司型投资基金

1. 契约型投资基金

契约型投资基金也称信托型投资基金，是根据一定的信托契约原理，由基金发起人和基金管理人、基金托管人订立基金契约而组建的基金。基金管理公司依据法律、法规和基金契约负责基金的经营和管理操作。基金托管人负责保管基金资产，执行基金管理人的有关指令，管理基金名下的资金往来。投资者通过购买基金单位，享有基金投资收益。英国、日本多数是契约型投资基金。我国1997年11月颁布的《证券投资基金管理暂行办法》所规定的基金是契约型投资基金。

2. 公司型投资基金

公司型投资基金是指具有共同投资目标的投资者依据公司法组成以营利为目的，投资于特定对象（如各种有价证券、货币）的股份制投资公司的基金。这种基金通过发行股份的方式筹集资金，是具有法人资格的经济实体。基金持有人既是基金投资者又是公司股东，按照公司章程的规定，享受权利，履行义务。公司型投资基金成立后，通常委托特定的基金管理公司运用基金资产进行投资并管理。基金资产的保管则委托另一金融机构，该机构的主要职责是保管基金资产并执行基金管理指令，二者权责分明。基金资产独立于基金管理人和基金托管人的资产之外，即使受托的金融保管机构破产，受托保管的基金资产也不在清算之列。美国的基金多为公司型投资基金。

3. 契约型投资基金与公司型投资基金的主要区别

（1）法律依据不同。契约型投资基金是依照基金契约组建的，信托法是契约型投资基金设立的依据；公司型投资基金是依照公司法组建的。

（2）法人资格不同。契约型投资基金不具有法人资格，而公司型投资基金本身就是具有法人资格的股份有限公司。

（3）投资者的地位不同。契约型投资基金的投资者作为信托契约中规定的受益人，对如何运用基金的重要投资决策通常不具有发言权；公司型投资基金的投资者作为公司的股东有权对公司的重大决策进行审批，发表自己的意见。

（4）融资渠道不同。公司型投资基金由于具有法人资格，在资金运用状况良好，业务开展顺利，需要扩大公司规模，增加资产时，可以向银行借款；契约型投资基金因不具有法人资格，一般不向银行借款。

（5）经营资产的依据不同。契约型投资基金凭借基金契约经营基金资产；公司型投资基金则依据公司章程来经营。

（6）资金运营不同。公司型投资基金像一般的股份公司一样，除非依据公司法到了破产、清算阶段，否则一般都具有永久性。契约型投资基金则依据基金契约建立、运作，契约期满，基金运营也就终止。

（三）按经营目标和投资目标不同，基金可分为成长型基金和收入型基金

在这两种基本类型之下，又派生出若干其他基金种类。

1. 成长型基金

成长型基金是指主要投资于成长型股票、追求资产长期稳定增长目标类型的基金。所谓成长型股票,是指具有美好前景的企业(一般是中小型企业)发行的股票,其价格预期上涨速度要快于一般公司的股票或股价综合指数。由于发行这类股票的公司往往有新产品、新管理层,或整个产业类型趋于不断成长,企业把其收入用于再投资,因此其资本增长速度一般快于国民经济和同行业的增长速度。成长型基金经理人购买这种股票并适时卖出,即可以从中获取利益。由于股票价格波动大,损失投资本金的风险也比较高,所以,与收入型基金相比,成长型基金被认为是风险度较高的基金类型。应当指出,在成长型基金的各个种类中,尽管它们追求资本长期、稳定、持续增长的目标是共同的,但各自在投资理念、投资策略、投资风险和投资绩效等方面又不尽相同。具体来说,成长型基金可以分为以下几种。

(1) 长期成长基金。长期成长基金以追求资本长期、稳定增值为主,股利分配仅占投资效益的一小部分。为达到资金成长的投资目标,基金经理通常把资产投向"蓝筹股"和规模正在不断扩张的上市公司。人们通常把长期成长基金完全视同成长型基金,在实际操作中二者也很难区分,但它们毕竟不同。长期成长基金更着重于成长和获利的长期性、稳定性,相对于成长型基金这种普遍类型有自己的特殊性。

(2) 积极成长基金。积极成长基金亦称高成长基金、资本增值基金或最大成长基金。这种基金追求的是最大资本利得,投资收益主要来自股票买进、卖出的差额,当期收入则不是重要的考虑对象。基金投资的对象一般是具有高成长潜力和高风险的股票或其他证券,有的也投资于冷门行业、新兴行业或运营状况暂时困难的公司股票,以期将来股价上涨,或运用操作选择权等投资策略来获利。

积极成长基金的最大特点是投机性相当强,在股价大幅度波动期间要承担损失本金的风险,但在多头市场中其多数又比其他类型的基金表现要好。因此,这种基金很适合敢于冒险者的需要,这些人可以用暂时可能损失的部分资金来换取远期较高的基金单位资产净值增值。

(3) 新兴成长基金。和积极成长基金一样,新兴成长基金追求的也是资本的长期利润,而不是当期收入。其投资的重点是新行业中有成长潜力的小公司或有高成长潜力的行业(如高科技)中的小公司,因此这种基金又称小公司基金。一般来说,这类基金带来的回报率可能比普通股票基金高,因此较受投资者欢迎。但由于这些新兴产业的小公司所具有的潜在发展能力要经历一个艰苦创业的过程才能转化为现实能力,所以其发行的股票往往有很大的波动性。新兴成长基金的市场价格也会有很大起伏,投资者必须承担较大的风险。

(4) 特殊性基金。特殊性基金是一种专门性基金,其目的在于追求成长、收益或二者兼得,其中大多数追求资金的最大增值,此外还有满足投资者特殊兴趣的其他目的或企图。这种基金专门投资于某个特定行业或经济部门的股票,因此也称产业基金(sector fund)。这种基金很容易吸引对目前流行的问题抱有浓厚兴趣的投资者,也很容易吸引对某个地方或领域即将增长怀有强烈预感的投资者。

2. 收入型基金

收入型基金追求的目标是稳定和较高的当期收入,而不强调资本的长期利得和成长。这种基金的经理人通常选择能够带来现金定息的投资对象,其投资组合主要包括利息较高的债券、优先股和普通股。收入型基金一般由两种特殊基金组成:一是固定收入基金,二是股票收入基金。前者的投资对象多是股息优厚的股票、可转换公司债券及信誉良好的公司债券;后者的投资对象主要是债券和优先股。比较而言,固定收入基金的收益率较高,但长期成长的潜力不大,利率和汇率波动时净资产价值容易受到影响;而股票收入基金的成长潜力较大,也能够带来当期收入,但很容易受到股市价格波动的冲击。具体来说,收入型基金主要包括以下几种。

(1) 债券基金。债券基金是一种专门投资于债券以寻求高收益的基金。从长远来看,债券基金的买卖价格比较稳定,但在一定时期内其价格也常出现波动。影响债券基金买卖价格的因素主要有三个:一是利率变动。如果一种债券的计价货币利率下降,该债券的价格就会上涨;反之,该种债券的价格就会下跌。债券价格的不稳定必然引起债券基金价格的波动。二是汇率变动。若基金投资的债券计价货币升值,则基金的资产就会增加,基金的价格也会上涨;相反,若计价货币贬值,投资这种货币债券的计价资产就会减少,基金的价格就会下跌。三是债信。根据发行者的债信等级来划分,债券可以分为优质债券、次级债券和垃圾债券。发行者债信的变化必然引起债券价格的波动,进而导致基金价格的涨跌。鉴于债券基金也会出现价格波动,投资者要特别留意该基金投资的是哪一国的债券或何种货币债券,预测其货币汇率和利率的未来走势。利率趋降和该基金资产计价货币汇率趋升均是投资入市的好机会。

根据投资方向不同,债券基金又可分为以下几种。

第一,国际债券基金。国际债券基金以外国货币广泛投资于外国公司或政府发行的债券。这种基金的安全性不仅依赖于所投资的外国公司或政府的品质,也依赖于所投资国家的经济、政治环境。国际债券基金可以分为欧洲债券基金和外国债券基金两种。前者以欧洲货币投资于欧洲债券市场;后者以某国货币投资于某国债券市场。

第二,政府公债基金。这里以美国政府公债基金为例加以说明。按照基金章程的规定,这种基金的资金只能投资于直接或间接由联邦政府担保的有价证券,包括国库券、国库本票、美国政府公债及政府机构发行的其他证券。这些证券因均由美国政府直接或间接担保,一般安全性较高。

第三,公用债券基金。公用债券基金也叫市政公债基金,又称免税基金。在美国,该基金所投资的公用债券是由州政府、市政府等地方政府所发行,债券利息可以免缴联邦税。由于免税公债的供应量不多,而且其他债券几乎都不能免税,所以这种基金便成为一种很好的避税投资,特别适合那些高收入的投资者分散投资的需要。

第四,公司债券基金。这是一种特殊的收入基金,它通常把60%以上的资金投资于公司债券。以同样的到期期限而言,公司债券付的利息通常比政府公债要高,因为公司无法偿还本金和利息的风险比政府高。投资于公司债券的基金,除获利比政府债券基金高外,另一个好处是投资者不必花太多的钱就可以间接投资于债券市场。

(2) 货币市场基金。货币市场基金是指投资于市场上短期有价证券的一种基金。该基金资产主要投资于短期货币工具,如国库券、商业票据、银行定期存单、政府短期债券和企业债券等短期有价证券。

(3)平衡基金。平衡基金既追求资金的长期成长,又追求当期的收入。平衡基金把资金分散投资于优先股及债券。通常,平衡基金把25%～50%的资金分散投资于优先股及债券,以确保资金的安全性,其余的资金则投资于普通股。平衡基金的优点是由于投资策略较保守,风险较低,适合于资金不多的投资者的需要。其缺陷则是成长的潜力不大。目前,平衡基金的数量很少,其原因之一是多数基金往往很少同时精通股票和债券两方面,管理和运作比较困难。但平衡基金的表现并不算差,有时成长性甚至好于成长型基金。

3. 成长型基金与收入型基金的差异

(1)投资目标不同。成长型基金着重为投资者带来经常性收益,重视资本的长期、稳定、积极增长;收入型基金则强调基金单位价格的增长,并使投资者获得稳定的、最大的当期收入。

(2)投资工具不同。成长型基金投资于风险较大的金融市场,如股票市场中升值潜力较大的小型公司、二三线股,甚至未上市股票;收入型基金则投资在资本增值有限的市场上,如优先股、可转换债券、公司债券及政府债券等资本市场工具。

(3)资金分布不同。成长型基金持有较小量现金,资金大部分投向市场,牛市时,甚至向银行借贷进行投资,使投资额增大;收入型基金现金持有量则较大,资金投资项目亦偏向投资工具或投资区域多元化方向,以分散投资风险,形成不同种类的投资组合。

(4)派息情况不同。成长型基金为加速基金价格上涨,通常不会直接派息给投资者,而是将股息重新投入市场,以获取更高的回报;收入型基金则按时将股息分配给投资者,使之成为投资者投资于基金的固定收入来源。

(四)按投资对象的不同,基金可分为股票基金、债券基金、货币市场基金、期货基金、期权基金、指数基金和认股权证基金

股票基金是指以股票为投资对象的基金;债券基金是指以债券为投资对象的基金;货币市场基金是指以国库券、大额可转让存单、商业票据、公司债券等货币市场工具为投资对象的基金;期货基金是指以各类期货品种为主要投资对象的基金;期权基金是指以能分配股利的股票期权为投资对象的基金;指数基金是指以某种证券市场的价格指数为投资对象的基金;认股权证基金是指以认股权证为投资对象的基金。

(五)按投资货币种类的不同,基金可分为美元基金、日元基金和欧元基金

美元基金是指投资于美元市场的基金;日元基金是指投资于日元市场的基金;欧元基金是指投资于欧元市场的基金。

此外,根据资本来源和运用地域的不同,基金还可分为国际基金、国外基金、国内基金、国家基金和区域基金等。国际基金是指资本来源于国内,但投资于国外市场的基金;国外基金也称离岸基金,是指资本来源于国外,并投资于国外市场的基金;国内基金是指资本来源于国内并投资于国内市场的基金;国家基金是指资本来源于国外,并投资于某

一特定国家的基金;区域基金是指投资于某一特定地区的基金。

第二节　证券投资基金的设立与募集

一、证券投资基金的设立

(一)证券投资基金的设立方式

证券投资基金的设立有两种基本方式:注册制和核准制。

(1)注册制。证券投资基金注册制是指基金只要满足法规规定的条件,就可以申请并获得注册。在基金申请注册过程中,基金主管部门不对基金发起人的申请及基金本身作出价值判断,只审查基金发行申请人是否严格履行了相关的信息披露义务,其对基金发行公开材料的审查只是形式审查,不涉及任何发行实质条件的审查。只要基金发行申请人完整、及时、真实、准确地披露了相关信息,基金主管部门不得以申请人财务状况未达到一定的标准而拒绝其发行。目前,多数发达国家一般采用注册制,如美国、英国等。

(2)核准制。证券投资基金核准制是指基金不仅要具备法规规定的条件,还要通过基金主管部门的实质审查才能设立。基金主管部门有权对基金发行人及其所发行的基金作出审查和决定。我国实行的也是核准制,《中华人民共和国证券投资基金法》(以下简称《证券投资基金法》)规定,基金的设立必须经过中国证监会的审查批准。

(二)证券投资基金的设立条件

1. 基金管理人条件

基金管理人是管理和运作基金资产的机构,由依法设立的公司或者合伙企业担任。按照《证券投资基金法》的规定,在我国,设立管理公开募集基金的基金管理公司应当具备如下条件:有符合《证券投资基金法》和《中华人民共和国公司法》规定的章程;注册资本不低于1亿元人民币,且必须为实缴货币资本;主要股东应当具有经营金融业务或者管理金融机构的良好业绩、良好的财务状况和社会信誉,资产规模达到国务院规定的标准,最近3年没有违法记录;取得基金从业资格的人员达到法定人数;董事、监事、高级管理人员具备相应的任职条件;有符合要求的营业场所、安全防范设施和与基金管理业务有关的其他设施;有良好的内部治理结构、完善的内部稽核监控制度、风险控制制度;法律、行政法规规定的和经国务院批准的国务院证券监督管理机构规定的其他条件。

2. 基金托管人条件

基金托管人又称基金保管机构。基金托管人由依法设立的商业银行或者其他金融机构担任。商业银行担任基金托管人的,由国务院证券监督管理机构会同国务院银行业监管机构核准;其他金融机构担任基金托管人的,由国务院证券监督管理机构核准。

《证券投资基金法》规定,担任基金托管人的条件是:净资产和风险控制指标符合有关规定；设有专门的基金托管部门；取得基金从业资格的专职人员达到法定人数；有安全保管基金财产的条件；有安全高效的清算、交割系统；有符合要求的营业场所、安全防范设施和与基金托管业务有关的其他设施；有完善的内部稽核监控制度和风险控制制度；法律、行政法规规定的和经国务院批准的国务院证券监督管理机构、国务院银行业监督管理机构规定的其他条件。

二、证券投资基金的募集

（一）证券投资基金的募集概述

证券投资基金的募集即基金的发行，指基金公司或基金管理公司在基金发行申请经基金主管机关批准同意后，将基金券或受益凭证向个人投资者、机构投资者或社会推销出去的经济活动。证券投资基金分为公司型投资基金和契约型投资基金，对于公司型投资基金而言它表现为公司股票，称为基金券；对于契约型投资基金而言表现为基金受益凭证。

基金的发行有私募和公募两种。私募由基金发起人私下与投资者接洽，让投资者认购基金，基金发起人承担全部募集基金的工作。公募是由基金发起人委托证券机构承担发售任务，向大众推销。

采取私募的原因主要是基金的规模较小、投资范围较窄，募集总额在规定的范围内由特定投资者认购便可完成募集计划。采取公募的原因主要是募集总额较大，急需募集资金参与有利时机的投资，并出于公平、公正原则，对所募集的基金受欢迎程度把握不准，采取向社会公众募集的方式，以便在尽可能短的募集期内完成销售计划。

封闭式基金募集时除规定募集价、募集对象、申购方式、认购手续费和最低认购额外，还需要规定基金的募集总额和募集期限。一旦募集总额认购结束，无论是否已到募集期限，基金就进行封闭，不再接受认购申请。倘若在规定的募集时间内，募集总额未被认购到基金总额的一定比例（我国为80%），则该基金不能成立，基金公司或基金管理公司应将已认购基金的款项及活期存款利息退还给认购者。

开放式基金虽然其总额是变动的，但在初次发行认购时，基金公司或基金管理公司必须设立基金的募集总额和募集期限。一般而言，基金按计划完成了预定的工作程序，正式成立3个月后，才允许投资者赎回。同封闭式基金一样，在规定的发行期限内无法募集到设定基金总额，则该基金不能成立。基金公司或基金管理公司有责任会同基金托管人将已收到的认购款及活期存款利息退还给投资者。

（二）基金的销售方式

(1) 直接销售。基金不通过任何专门的销售公司而直接销售给投资者。这是最简单的销售方式，在这种销售方式中，基金单位按净资产价值出售，出价与报价相同，一般不收销售费。

(2) 包销。基金由经纪人按基金的净资产买入，然后再以公开销售价格销售给投资者。

(3) 集团销售。由包销人牵头组成几个销售集团，基金由各销售集团的经纪人代销，各个经纪人分别代理包销人销售一部分基金,包销人则支付给每个经纪人一定数额的销售费用。

(4) 计划公司。在基金销售过程中,有一公司(即计划公司)在基金销售集团和投资人之间充当中间销售人,以使基金能以分期付款的方式销售出去。一旦收到某投资人一定比例的款项,计划公司就会向包销人认购相当数额的基金,并向该投资人提供一笔款项,存放于投资者在计划公司开立的专门账户中,确保该投资人有能力按合同购买其余的基金。

第三节 证券投资基金的运作与投资

一、证券投资基金的运作

(一) 运作方式和主要当事人职责

证券投资基金一般通过设置信托的方式进行投资运作,委托基金管理人管理、运用基金资产,委托基金托管人保管基金资产。基金投资人是委托人和收益人,基金管理人和基金托管人是受托人。在基金的治理结构中,有三个基本的当事人,即基金投资人、基金管理人和基金托管人。

(1) 基金投资人。基金投资人是指购买并持有基金证券的个人或机构,也就是基金的投资者。他们是基金的实际所有者,享有基金的投资收益,并承担相应的风险。

基金投资人享有的权利包括:分享基金收益;参与基金剩余资产的分配、赎回或转让其持有的基金份额;出席基金持有人大会并对审议事项行使表决权;查询或者获取公开的基金业务和财务状况资料;基金合同或基金章程规定的其他权利。

基金投资人履行的义务包括:遵守基金契约或基金公司章程;缴纳基金认购款项及规定的费用;承担基金亏损或终止的有限责任;不从事任何有损基金及其他基金投资者利益的活动。

(2) 基金管理人。基金管理人可以是一个专门从事基金资产管理运作的独立法人机构,如中国的证券投资管理公司,也可以是一个独立法人机构中专门从事基金资产管理运作的部门。

基金管理人的主要职责:依法募集基金,办理或者委托经国务院证券监督管理机构认定的其他机构代为办理基金份额的发售、申购、赎回和登记事宜;办理基金备案手续;对所管理的不同基金财产分别管理、分别记账,进行证券投资;按照基金合同的约定确定基金收益分配方案,及时向基金份额持有人分配收益;进行基金会计核算并编制基金财务会计报告,编制中期和年度基金报告;以基金管理人名义,代表基金份额持有人利益行使诉讼权利或者实施其他法律行为;计算并公告基金资产净值,确定基金份额申购、赎回价格;办理与基金财产管理业务活动有关的信息披露事项;召集基金份额持有人大会;保存基金财产管理业务活动的记录、账册、报表和其他相关资料及国务院证券监督管理机构规定的其他职责。

(3) 基金托管人。为了充分保证基金投资人的权益,防止基金资产被挪作他用,各国的证券投资信托法规都规定:由某一托管机构即基金托管人来对基金管理机构的投资操作进行监督和对基金资产进行保管。

基金托管人的主要职责:安全保管基金财产;按照规定开设基金财产的资金账户和证券账户;对所托管的不同基金财产分别设置账户,确保基金财产的完整与独立;保存基金托管业务活动的记录、账册、报表和其他相关资料;按照基金合同的约定,根据基金管理人的投资指令,及时办理清算、交割事宜;办理与基金托管业务活动有关的信息披露事项;对基金财务会计报告、中期和年度基金报告出具意见;复核、审查基金管理人计算的基金资产净值和基金份额申购、赎回价格;按照规定召集基金份额持有人大会;按照规定监督基金管理人的投资运作及国务院证券监督管理机构规定的其他职责。

(二)证券投资基金的终止和清算

1. 证券投资基金的终止

《证券投资基金法》规定,出现下列情形之一,基金合同将终止:基金合同期限届满而未延期;基金份额持有人大会决定终止;基金管理人、基金托管人职责终止,在6个月内没有新基金管理人、新基金托管人承接;基金合同约定的其他情形。

2. 证券投资基金的清算

《证券投资基金法》第八十一条规定:"基金合同终止时,基金管理人应当组织清算组对基金财产进行清算。"清算组成员由基金管理人、基金托管人以及相关的中介服务机构组成,清算组做出的清算报告经会计师事务所审计、律师事务所出具法律意见书后,报国务院证券监督管理机构备案并公告。清算后的剩余基金资产,应当按照基金份额持有人所持的份额比例进行分配。

二、证券投资基金的投资

(一)基金的投资范围

基金的投资范围主要是指基金的投资对象和在投资对象上的投资比例。投资范围关系到基金的投资收益和基金资产的风险,并最终影响基金投资目标的实现,因此各国的法律通常对基金的投资范围作出规定。

(1)对投资对象的规定。《证券投资基金法》规定,我国基金的投资对象为上市公司的股票、政府债券、金融债券和企业债券(包括可转换债券);经中国证监会批准,基金可在全国银行间同业市场中从事债券回购业务,最长回购期限为1年,债券回购到期后不得展期;禁止从事可能使基金资产承担无限责任的投资;禁止基金之间相互投资;禁止将基金资产用于抵押、担保、资金拆借或贷款;禁止从事证券信用交易;禁止以基金资产进行房地产投资;禁止将基金资产投资于与基金托管人或者基金管理人有利害关系的公司发行的证券。

(2)对投资比例的规定。一个基金投资于股票、债券的比例,不得低于该基金资产总值的80%；一个基金持有一家上市公司的股票，不得超过该基金资产净值的10%；同一基金管理人管理的全部基金持有一家公司发行的证券，不得超过该证券的10%；一个基金投资于国家债券的比例不得低于该基金资产净值的20%；中国证监会规定的其他比例限制。

（二）基金的投资目标

基金的投资目标是使基金的资产得到最大限度的增值。但由于基金的经营理念和基金经理人的管理能力的不同以及对外部环境变化适应能力的不同，各基金承担的风险不同。根据风险与收益的比较，基金的投资目标大致可以分为三种：①高风险高收益型，这类基金注重在一定时期内使投资者的资本增值，同时它带来的投资风险也比较高，适合于风险偏好型投资者；②低风险长期收入型，这类基金注重为投资者获得比较稳定的长期收益，尽可能地降低风险，适合于风险厌恶型投资者；③风险收益兼顾型，这类基金注重实现收益和风险的平衡，使投资者定期获得合理的收益，同时使风险不会太大，适合于稳健型投资者。

（三）基金的投资决策系统

基金的投资决策系统通常包括决策机构、决策制定、决策实施和风险管理等。通常是决策机构依据规范的决策程序，制定并下达投资决策，由实施机构负责投资决策的具体实施。由风险控制机构及内部稽核机构进行风险评估以及督促基金管理人，防范投资风险。

1. 决策机构

我国的基金管理公司一般都设立一个专门的投资决策机构，即投资决策委员会，它通常由基金管理公司的主要负责人和各部门负责人组成，定期讨论基金的投资目标、投资对象并分析和评价基金的投资业绩。

2. 决策制定

决策制定通常包括决策制定的依据、决策的方式和程序、决策部门的权限和责任等内容。

（1）基金管理公司的投资研究部负责分析经济动态、利率走势，评估上市公司营运状况及发展，同时分析国外主要股市的动态及各国的经济状况，根据所收集的资料做出投资报告，提供给投资委员会参考。

（2）每周由公司主要负责人和各部门经理召开的投资决策委员会依据上周投资执行结果做成报告，并依据投资研究部提供的报告决定本周投资个股、进入时机以及基金现金比例等。

（3）编制完成各类投资报告。

3. 决策实施

在确定投资决策以后，就进入决策实施阶段。基金管理公司通常会设立一个专门的基金投资部负责基金的具体投资工作。投资决策是否合理、有效地实施，直接关系到基金投资目标的实现。

在基金的具体投资运作过程中，由基金经理向下属的基金交易员发出交易命令，这种交易命令具体包括买入(卖出)何种证券、买入(卖出)的时间和数量、买入(卖出)的价格水平等。基金经理的投资理念、分析方法和投资工具的选择是基金投资运作的关键,基金经理投资水平的高低直接决定了基金的收益状况。同时,交易员的作用也是十分重要的,基金经理下达的命令由交易员来负责完成,以尽可能低的价格买入证券,以尽可能高的价格卖出证券。另外,交易员还负责及时向基金经理汇报实际交易情况和市场动向。

4. 基金投资组合管理

任何投资都伴随着风险,证券投资基金作为一种追求投资收益的理财工具当然也不例外。证券投资基金面临的风险和其他投资工具一样可分为系统性风险和非系统性风险。系统性风险是指整个经济或市场环境引起的风险,是基金进行投资分散化也不能消除的风险;非系统性风险是个别投资对象具有的仅仅影响这个投资对象收益的风险,是可以通过投资组合来消除的风险。

基金管理公司进行投资组合决策时,要考虑三个问题:如何选择投资组合,如何从证券市场上选择若干种证券作为投资对象,当投资对象确定后如何确定投资比例。

对于第一个问题,组成一个基金的证券可以只包括普通股票,或只包括优先股股票、债券,也可以把几种证券都包括在内。对于以获取资本增值为主要目标的基金来说,它往往将基金资产投放在风险较高的证券上,如升值潜力较大的小型公司的股票、认股权证等;对于为获取稳定收益的收入型基金来说,它往往将基金资产投资于国库券、大额可转让定期存单、银行承兑汇票和付息债券等利息固定、风险较低的投资工具;但大多数基金采用均衡型投资政策,对不同投资类型进行适当搭配,兼顾收入与资本利得。对于投资组合选择多少种证券才可以有效地分散风险,根据经验,当基金投资组合中的证券个数达到10~15只时,非系统性风险就基本上被消除了。

第二个问题和第三个问题的解决,主要依赖于现代证券投资组合理论。这些投资组合理论主要有马柯维茨的均值-方差模型、单指数模型、资本资产定价模型、套利定价理论等。

5. 基金的投资策略

基金的投资策略根据基金的类型和基金管理人投资风格的不同而不同。

(1) 从基金资产配置的角度,基金的投资策略可分为购买持有策略、固定比例策略、组合保险策略和应变的资产配置策略。

购买持有策略是指基金管理公司在构造了某个资产组合后,便不再改变持有期间的资产配置状态的策略。这种策略要求市场环境稳定,投资者偏好变化不大,投资者着眼于长期投资。但这种组合完全暴露于市场风险之下,当市场剧烈波动时,投资者将承受较大的风险。

固定比例策略是指基金管理公司在构造了某个投资组合之后,定期对其资产组合进行调整,保持各类资产的市场价值在总资产价值中所占的比例大致不变的策略。

组合保险策略是指基金管理人将一部分资金投放于无风险资产上以确保资产组合总价值的最低值,将余下的资金投放于风险资产的策略。投放于风险资产的比例随着市场走势的上升而上升,随着市场走势的下降而下降。

应变的资产配置策略是指基金管理人依据资本市场的变化对资产配置状态实时进行

动态调整的策略。

(2) 从基金管理者的投资风格角度,基金的投资策略可分为积极的投资策略、消极的投资策略和混合的投资策略。

积极的投资策略假设市场是不完全有效的,在这种情况下,基金管理人通过主动收集和挖掘市场信息,寻找被市场低估的证券进行投资以获得超额收益率。

消极的投资策略假设市场是完全有效的,在这种情况下,投资者只需要被动地跟踪市场指数来构造投资组合,在收益方面,追求平均利润。

混合的投资策略是介于前两者之间的一种投资策略。

基金管理人通常在擅长的投资领域采用积极的投资策略,在不擅长的投资领域采用消极的投资策略。

(3) 从投资对象角度,基金的投资策略可分为股票投资策略、债券投资策略、衍生投资策略等。

股票投资策略。这种投资策略是将基金资金投资于股票的投资策略,又分为价值投资策略和增长投资策略。价值投资策略是投资于那些价格远低于价值的股票;增长投资策略是投资于收益增长超过市场平均水平的增长性股票。

债券投资策略。这种投资策略是将基金资金投资于债券的投资策略。

衍生投资策略。这种投资策略是将基金资金投资于衍生金融工具的投资策略,目前在我国是被禁止的。

第四节 证券投资基金投资分析

证券投资基金是单位与个人都可以投资的金融工具,无论是保险公司、社保基金、上市公司等机构投资者,还是资金量小的中小散户,都可以对基金进行中长期投资以获取一定的收益。但是,不同基金的实力、收益性和风险性大不一样,投资者需要结合自身的实力、资金的期限以及投资偏好等对基金进行投资分析,以决定选择什么基金、投资多久以及如何再投资等。

对基金进行投资分析的主要内容有基金财务状况报告分析(重点分析基金单位资产净值以及它的增长率和收益率)、基金选择指标和基金绩效评价指标等。

一、基金财务状况报告分析

基金财务状况报告是反映基金运作情况的重要文件。投资者在很大程度上是依据这些财务状况报告来作出个人投资决策的。所以,在基金的发展过程中,各个国家和地区不断完善这方面的监督措施,要求基金公开披露的财务状况报告翔实、全面、可靠,以保证基金资产的运作安全和投资者的切身利益。

(一) 投资结果报告

投资结果报告是指基金管理公司依据投资计划进行投资后,定期向投资者公布的反映基金资产运作状况和投资收益的报告,是反映基金财务状况的重要文件。由于投资结果报告反映的是每一投资期内(一般为一年、半年或一季度)投资计划执行的结果,因而该报告一般应包括如下内容:投资策略,资产运作状况,投资的有价证券的名称、数量以及所占比例,资产的市价总值,有价证券交易的记录,投资市场发展趋势的预测。

(二) 财务报表

基金的财务报表是基金财务状况报告的另一个重要组成部分,它使广大投资者有了了解该基金经营运作状况与收支状况的主要依据。对于封闭式基金,要求公开的财务报表通常有资产负债表、损益表等;开放式基金除需公开资产负债表、损益表、资产变动表等报表外,还要公开至少前3个财务年度每一基金单位的净资产值和分配的记录等内容。

(三) 基金的单位资产净值分析

(1) 单位资产净值是对基金绩效进行评价的最直观的指标。

$$\text{单位资产净值} = \text{净资产总值} / \text{发行的基金单位或股份数} \tag{5.1}$$

$$\begin{aligned}\text{净资产总值} &= \text{总资产} - \text{总负债} = \text{现金} + \text{股票价值} + \text{债券价值} + \\&\quad \text{其他投资项目的实际价值} - \text{应发放的股利和利息} - \\&\quad \text{应支付的管理费和托管费} - \text{其他应付款}\end{aligned} \tag{5.2}$$

在评估基金绩效时,可以根据基金管理公司每日公布的净资产价值指标,对其进行连续的跟踪观察,看其是否增长,以及增长的持续性和增长的幅度如何。单位净资产价值迅速、稳定而且持续增长,说明基金表现良好。

(2) 单位净值增长率。对于基金投资者来说,具体分析基金的业绩状况时,要考察基金的净值增长率是否超过了同期大盘的增长率,以及在整体基金中,谁的净值增长率最高。

在分析基金净值增长率的时候,应当分析净值增长的原因。首先,应计算本年度的基金净值增减额;其次,分别确认经由同期净收益而增减的基金净值,经由估值收益增减变动而增减的基金净值,以及经由收益分配而增减的基金净值;最后,分别计算这三个不同的基金净值变动因素对当期基金净值增减额的贡献率,它们的和等于100%,即

$$\text{年度基金净值变动} = \text{本年度基金净收益} + \text{估值增减变动额} + \\ \text{本年度内基金收益分配} \tag{5.3}$$

二、基金选择指标

除了评估业绩指标以外,还应当考察基金的结构指标。基金的结构指标是指会影响基金业绩的潜在因素,包括以下几方面的内容。

(一) 外部结构指标

1. 基金的规模

一般来说,小型基金由于费用相对较高,在实际操作中风险承受能力较小,对投资者而言具有较高的风险。不过,较大型的股票投资基金对市场变化作出的反应较为迟钝。

2. 基金经理人的背景

投资者在投资之前就应该对基金经理人有一个明确的了解。首先要了解一下他的个人经历。其次,投资者可以查阅有关专业报纸、杂志或者直接向基金管理公司查阅该基金经理人是否写过文章或书籍,有哪些观点,以便更多地了解他们的个人情况,包括管理风格、经验、合格且勤勉与否等。

3. 基金费用

基金费用包括基金持有人费用和基金运营费用两大类。关于基金持有人费用,封闭式基金主要有基金发行费、交易佣金、过户登记费、分红手续费和其他费用;开放式基金主要有认购费、申购费、赎回费、开户费、注册登记费、分红手续费和其他费用。不同开放式基金的认购费、申购费、赎回费有较大差异。

(二) 内部结构指标

1. 基金的投资周转率

基金的投资周转率即买卖其持有有价证券的频率,具体又可以分为股票周转率和债券周转率。投资周转率是一项显示基金投资战略的重要指标。周转率低,表明基金管理公司有一种长期投资倾向;周转率高,则短期投资倾向占主导地位。若某一基金平均资产的80%投资于股票,20%投资于债券,那么

$$股票周转率 = \frac{股票交易量}{80\% \times (期初基金净资产 + 期末基金净资产) \div 2} \tag{5.4}$$

2. 现金流量

对于开放式基金而言,现金流量一般指投资于基金的现金净增长,也就是申购基金的现金超出赎回基金的部分,或称净申购资金。当某一基金有大量的现金注入时,基金的运作呈现良好的发展势头,基金业绩也呈上升态势;但是如果这种大量的现金注入停止,基金业绩的上升势态也随之停止,甚至还有下降的趋势。究其原因,有以下几点:基金的管理者使用新的现金流量扩充了现有的资金头寸;基金可以扩充发展机会,因为管理者不必卖出原有股票来筹集发展资金,可以用新注入的资金来做新的投资组合;当股市处于牛市最高峰的时候,大量的现金流入可以作为接踵而来的熊市的缓冲器。

3. 基金的资产结构

正是由于股票、债券具有不同收益和风险的特点,所以很好地搭配债券、现金和股票的比例对风险防范有积极的作用,特别是在中国股票市场波动较大、系统性风险高的情况下,投资债券市场就显得相对稳健。

4. 基金投资的行业结构

将资金在朝阳产业与夕阳产业之间、成熟型产业与成长型产业之间合理配置同样可以起到防范风险、提高收益的作用。

5. 基金投资的股票结构

证券投资基金在市场运作中的主要投资方式为组合投资。非系统性风险可以通过证

券投资的多样化来规避。投资者可以根据各基金公布的投资组合，有效地分析和追踪基金的业绩，判断基金的管理水平和投资理念，从而进一步了解基金的投资战略、基金风险和基金收益。

6. 基金投资的时间结构

在投资策略上，各个证券投资基金在坚持中、长线持股的同时，都在及时根据整个市场大势的变化对所持有股票进行必要的减持、增持和变换的调整。通过进行投资结构的时间组合，不仅可以降低非系统性风险，更重要的是还可以在一定程度上化解系统性风险。

三、基金绩效评价指标

资产组合理论和资本资产定价模型提出以后，陆续出现了一些基金评价综合指标，其中最著名的是夏普指数、特雷纳指数和 M^2 测度。

（一）夏普指数

1996 年，威廉·夏普（William Sharpe）在美国《商业学刊》上发表《共同基金的业绩》一文，提出用单位总风险的超额收益率来评价基金的业绩，即夏普指数。夏普指数把资本市场线作为评估标准，是在对风险进行调整基础上的基金业绩评估方式。

$$S_i = \frac{\bar{R}_i - \bar{R}_f}{\sigma_i} \quad (5.5)$$

其中，S_i 为夏普绩效指标；$\bar{R}_i$ 为基金 i 在样本期内的平均收益率；$\bar{R}_f$ 为样本期内的平均无风险收益率；$\bar{R}_i - \bar{R}_f$ 为基金 i 在样本期内的平均风险溢酬；σ_i 为基金 i 收益率的标准差，即基金投资组合所承担的总风险。

当采用夏普指数评估模型时，首先计算市场上各种基金在样本期内的夏普指数，然后进行比较，较大的夏普指数表示较好的绩效。

（二）特雷纳指数

衡量投资收益的风险一般采用两个指标：历史收益率标准差 σ，衡量投资收益的总风险；系统性风险系数，即 β 的估计值。

特雷纳认为，基金管理者通过有效的投资组合应能完全消除单一资产所带来的非系统性风险，那么，其系统性风险（即特征线的斜率）就能较好地刻画出基金的风险，因此特雷纳用单位系统性风险系数所获得的超额收益来衡量基金的业绩。

$$T_i = \frac{\bar{R}_i - \bar{R}_f}{\beta_i} \quad (5.6)$$

其中，T_i 为特雷纳绩效指标；$\bar{R}_i$ 为基金 i 在样本期内的平均收益率；$\bar{R}_f$ 为样本期内的平均无风险收益率；$\bar{R}_i - \bar{R}_f$ 为基金 i 在样本期内的平均风险溢酬；β_i 为基金投资组合所承担的系统性风险。

特雷纳指数表示的是基金承受每单位系数风险收益的大小，其评估方法是首先计算样本期内各种基金和市场的特雷纳指数,然后进行比较,较大的特雷纳指数意味着较好的绩效。

夏普指数和特雷纳指数一样,能够反映基金经理的市场调整能力。不同的是,特雷纳指数只考虑系统性风险,而夏普指数同时考虑了系统性风险和非系统性风险,即总风险。

(三) M^2 测度

1997年,诺贝尔经济学奖获得者弗兰克·莫迪利安尼(Franco Modigliani)和其孙女李·莫迪利安尼在美国《资产组合管理学刊》上发表《风险调整的业绩》一文,提出了改进的夏普指数,即 M^2 指数。他们把国债引入基金的实际资产组合,构建一个虚拟资产组合,使其总风险等于市场组合的风险,通过比较虚拟资产组合与市场组合的平均收益率评价基金业绩。

$$M^2 = \bar{R}_{p^*} - \bar{R}_m = \frac{\sigma_m}{\sigma_p}(\bar{R}_p - R_f) + R_f - \bar{R}_m \tag{5.7}$$

其中,M^2 为测度指标;$\bar{R}_{p^*}$、$\bar{R}_p$ 为基金 P 在 σ_m 与 σ_p 水平下的平均收益率;σ_m、σ_p 为基金 P 和市场组合 M 的标准差;R_f 为无风险收益率。

这一方法的基本思想就是通过无风险利率下的借贷,将被评价组合(基金)的标准差调整到与基准指数相同的水平,进而对基金相对基准指数的表现作出考察。由于 M^2 测度实际上表现为两个收益率之差,因此也就比夏普指数更容易为人们所理解与接受。不过,M^2 测度与夏普指数对基金绩效表现的排序是一致的。

四、海外基金评估的 4R 原则

评估基金的主要目的是为投资者服务。普通投资者想知道经理管理证券组合的能力是否比"非管理"的证券组合强,是否比散户自己的管理能力强。基金管理公司也要对内部业绩评比,通过与同业人员的业绩比较,实现优胜劣汰,促进队伍内部竞争。海外挑选基金时应用"4R"原则,即收益率、评级、风险和支出比率。

美国的晨星公司就是提供这种信息的一家资讯公司。

(一) 收益率

晨星公司计算了所有基金收益率平均数,以便使用者将某一基金与平均数比较,并且还将基金最近3年的收益率进行统计学处理,将其收益率与其他同类基金比较所得的百分数排序。

(二) 评级及风险度

晨星公司为了更全面地给各基金评级,将基金做了很细致的划分,然后对各类基金再分别排名。在每类基金里,每一基金又被按照3年的实际表现排队。

(三) 支出比率

支出比率是指基金的年度费用占资产的比例。如果基金收取的费用高于平均水平,该基金给投资者的回报也同样应该高于平均水平。

(四) 其他因素

其包括"最差3个月的表现"和"管理者的任期"两项内容。

重要概念

基金　封闭式基金　开放式基金　契约型投资基金　公司型投资基金　成长型基金　收入型基金　注册制　核准制　公募　私募　夏普指数　特雷纳指数

思考练习题

1. 什么是证券投资基金？其与其他投资方式相比有什么特点？
2. 证券投资基金的功能有哪些？
3. 开放式基金和封闭式基金存在哪些不同？
4. 简述契约型投资基金与公司型投资基金的主要区别。
5. 成长型基金与收入型基金存在哪些差异？
6. 证券投资基金有哪些设立条件和设立程序？
7. 证券投资基金的募集方式有哪几种？
8. 证券投资基金运作过程中的主要当事人有哪几个？各有什么职责？
9. 比较夏普指数、特雷纳指数和 M^2 测度，并阐释如何将其用于基金绩效评价。
10. 简述海外基金评估的4R原则。

案例讨论

我国 LOF 基金的发展历程

0　引言

上市型开放式基金(Listed Open-Ended Fund,LOF)是深交所为弥补封闭式基金与开放式基金的不足而设计的新品种。LOF 基金是在现行开放式基金运作模式的基础上，为增加深交所发售、申购、赎回和交易的渠道，而形成的独特的投资品种。当基金在深交所上市后，投资者可以选择在深交所交易系统以撮合成交的方式买卖基金份额，或者在深交所交易系统、基金管理人及代销机构进行申购、赎回基金份额，有了更多的选择。

1　LOF 基金的特点与作用

1.1　LOF 基金的主要特点

尽管 LOF 基金在深交所上市后，投资者既可以选择在深交所交易系统以撮合成交的方式买卖基金份额，也可以在深交所交易系统、基金管理人及代销机构进行申购、赎回基金份额，但是，投资者如果是在指定网点申购的基金份额想要上网抛出，须办理一定的转托管手续;同样,如果是在交易所网上买进的基金份额,想要在指定网点赎回,也要办理一定的转托管手续。在申购、赎回机制中普通基金投资者交易对象只有一个,那就是基金公司;而在交易所系统中,交易的对象是其他二级市场交易者。

这种双重交易机制,是LOF基金特有的魅力所在。在这一交易平台上,LOF基金既融合了开放式基金和封闭式基金的特点,使投资者既可以在场外申购、赎回基金份额,又可以在股票市场上买卖基金份额。同时,LOF基金独特的双重交易机制也是解决封闭式基金问题的较好途径。封闭式基金转为LOF后仍然在深交所上市交易,符合原有基金持有人的交易习惯,最大限度地实现了"封转开"的平稳过渡。

与普通的开放式基金相比,LOF基金具有以下优点:可以在证券交易所上市并交易,交易时间与股票交易时间一样,上午9:30—11:30,下午1:00—3:00。这期间,它的价格随时按照买卖情况变动,类似于封闭式基金,卖出基金资金即刻到账。

与封闭式基金相比,它有以下优点:可以在场外申购,即每天收盘后,这个基金会有当天的市场净值,而这个净值与场内的收盘价会有一定的差价。如果存在折价或溢价,投资者只要办理跨系统转托管手续就可在场内和场外进行转化,来赚取价差。

1.2 LOF基金的主要作用

(1) 减少交易费用

投资LOF基金的成本低廉。一般开放式基金的申购费率和赎回费率分别在1.2%和0.5%以上,但交易所场内交易方式只需要付给证券商佣金,而且也不需要印花税。投资者通过交易所交易系统买卖LOF基金,只需向证券商缴纳交易不超过0.3%的佣金,节省的手续费相当可观。对于中小投资者来说,在没有出现价格大幅溢价的情况下,从股票市场上买入LOF是较申购更好的策略。

(2) 加快交易速度

开放式基金场外交易采用未知价交易,$T+1$日交易确认,申购的份额$T+2$日才能赎回,赎回的金额$T+3$日才从基金公司划出,需要经过托管银行、代销商划转,投资者最迟$T+7$日才能收到赎回款。

然而,LOF增加了开放式基金的场内交易,买入的基金份额$T+1$日可以卖出,卖出的基金款如果参照证券交易结算的方式,当日就可用,$T+1$日可提现金,与场外交易比较,买入比申购提前1日,卖出比赎回最多提前6日。

减少了交易费用和加快了交易速度直接的效果是基金成为资金的缓冲池。

(3) 提供套利机会

LOF采用场内交易和场外交易同时进行的交易机制,为投资者提供了基金净值和围绕基金净值波动的场内交易价格,由于基金净值是每日交易所收市后按基金资产当日的净值计算,场外的交易以当日的净值为准采用未知价交易;场内的交易以交易价格为准,交易价格以昨日的基金净值做参考,以供求关系实时报价。场内交易价格与基金净值价格不同,投资者就有套利的机会。

2 我国LOF基金的发展

(1) LOF基金起步阶段(2004—2009年)

自2002年最后一只传统封闭式基金成立并上市之后,基金彻底步入了开放式基金时代。开放式基金有效解决了传统封闭式基金的折价情况,却没有传统封闭式基金那样便捷、高效的上市交易方式。

2004年底,第一只LOF——南方积极配置的诞生开启了开放式基金的场内交易模式。从此,开放式基金不仅能通过银行渠道进行申购、赎回,还可在交易所内像股票一样买卖。2005年,中银中国精选、博时主题行业、广发小盘成长等9只LOF先后上市;2006年至2009年,LOF的发展稍有放缓,3年间共有22只LOF上市。

(2) LOF基金快速发展阶段(2010—2018年)

经历了前期摸索期和不断探索期,2009年开始,LOF迎来了快速发展的时期,LOF基金数量和规模逐渐扩大,并涵盖有股票型基金、混合型基金、债券型基金。2015年数量稳定在200只左右,规模在4 000亿元上下波动。2015年6月上交所首只LOF国企改革分级基金上市,让分级基金迎来上海证券交易所LOF模式。此后LOF基金进入快速发展阶段,由于LOF基金的交易便利,在2018年之前LOF无论在数量上还是规模上,均占据上风。LOF曾一度成为交易型基金中数量最多,同时也是投资策略上涵盖范围最广的基金品种。比较活跃的上市型开放式基金如诺安油气能源股票、华宝油气、博时主题行业股票、建信优势动力股票等受到基金投资者青睐。

(3) 公募基金百舸争流,LOF基金发展略显滞后(2019年至今)

中国经济正处于迈向高质量发展、逐步构建现代化经济体系的进程中,公募基金行业作为金融体系的重要组成部分也在不断发展创新,为市场资金提供丰富多样的投资品种。然而,由于LOF产品较为小众,对资金吸引力较低,基金规模较小,并且一些投资者将一般开放式基金作为长期投资,导致LOF交易并不活跃。特别是对于定开或是处于封闭运行的LOF产品,基金持有者只能在二级市场交易基金来满足流动性需求,而目前LOF产品二级市场做市机制尚不完善,致使LOF产品二级市场普遍存在流动性不佳的问题。此外,由于LOF属于场内基金,投资者也更容易受到市场情绪的影响,特别是LOF流动性不足导致其反常价格波动极为明显。由此可见,在基金产品竞争日益激烈的背景下,LOF的发展仍面临着诸多挑战。

3 结束语

LOF作为中国本土化的基金创新产品,为投资者买卖开放式基金提供了更加便捷、低成本的交易渠道。然而,LOF基金规模较小、交易活跃度较低、二级市场交易机制尚不健全等原因制约了LOF的发展。LOF要想在基金市场中占据一席之地,突破发展瓶颈,需要积极应对多重挑战。展望未来,LOF该如何创新和完善才能更好地与高质量发展的基金市场相适应?

资料来源:

1. LOF基金[EB/OL]. https://baike.eastmoney.com/item/LOF基金.

2. 多支场内基金产品流动性堪忧或存风险,某券商系基金公司提示:买者自负[EB/OL]. (2022-06-22). https://funds.hexun.com/2022-06-22/206201713.html.

启发思考题

1. 什么是LOF基金?与传统封闭式基金和普通开放式基金相比,其优势是什么?

2. 我国LOF基金的发展大致经历了哪几个阶段?

3. 通过本案例,你认为哪些因素导致了 LOF 交易不活跃?

4. 结合 LOF 基金的发展过程,如何解决 LOF 基金交易趋缓的现状?

5. 通过本案例,你认为 LOF 基金如何适应市场?对于我们其他创新性金融产品具有什么借鉴意义?

第六章 金融衍生市场

本章学习目标

1. 掌握金融衍生市场基本概念和特点。
2. 了解金融衍生市场产生和发展历史。
3. 掌握金融衍生工具的分类、特点和功能。
4. 重点掌握不同衍生金融工具的使用方法。

引导案例

承上启下——沪深300ETF期权上市

2019年12月23日,深交所改革发展迎来新的里程碑。在深市上市交易的首只金融衍生品——沪深300ETF期权(标的为嘉实沪深300ETF,代码159919)成功上市交易。

为了推出衍生品,深交所15年磨一剑,早在2004年就开始研究金融衍生品,15年来持续投入,在规则、技术、人才、产品、风控、研究等方面都有扎实的积累。沪深300股指期货上市12年来,已成为全球第二大股指期货产品。数据显示,股指期货显著提高了股市内在稳定性,据有关机构实证研究发现,排除其他因素影响,沪深300股指期货的引入使得现货市场的波动性降低,股市波动极值范围大幅缩小,单边市特征得到改善。

沪深300ETF期权的成功上市也为我国进一步完善ETF期权市场打下了基础。不同于股指期权,ETF期权标的是"ETF基金",结合"实物交割"机制,即行权后得到的是对应数量的基金份额,上交所中证500ETF期权、深交所创业板ETF期权、深证100ETF期权等便是其中典型。ETF期权成功上市交易,有效发挥了引入增量资金、稳定现货市场的作用。

衍生品本身既是投资者管理风险的工具,也是完善市场交易机制必不可少的工具,通过使用股指期货,以私募基金为代表的财富管理机构能够实施更为灵活的投资策略,加快业务创新。衍生品的存在吸引和推动各种机构和长期资金入市,也实现了稳健经营。目前理财产品中相当一部分已使用股指期货,且使用股指期货的产品业绩效果好于未使用股指期货的产品。广大中小投资者也受益于理财市场的发展,通过机构间接参与并分享股指期货带来的红利。

资料来源:刘歆宇,孙扶,张亮亮.深市首只金融衍生品来了:沪深300ETF期权上市交易[EB/OL].(2019-12-23). https://baijiahao.baidu.com/s?id=1653713568601174366&wfr=spider&for=pc;股指期货,为资本市场护航(经济聚焦)[EB/OL].(2015-04-17).http://finance.people.com.cn/n/2015/0417/c1004-26858281.html?url_type=39&object_type=webpage&pos=1.

第一节 金融衍生市场概述

一、金融衍生工具的概念和特征

金融衍生工具，也叫作衍生证券、衍生产品，通常是指其价值依赖于基础金融工具价格的金融工具。这里的基本标的金融工具可以是股票、利率、汇率或是指数的值。

金融衍生工具具有如下主要特征。

（一）价值依赖于基础金融工具的价值变动

金融衍生工具的价值从基础金融工具的市场价格中变化衍生出来，因此金融衍生工具的价值主要受基础金融工具价值变动的影响，这是衍生产品最为独特的性质，也是其具有避险作用的原因。

（二）金融衍生工具一般具有财务杠杆作用

衍生工具在交易时多采用财务杠杆方式，即采用交纳保证金或期权费的方式进入市场交易金融衍生工具，签订远期性的合约。合约到期后，交易双方一般不进行实际交割，而是根据合约规定的权利与义务进行清算。这样，衍生工具市场的参与者只需动用少量的资金即可控制资金流量巨大的交易合约。财务杠杆的作用将显著提高资金利用率和经济效益，当然另一方面也无可避免地带来了巨大的风险。

二、金融衍生市场的产生和发展

很多衍生工具都具有非常悠久的历史。例如早在古罗马、古希腊和古代印度时期就已经有关于远期交易的记载，期权交易的雏形也是出现在古希腊和古罗马时期，到18、19世纪，美国和欧洲的农产品期货与期权交易已经相当流行。

1848年，美国的芝加哥期货交易所（CBOT）开始了有组织的期货交易，而芝加哥商品交易所（CME）自1874年成立以来也一直在从事商品期货交易。1922年，美国通过了第一部联邦期货法，这标志着商品衍生交易的发展步入正轨。由于农作物、金属、能源等产品价格变化较大，通过衍生交易可以锁定价格，规避风险。

然而衍生工具，尤其是金融衍生工具直到20世纪60年代之后才进入一个空前发展的阶段。因为在20世纪60年代以前，整个世界的经济大多数时候处于一个比较稳定的状态。然而进入20世纪70年代以后，许多市场的价格波动的频率加快、幅度增大，这是多种因素综合作用的结果：爆发于1973年的石油危机成为商品市场价格波动的重要来源；经济全球化和许多新兴市场国家的迅速兴起，改变了原有的经济格局，带来了经济发展的不确定性；1973年，以美元为基础的固定汇率制度（布雷顿森林体系）崩溃，浮动汇率成为国际外汇市场的主要汇率制度，导致了汇率的频繁大幅波动。此外，西方国家金融自由化的趋势使得利率波动也相应增大。因此，从20世纪70年代开始，一方面，世界经济环境不确定性的增大使得市场主体所面临的风险增大，对风险管理技术和风险管理工具的需求也相应上升,成为衍生工具产生和发展的重要因素之一。另一方面,通信和计算机技术的飞速发展,也使得人们用低廉的成本来达到规避风险或投机的目的成为可能。

20世纪70年代开始,金融期货逐渐产生和发展。为了转移汇率风险,1972年芝加哥商品交易所成立了国际货币市场(IMM)分部,并推出了英镑、澳元、加元、日元、瑞士法郎、德国马克等6种货币对美元的外汇期货合约,成为世界上第一家从事金融期货交易的场所,也是金融衍生工具的诞生标志之一。20世纪70年代中后期,芝加哥期货交易所相继开办了抵押贷款利率期货以及国债期货,1982年美国堪萨斯州推出了第一份股票指数期货。

1973年,专门从事期权交易的芝加哥期权交易所宣告诞生。同时,在20世纪70年代末和80年代初,以1979年的货币互换和1981年的利率互换为标志,金融互换产品开始诞生和发展。80年代后,越来越多的证券工具在上述创新的基础上进一步衍生而成,种类越来越多,如货币期货期权、股指期权、欧洲美元期权、互换期权和奇异期权等,这个阶段不仅是金融工具的种类急剧上升,金融衍生工具市场的交易量也迅速扩大。

三、金融衍生工具市场的参与者

金融衍生工具市场的参与者包括套期保值者、投机者和套利者。

(一)套期保值者

套期保值者参与市场交易的目的不在于投资获利,而是希望通过买卖相关工具对冲现在或是将来可能面临的风险,以此来锁定将来的收益。如股票和外汇的远期合约,都是采用现时的约定去规避将来市场价格逆向变动时可能带来的损失。

(二)投机者

投机者行为类似于赌徒,他们相信自己对未来市场价格走势的预期,打赌价格会上升时在现在买入,而在将来价格真的上升时卖出,获取可观的价差收益;打赌价格会下降时,则做相反操作,仍可获取价差收益。由此可见,投机者参与衍生市场的目的恰好与套期保值者的目的相反,未来不确定性越大,投机者在市场上就越活跃。

(三)套利者

套利者通过同时进入一个或两个市场进行同一种相关工具的交易从而获得一个无风险的收益。当然也可以是基于不同时点利用时间差导致的价格差进行的套利,即所谓的跨时套利。若交易者在伦敦市场上以低价买入,与此同时在纽约市场上高价卖出,利用两个地点汇率的不同而进行的套利即是一种跨市套利交易。跨市套利和跨时套利的最终结果都会使不同地点或不同时点的市场价格趋于一致,这便是"一价定理"在金融市场的推广。

四、金融衍生工具的种类和功能

(一)金融衍生工具的种类

金融衍生工具的种类日趋增多和繁杂,因此关于金融衍生工具的种类划分方法也不尽一致。按基础金融工具种类的不同,金融衍生工具可分为四类。

(1) 股权式衍生工具。股权式衍生工具是以股票或股票指数为基础金融工具的金融衍生工具,主要包括股票期货、股票期权、股票指数期货、股票指数期权以及上述合约的混合交易合约如股票期货期权等。

(2) 货币衍生工具。货币衍生工具是以各种货币作为基础金融工具的金融衍生工具,主要包括远期外汇协议、货币期货、货币期权、货币互换以及上述合约的混合交易合约。

(3) 利率衍生工具。利率衍生工具是指以利率或利率的载体为基础金融工具的金融衍生工具,主要包括远期利率协议、利率期货、利率期权、利率互换以及上述合约的混合交易合约。

(4) 信用衍生工具。信用衍生工具是用来分离和转移信用风险的各种工具和技术的统称,虽然发展历程不长,但在全球发展得如此迅速且日趋成熟,主要包括信用违约互换、总收益互换、信用联系票据和信用利差期权等。

按交易场所不同,金融衍生工具可分为场内交易的工具和场外交易的工具。前者如股票指数期货,后者如利率互换等。

按交易方式,金融衍生工具可分为金融远期合约、金融期货合约、金融期权合约和金融互换。

(1) 金融远期合约。金融远期合约是指交易双方约定在未来的某一确定时间,按某一确定的价格买卖一定数量的某种金融资产的合约。也就是说,交易双方在合约签订日约定交易对象、交易价格、交易数量和交易时间,并在这个约定的未来交易时间进行实际的交割和资金交收。

(2) 金融期货合约。金融期货合约实际上就是标准化了的远期合约。是指协议双方同意在约定的将来某个日期按约定的条件(包括价格、交割地点、交割方式)买入或卖出一定标准数量的某种金融工具的标准化协议。从原理上来看,远期和期货是本质相同的两种衍生工具,其最大的区别就在于交易机制的设计不同。期货交易通过标准化的合约设计和清算所、保证金等交易制度的设计,提高了交易的流动性,降低了信用风险,从而大大促进了交易的发展。

(3) 金融期权合约。金融期权合约的实质是这样的一种权利,其持有人在规定的时间内有权按照约定的价格买入或卖出一定数量的某种金融资产。投资者既可以在交易所进行标准化的期权交易,也可以在银行和其他金融机构的场外市场上找到相应的期权交易对手。在期权合约中,根据权利义务关系和买卖关系,实际上有四种头寸:看涨期权的买方、看涨期权的卖方、看跌期权的买方和看跌期权的卖方。除此之外,期权还可以根据其交易的标的金融工具的不同和交易时间的不同,有多种分类。但不管期权的变化如何复杂,期权的实质仍然是:在支付了一定的期权费之后,期权赋予了其持有者(购买方)做某件事情的权利,但持有者却不一定要行使这个权利。

(4) 金融互换。金融互换是两个或两个以上当事人按照商定条件,在约定的时间内,交换一系列未来的现金流的合约。利率互换和货币互换是最重要的两种互换协议。互换交易是在场外市场上进行的,在互换市场上,交易方之间可以就互换标的金融工具、互换金额、互换期限、互换利益分享等方面进行具体的协商,从而更符合交易者的具体需要,但也因此必须承担一定的流动性成本和信用风险。

(二) 金融衍生工具的功能

不同金融衍生工具各有所长,也各有所短,因而在市场中都具有独特的地位和作用,使得金融衍生工具非常受欢迎,主要从市场完善、风险管理、投机等方面介绍衍生工具具有的一些功能。

1. 市场完善

在金融理论中,对于金融市场可能出现的各种情况,如果市场中具备足够数目的独立金融工具来进行完全的套期保值,从而转移风险,则这个市场就是完全的。如果在市场中的金融工具不够多、不够分散,无法实现这个过程,那么这个市场就是不完全的。完全市场是金融市场不断追求的一种理想状态,因为越接近完全市场,经济中的市场主体所获得的福利就越大,市场主体的处境就越能够改善。而衍生工具的存在,可以从分担风险、准确定价和增加信息揭示三个方面促进市场的完善。

(1) 市场上的投资者面临着众多的风险,由于这些风险对不同投资者未来收益的影响程度不同,对于一些投资者很糟糕的风险对于另一些投资者而言却可能影响不大甚至是好的结果。因此,市场上可得的产品越多,不同产品所具备的风险收益特征越多,投资者就可以通过这些金融产品的买卖,将对自己不利的风险转让出去,买入对自己有利的风险。所以,衍生工具的开发可以实现对风险的有效分担,提高市场主体的效用,促进市场的完善。

(2) 资产价格是否合理是市场是否完善的一个重要标志,市场上的金融产品越多,复制某种资产的途径就越多,资产的价格就越可能接近准确价格。因此,金融衍生工具的开发和引入,可以有效地发现价格,减少市场上的定价偏误,促进市场的完善。

(3) 信息不对称对投资者的投资决策产生很大的影响,尽可能降低信息不对称的程度,通过各种机制最大限度地促进各种信息的揭示,对促进市场完善具有积极的意义。具有不同风险收益特征的金融衍生产品实际上代表着发行者的不同信息,可以有效地帮助投资者了解企业的性质和风险收益状况,促进市场的信息揭示,从而有效地降低企业和投资者之间的信息不对称以及由此引起的代理成本,促进市场的完善。

2. 风险管理

尽管衍生工具自身的价格波动很大,风险性较高,但衍生工具的重要功能之一就是风险管理,这也是其诞生的原动力。金融衍生工具可以将分散在社会经济各个角落里的市场风险、信用风险等集中到衍生品交易市场中集中匹配,然后分割、包装并重新分配,使套期保值者规避营业中的大部分风险,不承担或只承担极少一部分风险。

归纳起来,利用衍生工具进行风险管理,与传统的风险管理手段相比具有三个方面比较明显的优势。

(1) 更高的准确性和时效性。衍生品的价格受制于基础金融工具价格的变动,且这种变动趋势有明显的规律性。以期货为例,由于期货价格就是现货价格的终值,影响现货价格变动的诸因素同样也在左右着期货价格的变动,所以期货价格与现货价格具有平行变动性。平行变动性使期货交易金额相等方向相反的逆向操作可以方便地锁定价格风险。所以，成熟的衍生品市场上的产品交易可以对基础金融工具的价格变化作出灵活反应，并随基础交易头寸的变动而随时调整，较好地解决了传统风险管理工具处理风险时的时滞问题。

（2）成本优势。这与衍生品交易中的高杠杆性有关。衍生品交易操作时多采用财务杠杆方式，即付出少量资金即可控制大额交易，定期进行差额结算，动用的资金相对于保值的对象而言比例很小，可以减少交易者套期保值的成本。

对于在场内交易的衍生品而言，由于创造了一个风险转移市场，可以集中处理风险，大大降低了寻找交易对手的信息成本。而交易的标准化和集中性又极大地降低了交易成本。

（3）灵活性。比如期权交易购买者获得了履约与否的权利；场内的衍生品交易可以方便地由交易者随时根据需要进行抛补。还有一些场外的衍生品，多是由金融机构以基本金融工具为素材，随时根据客户需要为其"量身定做"金融新产品，这种灵活性是传统金融工具无法比拟的。

3. 投机

衍生工具往往以高风险著称，其高杠杆的交易特征是主要原因之一。但是，衍生工具的高风险性并不一定是不好的，因为衍生工具的存在给那些希望进行投机、追逐利润的投资者提供了非常强大的交易工具，而适度的投机是金融市场得以存在的重要基础之一。

从经济学的角度来看，投机是建立在预期心理基础上，通过主动承担风险以期获取利润的理性行为。市场上出现的投机活动对经济发展有着正反两方面的作用，不能全盘否定。其最显著的正面作用是可以增加市场的流动性，使各类交易进行得更频繁、顺利，使市场更有效率地发挥其应有的职能。在经济活动中，风险的产生是不可避免的。在市场的参与者中，有些人属于风险回避者，他们不希望承担风险，并且想把已经产生的风险通过交易转移出去。但是，经济整体的风险只能转移而不能消除，既然有人想转移风险，就必定有人来承担风险。假如市场上没有风险偏好的投机者，那么就有可能发生只有买入者没有卖出者，或者反过来只有卖出者没有买入者的情况。所以说，市场上存在一定数量的投机者是至关重要的。对于那些经过认真研究的投资者来说，持有一个或多个衍生工具的相应头寸，可以让他们对利率的涨跌、整体股票市场或单只股票的风险变化、某国货币汇率的上升下跌等进行巧妙的投机，以实现成本最小化和收益最大化。

当然，投机也有其负面影响，过度投机可能带来市场的剧烈波动，而由于金融衍生工具的投机失败造成的巨大财务损失案例比比皆是，因此衍生工具的投机功能是一个需要把握得当的工具。

第二节 金融远期市场

一、金融远期合约概述

（一）金融远期合约的定义

金融远期合约是指交易双方约定在未来的某一确定时间，按某一确定的价格买卖一定数量的某种金融资产的合约。交易对象在未来交割,但交易对象的数量、规格、交割时间和交割价格由交易的双方协商,在合同中事先确定。远期合约在20世纪80年代兴起,与期货、期权、互换一起构成最基本的衍生产品。

金融远期合约没有固定的交易场所,而是存在场外交易市场,因此属于无形市场。目前,远期合约最大的交易市场在伦敦和纽约。

(二)金融远期合约的优缺点

金融远期合约的优点在于其具有较大的灵活性。在签署远期合约之前,双方可以就交割地点、交割时间、交割价格、合约规模、标的金融工具的品质等细节进行谈判,以便尽量满足双方的需要。

金融远期合约的缺点表现在:首先,由于远期合约没有固定的、集中的交易场所,不利于信息交流和传递,不利于形成统一的市场价格,市场效率较低。其次,由于每份远期合约千差万别,这就给远期合约的流通造成较大不便,因此远期合约的流动性较差。最后,远期合约的履约没有保证,当价格变动对一方有利时,对方有可能无力或无诚意履行合约,因此远期合约的违约风险较高。

(三)金融远期合约的种类

金融远期合约主要包括远期利率协议和远期外汇合约。

二、远期利率协议

(一)远期利率协议的定义

远期利率协议(forward rate agreements,FRA)最早于1983年出现在欧洲货币市场,现在已经成为规避利率风险的重要工具之一。远期利率协议是买卖双方同意从未来某一商定的时期开始在某一特定时期内按协议利率借贷一笔数额确定、以具体货币表示的名义本金的协议。远期利率协议的买方是名义借款人,卖方则是名义贷款人。远期利率协议是交易双方预先将未来某一时间的利率水平固定下来而签订的合约,其目的是避免未来利率水平变动带来的不利影响。

虽然在远期利率协议中规定交易的本金,但是,它只作为计算利息的基础,不发生本金的支付。交易双方支付的只是利息差额。这是远期利率协议的最大特点,也为大宗交易提供了优越条件。

(二)远期利率协议的重要术语和交易流程

为了规范远期利率协议,英国银行家协会(British Banker's Association)于1985年颁布了《远期利率标准化文件》(FRABBA),作为市场实务的指导原则。目前,世界上大多数远期利率协议都是根据该标准化文件签订的。该标准化文件使一笔远期利率协议交易仅需一个电传确认即可成交,大大提升了交易速度和质量。

1. 远期利率协议的重要术语

FRABBA 对远期利率协议的重要术语做了规定：

合同金额(Contract Amount)——借贷的名义本金额；

合同货币(Contract Currency)——货币币种；

交易日(Dealing Date)——远期利率协议成交的日期；

结算日(Settlement Date)——名义借贷开始日期，也是交易一方向另一方交付结算金的日期；

确定日(Fixing Date)——确定参照利率的日期；

到期日(Maturity Date)——名义借贷到期的日期；

合同期(Contract Period)——结算日至到期日之间的天数；

合同利率(Contract Rate)——协议中双方商定的借贷利率；

参照利率(Reference Rate)——在确定日用以确定结算金的在协议中指定的某种市场利率；

结算金(Settlement Sum)——在结算日，根据合同利率和参照利率的差额计算出来的由交易一方付给另一方的金额。

为了进一步了解这些概念之间的相互关系，以一个实例来说明 FRA 的交易流程。假定今天是 2022 年 2 月 25 日星期五，双方同意成交一份 1×4 名义金额 100 万美元、合同利率 2.25% 的远期利率协议。其中"1×4"是指起算日和结算日之间为 1 个月，起算日至名义贷款最终到期日之间的时间为 4 个月。交易日与起算日时隔一般两个交易日。在本例中，起算日是 2021 年 3 月 1 日星期一，而结算日则是 2022 年 4 月 1 日星期五，到期时间为 2022 年 7 月 1 日星期五，合同期为 2022 年 4 月 1 日至 2022 年 7 月 1 日，即 91 天。结算日之前的两个交易日为确定日，确定参照利率。参照利率通常为确定日的伦敦银行同业拆借利率。假定参照利率为 3.15%。上述流通可用图 6.1 表示。

图 6.1 远期利率协议流程

2. 结算金的计算

在远期利率协议下，如果参照利率高于合同利率，那么卖方就要支付买方一笔结算金以补偿买方在实际借款中因利率上升而造成的损失。一般来说，实际借款利息是在贷款到期时支付的，而结算金则是在结算日支付的，因此结算金并不等于因利率上升而给买方造成的额外利息支出，而等于额外利息支出在结算日的贴现值，具体计算公式如下：

$$结算金额 = \frac{(r_r - r_k) \times A \times \frac{D}{B}}{1 + \left(r_r \times \frac{D}{B}\right)} \qquad (6.1)$$

其中，r_r 表示参照利率；r_k 表示合同利率；A 表示合同金额；D 表示合同期天数；B 表示天数计算惯例(如美元为 360 天，英镑为 365 天)。

在式(6.1)中，分子表示由于合同利率与参照利率之间的差异所造成的额外利息支出，而分母是对分子进行贴现，以反映结算金的支付是在合同期开始之日而非结束之时。

把上例的数字代入式中，就可算出卖方应向买方支付的结算金额为

$$\text{结算金额} = \frac{(r_r - r_k) \times A \times \frac{D}{B}}{1 + \left(r_r \times \frac{D}{B}\right)} = \frac{(3.15\% - 2.25\%) \times 1\,000\,000 \times \frac{91}{360}}{1 + \left(3.15\% \times \frac{91}{360}\right)} = 2\,257.03 (\text{美元})$$

(三) 远期利率协议的交易实例

【例6.1】 都市银行为其当前期限 9 个月的贷款融入一笔利率为 5% 的 1000 万元的短期资金，该借款 3 个月后到期。该行预测 3 个月后利率上升到 5% 以上，超过其设定的目标水平。为锁定 3 个月后该贷款的融资费用，该行决定向乡村银行购买一个"$3 \times 9, 5\%$"的远期利率协议，参照利率为届时的 6 个月期 LIBOR 利率。

假定 3 个月后，市场利率下降，6 个月期 LIBOR 的利率为 4.5%。将有关数值代入上述公式，可得

$$\text{结算金额} = \frac{(r_r - r_k) \times A \times \frac{D}{B}}{1 + \left(r_r \times \frac{D}{B}\right)} = \frac{(4.5\% - 5\%) \times 10\,000\,000 \times \frac{180}{360}}{1 + \left(4.5\% \times \frac{180}{360}\right)} = -24\,449.88 (\text{美元})$$

结算金额为负数，即在交割日都市银行作为远期利率协议的买方支付结算金额，乡村银行收取结算金额。

(四) 远期利率协议的功能

远期利率协议最重要的功能在于通过固定将来实际交付的利率而避免了利率变动风险。签订远期利率协议后，不管市场利率如何波动，协议双方将来收付资金的成本或收益总是固定在合同利率水平上。

另外，由于远期利率协议交易的本金不用交付，利率是按差额结算的，所以资金流动量较小，这就给银行提供了一种管理利率风险而无须通过大规模的同业拆借来改变其资产负债结构的有效工具，这对于增加资本比例、改善银行业务的资产收益率十分有益。

与金融期货、金融期权相比，远期利率协议具有简便、灵活、不需支付保证金等优点，更能充分满足交易双方的特殊需求。与此同时，其信用风险和流动性风险也较场内交易的金融期货合约大。但其市场风险较金融期货小，因为它最后实际支付的只是利差而非本金。

三、远期外汇合约

(一) 远期外汇合约的定义

远期外汇合约(forward exchange contracts)是指买卖双方约定在将来某一时间按约

定的远期汇率买卖一定金额的某种外汇的合约。交易双方在签订合同时就确定好将来进行交割的远期汇率,到时不论汇率如何变动,都应按此汇率交割。

远期外汇交易的主要目的是避免汇率变动的风险。为达到这一目的,最基本的交易策略是套期保值。套期保值是指交易者根据已有的一笔外币资产或负债,卖出或买进与之数额相同、期限一致、币种相同的一笔远期外汇,使这项资产或负债的价值不受汇率变动的影响。

(二)远期外汇合约的交易实例

【例 6.2】 英国某出口商 3 个月后将得到 100 万美元的出口收入,为了避免在此期间内由于美元贬值导致这笔货款的价值受损,他可以对银行卖出 100 万美元的 3 个月期汇,远期汇率为 1 英镑=1.5010 美元。假定 3 个月到期时,美元即期汇率下跌至 1 英镑=1.5060 美元,则出口商可以按预先确定的远期汇率交割,由此可避免美元汇率上升的风险。若该出口商未进行远期交易,则他所得到的 100 万美元仅能换回 664 010.62 英镑,但由于该出口商卖出 100 万美元的 3 个月期汇,则可以用其收到的 100 万美元履约,得到 666 222.52 英镑。不过,如果到期时美元汇率不降反升,出口商也无法得到由此带来的好处。

第三节 金融期货市场

一、金融期货合约概述

(一)金融期货合约的定义

金融期货合约是指协议双方同意在约定的将来某个日期按约定的条件(包括价格、交割地点、交割方式)买入或卖出一定标准数量的某种金融工具的标准化协议。合约中规定的价格就是期货价格。

金融期货交易的合约是交易所按照一定的规则推出的标准化期货合约,即交易所根据市场需要设计了金融期货合约的交易单位、变动价位、价格波动限制、交割月份、交易时间等众多的内容,期货交易的买卖双方只就其拟交易的金融期货品种,以公开竞价的形式来确定其买入或卖出的价格,并承担在若干日后卖出或买入该金融期货合约或者到交割日按成交价格进行实际交割的义务。

(二)金融期货合约的特征

(1)金融期货合约是标准化合约。期货合约的合约规模、交割地点、交割时间都是标准化的,即在合约上有明确的规定,无须双方再协商。交易双方所要做的唯一工作就是选择适合自己的期货合约,并通过交易所竞价确定成交价格。

(2)金融期货交易的场所限于交易所。期货合约均在交易所进行,交易双方不直接接触,各自和交易所的清算部或专设的清算公司结算。清算公司充当所有期货买者的卖者和所有卖者的买者,交易双方无须担心对方违约。因此,期货交易就克服了远期交易所存在的信息不对称和违约风险高的缺陷。

(3) 金融期货交易很少以实物交割。期货合约的买者或卖者可以在交割日之前采取对冲交易以结清其期货头寸(即平仓),而无须进行最后实物交割。这相当于买者把原来买进的期货卖掉,卖者可把原来卖出的期货买回,这就解决了远期交易流动性差的问题。由于通过平仓结清期货头寸比起实物交割既省事又灵活,因此目前大多数期货交易都是通过平仓来结清头寸的。

(4) 金融期货在清算时采用逐日盯市制度。期货交易是每天进行结算的,而不是到期一次性进行的,买卖双方在交易之前都必须在经纪公司开立专门的保证金账户。经纪公司通常要求交易者在交易之前必须存入一定数量的保证金,即初始保证金。在每天交易结束时,保证金账户都要根据期货价格的升跌而进行调整,以反映交易者的浮动盈亏,这就是所谓的盯市。浮动盈亏是根据结算价格计算的。结算价格的确定由交易所规定,它可能是当天的加权平均价,也可能是收盘价,还可能是最后几秒钟的平均价。当天的结算价格高于前一天的结算价格(或当天的开仓价)时,高出部分就是多头的浮动盈利和空头浮动亏损。这些浮动盈利和亏损就在当天晚上分别加入多头的保证金账户和从空头的保证金账户中扣除。当保证金账户的余额超过初始保证金水平时,交易者可随时提取现金或用于开新仓。而当保证金账户的余额低于交易所规定的维持保证金水平时,经纪公司就会通知交易者限期把保证金水平补足到初始保证金水平,否则就会被强制平仓。

(三) 远期合约和期货合约的比较

1. 二者的共同点

远期合约和期货合约都是交易双方约定在未来某一特定时间、以某一特定价格、买卖某一特定数量和质量资产的交易合约。

期货合约是期货交易所制定的标准化合约,对合约到期日及其买卖的资产的种类、数量、质量作出了统一规定。金融期货交易是在金融远期合约交易的基础上发展起来的。两者最大的共同点是均采用先成交,后交割的交易方式,但两者也有很大的区别。

2. 二者的区别

(1) 合约标准化程度不同。期货合约是符合交易所规定的标准化合约,对于交易的金融工具的数量及到期日、交易时间、交割等级都有严格而详尽的规定,只有价格是在成交时根据市场行情确定的。远期合约对于交易商品的品质、数量、交割地点、交割日期等,均由交易双方自行决定,没有固定的规格和标准。

因此,期货合约满足人们各种需要的能力不如远期合约,但是标准化却大大便利了期货合约的订立和转让,使期货合约具有极强的流动性,并因此吸引了众多的交易者。

(2) 交易场所不同。期货合约必须在指定的交易所内交易,交易所必须能提供一个特定集中的场地,交易所也必须能规范客户的订单在公平合理的交易价格下完成。期货合约在交易厅内公开交易,交易所还必须保证让当时的买卖价格能及时并广泛传播出去,使得期货合约交易能享受到交易的透明化的优点。而远期合约市场组织较为松散,没有交易所,也没有集中交易地点,合约的具体条款由交易双方协商确定。

(3) 违约风险不同。远期合约的履行仅以签约双方的信誉为担保,一旦一方无力或不愿履约,另一方就得蒙受损失。即使在签约时,签约双方采取缴纳定金、第三方担保等措施,仍不足以保证远期合约到期得到履行,违约、毁约的现象时有发生,因而远期合约的违约风险很高。期货合约的履行则由交易所或清算公司担保,违约的风险几乎等于零。

(4) 价格确定方式不同。远期合约的交易价格是由交易双方直接谈判并私下确定的。由于远期交易没有固定的场所,因此在确定价格时信息是不对称的,不同交易双方在同一时间所确定的类似远期合约的价格可能相差很远,因此远期交易市场定价效率很低。期货交易的价格则是在交易所中由很多买者和买者通过其经纪人在场内公开竞价确定的,有关价格的信息较为充分、对称,由此产生的期货价格较为合理、统一,因此期货市场的定价效率很高。

(5) 履约方式不同。由于远期合约是非标准化的,转让相当困难,并要征得对方同意。由于期货合约是标准化的,期货交易又在交易所内进行,因此交易十分方便。当交易一方的目的(比如投机、套期保值和套利)达到时,他无须征得对方同意就可通过平仓来结清自己的头寸并把履约权利和义务转让给第三方。实际中,绝大多数期货合约都是通过平仓来了结的。

(6) 合约双方关系不同。由于远期合约的违约风险主要取决于对方的信用度,因此签约前必须对对方的信誉和实力等方面做充分了解。而期货合约的履行完全不取决于对方而只取决于交易所或清算公司,因此可以对对方完全不了解,甚至根本不知道对方是谁,这就极大地方便了期货交易。

(7) 结算方式不同。远期合约签约后,只有到期才进行交割清算,其间均不进行结算。期货交易则是每天结算。当同品种的期货市场价格发生变动时,就会对所有该品种期货合约的多头和空头产生浮动盈余或浮动亏损,并在当天晚上就在其保证金账户中体现出来。因此当市场价格朝自己有利的方向变动时,交易者不必等到到期就可逐步实现盈利。当然,若市场价格朝自己不利的方向变动,交易者在到期之前就得付出亏损的金额。

(四) 金融期货市场的基本功能

金融期货市场有多方面的功能,其中最基本的功能只有两个,即价格发现和规避风险。

1. 价格发现

金融期货市场的价格发现功能,是指金融期货市场能够有效地提供各种金融商品价格的未来变化趋势和信息。金融期货市场的价格是由众多参加者通过公开竞价的方式达成的,它是在充分竞争的基础上形成的,基本准确地代表了交易者对未来市场供求关系的估计和预测。与金融现货市场信息相比,金融期货市场价格对未来市场供求关系变动有明显的预期作用,是衡量金融商品不同时期的真实价格。

而且由于金融期货市场的交易是公开透明的,其价格具有极强的示范效应,使金融商品的远期供求关系得到及时的反映与调整。

2. 规避风险

金融期货市场的规避风险功能,是指金融市场的参与者通过在金融期货市场上进行套期保值业务,达到有效的规避、转移或分散现货市场上价格波动的风险。

套期保值就是买进或卖出与现货市场数量相当但交易相反的商品期货合约,以期在将来某一时间通过卖出或买进期货合约而补偿因现货市场价格波动所带来的价格损失。金融期货市场的套期保值之所以有助于规避价格风险,其基本原理在于一般情况下,金融期货价格和金融现货价格在同一时空内会受相同因素的影响,从而使两个市场的价格变动趋势相同,因此,投资者只要在金融期货市场从事与金融现货相反的交易,就会在市场价格发生同方向变动时,必然在一个市场受损,而在另一个市场获利,以弥补亏损,从而达到规避风险的目的。

(五)金融期货合约的种类

一般来说,金融期货合约可分为利率期货合约、外汇期货合约和股票价格指数期货合约。

二、利率期货合约

(一)利率期货的定义

利率期货是指在金融期货市场上,对附有利息的某种长短期信用工具所进行的标准的期货合约交易。利率期货交易双方按照交易所规定的报价方式和报价范围通过公开竞价的方式约定在未来某日以确定的价格交收一定数量的某种利率相关商品的标准化契约。这类合约衍生于中长期国债、国库券、大额可转让定期存单、欧洲美元存款和商业票据等。

(二)利率期货的种类

利率期货根据基础金融工具期限的长短,可分为两大类。

1. 短期利率期货

短期利率期货是指基础金融工具的期限不超过1年的利率期货。例如以30天、90天商业票据、3月期定期存单、国库券等为基础资产的期货。

短期利率期货一般采用现金结算,其报价以指数为基础,具体报价方式为用100减去利率水平表示。例如,短期国库券期货一般以90天的国库券为基础资产,每份合约规模为100万美元。当国库券的收益率为5.25%时,则期货报价=100%-5.25%=94.75%,交易所显示屏上显示为94.75。当收益率上升为6.25%时,报价变为93.75。由此可见,指数与利率期货的价值成正比,指数越高,期货价格越高;相反,指数越低,期货价格越低。但上述93.75仅是指数报价形式,并非利率期货的价格。每1份(100万美元)的国库券期货价格为 $1\,000\,000-1\,000\,000\times(1-93.75\%)\times\dfrac{90}{360}=984\,375$ 美元。

2. 中长期利率期货

中期债券期货合约则是指基础证券期限在 1～10 年间的利率期货合约。例如 4 年期的美国国债作为基础证券的期货。长期债券期货合约则是指基础证券期限在 10 年以上的利率期货合约,如 15 年期和 20 年期美国国债。

中长期债券期货采用价格报价法,以合约数额的一定百分比标出,1% 以下的数是以 1/32 为基础计算的。例如,96-08,表示每 100 美元面值的期货合约价格为 96.25 美元。

中长期利率期货采用实物交割,由于国债发行采用无纸化方式,国债的交割只需通过联邦电子转账系统进行划转。

(三) 利率期货的交易实例

【例 6.3】 假设国库券的期货合约面值以 100 万美元表示,国库券的现价格为 92.00,对应于当前的 8% 的利率水平。如果交易者预测 3 个月后利率将下降,那么他就要买进一份 3 个月期的国库券期货。3 个月后,利率如他预测的那样下降至 7.95% 水平,则对应于 92.05 的利率期货价格。此时,他卖出国库券期货,则赚取 (92.05% － 92%) × 1 000 000 = 500 美元的收益。

【例 6.4】 某投资者 6 个月后需要一笔现金,届时他将卖出其持有的价值 500 万美元的长期国债以获取现金。该投资者预测 3 个月后利率可能会上升,则长期国债的市场价值将会下降。为了消除利率上升带来的不利影响,该投资者决定卖出长期国债期货,以 98-16 的价格卖出 50 份合约,每份合约面值 10 万美元,共计面值 500 万美元。

如果利率和投资者所预测的一致,期货价格下降为 94-16。该投资者可以通过购买和他卖出的完全相同的期货合约进行合约头寸平仓,则每份合约将获取的收益为:98 500 － 94 500 = 4 000 美元。

三、股票价格指数期货合约

(一) 股票价格指数期货的定义

股票价格指数期货是指允许买卖双方在约定的日期以约定的价格买入和卖出一定数量的股票价格指数的合约。

在具体交易时,股票价格指数期货合约的价值是用指数的点数乘以事先规定的单位金额来加以计算的。如标准普尔指数规定每点代表 250 美元,也就是说,如果指数是 1 100,合约价值为 1 100×250＝275 000 美元。香港恒生指数每点为 50 港元,即如果指数为 24 000,则合约价值为 24 000×50＝1 200 000 港元。股票指数合约交易一般以 3 月、6 月、9 月、12 月为循环月份,也有全年各月都进行交易的,通常以最后交易日的收盘指数为准进行结算。

股票价格指数期货交易的实质是投资者将其对整个股票市场价格指数的预期风险转移至期货市场的过程,其风险是通过对股市走势持不同判断的投资者的买卖操作来相互抵消的。股票指数期货以股票指数的变动为标准,以现金结算,交易双方都没有现实的股票,买卖的只是股票价格指数期货合约,而且在任何时候都可以买进卖出。

（二）股票价格指数期货的优势

许多投机者愿意交易股票价格指数期货而不是股票本身，是因为股票价格指数期货的交易成本较低。买卖标准普尔500指数期货合约的佣金远低于买卖与标准普尔500指数相同价值的股票的佣金。

股票价格指数期货为机构投资者提供了不必调整现有股票投资组合结构就可以改变风险-收益头寸的工具。越来越多的机构投资者使用动态资产配置。所谓动态资产配置是根据对市场预期的变化，将一定时期内的高风险和低风险投资头寸进行转化。这种策略允许投资组合经理在预期市场状况良好时增加投资组合风险，而预期市场发生不利变化时减少投资组合风险。当预期市场发生有利变化时，投资组合经理就会购买那些受市场变化影响较大的股票价格指数期货。相反，如果预期市场发生不利变化，就会通过卖出股票价格指数期货以减小对其投资组合的不利影响。由于投资组合经理的预期经常发生变化，因此需要不断调整现有的投资组合头寸。投资组合管理者可以利用股票价格指数期货对其风险-收益头寸进行调整，而不必调整现有的股票投资组合结果，避免了由于调整投资组合结构而发生的交易成本。

（三）股票价格指数期货的交易实例

【例6.5】 某保险公司计划一旦有现金入账，将在12月份购进各种股票以满足其股票的投资组合需要。该保险公司现在没有资金可用于立即购买股票，但是它预期12月份之前股票价格会剧烈上涨，因此该公司决定购买标准普尔500指数期货。该种期货的指数是1 500，12月份交割。如果公司的预期正确，假定标准普尔500指数结算日的价格上升至1 600，那么购买该指数期货的名义收益为$1\,600 \times 250 - 1\,500 \times 250 = 25\,000$美元。

第四节　金融期权市场

一、金融期权概述

（一）金融期权的定义

金融期权是指赋予其购买者在规定期限内按双方约定的价格（简称执行价格或协议价格）购买或出售一定数量某种金融工具的权利的合约。

期权购买者，也称期权持有者，在支付一笔较小的费用（期权费）后，就获得了在合约规定的未来某特定时间，以确定的价格向期权出售者买进或卖出一定数量的某种金融工具的权利。在期权有效期内或合约所规定的某一特定的履约日，期权购买者既可以行使他拥有的这项权利，也可以放弃这一权利。对期权购买者而言，期权合约只赋予他可以行使的权利，而未规定他必须履行的义务。

期权出售者，也称期权签发者，在收进期权购买者所支付的期权费以后，就承担着在合约规定的时间内或合约所规定的某一特定履约日，只要期权购买者要求行使其权利，就必须无条件履行合约的义务。对期权出售者而言,除了在成交时向期权购买者收取一定的期权费以外,期权合约只规定了他必须履行的义务,而未赋予他任何权利。

由此可见,期权交易中,期权购买者和期权出售者在权利与义务上存在着明显的不对称性,这决定了期权交易不同于期货交易的许多特点。

(二)金融期权的交易

期权交易场所不仅有正规的交易所,还有一个规模庞大的场外交易市场。交易所交易的是标准化的期权合约,场外交易的则是非标准化的期权合约。对于场内交易的期权来说,其合约有效期一般不超过9个月,以3个月和6个月最为常见。为了保证期权交易的高效、有序,交易所对期权合约的规模、期权价格的最小变动单位、期权价格的每日最高波动幅度、最后交易日、交割方式、标的金融工具的品质等作出明确规定。同时,期权清算公司也作为期权所有买者的卖者和所有卖者的买者,保证每份期权都没有违约风险。

(三)金融期权与金融期货的区别

1. 标的物不同

金融期权与金融期货的标的物不尽相同。一般地说,凡可做期货交易的金融商品都可做期权交易。然而,可做期权交易的金融商品却未必可做期货交易。在实践中,只有金融期货期权,而没有金融期权期货,即只有以金融期货合约为标的物的金融期权交易,而没有以金融期权合约为标的物的金融期货交易。一般而言,金融期权的标的物多于金融期货的标的物。

随着金融期权的日益发展,其标的物还有日益增多的趋势,不少金融期货无法交易的东西均可作为金融期权的标的物,甚至连金融期权合约本身也成了金融期权的标的物,即所谓复合期权。

2. 投资者权利与义务的对称性不同

金融期货交易的双方权利与义务对称,即对任何一方而言,都既有要求对方履约的权利,又有自己对对方履约的义务。而金融期权交易双方的权利与义务存在着明显的不对称性,期权的买方只有权利而没有义务,而期权的卖方只有义务而没有权利。

3. 履约保证不同

金融期货交易双方均需开立保证金账户,并按规定缴纳履约保证金。而在金融期权交易中,只有期权出售者,尤其是无担保期权的出售者才需开立保证金账户,并按规定缴纳保证金,以保证其履约的义务。至于期权购买者,因期权合约未规定其义务,其无须开立保证金账户,也就无须缴纳任何保证金。

4. 现金流转不同

金融期货交易双方在成交时不发生现金收付关系,但在成交后,由于实行逐日结算制度,交易双方将因价格的变动而发生现金流转,即盈利一方的保证金账户余额将增加,而亏损一方的保证金账户余额将减少。当亏损方保证金账户余额低于规定的维持保证金时,他必须按规定及时缴纳追加保证金。因此,金融期货交易双方都必须保有一定的流动性较高的资产,以备不时之需。而在金融期权交易中,在成交时,期权购买者为取得期权合约所赋予的权利,必须向期权出售者支付一定的期权费;但在成交后,除了到期履约外,交易双方均不发生任何现金流转。

5. 盈亏的特点不同

金融期货交易双方都无权违约,也无权要求提前交割或推迟交割,而只能在到期前的任一时间通过反向交易实现对冲或到期进行实物交割。而在对冲或到期交割前,价格的变动必然使其中一方盈利而另一方亏损,其盈利或亏损的程度决定于价格变动的幅度。因此,从理论上说,金融期货交易中双方潜在的盈利和亏损都是无限的。在金融期权交易中,由于期权购买者与出售者在权利和义务上的不对称性,他们在交易中的盈利和亏损也具有不对称性。从理论上说,期权购买者在交易中的潜在亏损是有限的,仅限于所支付的期权费,而可能取得的盈利却是无限的;相反,期权出售者在交易中所取得的盈利是有限的,仅限于所收取的期权费,而可能遭受的损失却是无限的。当然,在现实的期权交易中,由于成交的期权合约事实上很少被执行,因此,期权出售者未必总是处于不利地位。

6. 套期保值的作用与效果不同

金融期权与金融期货都是人们常用的套期保值的工具,但它们的作用与效果是不同的。人们利用金融期货进行套期保值,在避免价格不利变动造成的损失的同时也必须放弃若价格有利变动可能获得的利益。人们利用金融期权进行套期保值,若价格发生不利变动,套期保值者可通过执行期权来避免损失;若价格发生有利变动,套期保值者又可通过放弃期权来保护收益。

(四)金融期权的种类

按期权买者执行期权的时限,金融期权可分为欧式期权和美式期权。欧式期权的买者只能在期权日才能执行期权(即行使买进或卖出标的金融工具的权利),而美式期权允许买者在期权到期前的任何时间执行期权。

按期权合约的标的金融工具,金融期权可分为利率期权、货币期权(或称外汇期权)、股价指数期权、股票期权以及金融期货期权。

按期权买者的权利,金融期权可分为看涨期权和看跌期权。

看涨期权,也称买入期权,指期权购买者可在约定的未来日期以执行价格向期权出售者买进一定数量的某种金融工具的权利。一般来说,期权购买者之所以买进这种期权,是因为他们预期该期权的标的金融工具价格会上涨,他们买进这种期权以备市价上涨后能以较低的执行价格买入这种金融工具,从而避免价格上涨带来的损失。

当看涨期权标的金融工具的市场价格高于执行价格时,该期权为实值期权;当看涨期权标的金融工具的市场价格与执行价格相同时,该期权为两平期权;当看涨期权标的金融工具的市场价格低于执行价格时,该期权为虚值期权。

看跌期权,也称卖出期权,指期权卖出者可在约定的未来某日期以执行价格向期权出售者卖出一定数量的某种金融工具的权利。一般来说,期权购买者之所以买进这种期权,是因为他们担心自己所持有的某种金融工具的市价会下跌,买进这种期权,以备市价下跌后仍可以较高的执行价格卖出他们所持有的金融工具,从而避免市价下降所带来的损失。

当看跌期权标的金融工具的市场价格低于执行价格时,该期权为实值期权;当看跌期权标的金融工具的市场价格与执行价格相同时,该期权为两平期权;当看跌期权标的金融工具的市场价格高于执行价格时,该期权为虚值期权。

(五)期权费的决定因素

期权费是由市场力量决定的。如果一种期权具有买方众多而卖方很少的特征,该期权的期权费就会受到上升的压力。这样,这种期权费必须足够高,直到使期权的供求达到平衡。这一原理同样适用于看涨期权和看跌期权。以下是影响期权供求状况并进一步影响期权费的三个因素。

1. 标的金融工具市场价格的影响

在其他条件不发生变化的情况下,标的金融工具的当前市场价格相对于期权执行价格越高,看涨期权的期权费就越高。如果一种金融工具的市场价格已经接近或是略超过执行价格,那么其价值很可能大幅上升,远远超过执行价格。因而买方会愿意对这种金融工具的看涨期权支付更高的期权费。而看跌期权的情况正好相反,在其他条件不变的情况下,标的金融工具的当前市场价格相对于期权执行价格越低,看跌期权的期权费就越高。如果一种金融工具的价值已经接近或略低于执行价格,那么其价值很可能大幅下降,远远低于执行价格。这样,买方会愿意对这种金融工具的看跌期权支付更高的期权费。

2. 标的金融工具的波动性的影响

在其他条件不变的情况下,标的金融工具的波动性越大,期权费越高。一种金融工具的价格越不稳定,其价格高于(低于)执行价格的可能性越大,这样买方(卖方)会愿意对该金融工具的期权支付更高的期权费。

3. 期权到期时间的影响

在其他条件不变的情况下,期权的到期时间越长,其期权费越高。距到期日的时间越长,使得期权持有者执行期权的时间越多。这样,在该期权到期之前,金融工具的价格超过(低于)期权执行价格的可能性就越大,其期权费就越高。

二、金融期权的交易策略

金融期权有看涨期权与看跌期权两类,在金融期权交易中,投资者可分为期权购买者与期权出售者两类交易者,金融期权的这两种基本类型与两种基本交易者的不同组合,可形成金融期权交易的四种基本策略:买进看涨期权,卖出看涨期权,买进看跌期权,卖出看跌期权。

(一)买进看涨期权

当投资者预期某种标的金融工具的市价上涨时,可买进该标的金融工具的看涨期权。若日后市价涨高且高于执行价格,则该投资者可执行期权,从而获利,获利多少视市价涨幅而定。从理论上说,因市场价格上涨无限,期权买方的获利程度无限。相反,若市价下跌至执行价格之下,期权买方可放弃期权,此时,其损失是有限的,最大为购买期权时所付的期权费(图 6.2)。

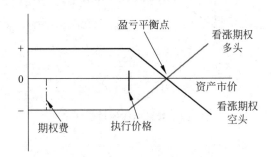

图 6.2　看涨期权的盈亏分布

一般而言,当标的金融工具的市价上涨时,看涨期权的期权费也上涨,此时,看涨期权的买方既可通过履约获利,也可通过转让期权合约获利。

(二) 卖出看涨期权

投资者之所以卖出看涨期权,是因为预期标的金融工具的市价将下跌。日后,若标的金融工具的市价下跌至执行价格以下,看涨期权的买方将放弃行权。

即使市价高于执行价格,期权买方要求履约,但只要市价仍低于执行价格与期权费之和,看涨期权的卖方仍有利可图,只是利润少于其所收取的期权费。因此,看涨期权的卖方的最大利润为他所收到的期权费,最大损失视标的金融工具的市价的涨幅而定。从理论上说,这种损失是无限的。实际上,看涨期权的卖方发生大幅亏损的概率很小,而小幅获利的概率很大。同时,万一价格跌幅很大,投资者也可以较高的价格"买回"同样的看涨期权,以避免或限制进一步损失,如图 6.2 所示。

(三) 买进看跌期权

投资者买进看跌期权,是因为预期标的金融工具的市价将下跌。日后,若标的金融工具的市价跌至执行价格以下,该投资者仍可以较高价格卖出他所持有的标的金融工具。若期权购买者并不真持有标的金融工具,他可以较低的市价买进,再以较高的执行价格卖出,从而获利。

一般认为,看跌期权买者的潜在损失是有限的,最大为他所付期权费,而其利润却无限。实际上,市价不可能跌至零以下,所以其利润也非无限的,其潜在最大利润为执行价格与期权费之差,如图 6.3 所示。

(四) 卖出看跌期权

当投资者预期标的金融工具的市价将上升时,就会卖出看跌期权,从获利角度而言,他们的最大利润是所收期权费;从亏损角度看,卖出看跌期权与买进看跌期权在盈亏方面有对称性,其最大损失为执行价格与期权费之差见图 6.3。

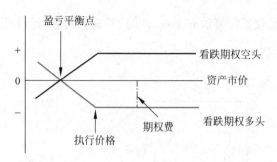

图 6.3 看跌期权的盈亏分布

三、股票期权

（一）股票期权的定义

股票期权是指赋予其购买者在规定期限内按双方约定的价格（简称执行价格或协议价格）购买或出售一定数量某种股票的权利的合约。

股票期权交易与直接股票交易不同。投资者直接购买股票所需初始投资大，可能获利大，所承担的风险也大。购买股票期权，获利可能很大，但所承担的风险是有限的，投资者的损失不会超过期权费。

（二）股票期权的交易实例

【例6.6】某养老基金以每股112美元的市场价格购入A公司股票。为了规避A股票价格短期内下跌的风险，养老基金以每股110美元的执行价格卖出看涨期权，期权费为每股5美元。如果期权到期时，A公司股票跌至108美元，则该养老基金的每股收益为1美元（即108+5－112）。

四、股票价格指数期权

（一）股票价格指数期权的定义

股票价格指数期权是指赋予其购买者在规定期限内按双方约定的价格（简称执行价格或协议价格）与市场实际指数进行盈亏结算的权利的合约。由于股票价格指数期权没有可供实际交割的具体股票，所以只能采取现金轧差的方式结算。

股票价格指数期权的标的物有美国标准普尔500指数、主要市场指数、纽约证券交易所指数、日经225指数、香港恒生指数等。

与股票期权不同，股票价格指数期权合约不包含一定数量的股票，股票价格指数合约的价值是通过期权的报价与乘数相乘后得到的。乘数即为每1点股票指数所代表的金额。例如，标准·普尔指数和主要市场指数期权的乘数均为500美元。

（二）股票价格指数期权的交易实例

【例6.7】某投资者6个月后可以筹集到10 000 000美元的资金，并拟将其投资于几家公司股票。但是如果股价上涨,这笔资金投资将遭受损失。因此该投资者决定通过芝加哥商品交易所购进适当数量的标准普尔500指数买入期权来保值。如果该投资者购买的6个月期的标准普尔500指数的买入期权执行价格为185,报价为5.55。购买的合约数量为108份[即10 000 000/(185×500)]支付的期权费为299 700美元(即108×5.55×500)。假设6个月后股价格指数上涨为195,则该投资者的盈利为240 300(即108×10×500-299 700),即如果股票价格指数上涨,投资者将从指数期权中盈利以弥补所要购买的股票价格上涨可能带来的损失。假设6个月后股价格指数下降为175,则该投资者可以放弃行权,其最大的损失为购买指数期权的费用299 700美元。

第五节 金融互换市场

一、金融互换概述

(一) 金融互换的概念

金融互换是指两个或两个以上当事人按照事先商定条件,在约定的时间内,交换一系列现金流的合约。

金融互换是20世纪80年代以来国际资本市场上出现的一种新型金融衍生产品,是国际金融形势动荡不安、金融自由化与电子化发展的必然产物。与其他金融衍生产品一样,金融互换产生的原始动因也是规避市场风险,逃避政策管制和套利。第一个互换合约出现在1981年,是一个以德国马克表示的现金流与以瑞士法郎表示的现金流相交换的一个合约。

最初互换是一种场外协议,因此交易双方往往要对协议的具体条款进行商讨,同时对一些法律问题进行约定。为了方便互换交易,1985年,10多家互换交易商联合建立了国际互换交易商协会(ISDA),对互换协议的条款进行标准化。至今ISDA制定的标准互换协议(ISDA Master Agreement)已成为国际互换交易的标准合约,大大方便了互换交易的进行。

互换合约的标准化也催生了场内交易。从2001年开始,伦敦国际金融期货交易所(LIFEE)、芝加哥期货交易所(CBOT)和芝加哥商品交易所(CME)相继推出利率互换期货。同时场外市场也开始出现以互换作为基础金融工具的期权,称为互换期权。

(二) 互换与掉期的区别

在国际外汇市场和衍生金融市场中,"互换"和"掉期"在英文中都是"swap",但两者存在很大的不同。

(1) 性质不同。外汇市场上的掉期是指对不同期限但金额相等的同种外汇作两笔反方向的交易。它只是外汇买卖的一种方法,并无实质的合约,更不是一种衍生工具。互换则是两个或两个以上当事人按照商定的条件在约定的时间内交换一系列现金流的合约。因此,互换有实质的合约,它是一种重要的衍生工具。

(2) 市场不同。掉期在外汇市场上进行,本身并未形成独立的市场;而互换则在单独的互换市场上交易。

(3) 期限不同。掉期以短期为主,极少超过1年;互换交易多是1年以上的中长期交易。

(4) 形式不同。掉期并不包含利息支付及其交换;互换有货币互换和利率互换两种基本形式,其中的货币互换包含一系列利息和支付(或收取)的交易。

(5) 汇率不同。掉期的前后两笔交易牵涉到不同的汇率;互换中的货币互换前后两笔交易的汇率是一样的。

(6) 交易目的不同。掉期的主要目的是管理资金头寸,消除汇率风险;互换的主要目的则是降低融资成本,进行资产负债管理,转移和防范中长期利率与汇率变动风险。

(三) 金融互换产生的理论基础

金融互换产生的理论基础是比较优势理论。比较优势理论是英国经济学家大卫·李嘉图提出的。李嘉图的比较优势理论不仅适用于国际贸易,而且适用于所有的经济活动。只要存在比较优势,双方就可通过适当的分工和交换使双方共同获利。人类进步史,实际上就是利用比较优势进行分工和交换的历史。

互换是比较优势理论在金融领域最生动的运用。根据比较优势理论,只要满足以下两个条件就可进行互换:一是交易双方对对方的资产或负债均有需求;二是双方在这两种资产或负债上存在比较优势。

(四) 金融互换的功能

(1) 套利。在全球金融市场之间进行套利,一方面降低筹资者的融资成本或提高投资者的资产收益,另一方面促进全球金融市场的一体化。

(2) 风险管理。互换交易提高了利率和货币风险的管理效率,即筹资者或投资者在得到借款或进行投资之后,可以通过互换交易改变其现有的负债或资产的利率基础或货币种类,以期从货币或汇率的变动中获利。

(3) 价格发现。金融互换所形成的价格反映了所有可获得的信息和不同交易者的预期,使未来的资产价格得以发现。

(4) 融资。利用金融互换,筹资者可以在各自熟悉的市场上筹措资金,通过互换来达到各自的目的,而不需要到自己不熟悉的市场去寻求筹资机会。

(5) 创造证券。由于大多数互换是在场外交易,可以逃避外汇、利率及税收等方面的管制,同时互换又具有较强的灵活性,使得投资银行家创造一系列的证券。

(6) 投机。随着互换的不断发展,一些专业交易商开始利用其专业优势,对利率与汇率进行正确预测而运用互换进行投机。一旦遇到市场波幅大且其判断正确,收益丰厚。

(五) 金融互换的特点

(1) 风险较小。互换一般不涉及本金,信用风险仅限于息差,而且涵盖数个利息期间。

(2) 灵活性大。互换为场外交易,虽然合约标准化,但只是指条款格式化而言,具体的条件可以商定,变通性较大。不通过交易所,手续简便。

(3) 参与者信用比较高。互换通常在 AA 级信用以上交易者之间进行,一般不需要保证和抵押。

(六) 金融互换的主要类型

金融互换可以划分为两大类:利率互换和货币互换。

二、利率互换

(一) 利率互换的定义

利率互换是指双方同意在未来的一定期限内根据同种货币的同样的名义本金交换现金流,其中一方的现金流根据浮动利率计算出来,而另一方的现金流根据固定利率计算。

一项标准的利率互换至少要包括以下几项内容:由互换双方共同签订协议,根据协议各自向对方支付利息;预先确定付息时期;付息金额由名义本金来确定,以同种货币支付利息;互换的一方是固定利率支付者,固定利率在互换协议签订时商定,另一方是浮动利率支付者,浮动利率参照互换期内的某种特定的市场利率加以确定;双方互换利息,不涉及本金的交换。

(二) 利率互换的特点

利率互换具有远期合约不具备的特点。

(1) 有效期更长,常常有 15 年或更长期限的利率互换合约,而远期合约没有这样长的期限。

(2) 可以代替一揽子远期合约,具有更好的交易性。

(3) 比远期合约具有更好的流动性。

(4) 比一系列远期合约的交易成本要低。

(三) 利率互换的操作实例

【例 6.8】 公司 A 和公司 B 都想借入 5 年期的 1 000 万美元的借款,A 公司想借入与 6 个月期相关的浮动利率借款,B 公司想借入固定利率借款,但 A 公司的信用等级比 B 公司信用等级高,故市场向它们提供的利率也不同,如表 6.1 所示。

表 6.1 公司 A 和公司 B 的贷款利率

项 目	公司 A	公司 B	利率差
固定利率贷款成本	6.3%	7.8%	1.5%
浮动利率贷款成本	LIBOR+0.25%	LIBOR+0.75%	0.5%

从表 6.1 可以看出,公司 A 的借款利率均比公司 B 低,即公司 A 在两个市场上都具有绝对优势。

在固定利率市场,公司 A 相比公司 B 的优势为 1.5%;但在浮动利率市场,公司 A 相比公司 B 的优势为 0.5%，说明 B 公司在浮动利率市场具有比较优势，而公司 A 在固定利率市场具有比较优势。由于比较优势的存在将产生可获利润的互换，在投资银行 M 的协调下，双方约定：公司 A 以 6.3% 的利率借入固定利率资金，向投资银行 M 支付 LIBOR 的浮动利率，同时接受投资银行 M 支付的 6.6% 的固定利率；公司 B 则以 LIBOR+0.75% 的利率借入浮动利率资金，向投资银行 M 支付 6.7% 的固定利率，同时接受投资银行 M 支付的 LIBOR 的浮动利率。

图 6.4 为利率互换交易流程。

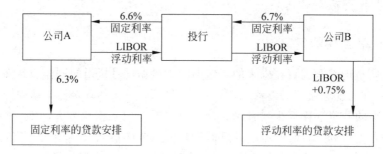

图 6.4 利率互换交易流程

互换交易成立后，公司 A 的实际融资成本：6.3%（固定利率贷款成本）－6.6%（在利率互换协议中的收入）+LIBOR（在利率互换协议中的支出）=LIBOR－0.3%。如果公司 A 单独安排浮动利率，则其贷款成本为 LIBOR+0.25%。通过利率互换，公司 A 将融资成本降低了 0.55%。

公司 B 实际筹资成本：LIBOR+0.75%（浮动利率贷款成本）－LIBOR（在利率互换协议中的收入）+6.7%（在利率互换协议中的支出）=7.45%。如果公司 B 单独安排固定利率，则其贷款成本为 7.8%。通过利率互换，公司 B 将融资成本降低了 0.35%。

三、货币互换

货币互换是将一种货币的本金和固定利息与另一货币的等价本金和固定利息进行交换。货币互换的主要原因是双方在各自国家中的金融市场上具有比较优势。公司通常使用货币互换避免汇率波动的风险。

假设甲为一家美国公司，乙为一家日本公司，甲、乙公司在美元、日元市场上相同期限的贷款面临的固定利率如表 6.2 所示。

表 6.2 公司甲和公司乙在本国和对方国的贷款利率

项 目	公司甲	公司乙	利率差
美元市场贷款成本	8%	10%	2%
日元市场贷款成本	10%	11%	1%

从表 6.2 可以看出，公司甲的贷款成本均比公司乙低，即公司甲在两个市场上都具有绝对优势，但绝对优势大小不同：在美元市场上，公司甲的优势较公司乙为 2%；在日元市场上，公司甲的优势较公司乙为 1%。说明公司甲在美元市场上具有比较优势，公司乙

在日元市场上具有比较优势,双方可以就可利用的各自的比较优势借款,然后通过互换得到自己想要的资金,并能通过分享互换收益降低融资成本。

公司甲和乙为各自的贷款进行如图6.5所示的货币互换。

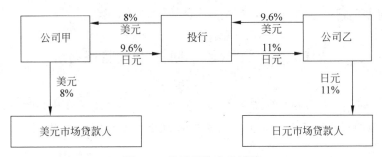

图 6.5　货币互换交易流程

从公司甲的角度来看,实际融资成本:8%(美元市场贷款成本)−8%(在货币互换协议中的收入)+9.6%(在货币互换协议中的支出)=9.6%。如果直接安排日元贷款,则其融资成本为10%,即公司甲通过货币互换将贷款成本降低了0.4%。

从公司乙的角度来看,其实际融资成本:11%(日元市场贷款成本)−11%(在货币互换协议中的收入)+9.6%(在货币互换协议中的支出)=9.6%。如果直接安排美元贷款,则其成本为10%。公司乙通过货币互换将贷款成本降低了0.4%。

重要概念

金融衍生品　金融远期合约　远期利率协议　远期外汇合约　金融期货合约　利率期货　股票价格指数期货　金融期权　看涨期权　股票价格指数期权　股票期权交易　利率期权　金融互换　货币互换　利率互换

思考练习题

1. 什么是金融衍生工具?金融衍生工具具有哪些特征?
2. 金融衍生工具市场主要有哪些参与者?各参与者参与市场交易的目的是什么?
3. 金融衍生工具具有哪些功能?
4. 简述金融远期合约的优缺点。
5. 什么是远期利率协议?远期利率协议具有哪些功能?
6. 什么是金融期货合约?它具有哪些特征?
7. 金融远期和金融期货具有哪些不同点?
8. 金融期货市场具有哪些基本功能?
9. 什么是股票价格指数期货?它具有哪些优势?
10. 期权交易与期货交易具有哪些相同点和不同点?
11. 什么是金融互换?金融互换具有哪些功能?

12. 什么是利率互换？利率互换有哪些特点？
13. 举例分析利率互换与货币互换是如何为参与者节约融资成本的。

案例讨论

YHW 公司的"保险+期货"风险管理之路

0 引言

YHW 公司成立于 1992 年，是一家以大豆作为原材料，生产销售压榨产成品豆油、豆粕的公司。该公司在近几年成为中国大豆及油脂行业的后起之秀，并逐渐显现出成为领军企业的潜质。

然而大豆价格波动异常令 YHW 公司的总经理王峰越来越意识到，能否规避市场价格波动风险，以合理的价格购入原料大豆直接决定了企业的生存和发展。随着 2017 年的临近，公司亟须新的风险管理工具，甚至是一个新的风险管理平台来维持经营的稳定性，这将是 YHW 做大做强的必经之路。

1 "过山车"上的大豆价格——YHW 公司面临的价格波动风险

尽管 YHW 公司已由国外进口大豆，但仍然会受大豆市场价格频繁大幅波动的影响，尤其是近年来，公司因原料价格波动而蒙受的损失越来越大。

王峰盯着电脑屏幕上近年来国内外大豆市场价格波动情况（图 6.6）陷入沉思。公司的主要原材料大豆的价格波动已经成为公司所面临的最重要的风险。在现如今的市场经济背景下，价格完全由市场确定，影响因素众多，价格波动常常会超过市场的预期。近年来，公司的盈利能力完全跟随国内外大豆价格的波动而变化，一会儿飞上云端，一会儿又跌入谷底，实在是让人心惊胆战。

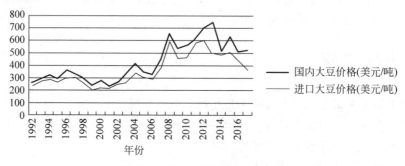

图 6.6 1992—2016 年大豆价格

大豆压榨属于农产品粗加工行业，附加值比较低，原料成本占总成本的 90% 以上，因此，原料成本价格的控制对于企业的生产经营至关重要。当原料供应不足时，企业将面临大豆价格上涨的风险，使公司盈利下降甚至是面临亏损。特别是对于 YHW 这类还从事大豆进口的企业来说，这种价格波动的风险就更大了。通常，相比于国内大豆，采用进口大豆需要额外耗费大豆从海外装船到运回国内的 1~3 个月的在途时间。

王峰在心中不断地问自己："价格波动风险已经变得不容小觑，既然我们已经了解到了价格风险对于公司业务的影响机制,那么,我们有什么办法可以有效规避这种风险呢?"

2 天赐良机——YHW公司初识"保险＋期货"

时间很快到了2017年。这天,财务总监李平手里拿着一份材料走进王峰的办公室,兴高采烈地说道:"王总,大连商品交易所(以下简称'大商所')2015年为了响应国家号召更好地服务'三农',首创了'保险＋期货'业务模式,今年试图创新性地引进农产品生产行业里的龙头企业,作为试点项目的参与方,为参保农户进行粮食基差收购。这不,咱们作为大豆生产行业里的领先者,大商所那边的项目负责人今早联系我了,想在我们公司做一个试点。不知您意下如何?"

王峰点燃一根香烟,思索了一会儿,说道:"大商所在设计这个项目的时候肯定考虑了多方的利益,觉得可行才决定实施的。但目前的关键问题是,我们还不太清楚这个项目的具体运作模式是什么,参与这个项目我们公司可以获得什么益处以及可能面临哪些风险。这样吧,你这两天跟大商所那边的人好好沟通一下,把'保险＋期货'这种业务模式的运作原理、风险以及参与方式等等详细了解一下,我过两天再召集大家开会商讨,你在会上做个详细汇报,到时候听听大家的意见。"

会议如期而至,在大会上,李平耐心地给大家介绍了"保险＋期货"的业务模式。"以我们公司为例,'保险＋期货'的整个流程大致是这样的:首先,我们和期货公司联合向供货商即各大豆生产合作社提供资金补贴,协助他们向保险公司购买大豆的价格保险,将大豆价格下跌的风险转移给保险公司。同时我们公司以'期货＋基差'的方式向农户提供大豆收购合同,农户可以在约定期限以确定价格向我们供应大豆。然后,保险公司从期货公司处购买看跌期权,降低价格下降时需要赔付保险金的压力。由于我国目前的场内市场容量较小及工具相对匮乏,所以这一过程在场外进行。最后,期货公司在期货市场上复制该看跌期权进行套期保值。通过以上三步及政府部门和大商所的监督指导,就能实现大豆市场风险的转移和对冲,最终形成一个风险分散、各方受益的闭环,更好地规避价格风险。"看大家听得迷迷糊糊,李平当场将"保险＋期货"的运作机理图画了出来(图6.7),并对细节做了讲解。

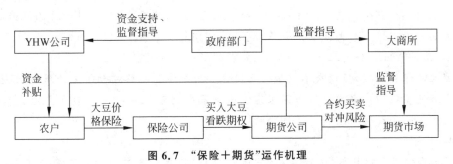

图6.7 "保险＋期货"运作机理

"通过您的讲解,我听明白了这个'保险＋期货'的整体运作模式,这一项目的确能够帮助我们公司锁定货源,降低成本。但是我们要怎么调动大豆生产合作社参与的积极性呢?"王峰提问。李平答道:"根据该项目服务'三农'和精准扶贫的特性,项目中农户应支付的保险费由期货公司和我们公司共同承担。这就是说大豆生产合作社不花一分钱就能购买一份保险,白给的便宜谁不捡呢?当然,对于这个保费,我们公司需要承担总保费的10%。我们向大豆生产合作社提供的是'期货＋基差'收购合同,可以在一定范围内设置升贴水,保证自身利益。此外,根据当前的政策导向,国家应该会加强该项目的资金扶持力度。"

此次会议结束后,王峰又组织了两次讨论会议,最终大家一致同意参与"保险＋期货"试点项目。

3 通机变者为英豪——YHW公司利用"保险＋期货"进行风险管理

在大商所的支持下,YHW公司于2017年3月份正式与中银国际期货公司、中国人民财产保险股份有限公司(以下简称"人保财险")达成合作协议。在试点工作开展的前3个月,试点项目工作组通过保险产品设计的论证、交易所的审批、工作组的实地调研以及与市政府的深入沟通探讨,确定了第一次试点工作的具体品种名称、交易规模、具体操作周期等,并向大商所递交了试点工作申请书。在综合考虑YHW公司平台下17家大豆生产合作社的具体风险管理需求后,中银国际期货公司和人保财险共同为其设计了价格保险合同,理赔价格定为3 854.4元/吨,并由人保财险出具保单,用于保护大豆生产合作社的利益,使其免受2017年大豆价格下跌的风险。与此同时,人保财险为了对冲自身的风险,向中银国际期货买入场外看跌期权,执行价同为3 854.5元/吨。

2017年11月9日,YHW公司"保险＋期货"试点项目下的1.3万吨大豆期货价格保险产品到期,项目试点结束。在整个过程中,即使大豆价格出现回落,变为3 790.7元/吨,农业合作社也未受此影响,低于理赔价格3 854.5元/吨的部分由人保财险公司进行赔付。且大豆价格波动保险合同的保费是由YHW公司和中银国际期货公司代为缴纳的,意味着大豆种植农户在未承担额外保费成本的情况下规避了价格波动风险,获得了稳定收益。而人保财险公司即使需要赔付大笔补偿金,但因其买入了大豆看跌期权,在大豆价格下跌的情况下,仍能以约定的合约价格(即高于当时市场价格的执行价)卖给中银国际期货公司,获得的收益能抵消大部分损失。对于中银国际期货公司来说,尽管需要向人保财险支付赔款,且赔付率较高,但其能在期货市场上进行对冲交易获益,且前期获得的期权费也能减少部分损失。对于YHM公司来说,因为在2017年6月份就已经锁定了大豆的最高进价,同时,与大豆生产合作社签订的"期货＋基差"收购合同约定了50元/吨的升贴水,使得YHM公司在支付保费后,仍获得了一定的收益。

因此,"保险＋期货"模式不仅帮助YHM公司规避了价格波动带来的风险,还在一定程度上避免了仅利用期货进行套期保值时由决策失误带来的损失。更重要的是,各参与主体间形成一个转移风险和对冲风险的闭环。

4 结语

YHW公司成功参与"保险＋期货"试点项目,使我们不禁思考:随着经济全球化的不断发展,期货市场和保险市场还能发挥哪些作用?是否可以让"保险＋期货"等金融工具在农产品交易中发挥更大的作用?是否可以将"保险＋期货"等金融工具更好地运用到原油等交易中以规避价格风险?

资料来源:史金艳,王添鹤,韩昭君,等.YHW公司的"保险＋期货"风险管理之路[Z].中国管理案例共享中心案例库,2019.

启发思考题

1. 生产性企业如何利用期货管理价格风险?

2. "保险+期货"模式是如何帮助 YHM 公司规避了价格波动带来的风险的?

3. 结合本案例,你认为期货市场对于现货市场而言具有怎样的意义? 期货公司最终通过期货市场对冲风险,其交易对手方是谁?

  即测即练

第七章 金融市场交易机制

本章学习目标

1. 了解金融市场交易机制的定义及其基本内容。
2. 掌握交易机制的分类与各类交易机制间的区别。
3. 掌握各类订单的区别与联系。
4. 了解证券的交易过程。

引导案例

加强监管,及时制止日照港权证炒作

作为一只深度价外权证,即将于 2008 年 12 月 2 日到期的日照港 CWB1(证券代码:580015)在最后一个交易日出现价格异动。继前一交易日尾市大幅下跌后,该权证 11 月 18 日以 1.400 元低开,随后成交价格在两分钟内即快速上冲超过 1.680 元。上交所根据《上海证券交易所证券异常交易实时监控指引》(以下简称《监控指引》)的规定,启动了日照港 CWB1 权证盘中临时停牌程序,该权证自 9 点 33 分起临时停牌 1 小时。

首次临时停牌措施的实施,对该权证炒作起到短暂的冷却作用。日照港 CWB1 于 10 点 33 分复牌后的成交价格出现明显回落。但是,市场上仍有部分权证交易者无视最后交易日的风险,通过大额交易拉升权证价格,投机炒作。10 点 55 分左右,该权证价格达到了 2.101 元。根据《监控指引》的规定,到期日前两个月内的价外权证其盘中交易价格"累计上涨超过 50%的",对其实施盘中二次停牌,停牌时间持续至收盘前 5 分钟。据此规定,上交所二度出手,对日照港 CWB1 权证再次进行盘中临时停牌处理,此次停牌一直持续至 14 点 55 分复牌。

为了打击日照港 CWB1 权证在最后交易日的炒作行为,上交所在一个交易日内,两度采取了盘中停牌措施,一则冷却市场炒作,二则向广大参与该权证交易的投资者警示风险。这也是上交所自《监控指引》发布以来首次针对市场炒作,一日内采取两度停牌措施。同时上交所表示,将继续对其他各权证(尤其是将于 2009 年上半年即将到期的部分价外权证)的交易情况进行严格监控,对任何异常交易行为将依据规定及时处理。

资料来源:潘清.上证所制止日照港权证炒作 一月内两度停牌[N].经济参考报,2008-11-20.

第一节 金融市场交易机制概述

一、金融市场交易机制的定义与内涵

20世纪80年代以来,随着技术进步和金融产品不断创新,金融市场的交易量大规模膨胀,市场组织、功能和构造的演变越来越复杂,现代金融理论对金融市场的研究逐渐深入市场内部运作机制的价格形成机理、市场组织结构、市场交易机制以及市场参与者行为选择等微观层面上。交易制度作为证券市场的核心,直接影响证券市场资源配置功能的发挥。

市场微观结构理论研究的是交易机制如何影响价格的形成过程,并分析在一定的交易机制下资产交易的过程和结果。广义的交易机制就是市场的微观结构;狭义的交易机制特指市场的交易规则和保证规则实施的技术,以及规则和技术对定价机制的影响。因为不同的交易机制不仅在价格发现过程中所引起的作用不同,而且对市场参与者的行为策略影响的分析也不同。

从组织功能方面看,金融市场交易机制是指有组织的交易场所为履行其基本职能而制定的与金融市场交易有关的运作机制。它的重要功能之一是使潜在的投资者需求转化为实际交易,发现市场的出清价格。根据不同目的、不同标准可以对证券交易机制进行不同划分。以交易价格的形成过程为主线,交易机制可以划分为六个方面内容:①交易委托方式;②价格形成机制;③委托匹配原则;④信息披露方式;⑤市场稳定措施;⑥其他选择性手段。前三项内容是证券交易制度所必须具备的基本要素,其中价格形成机制是金融市场交易制度的核心。根据价格形成机制的不同,可以把金融市场划分为报价驱动的做市商市场、指令驱动的集合竞价或连续竞价市场,以及两者兼而有之的混合式市场。

不同交易机制的市场,其价格形成过程和运作特征是有差别的,主要体现在市场组织、订单匹配原则、信息传递范围和价格确定方法等交易过程方面,并导致不同交易机制的市场属性也会有所差别。研究金融市场交易机制,其意义在于揭示市场价格形成过程中的组织和内在运行机理,从而在市场的建立和培育、交易规则的制定和实行以及市场监管等方面遵循市场的客观规律,维护和保障证券市场的运作功能与效率。

二、金融市场交易机制的基本内容

金融市场交易机制主要包括以下七个方面的内容。

(一)价格形成方式

价格形成方式通常也称为市场类型或市场模式。从目前世界各市场的实践看,市场模式可依据不同标准区分为以下多种形式。

(1)依据交易是否连续可将价格形成方式区分为定期(集合)交易模式和连续交易模式。前者仅在交易时间的特定时间点对投资者买卖需求集中进行撮合,而后者则在交易时间的任何时间点均可对投资者买卖需求进行撮合,即随到随撮合。

(2) 依据交易中介的作用可将价格形成方式划分为报价驱动和指令驱动两种形式。报价驱动市场也称做市商市场,即做市商(交易商)在交易时间内连续提供买卖双向报价,投资者可按做市商报价与做市商进行交易,投资者之间不直接撮合;指令驱动市场通常也称为竞价市场,即价格形成源于投资者订单的相互作用,投资者的订单相互之间直接进行撮合。

(3) 依据交易手段(或交易自动化程度)的不同,可将交易模式分为人工交易和电子交易两种。人工交易主要是指交易大厅交易,近年来,交易大厅交易尽管仍然存在较多的人工参与,但电子化程度也很高,如纽约证券交易所的交易大厅实际上是一个自动化程度相当高的场内交易市场;电子交易主要是指无形市场,市场参与者无须面对面进行交易,交易通过电子网络进行。

(4) 依据价格发现的独立性可将交易模式分为有价格确定机制的交易市场和自身无价格确定机制的交易市场。在自身无价格确定机制的交易市场,价格主要从其他市场引进,或引进其他市场的交易价格后适当进行优化。

(二) 价格形成机制的特殊方面

如市场的开盘、收盘制度和开收盘价格的确定机制,大宗交易的价格确定机制等。

(三) 订单形式

订单是投资者下达的买进或卖出证券的指令。从国际证券市场实践看,订单形式多种多样,如限价订单、市价订单、止损订单、限价转市价订单、全额即时订单、非全额即时订单、全额非即时订单、冰山订单等。

无论是报价驱动的市场,还是指令驱动的市场,订单均是必不可少的。在报价驱动的市场,订单由投资者下达给经纪商,由经纪商代理投资者处理该订单以便与做市商交易。在指令驱动的市场,投资者的订单通过经纪商直接送达市场的撮合系统(通常是电脑撮合主机),由市场的撮合系统进行处理和决定匹配与否。

市场在处理大量投资者的订单时,必须依据一定的原则(如价格优先、时间优先)对订单进行排序,这些原则即订单优先原则。订单优先原则也是订单以及价格形式机制中的一项重要内容。

(四) 交易离散构件

理论上,交易(包括交易时间、交易价格和交易数量)可以是连续的,但现实中并非如此。那些使交易价格和交易数量不能连续的制度被称为交易离散构件。交易离散构件主要是两个方面,即最小报价档位与最小交易单位。最小报价档位规定了买卖报价必须遵循的最小报价变化幅度(如0.01元、1/32美元等),从而限制了价格的连续性。最小交易单位通常也称为交易的整手数量,即订单不能低于该数量(低于该数量的订单称为零股订单,其交易方法与整手订单通常不一样),最小交易单位限制了交易数量的连续性。

(五) 价格监控机制

价格监控机制也称为价格稳定机制,是指能使市场波动平滑、价格稳定、有序的一系列措施,如断路器措施、涨跌幅限制、最大报价档位等。

(六)交易信息披露

交易信息披露是证券市场交易的另一个重要环节,也是形成公平、合理的价格必不可少的一环。交易信息披露包括交易前披露和交易后披露两个方面,前者主要是订单和报价信息的披露,后者主要是已成交信息的披露。无论是交易前信息披露,还是交易后信息披露,都有一个交易信息披露的数量和质量问题,即披露哪些信息、如何披露以及披露的速度等。

(七)交易支付机制

交易支付是交易机制的一个特殊方面,即买空与卖空机制。当投资者在缺乏足够的资金以支付购买证券所需的价款,或没有足够的证券可供卖出时,可在缴纳规定的保证金后进行融资或融券,进行买空和卖空交易。这种在证券交易过程中,采取非现金交易或由有关机构给予授信的证券交易行为,即证券融资。

三、金融市场交易机制的意义

金融市场交易机制是证券市场交易功能的有机组成部分,结合特定技术系统的市场微观结构是市场交易得以实现的全部技术基础。因此,设计合理的金融市场交易机制是证券市场竞争战略的最重要的环节之一。

从证券市场功能的角度看,金融市场交易机制从以下几个方面直接影响到证券市场的竞争能力。

(一)影响潜在的投资者需求转化为实际交易

金融市场交易机制的重要功能之一就是将潜在的投资者需求转化为实际交易。金融市场交易机制使证券买卖双方的买卖需求汇集在一个集中的市场里,为交易双方提供互通有无的渠道,使潜在的交易需求转化为实际交易。

(二)影响市场的流动性

证券市场的一个主要功能就是在交易成本尽可能低的情况下,使投资者能够迅速、有效地执行交易。也就是说,市场必须具有足够的流动性。证券交易市场的流动性为投资者提供了转让和买卖证券的机会,如果市场缺乏流动性而导致交易难以完成,市场也就失去了存在的必要。正是在这个意义上,我们说流动性是证券市场的生命力所在,"流动性是市场的一切",没有流动性就没有市场。不同的金融市场交易机制对市场流动性的影响是不同的,比如市价订单就比限价订单具有更好的流动性,做市商市场的流动性就可能高于连续交易市场。

(三)影响定价和价格波动

波动性是市场的一项内在特性。如果价格恒定不变,则买者将不再是为了卖,卖者将不再是为了买。可以说,没有波动性就没有流动性,没有流动性就没有市场。

然而,过高的波动性将必然对证券市场的健康运行产生不利影响。这是因为在风险与收益对称的世界里,效用最大化或损失最小化的实现取决于市场的稳定性和有效性。投资者一旦承担过多的价格波动风险,将必然要求额外的回报。

短期价格波动可以分解为两方面的因素:信息效应引起的波动和市场交易机制效应引起的波动。前者是经典的金融理论所强调的波动。经典理论强调证券的经济价值和投资者的市场动力学,但通常忽略了市场机制在定价和价格波动方面的作用。这些理论一般不考虑市场机制,而假定存在一个结构无关紧要的、完善的和无摩擦的市场。在这个理想的市场中,外部信息效应决定了交易的价格和价格变化,交易机制仅仅只是忠实地反映这些外部信息,自身并不对价格行为产生任何影响。

现实的市场并非无成本和没有摩擦,而且市场本质上是不同质的。在这样一个不完全的市场中,交易机制无疑将影响到市场的变化。实际上,理论上的价格变化和实际变化之间的差异恰恰可以从市场机制的角度进行解释。换句话说,二级市场的交易机制将影响到市场的价格波动以及潜在的投资者数量和交易数量。

这正是市场交易机制的意义所在,即合理的市场微观结构设计应将引起市场波动的交易机制因素最小化。

(四)影响市场的透明度

透明度是维持证券市场公开、公平、公正的基本要求。高透明度的证券市场是一个信息尽可能完全的市场,要求信息的时空分布无偏性,即信息能够及时、全面、准确并同时传送到所有投资者。

不同的市场交易机制对交易信息披露的要求是不同的,因而对市场透明度的影响也不同。这进而会影响到市场的流动性和稳定性。一般地,透明度越高,信息越均衡,流动性就越大,而因交易机制引起的市场波动程度就越小。但是,在某些情况下,交易信息可能含有许多交易以外的信息内容,如大宗交易可能反映了交易者具有市场上尚未公开的利好或利空信息,因而可能会逆向影响市场价格变化,反而会降低市场的流动性和稳定性。

四、金融市场交易机制类型与特点

(一)交易机制的分类

托马斯将证券交易机制分为两类:一类是报价驱动交易机制,也就是做市商市场;另一类是指令驱动的竞价交易机制,包括集合竞价和连续竞价。马德哈万将兼具这两类特征的交易机制称为混合机制,具体分类如表7.1所示。

表7.1 交易机制分类表

市 场 类 型	连续性市场	集合性市场
竞价市场(指令驱动)	连续竞价市场	集合竞价市场
做市商市场(报价驱动)	做市商市场	集合做市商市场(现实中不存在)

1. 报价驱动交易机制

做市商是通过提供买卖报价为金融产品制造市场的证券商。做市商制度,也称庄家制度或造市商制度,就是以做市商报价形成交易价格、驱动交易发展的证券交易方式。做市商制度是国际成熟市场中较为流行和普遍认同的一种市场交易制度。

作为做市商,其首要的任务是维护市场的稳定和繁荣,所以做市商必须履行"做市"的义务,即在尽可能避免市场价格大起大落的条件下,随时承担所做证券的双向报价任务,只要有买卖盘,就要报价。做市商必须具备以下条件:①具有雄厚的资金实力,这样才能建立足够的标的库存以满足投资者的交易需要;②具有管理金融产品的能力,以便降低持有金融产品的风险;③要有准确的报价能力,要熟悉自己经营的标的金融产品,并有较强的分析能力。

纯粹的做市商制度有两个重要特点:第一,所有客户订单必须由做市商自己的账户买进卖出,客户订单之间不直接进行交易;第二,做市商必须在看到订单前报出买卖价格,而投资人在看到报价后才下订单。

做市商制度有两种形式:一种是多元做市商制;另一种是特许交易商制。多元做市商制(竞争型做市商)是伦敦股票交易所和美国纳斯达克市场的主要做市商制度,每一只股票同时由很多做市商负责双边报价。多元做市商制的优点是通过做市商之间的竞争,减少买卖价差,降低交易成本,也使价格定位更准确。在价格相对稳定的前提下,竞争也会使市场比较活跃,交易量增加,但由于每只证券有几十个做市商,因此各个做市商拥有的信息量相对分散,降低了市场预测的准确度,减少了交易利润,同时也降低了做市商承受风险的能力。

特许交易商制(垄断型做市商)是纽约证券交易所的主要做市商制度,由交易所指定一个做市商来负责某一只股票的交易。垄断型做市商是每只股票唯一的提供双边报价并享受相应权利的交易商,必须具有很强的信息综合能力,能对市场走向作出准确的预测,因其垄断性通常也可以获得高额利润。特许交易商制的优点在于责任明确,便于交易所的监督考核,缺点是价格的竞争性较差。

2. 指令驱动交易机制

指令驱动交易机制分为集合竞价和连续竞价两种。

集合竞价也称单一成交价格竞价。其竞价方法是:根据买方和卖方在一定价格水平的买卖订单数量,计算并进行供需汇总处理。当供给大于需求时,价格降低以调节需求量,反之则调高价格刺激供给,最终在某一价格水平上实现供需的平衡,并形成均衡价格。在集合竞价市场。所有的交易订单并不是在收到之后立刻予以竞价撮合,而是由交易中心(如交易所的电脑撮合中心)将在不同时点收到的订单积累起来,到一定的时刻再进行集合竞价成交。

连续竞价也称复数成交价格竞价,其竞价和交易过程可以在交易日的各个时点连续不断地进行。在连续竞价市场上,投资者的交易指令由经纪商输入交易系统,交易系统根据市场上已有的订单情况进行撮合。一旦按照有关竞价规则存在与交易指令相匹配的订单,该订单就可以成交。在连续竞价的价格撮合过程中,当出价最低的卖出订单价格等于或小于买进价格时,就可以达成交易。每笔交易构成一组买卖,交易依照买卖组以不同的价格连续进行。

虽然集合竞价市场缺乏交易的连续性,但集合竞价市场的价格反映了累积的市场信息,其信息效率要高于连续竞价市场。因此,在连续竞价市场交易中断时,集合竞价市场仍然可能正常运转。

3. 混合交易机制

混合交易机制同时具有报价驱动和指令驱动的特点。大多数证券市场并非仅采取做市商、集合竞价、连续竞价中的一种形式,而是根据不同的市场采取不同程度的混合模式。如纽约证券交易所采取了辅之以专家制度的竞价制度,伦敦证券交易所部分股票由做市商交易,另一部分股票则采用电子竞价交易。在亚洲的新兴证券市场,普遍采用的指令驱动电子竞价方式,但一般均结合了集合竞价和连续竞价两种形式。通常开盘时先由集合竞价方式决定开盘价,然后采取连续竞价方式(例如我国沪、深交易所的交易模式)。有些市场采取集合竞价方式产生收盘价,另一些市场则采取连续竞价方式产生收盘价。

表 7.2 给出了世界主要证券市场采取的交易机制。

表 7.2 世界主要证券市场的交易机制

交易方式	证券交易所的交易系统
指令驱动	亚洲各主板市场　香港(HKGEM)　意大利　巴黎　德国　维也纳　伦敦国内板　温哥华　加拿大(CDNX)　新西兰　瑞士　布鲁塞尔　法兰克福　日本(MOTHERS)　圣保罗
报价驱动	伦敦　美国(NASDAQ)　欧洲(EASDAQ)　日本(JASDAQ)　新加坡(SESDAQ)　马来西亚(MESDAQ)　芝加哥　欧洲新市场(EURO.NM)
混合机制	纽约　美国(AMEX)　蒙特利尔　多伦多　英国(AIM)　阿姆斯特丹　卢森堡　墨西哥　泰国(MAI)

资料来源:刘海龙.证券市场微观结构研究综述[J].现代金融研究,2001(4).

(二)报价驱动制度与指令驱动制度的比较

1. 报价驱动制度的优点

(1)流动性(成交即时性)好。在报价驱动制度下,投资者可按做市商的报价立即进行交易,而不用等待交易对手的出现,尤其是在处理大额买卖指令方面的能力,比指令驱动制度要强。

(2)价格稳定性好。在指令驱动制度下,证券价格随投资者的买卖指令而波动,而买卖指令常常不均衡,过多的买盘会过度推高价格,过大的卖盘会过度推低价格,因而价格波动较大。而做市商则具有缓和这种价格波动的作用,因为:①做市商报价受交易所规则约束;②做市商能及时处理大额指令,减缓对价格的冲击;③在买卖盘不均衡时,做市商可以承接买单或卖单,缓和买卖指令的不均衡,并抑制相应的价格波动。

(3)抑制证券操纵。做市商对某种证券持仓做市,使得证券操纵者有所顾忌,担心做市商会抛压,从而抑制对证券的操纵。

2. 报价驱动制度的缺点

(1)缺乏透明度。在报价驱动制度下,买卖盘信息集中在做市商手中,交易信息发布到整个市场的时间相对滞后。而且,为抵消大额交易对价格的可能影响,做市商可要求推迟发布或豁免发布大额交易信息。

(2) 运作成本较高。做市商聘用专门人员,承担做市义务,是有风险的。做市商对其提供的服务和所承担的风险要求补偿,如买卖价差、费用优惠等。这将会增大市场的运行成本,也会增加投资者负担。

(3) 可能增加监管成本。采取做市商制度,要制定详细的监管制度与做市商运作规则,并密切监管做市商的活动,这些成本最终也要由投资者承担。

(4) 做市商可能利用其市场特权。做市商经纪角色与做市功能可能存在冲突,做市商之间也可能合谋串通,损害普通投资者的利益。

3. 指令驱动制度的优点

(1) 透明度高。在指令驱动制度中,买卖盘信息、成交量与成交价格信息等及时对整个市场发布,投资者几乎可以同步了解到交易信息。透明度高有利于投资者观察市场。

(2) 信息传递速度快、范围广。指令驱动制度几乎可以实现交易信息同步传递,整个市场可以同时分享交易信息,很难发生交易信息垄断。

(3) 运行费用低。投资者买卖指令竞价成交,交易价格在系统内部生成,系统本身表现出自运行特征。这种指令驱动系统,在处理大量小额交易指令方面,优越性比较明显。

4. 指令驱动制度的缺点

(1) 处理大额买卖盘的能力较低。大额买卖盘必须等待交易对手下单,投资者也会担心大额买卖指令对价格的可能影响,因而不愿输入大额买卖指令,而宁愿分拆开来,逐笔成交。这种情况既影响效率,又会降低市场流动性。

(2) 某些不活跃的股票成交可能继续萎缩。一些吸引力不大的股票,成交本来就不活跃,系统显示的买卖指令不足,甚至较长时间没有成交记录,这种情况又会使投资者望而却步,其流动性可能会进一步下降。

(3) 价格波动性。在指令驱动制度下,价格的波动性可能较大。原因如下:①买卖指令不均衡引起价格变动;②大额买卖指令也会影响价格;③操纵价格行为。最重要的是,指令驱动制度没有设计价格维护机制,任由买卖盘带动价格变化。

结合上述内容,报价驱动制度与指令驱动制度的区别在于:①价格形成方式不同。在采用报价驱动制度的市场上,证券的开盘价格和随后的交易价格是由做市商报出的;而指令驱动制度中的开盘价与随后的交易价格都是竞价形成的。前者从交易系统外部输入价格,后者成交价格是在交易系统内部生成的。②信息传递的范围与速度不同。采用报价驱动制度,投资者买卖指令首先报给做市商,做市商是唯一全面及时知晓买卖信息的交易商,成交量与成交价随后才会传递给整个市场。③交易量与价格维护机制不同。在报价驱动制度中,做市商有义务维护交易量与交易价格;而指令驱动制度则不存在交易量与交易价格的维护机制。④处理大额买卖指令的能力不同。报价驱动制度能够有效处理大额买卖指令;而在指令驱动制度中,大额买卖指令要等待交易对手的买卖盘,完成交易常常要等待较长时间。

以上对竞价市场与做市商市场的比较分析,可以在交易机制设计时作为参照。

第二节　订单与订单优先规则

一、订单的基本要素

投资者向经纪商下达的委托买进或卖出证券的指令,称为订单,也叫委托或指令。

订单有四个基本要素,即价格、数量、时间和交易方向。订单的价格即投资者愿意接受的,并向经纪商下达买进或卖出的价格,数量是投资者希望买进或卖出的证券数量,时间是指该订单的有效时间,交易方向指投资者下达的是买进指令还是卖出指令。

为方便对订单进行分析和解释,实际上可以将订单的价格、数量和时间三个要素进一步分解为以下十二种情况。

(1) 价格因素可以分解为两种情况,即是否制定价格(限价)、是否制定触发价格。触发价格主要用于止损订单和触价成市价订单,投资者下达订单时,该订单不立即予以显示,也不立即参与排队撮合,但一旦市场价格达到投资者指定的价格,则自动触发该订单,该订单将转为市价或限价并立刻参与撮合。

(2) 数量因素可分解为全额、最低数量、非全额、隐藏数量四种情况。全额指投资者要求该订单要么全部成交、要么撤销;最低数量指投资者指定订单的(每次)必须成交的最小数量,低于该数量,不得进行撮合;非全额指投资者对订单的数量没有特殊要求,允许订单部分成交;隐藏数量指订单不在系统中显示全部数量,即订单的一部分数量是"隐藏"的。

(3) 时间因素可分解为即时、计时、定期、无限期四种情况。即时指订单到达市场后,如果不能立刻成交,则予以取消;计时指投资者指定订单到达市场后如果在一小段时间内(如30秒、60秒)仍不能成交,则自动予以取消;定期指投资者指定该订单的有效时间,如指定订单仅在开盘、收盘或某个竞价阶段有效,或者指定订单的有效天数或有效日期;无限期指订单可以在交易所规定的最大期限内或投资者撤销该订单之前一直有效的订单。

(4) 其他结合价格与数量因素。其主要有两种情况,一是订单部分成交后剩余数量的处理;二是在股票分配后的订单价格或数量的处理。

从价格角度看,订单可分为市价、限价、止损价、触价、市价转限价订单等多种情况。从数量角度看,订单可分为全额、非全额、最低数量、隐藏数量订单等几种形式。从时间角度看,订单可分为即时、非即时、指定时段(开盘、收盘等)、指定日期、无限期、计时订单等多种形式。从交易方向角度看,订单有买进订单和卖出订单两种形式。价格、数量、时间和交易方向这四者的组合构成了各国证券交易所多种多样的订单形式。

二、订单的种类

(一) 市价订单

市价订单是仅指明交易的数量,而不指明买进或卖出价格的订单。市价订单的成交价格为订单进入市场或订单撮合时市场上最好的价格。因此,市价订单也叫随行就市订单。

市价订单一般有两种处理方法：一种是按即时订单处理,即市价订单到达市场时,如果没有在订单簿中等待的反向订单,则即刻予以取消；另一种是按照计时订单处理,即市价订单到达市场时如果没有在订单簿中等待的反向订单,仍允许该市价订单在订单簿中保留一段时间(如 15 秒、30 秒或 60 秒),在该时间内,市价订单可与新到达订单簿的可匹配进行撮合,但如果超过指定时间后,市价订单仍不能成交,则予以取消。也就是说,市价订单的即时性包括真正的即时和计时两种含义。

市价订单的最大优点是可将执行风险最小化,经纪商可以按照市场上尽可能好的价格(市场上最高的卖价和最低的买价)立即成交。换句话说,市价订单在价格排列次序上居于第一位。由于大多数市场遵循价格优先原则,所以市价订单的执行风险是最小的。

市价订单的缺点主要有两方面。

(1) 成交价格可能是市场上最不利的价格。投资者下市价订单意味着其愿意接受最不利的市场买卖价格。

(2) 成交价格不确定。若投资者要求以市价买进,则必须承担滞后带来的不确定性,因为订单成交时的价格可能会与投资者提交订单时的价格发生偏离,或者从投资者报价到订单达到经纪商手中那段时间内,价格可能发生较大变化,在市场波动剧烈的情况下更是如此。投资者因此须承担价格风险,而该风险随市场波动的情况更是如此。

(二) 限价订单

限价订单是指投资者在委托经纪商买卖证券时,限定证券买进或卖出的价格,证券经纪商只能在投资者事先规定的合适价格内进行交易的订单,即经纪商在买进证券时不得超出投资者规定的最高限价,或在卖出证券时不得低于投资者规定的最低限价。

与市价订单相比,限价订单的优点是订单的价格风险是可预测和可控制的,其最坏的情况就是成交等于限价。也就是说,限价订单比市价订单提供了更好的价格。但限价订单同样面临着两方面的风险。

(1) 执行风险。执行风险是指当提交的限价订单价格偏离当前最佳买卖价格时可能不能得到成交的风险。由于限价订单只能在一定的价位范围以内(或以外)才能成交,因而,市场利好(或利坏消息)可能导致投资者所需要的买进订单(或卖出订单)得不到执行。

(2) 逆向选择风险。逆向选择风险是指限价订单可能只是在证券价格向交易者预期相反的方向变化时才能成交的风险。也就是说,不利的信息变化可能导致订单在最坏的情况下(对买进订单而言市场价格将继续下跌,对卖出订单而言市场价格将继续上涨)才能成交。

(三) 市价转限价订单

市价转限价订单是结合市价订单和限价订单特点的一种订单形式。市价转限价订单不指明价格,但到达系统后随即变为限价订单。在开盘前时段,市价转限价订单将以订单到达系统时的理论开盘价格作为限价,并根据理论开盘价的变化情况不断调整。开盘前时段输入的市价转限价订单实际上就是开盘市价订单。在市场开盘后,未能执行的市价转限价订单将作为限价价位为开盘价的限价订单继续留在订单簿中。

在连续交易时段,市价转限价订单将以当时市场的最佳价格作为限价,若市价订单得到部分执行,则其未能成交的部分将作为限价订单留在订单簿中。如果订单到达时不存在可匹配的反向订单,则该订单自动失效。

市价转限价订单兼具市价订单和限价订单的部分优点,既能保证订单成交的即时性,也能对交易的价格风险进行一定的控制。

(四) 止损订单

止损订单也称为止损市价订单,是投资者委托经纪商在证券价格上升至其指定价格或此限度以上时为其按照市价买进证券,或者在证券价格下跌至其指定价格或此限度以下时,为其按照市价卖出证券的订单。

卖出止损订单的指定价格水平必须低于目前的市场价格水平,而买进止损订单的指定价格水平必须高于目前的市场价格水平。

因此,当证券价格上升到指定水平或以上时,买进止损订单即成为市价订单;当证券价格下降到指定水平或以下时,卖出止损订单即成为市价订单。

止损订单虽然也限定了一个买进或卖出的价格,但与限价订单有两个本质区别。

(1) 止损订单和限价订单的限价方向不同。卖出止损订单的限价低于市场价格,而卖出限价订单的限价高于市场价格;买进止损订单的限价高于市场价格,而买进限价订单的限价低于市场价格。

(2) 限价订单在市场价格达到限价水平后,限价订单不会变成市价订单,而止损订单在市场价格达到限价水平后,随即按照市价成交。

止损订单的主要目的有以下几方面。

(1) 卖出止损订单保护了投资者持有的证券所获得的利润。

(2) 买进止损订单保护了卖空者在卖空交易中获得的利润。

(3) 卖出止损订单可防止或减少投资者持有的证券的损失。

(4) 买进止损订单可防止或减少卖空者的损失。

止损订单的主要缺陷有以下几方面。

(1) 止损订单可能会造成原本可以避免的损失。

(2) 止损订单可能会在偏离指定价格以外较大的价位上成交。

(3) 大量的止损订单可能会导致相关证券价格的骤起或骤落,从而使交易所可能临时停止止损订单的匹配成交。

(五) 止损限价订单

止损限价订单是一种结合止损订单和限价订单的一种订单形式,即投资者委托经纪商在证券价格上升至其指定价格或此限度以外时,对买进或卖出证券再指定一个限价,经纪商只能在此限价的范围内而不是按照市价为其买卖证券。

当投资者希望以止损订单保护利润或限制损失,而又不希望止损订单执行的价格偏离指定价格过多时,可以采取止损限价订单。

因此,当证券价格上升到投资者的指定水平或以上,且在投资者规定的限价以内时,买进的止损限价订单有效;当证券价格下降到指定水平或以下,且在投资者规定的限价以上时,卖出的止损限价订单可以匹配成交。

由于止损订单在实际成交时通常与止损限价订单一致,且如果市场价格急剧连续上升或下降,止损限价订单往往会得不到执行,投资者的损失可能更大,因此,投资者很少下达止损限价订单。

(六)指定时间有效订单

指定时间有效订单包括指定交易时间段有效订单(如开市订单、收市订单、集合竞价订单、连续交易时段有效订单)、指定日期前有效订单(指定日期前有效订单、无限期订单)、指定天数内有效订单(当日有效订单、当周有效订单、3 天内有效订单)和计时订单四大类。指定时间的订单主要是对订单的有效期间进行限制,而对具体的报价方式通常没有特别的限定。

(1) 开市订单。开市订单是指投资者要求经纪商在开盘时按照开盘价买卖证券的订单。开市订单通常是市价订单,但投资者也可指定一个限价。

(2) 收市订单。收市订单是指投资者要求经纪商在收市时按照收盘价买卖证券的订单。收市订单通常也是市价订单,但投资者也可指定一个限价。

(3) 集合竞价订单。集合竞价订单指只在交易日的集合竞价阶段有效的订单。集合竞价订单可以是市价订单,也可以是限价订单。

(4) 连续交易时段有效订单。连续交易时段有效订单是指只在连续交易时段才参与撮合的订单,该类订单不参与集合竞价时段的撮合。

(5) 当日有效订单。当日有效订单指订单只在订单输入的当日有效,在该交易日结束后订单自动失效的买卖订单。各证券交易所都接受当日订单,一般地,如果订单不特别指明是否为当日有效,均视为当日订单。

(6) 当周有效订单。当周有效订单指在订单输入后,从其输入时起直到该周最后一个交易日收盘时止(通常为星期五下午)均有效的订单。在某些交易所(如纽约证券交易所),专家不接受当周订单和当月订单,但经纪商可以接受客户的这类订单。

(7) 指定日期前有效订单。指定日期前有效订单指在指定的某个具体日期(如 2023 年 10 月 31 日)之前有效的订单。

(8) 指定天数内有效订单。指定天数内有效订单指在指定的天数内(如 5 天内)有效的订单。

(9) 无限期订单。无限期订单也称撤销前有效订单,指在订单执行以前,或投资者明确表示撤销该订单之前,或交易所规定的最大有效期限之前有效的订单。

(10) 计时订单。计时订单指订单到达市场后如果在一小段时间内(如 30 秒、60 秒)仍不能成交则自动予以取消的订单。计时订单通常只能用于市价订单。

（七）指定数量订单

指定数量订单包括全额即时订单、非全额即时订单、全额非即时订单、必须执行订单、最低数量订单和最小满足数量订单六种形式。其中，全额即时订单、全额非即时订单、非全额即时订单是比较常见的结合数量和时间因素的三种订单形式，而以全额即时订单更常见一些。全额即时订单和非全额即时订单一般统称为即时订单或即刻执行否则撤销订单，指投资者要求经纪商立即以特定的价格予以执行否则撤销委托的订单。

（1）全额即时订单。全额即时订单也称全部即刻执行否则撤销订单，指要求立即以特定的价格（通常只能为限价）予以全部执行，否则撤销的订单，全额即时订单只能全部成交，而不能成交订单数量的一部分。

（2）非全额即时订单。非全额即时订单指要求立即以特定的价格（可以为限价或市价）予以执行否则撤销的订单。非全额即时订单允许部分成交，在部分成交时未成交的部分立刻撤销。

（3）全额非即时订单。全额非即时订单也称全部执行否则撤销订单，指要求按照一定的价格要么执行全部订单数量、要么撤销的订单。与全额即时订单相比，全额非即时订单不要求立刻执行。未能执行时可继续留在订单簿中等待成交。全额非即时订单的有效期通常为当日有效。有些市场规定（如 Euronext），部分股票（如 CAC40、BEL20 和 AEX 指数股）不能使用全额非即时订单。

（4）必须执行订单。必须执行订单是不指明价格、可按任何价格成交，但必须全部成交的市价订单。在开盘前时段，必须执行订单参与理论开盘价格的计算。如果反向订单的数额不够，则系统无法计算出理论开盘价格，此时系统将披露最佳买卖报价。在开盘时，如果反向订单数量不够，则该订单不予成交，该股票将被保留（延长开盘时间）。

在连续交易时段，必须执行订单可与多个反向订单进行撮合，直到必须执行订单所要求的数量得到满足。如果符合涨跌幅条件的反向订单数量不够，则该订单将引发波动中止，并可在恢复交易后继续成交。

一般地，在开盘竞价阶段，必须执行订单的未能执行的部分可以市价订单形式留在订单簿。在连续交易时段，如果反向订单数量不够，未成交部分也可以市价订单形式留在订单簿。

有些市场（如 Euronext）规定，必须执行订单一般不能与市价订单同时使用，某一类证券适用必须执行订单，则不能适用市价订单，反之反是。

（5）最低数量订单。最低数量订单是指明了必须成交的最低数量的订单，如果不能满足这一要求，则不成交。一般地（如 Euronext 规定），投资者只能在连续交易时段下达最低数量订单。最低数量订单通常用于较大数额的订单。

（6）最小满足数量订单。最小满足数量订单指在指定了价格和订单总数量的同时，也指定最小满足数量的订单。订单在分拆成交时，每次成交的数量不能低于所指定的最小满足数量。

最小满足数量订单有一种特殊情况，即指定的最低数量等于订单的总数量，也就是说该订单只能同反向的一个订单成交，这种订单也称为全额单笔订单。

(八)冰山订单

冰山订单是隐藏部分订单数量(不在系统中公开显示)的订单,也称隐藏订单或保留订单。投资者可指明披露的数量(即峰值),若该披露的部分得到成交,则系统自动披露该订单的另一个峰值(等于投资者指明的可披露数量)。目前,各国冰山订单的新披露数量的时间顺序均采取新披露的时间,而不是冰山订单最初输入系统的时间。

冰山订单主要用于大宗交易,是机构投资者和基金经理的工具,可使市场参与者能够输入大额订单到订单簿而不显示其全部数量。冰山订单的好处是,可使市场参与者在输入大额订单时,不会导致不利的价格影响。冰山订单的基本特点有以下几点。

(1)冰山订单通常规定最低的订单总数量和最低峰值(显示的)数量。峰值数量向市场上的所有参与者披露,但总数量只有下达该冰山订单的会员才可以看到。投资者下达冰山订单须指明数量和峰值数量两个指标。如法兰克福证券交易所规定,DAX指数成分股的最小订单数量为1万股,最小峰值为1 000股。

(2)冰山订单的总数量和峰值数量均必须是整手数或整手数的倍数,系统不接受零股订单。

(3)订单到达系统后,其峰值即予以显示,并按照价格优先、时间优先原则参与撮合。一旦该峰值数量全部得到撮合,系统自动显示另一个峰值数量(数量等于前一个峰值),新峰值将以其新显示的时间参与排序,即排在系统中已有的与冰山订单同等价格的订单的最后。该过程一直继续下去,直到该冰山订单全部成交。

(4)最后一个峰值数量(没有隐藏数量时冰山订单的剩余数量)允许与以前各峰值数量不同,并可以低于规定的最低峰值数量。

(5)投资者可以随时修改冰山订单的峰值,通常(如法兰克福交易所规定),如果订单已部分成交,则只在总数量满足最低订单数量的要求时,修改才能生效。

(6)冰山订单在集合竞价阶段和连续交易时段的处理方式。在集合竞价阶段,冰山订单以其全部数量(而不是峰值数量)参与竞价和撮合。在集合竞价时,冰山订单也可以和其他零股订单匹配。如果冰山订单在集合竞价时段得到部分执行,且剩余的订单总数不足最低的订单数量要求,该冰山订单仍然可只显示峰值,隐藏其余数量。

(7)冰山订单一般只在当日有效,而且冰山订单通常不能附加"开盘市价"等条件,即在开盘时不能输入市价或市价转限价的冰山订单。

三、订单优先规则

(一)订单优先基本原则

综合各国证券市场的实践,订单匹配的优先原则主要有以下九种。

(1)价格优先。价格优先原则指交易所(或做市商)在对投资者的订单进行撮合时,按照价格的大小的原则进行排序,较高的买进价格订单优先满足于较低的买进价格订单,较低的卖出价格订单优先满足于较高的卖出价格订单。

在实行价格优先原则的证券交易市场,证券成交的决定原则一般是:①在口头唱价时,最高买进订单与最低卖出订单的价位相同时,即为成交;②在计算机终端申报订单和柜台书面申报订单情况下,除遵循口头唱价的原则外,如买(卖)方的订单价格高(低)于卖(买)方的订单价格,采用双方订单价格的平均中间价位。

(2) 时间优先。时间优先原则也称先进先出原则,指当存在若干相同价格的订单时,最早进入系统的订单优先满足于其后的订单。

(3) 按比例分配。按比例分配原则是指所有订单在价格相同的情况下,成交数量基于订单数量按比例进行分配。纽约证券交易所的大厅交易、芝加哥期权交易所等采取了按比例分配的订单优先原则。

(4) 数量优先。在价格一样且无法区分时间先后的情况下,有些交易所规定应遵循数量优先原则。数量优先原则有两种形式:一是在订单价格相同且时间也相同的情况下,订单数量较大者优先满足于订单数量较小者;二是在数量上完全匹配的订单(即买进订单和卖出订单在数量上相等)优先满足于数量上不一致的订单。第一种形式使得经纪商优先处理数量较大的订单,因而提高了流动性;第二种形式则减少了订单部分执行的情况。

(5) 随机优先。随机优先原则指由系统随机决定订单的优先顺序。一般地,在按比例分配的情况下,数额太小的订单随机分配。

(6) 客户优先。客户优先原则通常指在同一价格条件下,公共订单优先满足于经纪商自营账户的订单。纽约证券交易所采取这一原则,客户的订单优先满足于专家的自营订单。客户优先原则减轻了客户与经纪商自营之间的利益冲突。

(7) 做市商优先。做市商优先原则与客户优先原则相反,指做市商可在其已经作出的报价上,优先于客户的与该报价一样甚至比该报价更优惠的限价订单,与新进入市场的订单进行成交。纳斯达克市场在新的限价订单保护规则实施以前,采取的就是做市商优先原则。

(8) 经纪商优先。经纪商优先原则是指当订单的价格相等时,应让发出这个订单的经纪商选择与之匹配的订单,经纪商也可将订单内部化,以自己的其他订单与该订单匹配。

(9) 披露优先。此即先披露的订单具有更高的优先顺序。披露优先规则主要适用于冰山订单,冰山订单的隐藏部分比公开披露订单具有更低的优先顺序。

(二) 各国证券市场订单优先原则实践

在以上这些匹配原则中,价格优先原则是各国证券市场普遍采取的订单匹配优先原则,而且被作为首要的优先原则,即第一优先原则。但在第二乃至第三、第四等优先匹配规则方面,各国之间的差别很大。第二优先原则是指当按照第一优先规则,订单匹配次序相同时(如第一优先匹配原则是价格优先,那么当订单的价格相同时)应遵循的优先原则。第三、第四优先原则以此类推。

不少国家的证券市场把时间优先原则作为订单匹配的第二优先原则。但也有些市场采取按比例分配、数量优先、客户优先等匹配原则。

第三节　证券交易过程

我国的两大证券交易所(深圳证券交易所和上海证券交易所)实行的都是会员制,一般客户不能够直接进入证券交易所从事场内证券交易,而是需要委托中介机构(证券商、证券经纪人)代理证券交易。客户的委托买卖是证券交易所交易的最基本方式,是指投资者委托证券商或经纪人代理在场内进行证券买卖交易的活动。股票交易在我国证券交易市场上占绝对主导地位,本书以股票交易为例来说明证券交易的一般过程。股票的交易程序一般包括:开户,委托买卖,竞价成交,清算、交割及过户等。

一、开户

客户开设账户,就是投资人要在选定的证券商处为自己分别开设一个存放股票及资金的账户。它是投资者委托证券商或经纪人代为交易股票时与证券商或经纪人签订的委托买卖股票的契约,确立双方为委托与受托的关系。

(一) 股票账户

目前股票交易实行的都是无纸化交易,股民虽是股票的拥有者,但并不占有股票实物,所有的股票都采取记账式管理,且都按规定托管在证券登记公司或证券商处,所以股民需要开设一个股票账户以作为股票的"保管箱",以便准确地记录股票的数量及股票的交易过程。

股民开设股票账户,一般要到证券中央登记结算公司在各地的开户代理机构处申请办理。自然人开立股票账户时需要携带本人身份证和本地银行的通存通兑存折,并按规定填好表格,交纳一定的费用之后就可领取股东账户卡。法人申请开户时,还需要提供法人营业执照或注册登记证书复印件、法定代表人或董事会证明书和授权委托书,以及经办人的有效身份证明及复印件等。股东账户卡上的股东代码是股民进入股市买卖股票的唯一账号。这个账户将准确无误地记录股票进出数量和存量,它是股民进行股票交易的依据。同时当股民办理股票的查询、过户、托管及挂失、领取红利和配股权证或支取现金等手续时,证券商一般都要求股民出示股东账户卡。

(二) 资金账户

投资人买卖股票时,股民的资金并不是买入股票时就交给证券商、卖出后就立即提走,而是存放在证券商处,所以股民还需在所委托的证券商处开设一个资金账户,以方便股民资金的进出和保管。

在开立股票账户后,投资人就要选择一家证券公司的营业部作为自己买卖证券的代理人,开立资金账户和办理指定交易。在选择证券公司时,投资人应遵循以下原则。

(1) 证券商必须是经证券主管机关批准的有权经营证券经纪业务的合法机构,并且应有良好信誉。在变化无常的证券市场上从事股票交易,选择一家依法经营、信誉可靠的证券公司作为经纪人,对于保证投资者资产安全、防范风险来说是头等重要的事情。

(2) 证券公司必须取得证券交易所的席位。只有取得席位的证券公司才能派人员进入证券交易所从事股票的买卖。不然的话,证券公司只能再委托其他获得席位的经纪人代理买卖,这样将会徒然增加委托买卖的中间环节,增加投资者买卖股票的费用。

(3) 证券公司的地理位置便利,业务状况良好,工作人员的办事效率高,公司的交易设施完备、先进,收费合理等。

有了股票账户与资金账户后,股票的交易就方便多了。在买入股票时,证券商可按股民的指令从资金账户中将应付的股票款和其他费用划出,而将买入的股票存放在股票账户内;而当卖出股票时,证券商可按相应的指令将其股票从股票账户中"取出",将应收的款项存放在资金账户中。

开立账户之后,投资者与证券公司作为授权人和代理人的关系就基本确定。投资者作为授权人委托证券公司买卖股票,证券公司作为代理人负有认真执行客户的委托的责任,并为客户的委托事项保守秘密。任何一方如果失信,将承担违约责任。

二、委托买卖

一般股票投资人不能进入证券交易所直接交易,只能委托证券商买卖股票。股票委托买卖的过程是:投资人下委托单给证券商,证券商通过其场内交易员将委托人的买卖指令输入计算机终端,各证券商的场内交易员将发出的指令一并输入交易所计算机主机,由主机撮合成交,成交后由证券商代理投资人办理清算、交割和过户手续。

(一) 委托买卖的方式

证券交易委托买卖由传统的人工委托方式发展到今天网上电脑委托的方式,目前在我国沪、深股市中多种委托交易方式并存。

(1) 人工委托,也称柜台委托。人工委托是最传统的委托方式,由投资人填写股票买卖委托单,确定具体的委托内容与要求,由证券商代理股票的买卖。

(2) 电话委托。委托人以电话形式委托证券商,确定具体的委托内容和要求,由证券商、经纪人受理股票的买卖交易。电话委托需要事先到证券公司办理登记手续,并交纳一定的费用。

(3) 传真、信函委托。委托人以传真、信函的形式,将确定的委托内容与要求传真、邮寄给证券商,委托他们代理买卖股票。

(4) 电脑自助委托。电脑自助委托是通过与证券交易所联网的电脑终端来完成股票的委托买卖,是一种方便、快捷的委托交易方式。电脑自助委托也是目前我国大部分中小散户最主要的交易方式。

(5) 互联网委托。随着信息技术的迅速发展,互联网已逐步进入千家万户,越来越多的股民可以足不出户通过登录互联网来委托证券商交易股票。通过互联网委托买卖股票的交易佣金往往较其他方式更加低廉。

(二) 委托单的基本要素

股票交易委托单是投资人委托证券商买卖股票的交易指令,直接关系到交易的成功与否,因此应当详尽地描述相关的交易信息。委托单主要应包含以下基本因素。

(1) 日期、时间。应具体到填写委托单的年、月、日以及时刻。

(2) 委托交易的证券品种。品种指证券名称,证券名称通常有全称、简称和证券代码三种形式。

(3) 委托交易证券的数量。我国沪、深股市规定股票的基本交易单位为100股,称为一手,债券的基本交易单位为10 000份。每次委托买入的股票数量必须是100股(一手)的整数倍,而每次卖出时则可以是100股以下。

(4) 委托交易证券的价格。价格委托有两种形式,即市价委托和限价委托。市价委托是指委托人在委托证券商代理买卖股票的价格条件中,明确其买卖可随行就市。也就是说,证券商按照执行委托指令时的市场价格买入或卖出股票。

上海证券交易所可以接受以下两种方式的市价申报:①最优五档即时成交剩余撤销申报,即该申报在对手方实时最优五个价位内以对手方价格为成交价逐次成交,剩余未成交部分自动撤销;②最优五档即时成交剩余转限价申报,即该申报在对手方实时五个最优价位内以对手方价格为成交价逐次成交,剩余未成交部分按本方申报最新成交价转为限价申报;如该申报无成交,按本方最优报价转为限价申报;如无本方申报,该申报撤销。

深圳证券交易所可以接受以下五种方式的市价申报:①对手方最优价格申报,以申报进入交易主机时集中申报簿中对手方队列的最优价格为其申报价格。②本方最优价格申报,以申报进入交易主机时集中申报簿中本方队列的最优价格为其申报价格。③最优五档即时成交剩余撤销申报,以对手方价格为成交价,与申报进入交易主机时集中申报簿中对手方最优五个价位的申报队列依次成交,未成交部分自动撤销。④即时成交并撤销申报,以对手方价格为成交价,与申报进入交易主机时集中申报簿中对手方所有申报队列依次成交,未成交部分自动撤销。⑤全额成交或撤销申报,以对手方价格为成交价,如与申报进入交易主机时集中申报簿中对手方所有申报队列依次成交能够使其完全成交的,则依次成交,否则申报全部自动撤销。

限价委托是指委托人在委托证券商代理股票买卖过程中,明确规定买入股票的最高价和卖出股票的最低价,并由证券商在买入股票的限定价格以下买进,在卖出股票的限定价格以上卖出。即买入成交价必须低于或等于投资人申报价格,卖出成交价必须高于或等于申报价格。投资者在对证券买卖报价时应以0.01元为价格的基本变动单位。

(5) 委托有效期,沪、深证券交易所均实行当日有效的委托制度。

(6) 其他,包括股票账号、资金账号以及投资人签名等。

三、竞价成交

证券商在接受客户委托后,会立即通知其在证券交易所的经纪人去执行委托,将客户的委托内容报告与证券交易所内的自动撮合系统参加集合竞价或连续竞价,证券交易所内的交易系统会根据价格优先及时间优先的原则,对符合条件的委托予以成交。

（一）竞价成交的原则

竞价成交的基本原则有价格优先、时间优先,即较高买进申报优先满足于较低买进申报,较低卖出申报优先满足于较高卖出申报;同价位申报,先申报者优先满足。如买(卖)方的申报价格高(低)于卖(买)方的申报价格,采用双方申报价格的平均中间价位;如买卖双方只有市价申报而无限价申报,采用当日最近一次成交价或当时显示价格的价位。除了上述的优先原则外,市价买卖优先满足于限价买卖。

（二）竞价方式

竞价方式主要有集合竞价和连续竞价两种形式。集合竞价,即在某一规定的时间内由投资者按照自己的心理价位自由地进行买卖申报,然后由电脑交易系统对全部的申报按照价格优先、时间优先的原则进行排序,并在此基础上形成一个基准价格。

上海证券交易所规定,每个交易日的9点15分至9点25分为开盘集合竞价时间,9点30分至11点30分、13点至15点为连续竞价时间。每个交易日9点20分至9点25分的开盘集合竞价阶段不接受参与竞价交易的撤销申报;在其他接受申报的时间内,未成交申报可以撤销。

上海证券交易所的证券的开盘价通过集合竞价方式产生,不能产生开盘价的,以连续竞价方式产生;证券的收盘价为当日该证券最后一笔交易前一分钟所有交易的成交量加权平均价(含最后一笔交易)。当日无成交的,以前收盘价为当日收盘价。

深圳证券交易所规定,每个交易日的9点15分至9点25分为开盘集合竞价时间,9点30分至11点30分、13点至14点57分为连续竞价时间,14点57分至15点为收盘集合竞价时间。每个交易日9点20分至9点25分、14点57分至15点的开盘集合竞价阶段不接受撤单申报。

深圳证券交易所的证券的开盘价通过集合竞价方式产生,不能通过集合竞价产生的,以连续竞价方式产生。证券的收盘价通过集合竞价的方式产生。收盘集合竞价不能产生收盘价或未进行收盘集合竞价的,以当日该证券最后一笔交易前一分钟所有交易的成交量加权平均价(含最后一笔交易)为收盘价。当日无成交的,以前收盘价为当日收盘价。

（三）涨跌幅限制

沪、深证券交易所为规范证券交易市场,保证市场的稳定发展,保护广大投资者利益,于1996年12月16日起对两所上市和交易的股票(含A、B股)、基金类证券的交易实行价格涨跌幅限制。即规定在单个交易日内,股票或基金的交易价格相对于上一日收盘价格的上涨和下跌幅度不得超过10%。涨幅价格上限:上一交易日收盘价×110%;跌幅价格下限:上一交易日收盘价×110%。但对于首日上市交易的股票,其交易价格不受±10%的涨跌幅限制。对于ST和*ST等被实施特别处理的股票,则实行±5%的涨跌幅限制。

四、清算、交割及过户

股票竞价成交后,接下来就要进行清算与交割。清算与交割是指在约定的时间期限内,将达成交易的股票及其对应的款项收付了结。

(一)清算

清算一般是指由投资人受托的证券商之间通过证券交易所的中央清算机构就双方应收或应付的股票或款项进行冲抵的结算过程,即将买卖股票的数量和金额分别予以抵消,然后通过证券交易所交割股票或价款的净差额的一种程序。

清算工作由证券交易所组织,各证券商统一将证券交易所视为中介人来进行清算,而不是各证券商和证券商相互之间进行冲抵清算。交易所作为清算的中介人,在股票清算时,向股票卖出者收进股票,向股票买入者付出股票;在价款清算时,向股票卖出者付款,向股票买入者收款。

清算程序使得证券商只需和交易对方交割股票或价款的净差额,而不必逐笔交割,从而减少了证券交易所实际交割的股票与价款,节省大量的人力、物力和财力。

(二)交割

股票清算完成后,即办理交割手续。所谓交割就是卖方向买方交付股票而买方向卖方支付价款,交割是对成交结果的确认。交割手续实际分为两个过程,即证券交易所与证券商间的交割和证券商与投资委托人之间的交割。

证券交易所清算部在每日闭市时,计算出各证券商应收应付价款的相冲抵后的净额及各种证券应收应付相抵后的净额,编制出各证券商的"清算交割表"。各证券商在对"清算交割表"核对无误后,与证券交易所办理交割手续。

证券商在所受投资人委托的股票买卖成交后,会填写买进(卖出)确认书。证券商会于成交后的第二个营业日通知委托人(或以某种形式公告),在该日下午办理交割手续,如遇到节假日,则顺延一天。买卖确认书应详细记载委托人姓名、股东代号、成交日期、证券种类、股数或面额、单价、佣金、手续费、代缴税款、应收或应付金额、场内成交单号码等事项。

沪、深证券交易所实行的是 T+1 交割制度,对于一般投资人来说,当日买进的股票只能在下一交易日卖出,同样当日卖出的股票只能在下一交易日取款。但证券商则可以根据交易所传回的实时成交数据进行实时清算,使卖出的股票资金当日即可买入股票。

(三)过户

随着股票买卖交易的完成,当股票从卖方转给买方时,就表示原有股东拥有权利的转让,新的股票持有者则成为公司的新股东。老股东(即卖主)丧失了他们卖出的那部分股票所代表的权利,新股东则获得了他所买进那部分股票所代表的权利。由于股东的姓名及持股情况均记录于公司股东名簿上,因此必须及时变更股东名簿上相对应的内容,这就是通常所说的过户手续。上海证券交易所和深圳证券交易所都采用了先进的电脑自动过户手段,买卖双方一旦成交,过户手续就同时办理。

(四)交易费用

证券交易体系是一个纷繁复杂的系统,证券交易需要证券交易所、证券公司、结算公司等多方面的通力合作与配合。因此证券交易会产生各种费用,这些费用在清算交割阶段了结。目前,沪、深证券交易所的交易费用主要有以下几种。

(1) 委托手续费。委托手续费是投资者在办理委托买卖证券时所给证券商的交纳一项费用,一般是用于单据、通信方面的开支,按委托买卖证券的笔数计算,如一笔(或买卖一次)收5元人民币,对于大户投资者,多数证券商进行减免或干脆不收此项费用。

(2) 印花税。印花税的收费比例为:按成交金额的0.1%由卖方支付;基金、国债不收印花税。

(3) 佣金。佣金是按实际成交金额的规定比例计收的。当前A股股票的计收比例为小于成交额的0.3%,起点为5元。

(4) 过户费。过户费是指委托买卖的股票、基金成交后买卖双为变更股权登记所支付的费用。这笔收入属于证券登记清算机构的收入,由证券经营机构在同投资者清算交割时代为扣收。

(5) 市场监管费。市场监管费是指根据国家证券主管机关的规定,证券主管机关向证券商征收的一项费用,证券商不得将此项费用转移到投资者头上。由证券登记结算机构在每日结算中向证券商扣收,然后再转交交易所和证管会。

重要概念

证券市场微观结构　金融市场交易机制　做市商制度　集合竞价　连续竞价　市价订单　限价订单　止损订单　冰山订单　价格优先原则　时间优先原则

思考练习题

1. 什么是金融市场交易机制?金融市场交易机制对证券市场有哪些直接影响?
2. 做市商必须具备哪些条件?做市商制度有哪些特点?
3. 简述报价驱动制度的优点和不足。
4. 简述指令驱动制度的优点和缺点。
5. 不同的交易机制,各自的价格确定过程特点是什么?
6. 什么是市价订单?市价订单具有哪些优点和不足?
7. 简述限价订单的优点和风险。
8. 止损订单和限价订单存在哪些差别?

案例讨论

平移上市北交所,贝特瑞:负极龙头企业,有望迎来新发展

0 引言

证券交易所作为资本市场的重要金融基础设施,是连接实体经济、资本、科技的枢纽和平台,在促进资本形成、提高资源配置效率、推动实体经济发展等方面发挥着重要作用。2021年9月2日,国家主席习近平在中国国际服务贸易交易会全球服务贸易峰会上宣布设立北京证券交易所(以下简称"北交所"),打造服务创新型中小企业主阵地。

自20世纪90年代初中国开启资本市场直接融资以来,已经有上海证券交易所和深圳证券交易所,根据Wind统计,截至2021年12月31日,全部主板共上市3 136家公司,科创板上市377家公司,创业板上市1 090家公司。北交所自宣布设立之日起,便按下了市场建设的"快进键"。

1 新舞台的感召力:龙一贝特瑞平移上市北交所

贝特瑞全称深圳市贝特瑞新能源材料集团股份有限公司,成立于2000年8月,2015年12月挂牌新三板,2020年7月晋级新三板精选层,2021年11月上市北交所,目前在北交所市值排列第一。贝特瑞隶属于中国宝安集团,是行业内突出的新能源材料研发与制造商,主要从事锂电池材料的研发、生产及销售等多个领域。公司拥有完整的负极材料价值产业链,负极材料出货量连续9年位列全球第一,是全球锂电池负极材料龙头企业,同时也是《锂离子电池石墨类负极材料》国家标准制定者。

但出乎意料的是,贝特瑞虽然早已是负极材料的龙头,但此前在新三板鲜有关注度。具体而言,贝特瑞在2015年底上市之后的三年内,股价不但没涨,反而相比上市初跌去了7.37%,即使贝特瑞当时主要的客户已包括松下、LG、三星等国际大牌厂商。

2020年,贝特瑞、璞泰来和杉杉股份负极材料的市场占有率分别为22%、18%、17%,贝特瑞作为负极市场占有率最高的企业,因挂牌于新三板,企业价值远低于其他A股市场锂电池材料龙头企业。如图7.1和图7.2所示,宣布设立北交所后,贝特瑞的成交量和成交额开始飙升,贝特瑞的市值迅速涨至911.89亿元,超过了杉杉股份624.4亿元的总市值,与璞泰来的差距逐渐缩小,市盈率也大幅提升。①

究其原因,新三板虽然是中、小企业的舞台,但毕竟受困于流动性,再好的演员也没有人捧场。

如图7.3所示,在北交所设立(2021年9月3日)当天,贝特瑞的AR与CAR呈直线上涨,此后的15天,CAR更是上升至9月22日最高点46.97%,短期市场反应活跃。这表明宣布设立北交所后,投资者对公司重新进行了评价,并给予了更高的期望。总体来说,市场对于此次事件是持积极态度的,贝特瑞也赢得了外界投资者的支持,并使其相信未来平移北交所后价值将会上升,市场认可度将会更高。

---

① 张茜,齐心.新三板企业平移北交所的动机与效果研究——以贝特瑞公司为例[J].湖北经济学院学报(人文社会科学版),2023,20(3):69-74.

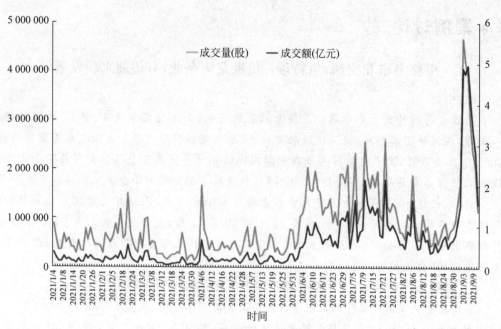

图 7.1 贝特瑞的历史成交量和成交额

资料来源：Wind。

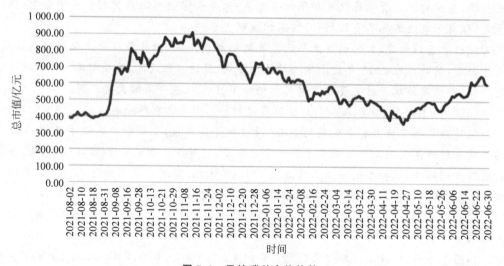

图 7.2 贝特瑞总市值趋势

总的来说，新三板的流动性不佳，投资门槛高，导致的结果就是舞台人气暗淡，台上演员表演得再好，也终究是顾影自怜。现在北交所来了，新三板甚至未上市的中小企业们，终于有了合适自己的舞台。

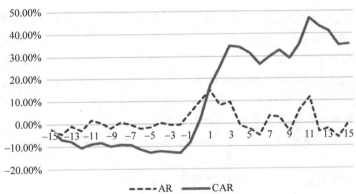

图 7.3　贝特瑞超额收益率(AR)和累计超额收益率(CAR)变化趋势

2　北交所：资本市场服务创新型中小企业的战略高地

在北交所成立之前,我国的资本市场由上到下分为四个层次:①主要服务于成熟、大型企业的沪深主板;②主要服务成长性高、科技水平高企业的创业板和科创板;③服务于创新型中小微企业的新三板;④服务特定区域内企业的区域性股权市场。然而,新三板发展缓慢,尽管短时间吸引了上万家企业挂牌,但很快大量的优质中小企业纷纷离场,因此资本市场体系实际上存在着断层。

北交所在我国多层次资本市场中承上启下,构建适宜创新型中小企业成长的高标准市场体系机制,是激发市场活力、提高资源要素市场化配置水平的内在需求,也是促进创新资本形成,构建"投早、投小、投创"市场生态的关键举措。设立北交所后我国资本市场结构如图 7.4 所示。

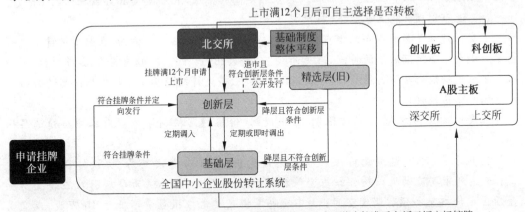

图 7.4　设立北交所后我国资本市场结构

北交所制度:高效、包容、灵活、普惠,创新服务中小企业

(1) 发行上市制度:服务早小新、高效又包容

以服务"小、早、新"定位:主要服务创新型中小企业,重点支持先进制造业和现代服务业等领域的企业,推动传统产业转型升级,培育经济发展新动能,促进经济高质量发展。

上市条件:平移精选层,新三板挂牌满一年的创新层公司,强调"反哺"创新层和基础层。

高效审核:北交所企业发行上市由北交所审核,并在证监会进行注册。北交所可以设立行业咨询委员会,负责为发行上市审核提供专业咨询和政策建议。交易所需在2个月内出具审核意见,发行人及中介机构回复问询时间3个月内,上市委暂缓审议时间2个月内。

发行与承销:采用直接定价、网上竞价和网下询价三种方式定价,引导契合中小企业特征的市场化定价行为;灵活的战略配售制度,无须底仓的现金申购制度,普惠的网上分配制度,降低中小企业融资成本。

(2) 再融资制度:灵活又多元、自办和储架

融资品种多样:普通股、优先股、可转债等;发行机制灵活:引入授权发行、自办发行、储架发行。

(3) 减持限售制度:限售限制少、减持需公告

北交所上市公司的股份限售安排总体上保持精选层公众持股不限售制度要求不变,同时,吸收上市公司限售理念做一定调整:新增公司董监高所持股份上市后限售12个月的法定要求;新增未盈利、重大违法违规及重大违法强制退市情形下对大股东、董监高的限售要求。

(4) 信息披露制度:京沪深接轨、保护投资者

北交所充分借鉴沪深交易所成熟制度框架,在保证内在逻辑一致基础上,根据中小企业发展阶段和成长规律在细处完善优化,提高披露信息的针对性、有效性和可读性,构建了契合中小企业成长特征的信息披露规则体系。

(5) 股权激励制度:延续新三板、凸显优越性

定价机制灵活,包括允许限制性股票授予价格低于市场参考价的50%;允许股票期权行权价格低于市场参考价,但同时需要聘请独立财务顾问说明定价依据及合理性。同时,授予比例上限高:考虑中小企业对核心人员依赖度高的特点,沿用股权30%激励比例上限。

(6) 退市制度:能上也能下、持续提质量

北交所建立了多元组合的退市标准,科学通畅的退市流程。一方面,在制度设计上充分包容中小企业高经营风险的特点,避免市场"大进大出";另一方面,充分借鉴科创板、创业板及主板市场规则及运行经验,科学出清重大违法、丧失持续经营能力等极端情形的公司。

(7) 交易规则

北交所的交易方式、涨跌幅限制、申报规则、价格稳定机制等核心内容均与精选层保持不变。

交易方式:盘中连续竞价+开收盘集合竞价,并配有大宗交易、协议转让等交易方式;考虑到市场流动性以及公募基金等机构投资者的交易需要,为今后引入混合交易和盘后固定价格交易预留制度空间;大宗交易需满足单笔申报数量不低于10万股,或交易金额不低于100万元的要求。

涨跌幅限制及申报有效价格范围:北交所交易涨跌幅限制比例为前收盘价的±30%,上市首日不设涨跌幅限制;连续竞价阶段设置基准价格5%(或10个最小价格变动单位)的申报有效价格范围。

(8) 投资者适当性:北交所创新层准入门槛双降,引多元投资主体

北交所投资者门槛从100万元降为50万元,与科创板投资者准入门槛保持一致,创新层同步下降至100万元;新老划断:北交所开市前已经开通一、二类权限的投资者,均可交易北交所股票;北交所开市后开通一、二类权限的投资者,符合北交所条件的,可以

交易北交所股票。

（9）税收规范：比照沪深收、优惠待明确

第一，比照 A 股市场，发挥正向作用。伴随北交所的正式设立，发行及交易的公众化程度明显提升，利于新三板税收制度继续向 A 股市场的对标看齐。从机构和个人投资者看，因个人免征转让环节的增值税，对二级买卖的差价收入免征个税，整体个人投资者的税负较机构更低。

第二，创业投资企业个人合伙人所得税优惠。为支持创投企业发展，创投企业可以选择按单一投资基金核算或者按创投企业年度所得整体核算两种方式之一，计算个人合伙人所得税应纳税额。

第三，股权激励和技术入股相关的所得税。非上市公众公司（包括新三板基础层、创新层企业）股权激励可递延纳税，实质降低了个人税负。

3 北交所与沪深交易所相互促进、错位发展

北交所的成立背景与纳斯达克全国市场相似，纳斯达克成立初期定位于中小企业，自苹果等科技型企业登陆后，交易所因势利导，将这些科技型企业划分到一个专门的市场板块——纳斯达克全国市场，为其提供精准融资服务。

北交所则由新三板精选层平移而来，以打造"专精特新"示范效应为目标，与上交所和深交所是错位竞争、互相促进的，可以形成合力，有利于全面提高我国资本市场服务实体经济的效率。表 7.3 列示了三个交易所部分方面的异同。

表 7.3 北交所、上交所、深交所对比

项目	北交所	上交所主板	深交所主板	上交所科创板	深交所创业板
成立时间	2021年9月3日	1990年12月1日	1990年11月26日	2019年6月13日	2009年10月30日
服务对象	创新型中小企业和专精特新中小企业	大型企业为主	大型企业为主	高新技术/战略性新兴产业	创新型/成长型企业
涨跌幅限制	30%	10%	10%	20%	20%
交易机制	竞价交易、大宗交易、盘后固定价格交易、协议转让、融资融券等交易方式	集合竞价+连续竞价、大宗交易	集合竞价+连续竞价、大宗交易	集合竞价、大宗交易、盘后固定价格交易	集合竞价、大宗交易、盘后固定价格交易
组织系统	公司制	会员制	会员制	会员制	会员制
交易申报	竞价交易单笔申报应不低于100股，每笔申报可以1股为单位递增，卖出股票时余额不足100股的部分应当一次性申报卖出	通过竞价交易买入股票的，申报数量应当为100股或其整数倍。单笔申报最大数量不得超过100万股	通过竞价交易买入股票的，申报数量应当为100股或其整数倍。单笔申报最大数量不得超过100万股	科创板限价申报的单笔申报应当不小于200股，且不超过10万股，市价申报的单笔申报应当不小于200股，且不超过5万股	创业板限价申报的单笔申报不得超过30万股，市价申报的单笔申报不超过15万股

资料来源：张茜，齐心. 新三板企业平移北交所的动机与效果研究——以贝特瑞公司为例[J]. 湖北经济学院学报（人文社会科学版），2023，20(3)：69-74；北京产权交易所[EB/OL]. https://www.cbex.com.cn/gz/.

启发思考题

1. 在内地已有两个证券交易所的基础上,为什么还成立新的交易所呢?
2. 简述北交所与沪交所、深交所交易机制的不同之处。
3. 简要评析北交所未来发展方向。
4. 企业及投资机构又如何更好认知及利用北交所?

 即测即练

第八章 有效市场假说与行为金融理论

本章学习目标

1. 掌握有效市场假说的三种形式。
2. 了解有效市场理论的缺陷。
3. 了解行为金融学的心理学基础。
4. 掌握有限套利及其相关证据。

引导案例

沃伦·巴菲特是当代著名的投资大师,深受他的导师格雷厄姆投资理论的影响,同时也接受了费雪的部分投资理论。巴菲特运用行为金融学的原理,识别市场中的非理性行为,寻找投资机会,成功地运用反向投资的基本原理创造了股票市场积累财富的传奇。

1964年,巴菲特刚刚管理伯克希尔·哈撒韦时,伯克希尔每股账面价值约为19.46美元,至今已经达到数万美元,其间,伯克希尔每股账面价值年复合增长率约为24%。同时,巴菲特在中石油上的成功投资注定要使每个中国股票市场的价值投资人感到震撼。2003年4月,香港恒生指数经过长年下跌,跌回了十年前,最低达到8 409点。就在这个时候,巴菲特悄然买入中国石油的H股,共投资了4.88亿美元,买入23.4亿股,每股买入均价约为1.6港元,占公司总股份的1.3%,成为中国石油第三大股东。巴菲特在5年后的2007年7—10月,全部卖出了中国石油的股份,每股卖出价平均为13.5港元,卖出总市值约为40亿美元。税前投资收益约为35.5亿美元,不包括分红的总投资收益率为7.3倍,年均复合投资收益率约为52.6%。另外,在这5年里,伯克希尔共收到税后分红约2.4亿美元。

在2007年的致股东信中,巴菲特讲道:"在去年,两个因素使其价值急速上升:原油价格大幅上涨;中石油的管理层在建立石油和天然气的储备上做了卓有成效的工作。去年下半年,中石油的市值上升至2 750亿美元,这是与其他石油巨头相比较合理的价格。于是我们以40亿美元将其卖出。"巴菲特买股票的理由之一即他一贯说的一条准则"在别人贪婪的时候恐惧,在别人恐惧的时候贪婪"。

资料来源:闫雪玲.民营企业应对做空的措施研究——基于辉山乳业、中国宏桥和达利食品的多案例解析[J].管理会计研究,2018,1(3):48-58,87-88.

第一节 有效市场理论的基本内容

一、有效市场假说的理论基础

有效市场假说的理论基础由三个逐渐弱化的假设组成：①假设投资者是理性的，因此投资者可以理性地评估资产价值；②即使有些投资者不是理性的，但由于他们的交易随机产生，交易相互抵消，不至于影响资产的价格；③即使投资者的非理性行为并非随机而是具有相关性，他们在市场中将遇到理性的套利者，后者将消除前者对价格的影响。

首先，有效市场假说是理性投资者相互竞争的均衡结果。如果投资者是理性的，他们能准确地将资产价格定为其基本价值（未来现金流的贴现值）。投资者一旦获得关于基本价值的任何信息，将对已经获得的即使是少量的信息积极进行交易。这样一来，他们把信息迅速融入价格，同时消除了使他们产生行动的获利机会。如果这种现象与市场无摩擦、交易无成本的理想条件同时发生，价格必然反映所有信息，投资者从基于信息的交易中将不会获利。

第二个假设提出，并不因为投资者理性的假设不成立，有效市场假说就不成立。在许多情况下，虽然部分投资者非完全理性，但市场仍然是有效的。这是因为非理性投资者的交易是随机的。如果存在大量的非理性投资者，而且他们的交易行为是不相关的，他们的交易很可能相互抵消。在这样的市场中，非理性投资者相互交易，即使交易量很大，也不会影响资产价格。

第三个假设是根据投资者之间的交易相关性提出的。第二个假设的前提条件是非理性投资者的交易策略之间不具备相关性，这与实际情况不吻合，因此具有一定的局限性。但是有效市场理论认为，即使在投资者的交易策略相关时，该理论也成立。假设某股票的价格由于非理性投资者的相关购买行为而高于基本价值，聪明的投资者一旦发现这一事实，会出售甚至卖空该股票而同时买入一个近似替代资产来规避风险。可替代资产的存在性和完全市场假设紧密联系，这对套利十分重要，因为它允许投资者从不同的金融资产中获得相同的现金流。如果存在替代资产，套利者执行交易，则肯定获得一个无风险的利润。套利者的出售结果使得资产价格回落至基本价值。如果套利足够迅速和有效，套利者相互竞争以获取利润，资产价格决不会远离基本价值。套利者也不能获得很大的无风险利润。因此只要资产之间具有相似的替代关系，即使部分投资者不理性或者他们的需求具有相关性，套利也可以将资产价格保持在基本价值的附近。

有效市场假说的理论推导逻辑性十分强，也十分全面。当人们理性时，市场根据定义是有效的。当有些投资者不理性时，大量的交易是随机的，因此他们对市场不形成系统的价格偏差。套利者的竞争保证了价格即使产生了系统性的偏差，也会回归基本价值。最后，如果非理性交易者以偏离基本价值的价格交易时，他们的财富将逐渐减少，最后不能在市场中生存。

二、有效市场假说的三种形式

Fama将证券市场中的信息区分为三种类型,也由此引出了有效市场假说三种类型。

(一)弱式有效

证券价格包含了以往价格的所有信息,如以往证券价格收益率。如果这是正确的,投资者就无法利用过去证券价格所包含的信息,评估错误定价的证券,获得超额利润。此时,技术分析将失效。假设投资者风险中性,这种形式的有效假说被简化为随机游走假说。

(二)半强式有效

证券价格包含了所有公开可获得的信息。这些相关信息不仅包括以往证券价格和收益率,还包括所有公开信息,如财务报告信息、经济状况的通告资料和其他公开可用的有关公司价值信息、公开的宏观经济形势和政策信息等。根据半强式有效市场假说,信息只要一公布,所有投资者就会立即反应,从而使价格反映所有公开信息。因此,投资者不仅无法从历史信息中获取超额利润,还无法通过分析当前的公开信息获得超额利润。此时,基于公开资料进行的基本分析毫无用处。

(三)强式有效

强式有效是有效市场的最高形式。所有的公开信息和内幕信息都已经完全反映在当前的价格之中。这些信息包括所有相关历史信息及所有公开信息,还包括仅为少数人,如董事会、经理等所知的内部信息。如果强式有效市场假说正确,尚未公开的内部信息实际上早已泄露出来并反映在证券价格中。在这种情况下,投资者即使拥有内部信息,也无法获得超额利润。此时,资产组合经理会采取消极保守策略,只求获得市场平均收益率。事实上,这是一种无法达到的理想状态。

三、有效市场假说的实证检验

有效市场假说的实证大体上可以分为两大类:一是一旦有影响证券基本价值的新信息冲击市场,证券的价格应该迅速并正确地对信息作出正确的反应。"迅速"是指晚得到信息的人将不可能从中获利;"正确"是指这些信息引起的价格调整恰到好处,既不会反应过度,也不会反应不足。产生的初始影响既不可能形成价格动量,也不可能形成价格反转。二是因为证券的价格变动要服从于其基本价值的变动规律,那么在没有任何有关证券基本价值的信息的情况下,证券价格不应该对因证券供给、需求或者其他因素的变动而有所反应。

根据价格对信息的迅速和正确反应得出的基本假设是,过时信息对赚钱,即获得风险调整后的超额利润没价值。利用过时信息,某种策略一段时间内获得了正的现金流并不能证明市场无效。为了获得超额利润,投资者必须承担风险,这些超额利润是对风险的报酬。计算报酬和风险需要一个合理的模型。检验市场有效性要充分考虑到这种有效性对风险和预期收益模型的依赖。这是后来金融理论实证检验中的主要争论所在。当研究发现了一个根据过时信息进行交易而获得超额利润机会,不管是否有说服力,批评者总能找到各种辩护的理由,特别是风险未及时调整到位的借口,并且会立即提出相应的风险模型,认为超额利润是对风险的合理报酬。

(一) 弱势有效的检验

检验弱式有效性通常使用的方法有收益率的序列相关性检验、游程检验、过滤法则。

1. 收益率的序列相关性检验

收益率的序列相关性检验是检验今天收益率与过去收益率的直线关系。在检验的过程中,通常需要估计一个回归模型:

$$r_t = a + br_{t-1} + \varepsilon_t \tag{8.1}$$

其中,r_t 表示时间 t 的收益率;a 表示与过去收益率不相关的期望收益率;b 表示今天收益率与过去收益率的相关性。假如 $t=0$,那么它表示今天收益率与昨天收益率的相关性。ε_t 表示随机项,并且包含与过去收益率不相关的变量。

需要指出的是,也可以运用该模型来测试超额收益率的相关性,以检验弱式有效性。此时,r_t 表示在时间 t 的超额收益率。例如:Fama 和 MacBeth 使用不同的估计期望收益率的方法进行了一系列检验。他们使用资本资产定价模型来估计某一只证券的期望收益率,然后测试超额收益率(实际收益率减期望收益率)的相关性,并且发现实际上不相关。这表明实际收益率的偏差是随机的,符合弱式有效市场假设。Galai 使用布莱克-斯柯尔斯模型估计期权市场的期望收益率,然后检验超额收益率的相关性。同样,Roll 使用利率的期限结构估计国库券市场的期望收益率,然后检验超额收益率的相关性。他们都发现超额收益率不相关。

另外,也可以用随机游走模型来测试收益率的相关性,以检验弱式有效性。随机游走模型为

$$P_t = P_{t-1} + \varepsilon_t \tag{8.2}$$

其中,P_t 为时期 t 股票的价格或股市指数。由于后期股价或指数对前期股价或指数存在依赖关系,因此,为了消除这种影响,常用收益率代替价格或指数:$r_t = (P_t - P_{t-1})/P_t$ 即指数收益率。

ε_t 为白噪声序列,$E(\varepsilon_t) = 0$,$E(\varepsilon_t, \varepsilon_s) = 0 (t \neq s)$,$\mathrm{Var}(\varepsilon_t) = \sigma_\varepsilon^2$。

如果收益率能通过白噪声检验,就说明股票价格具有随机游走特性,市场达到弱式有效。但该模型的要求过于苛刻,即随机误差项的独立同方差性要求太强。

2. 游程检验

检验股票价格的随机游走过程也可以通过游程检验来进行。它是通过测试价格变化的标志来对股票收益率的相关性进行检验的,可以避开随机游走模型对随机误差项独立同方差的苛刻要求,而且可以消除不正常观察数据的影响。价格上升用"+"表示,下降用"-"表示。同一标志的一个序列称为一个游程。假如价格变化之间呈正相关,那么就有更长的"+"或"-"序列,而不是频繁变化和更小的游程。

当样本足够大时,总游程数 R 趋于正态分布,那么:
$Z=[R-E(R)]/\sigma_R^2$ 就服从标准正态分布 $N(0,1)$,其中,$E(R)$ 为总游程数的平均值,σ_R 为总游程数的标准差。

$$E(R)=\frac{N+2N_AN_B}{N} \quad (8.3)$$

$$\sigma_R=\sqrt{\frac{2N_AN_B(2N_AN_B-N)}{N^2(N-1)}} \quad (8.4)$$

其中,N 为股价变动的总天数;N_A 为股价上升天数;N_B 为股价下降天数。

然后取一定的显著水平 $\alpha=0.05$(或 0.01),并求出临界值,如果计算出的 Z 的绝对值大于临界值,则拒绝假设,即 Z 不服从 $N(0,1)$ 分布,股市不具有弱式有效性;反之,股市达到弱式有效性。相关性检验和游程检验表明,在美国股市,今天的收益率与过去的收益率相关性很小。需要指出的是,虽然一些相关性可以观察到,但市场仍是有效的。投资者交易证券必须支付交易成本。这样,假如相关性很低,利用相关序列的潜在盈利就不足以弥补交易成本。

3. 过滤法则

在一个有效的市场,只要没有新的信息进入市场,价格就围绕公平价格(价值)在阻力线和支撑线之间随机波动。假如实际价格大大背离公平价格,那么专家就会进入市场,进行证券的买卖。这将使价格保持在价格阻力线以内。然而,假如新的信息进入市场,那么就会形成新的均衡价格。如果是利好消息,价格将上升到一个新的均衡价格。当价格突破原有的阻力线时,投资者就知道有利好消息进入市场。如果投资者在这点买入证券,他们将从价格上升到新的均衡水平中获利。同样,假如利空消息进入市场,股价将下跌到新的均衡水平。如果价格跌破支撑线时投资者出售股票,他们将避免股价大跌。如果此时他们卖空股票,就会从价格下跌中获利。过渡法则就是利用这种股票价格的行为规律来设置的一种投资策略,它是指当股价从以前的低价上升 $X\%$ 时买进股票,而当该股票的价格从随后的顶峰下跌 $Y\%$ 时,就卖空股票,$X\%$ 与 $Y\%$ 为过滤程度,在研究中通常取 $X\%$ 与 $Y\%$ 相等。

过滤法则是一个安排策略。它告诉投资者什么时候做多头、什么时候做空头。另一种简单的安排策略是买入并持有证券。这样,要分析过滤法则,就要对这两种策略进行比较。

(二) 半强式有效的检验

半强式有效检验主要检验证券价格对公开信息的反应速度,信息集是所有公开的信息,如年收益公告、股票分割等。在半强式有效市场的检验方面,研究者主要是用事件研究法。所谓事件研究法,就是通过对某一特定事件发布前后的股价表现进行统计分析,研究股价在什么时候对该事件作出反应及作出何种反应,从而确定股价对公开信息作出的反应是否符合半强式有效假设。

事件研究通常包括以下几个步骤。

(1) 收集有一个"惊奇"(surprise)宣告(事件)的公司的样本。使股价变动的事件称为宣告，它对投资者是一种"惊奇"。如宣告兼并等的许多研究都可作为一次"惊奇"。而对有些研究如盈利宣告效应，它是更复杂的，这是因为，对这些研究需要确定"惊奇"的含义，它通常通过对宣告与预期水平（即反映在专业分析家的平均估计水平）进行比较来确定。为了获得研究样本，首先要分离出一群公司，这些公司的宣告与预测的水平有显著性差异。由于正向和负向"惊奇"对股价的影响不同，因此，该群体又进一步分为两个群体，一个为正，另一个为负。

(2) 确定宣告的精确日期，并且定义该宣告日为0。近期大多数研究使用每天的资料，而早期的研究使用每月的资料使研究要困难得多，因为在一个月内，除研究的宣告效应外，还有许多其他的宣告效应。所以，为了检验市场有效性，使用尽可能小的间隔期测试宣告效应是非常重要的。许多近来的研究使用一天内的资料。

(3) 确定研究的时期。如果研究事件前后的60天，就应该把该事件以前定义为$-30,-29,-28,\cdots,-1$，事件发生日定义为0，事件日以后定义为$+1,+2,+3,\cdots,+30$。

(4) 对样本中的每一个公司，计算研究时期的每天的收益率，在该例中共61天。

(5) 计算样本中每个公司在研究时期每天的异常收益率。异常收益率是指实际收益率减期望收益率。不同的学者使用不同的模型，如均衡模型、市场模型等，来测算期望收益率，还有的学者把市场指数收益率作为期望收益率。

(6) 计算样本中所有公司在研究时期每天的平均异常收益率。这是因为，在研究时期，其他事件也正在发生，而所有公司的平均可以减小其他事件的效应，由此更好地测试研究的事件。

(7) 每天的异常收益率通常被累加，计算出从该时期开始时的累积异常收益率。这是因为，事件研究常常面临信息泄露问题，从而使事件研究更加复杂。当关于一个相关事件的信息在正式公开发布之前，就已经发布给了一小群投资者时，信息泄露就会发生。如果是利好宣告，那么在正式宣告日之前，股价就开始上涨。这样，在宣告日的异常收益率就不能很好地表示信息发布的总体效应，而一个更好的指标就是累积异常收益率。在该例中，时期共61天，如第-20天的累积异常收益率等于第-30天到第-20天的每天平均异常收益率的和。

如果市场是半强式有效的，那么在宣告日而不是在其他日预期有一个异常收益率。然而，一些异常收益率通常发生在宣告日的前后几日。宣告日以后的异常收益率或许是由于市场无效，股价对信息的反应不迅速，或许是由于宣告在第0天发生得太迟甚至可能是收市以后，以至于宣告效应仅在宣告后的下一天反映在股票的交易与价格中。宣告日前的异常收益率有三个来源：①一个重要宣告将要发生，通常在宣告日之前就向公众发布，并且新闻也发布一个宣告将要发生。这样，信息就会传给分析家。在一个有效市场，这些信息会在宣告日之前就反映在股价中。②如果宣告可由该公司自由决定，以前的异常收益率就可能促使宣告发生，并且这种宣告的事件研究将显示出以前的异常收益率。例如，公司分割股票通常发生在股价大幅上升以后。股票分割的事件研究将发现在宣告日之前存在异常收益率。③宣告日之前的异常收益率可能反映已获得信息的人泄露了信息。

(8) 分析检验结果并得出结论。如果股价对特定事件的反应滞后,并存在超常收益,则说明市场不是半强式有效的。也就是说,如果市场是半强式有效的,在宣告之前进行证券的买卖(利好就买,利空就卖),投资者能获取累积异常收益,但在宣告之后进行证券的买卖不能获取累积异常收益。

(三) 强式有效检验

对强式有效市场的研究主要集中在公司内幕人员、证券交易所的专家经纪人、证券分析家和共同基金的业绩上,通过测试他们从事交易能否赚取超额收益来检验强式有效性。

1. 内幕交易

公司内幕人员包括董事、高级职员、大股东、有机会获得公司内幕消息的其他公司职员和有关人员。研究表明,由于内幕消息有助于公司内幕人员较好地预测公司股票的价格趋势,因此公司内幕人员可以获取超额收益,但普通投资要求所有内部人登记他们的交易活动,并在内部人员交易正式概要(the official summary of insider trading)中发布这些交易活动。一旦概要出版,内部人交易就成了公开的信息。此时,如果市场是有效的,能充分、及时地处理这些发布的信息,投资者就不能跟随内幕人员的交易活动获利,这与半强式有效性是相符的。

2. 证券交易所的专家经纪人

经研究表明,证券交易所的专家经纪人能获取超额收益,有时甚至比正常收益率高一倍多。这是因为,专家经纪人保留着限价委托买卖的"记事簿",他们由此可观察到供需双方的力量变化,比较准确地预测股票价格的近期走势,而且他们可以频繁地与其他专营股票的公司接触而获得许多内幕消息。这表明美国的证券市场没有达到强式有效市场。

3. 共同基金业绩

许多研究通过测试共同基金的业绩来判断强式有效性。评价共同基金的大多数研究采用了样本生存偏好,这是指,收集今天存在的共同基金样本,然后收集历史资料,提出研究时期经营较差的基金。由于大多数研究只注重生存下来的基金的业绩,这使业绩看上去比实际的更好。基金业绩对评估它们所采用的方式具有敏感性。当使用标准CAPM测算期望收益率时,小公司股票有超额收益率。因此,即使小公司股票基金的经理没有选择能力,但当使用标准CAPM测算期望收益率时,这些基金也表现出高的超额收益率。

四、有效市场理论的缺陷

(一) 理论基础缺陷

1. 投资者完全理性的假设

投资者并不像理论模型中预测的那样理性而是具有某种情绪,许多投资者在决定自己对资产的需求时受到无关的信息影响。与理性假设不同,现实世界的人其实是有限理性,如果有效市场理论完全依赖于个人投资者的理性,那么投资者的非理性心理将对有效市场假说形成致命的挑战。

2. 非理性交易者对市场不形成影响的假设

卡尼曼和瑞培[①]指出，人们的行为偏差其实是系统性的。许多投资者倾向于在相同的时间买卖相同的证券。如果噪声交易者通过"流言"或者跟从他人的决策而决策时，这种状况将更加严重。投资者情绪实际上反映许多投资者的共同判断误差。个人投资者不是唯一的非理性投资者。在西方发达的金融市场中，大量的资金由代表个人投资者和公司的共同基金、养老基金的专业管理人员控制。他们也会产生与个人投资者一样可能的误差。同时，他们又是管理他人资金的代理人员，这种授权实际上带来了决策中更大的偏差。法尔肯施泰因[②]指出，专业管理人员可能选择与他们的评估业绩标准一致的资产以减小比标准低的风险；同时他们也倾向于选择其他管理人员所选择的资产以避免落后；在年末时，他们会不约而同买入最近业绩好抛掉业绩差的股票以使得基金的业绩看上去好一些。但是这些决策实际上偏离了资产价值的最大化，只是一种"饰窗效应"（window dressing）。这时基金的偏差行为实际上也是具有系统性和群体性的。

3. 套利抵消非理性投资者偏差的假设

有效市场假说的最后一道防线是基于套利的有效市场。如果套利能够抵消非理性投资者的偏差，市场依然有效。但实际市场的套利是有限的，也是有风险的。套利的有效性取决于是否存在近似的替代资产。问题在于替代资产很少是理想的，而且常常是非常不理想的，这使得基本面风险无法得到全部消除。即使我们能够找到理想的替代资产，套利仍然会受到限制。

德龙等[③]提出了噪声交易者风险，即套利者为了利用误价反而在短期内加剧了误价的风险。套利者会面临那些最初低估其做多资产的悲观的投资者因为越来越悲观，从而使价格下跌更深的风险。当然，如果价格最终趋向于基本价值，长线套利者就会不太在意噪声交易者风险。即使短期内误价加剧，他们也能对短线损失等闲视之，期待误价最终得到矫正。噪声交易者风险的重要性在于，它迫使套利者对冲掉可能带来潜在的急剧损失的头寸。很多进行套利的人（如专业的投资组合经理人），并非经管他们自己的钱，而是替别人理财，即所谓的"智力与资本的分离"。这种代理的特性会造成严重的后果，由于缺乏评估套利者策略的价值的专业知识，投资者可能会简单地按照回报来评估套利者的价值。如果套利者试图利用某种误价而使误价在短期内加剧，并造成账面损失，投资者可能会断定套利者不能胜任，并抽回资金。非但不能渡过短期损失的难关，而且套利者可能还不得不过早地套现，而这可能正是投资的最佳时机。债权人要求套利者偿还贷款会加剧这种困难局面。

---

① KAHNEMAN D, RIEPE M W. Aspects of investor psychology[J]. Journal of portfolio management, 1998, 24(4): 52-65.

② FALKENSTEIN E G. Preferences for stock characteristics as revealed by mutual fund portfolio holdings[J]. The journal of finance, 1996, 51(1): 111-135.

③ DE LONG J B, SHLEIFER A, SUMMERS L H, et al. Noise trader risk in financial markets[J]. Journal of political economy, 1990, 98(4): 703-738.

另一种套利限制就是履约成本,包括套利者在贯彻套利策略时要支付的一般交易费用,如交易佣金等。套利可能受到限制的一个确定的原因是,即使存在误价,套利者也常常无法确信误价真的存在。考虑这个问题的一种方式是,假设套利者在寻找有吸引力的机会时要依赖一种基本价值的模型,而该模型可能是错误的。至此,有效市场假说的理论基础受到了挑战。

(二) 检验缺陷

有效市场假说本身并不具备良好的可检验性和可预测性,因为任何检验都必须信赖于有关预期收益的模型,所以检验的结果与模型的设定密切相关。很多试图对有效市场假说进行检验的模型都会遇到联合假设问题:预期收益模型的建立以市场有效为假定前提,而检验市场效性时,又先假设预期收益模型是正确的。有市场有效性前提下的预期收益模型是无法检验市场有效性的。

以最为常用资本资产定价模型套利定价模型为例,如果市场有效性不成立,资本资产定价模型和套利定价模型就不成立。但反过来并不能因为资本资产定价模型套利定价模型导出的结论与市场有效性不符而否定市场有效性,因为资本资产定价模型套定价模型本身有可能是错误的。基于上述原因,法玛论述了市场有效性是不可检验的。

第二节 行为金融的兴起与发展

一、行为金融学的产生

马科维茨于1952年发表的《证券组合选择》一文被视为现代金融理论的开端,随着资本资产定价模型(CAPM)、套利定价模型(APT)、期权定价模型(OPT)等的提出,金融理论得到了迅速发展。20世纪70年代以来,以有效市场假说(EMH)为基础,以资本资产定价模型和现代资产组合理论为基石的标准金融理论确立了其在金融领域的正统地位,成为当代金融理论的主流。有效市场假说也因此成为现代金融理论的重要基石。

自1980年以来,随着金融学研究的深入,越来越多地被称为标准金融学"未解之谜"的、与标准金融理论解释不一致的现象被揭露出来。一些典型现象如:股票溢价之谜,即美国股票市场历史的总体收益率水平高出无风险收益率的部分很难由经典金融学理论的定价模型来解释;封闭基金之谜,即平均来说在市场中交易的封闭式基金单位价格低于基金单位的净值,并且这个差距随时间的波动性很大,而费用、对基金管理人业绩的预期以及税收等理性因素都不能完全解释这一现象;投资者倾向于推迟出售处于亏损状态的股票同时过早卖掉处于盈利状态的股票的"处置效应";投资者倾向于购买过去表现最好或是最差的股票的"极端"行为等。上述"未解之谜"使许多学者意识到,仅仅依赖标准金融学的假设和分析框架无法更真实地描述和解释投资者的行为。

事实上,金融学理论要解决两个重要问题:第一,通过最优决策模型解释什么是最优决策;第二,通过描述性决策模型讨论投资者的实际决策过程。

在解决第一个问题方面,经典现代金融理论取得了很大的成功。同时,如果人们的实际决策过程就是最优决策过程,即人们确实是完全理性的经济人并依据相关分析框架进行决策,或金融市场确实是由这些理性经济人的行为所主宰,则经典现代金融理论也同时提供了一个关于投资者实际决策过程的很好的描述性模型。但是,如果人们的实际决策过程并不是(或在很多情况下并不是)如最优决策模型所描述的那样,则用最优决策模型作为描述性决策模型将不能正确地描述和讨论投资者的实际决策过程,从而不能对金融市场的实际运行状况给予合理的解释。因此,要进一步研究和解释金融市场与投资者的实际状况,必须把分析建立在投资者的实际决策过程的基础上,这就是行为金融学要解决的问题。

二、行为金融学的发展

行为金融学的发展历史大致可分为三个时期。

(一) 早期行为金融研究

行为金融学的研究可以追溯到19世纪的两本书——法国学者勒庞的《乌合之众:大众心理研究》和麦凯的《非同寻常的大众幻想与群众性癫狂》。目前这两本最早阐述行为金融学思想的著作仍被许多投资者认为是投资市场群体行为领域的经典之作。

布瑞尔在1951年发表的题为《以实验方法进行投资研究的可能性》的文章提出构造实验来检验理论的思路,由此开拓了应用实验将量化的投资模型与人的行为特征相结合的金融新领域。

鲍曼于1969年发表的《科学投资分析:是科学还是幻想》,更加明确地批评了金融学科片面依靠模型的治学态度,并指出金融学与行为学的结合应是今后金融学发展的方向。斯洛维克于1972年发表的《人类判断的心理学研究》为行为金融学理论作出了开创性的贡献。他们的研究可视为现代意义上的行为金融理论的开端。但由于该理论产生时标准金融理论的有效市场假说占据统治地位,这一时期的行为金融研究并没有引起太多关注。

(二) 心理学行为金融时期

1960年至20世纪80年代中期的行为金融的研究以斯坦福大学教授特韦尔斯基和大学的卡尼曼为代表人物。这一时期的研究成果的取得主要采用了许多心理学中的研究方法,因此被称为心理学行为金融时期。

特韦尔斯基的研究工作大都集中于风险心理研究。他研究了人类行为与投资决策经典经济模型的基本假设相冲突的三个方面:风险态度、心理账户和过度自信,并将观察到的现象称为"认知偏差"。

卡尼曼和特韦尔斯基于1979年共同提出了前景理论(prospect theory),这成为行为金融学研究史上的一个里程碑。前景理论成为行为金融研究中的代表学说。前景理论认为投资者对收益的效用函数是凹函数,而对损失的效用函数是凸函数,表现为投资者在投资账面损失时更加厌恶风险,而在投资账面值盈利时,随着收益的增加,其满足程度增加速度减缓。利用前景理论解释了不少金融市场中的异常现象。

但是,当时并没有引起人们对行为金融研究的足够重视。这主要由以下两个原因造成:由于当时有效市场假说风行一时,人们普遍认为研究人的心理、情绪对金融研究是"不科学的",金融理论界都崇尚数学方程,因而有意回避心理学的研究;两个代表人物特韦尔斯基和卡尼曼都主攻心理学研究,广泛采用了许多心理学中的研究方法。现在人们普遍认为特韦尔斯基和卡尼曼是真正研究行为金融学的第一代核心人物。

(三) 金融学行为金融时期

行为金融学成为一个引人注目的学派,大约是20世纪80年代中期以后。该时期的行为金融的研究进入黄金时期,取得突破性发展。

芝加哥大学的泰勒、耶鲁大学的希勒成为研究行为金融学的第二代核心人物。这种局面的形成主要有两个原因:一是大量的证据表明现有的金融理论不完善,不足以解释实际中的问题,市场中存在大量的异象引起了金融学家的注意;二是卡尼曼和特韦尔斯基提出的前景理论得以进一步发展并得到广泛认可。2002年诺贝尔经济学奖颁给卡尼曼则反映了主流经济学对行为金融理论的反应和认可,也反映了经济学发展的另一方向。

为了与第二时期对比,将第三时期称为金融学行为金融时期。这个时期的行为金融学研究注重在如何完善投资策略方面把心理学研究和投资决策结合起来。20世纪90年代,大批的学者纷纷投身于行为金融的研究之中,取得了大量的研究成果。1999年,《金融分析家》杂志在该年度的最后一期出版了行为金融理论专刊;2001年,三卷本《行为金融学》论文集出版。

行为金融学的意义在于确立了市场参与者的心理因素在决策、行为以及市场定价中的作用和地位,否定了标准金融理论关于理性投资者的简单假设,更加符合金融市场的实际情况,因此它的产生是对标准金融理论的一个巨大推动。

三、行为金融学的内涵

作为一个新兴的研究领域,行为金融学的研究边界还在不断扩大,理论框架还有待不断完善,至今没有一个为学术界所公认的严格定义。但是,不少学者提出了自己的看法。

泰勒[1]将行为金融称为"思路开放式金融研究",只要是对现实世界关注,考虑经济系统中的人有可能不是完全理性的,就可以认为是开始研究行为金融研究了。

希勒[2]从三个层次定义了行为金融学:①行为金融是传统经济学和金融学与心理学和决策科学的综合体;②行为金融试图解释实证研究发现的与传统金融相悖的金融异象;③行为金融研究投资者在决策时是如何系统性地出错的,或者说是研究投资者如何犯心理错误的。

斯特曼[3]在对行为金融学进行总结时提出,行为金融学与现代主流金融学本质上并

---

[1] THALER R H. Mental accounting matters[J]. Journal of behavioral decision making,1999,12(3):183-206.
[2] SHILLER R J. Market volatility and investor behavior[J]. The American economic review,1990,80(2):58-62.
[3] STATMAN M. Behaviorial finance:past battles and future engagements[J]. Financial analysts journal,1999,55(6):18-27.

没有很大的差异,它们的主要目的都是试图在一个统一的框架下,利用尽可能少的工具构建统一的理论,解决金融市场的所有问题。

李心丹[①]认为行为金融学是以心理学和其他相关学科的成果为基础,并尝试将这些成果应用于探讨和解决金融问题的科学,并综合以上学者的观点,提出行为金融学主要有如下几个特征:①以心理学和其他相关学科的研究成果为依据;②突破了传统主流金融理论只注重用理性投资决策模型对证券市场投资者实际决策行为进行简单测度的范式;③以人们的实际决策心理为出发点,研究投资者的投资决策行为规律及其对市场价格的影响;④使人们可以更加透彻、真实地了解和刻画金融市场。

饶育蕾[②]认为行为金融学就是基于心理学实验结果来分析投资者各种心理特征,并以此来研究投资者的决策行为及其对资产定价影响的学科。行为金融学是行为理论和金融分析相结合的研究方法与理论体系。它分析人的心理、行为以及情绪对人的金融决策、金融产品的价格以及金融市场发展趋势的影响,也是心理学与金融学相结合的研究成果。

易宪容[③]认为行为金融学就是金融市场中投资人的真实行为为基础,研究人们在面对不确定性时如何进行资源的时间配置的科学,并以此来了解和预测投资人心理决策过程和运作机制,解释为什么个人在某些情况下是风险偏好者,在某些情况下又是风险规避者。

综上,行为金融学是从投资者在决策过程中的实际心理出发,研究投资者的投资决策行为及其对市场价格的影响的学科,并以投资者投资决策时的心理因素为假设基础,建立起相应的投资决策模型。

第三节 行为金融的基础性研究内容

一、行为金融的心理学基础

传统的金融范式是寻求用理性模式理解金融市场。"理性"一词有两层含义:首先,人们的信念是正确的,当收到新的信息时,人们会按照贝叶斯法则来校正其信念;其次,根据他们的信念,在与"主观预期效用(SEU)"概念相一致的意义上,人们作出正常的可以被普遍接受的选择。

心理学研究表明,人们在处理大量信息时,并不能轻易完成传统金融理论所要求的那样对问题进行最优处理,而是经常使用经验法则。行为金融学借助大量有据可依的实验证据,用心理特性取代了理性假设。这些实验数据涉及人们在形成信念过程中的偏差以及人们的偏好。有关投资者心理的研究,构成了行为金融学的两大基础性研究内容之一。

---

① 李心丹.行为金融理论:研究体系及展望[J].金融研究,2005(1):175-190.
② 饶育蕾.行为金融学的意义与应用前景[J].管理评论,2003(5):26-29,63.
③ 易宪容,黄少军.行为金融理论的前沿发展[J].江苏社会科学,2003(6):32-37.

（一）过度自信

1. 过度自信的概念及其表现形式

过度自信是指认为自己知识的准确性比事实中的程度更高的一种信念，即对自己的信息赋予的权重大于事实上的权重。

研究发现过度自信可以通过下列形式表现出来。

一是拙于校准。对被测试者概率的校准的研究发现，人们倾向于高估其知识的准确性。

除了金融以外的许多职业领域都发现了这样的过度自信，如临床心理学家、内科医生及护士、投资银行家、工程师、企业家、律师、谈判代表及管理者在其判断中都表现出过度自信。可以确定的结果是，人们在回答极端问题时倾向于过度自信。过度自信在校准中的一个例外是：当人们回答简单问题时，倾向于信心不足，且当任务的可预测性很高或重复执行某一反馈快速、清晰的任务时，人们倾向于善于校准。例如，熟练的桥牌玩家、赛马下注者及气象学家都是善于校准的。

二是好于平均水平。拙于校准只是过度自信的表现形式之一，人们有不现实的正向自我评价。多数人将自己看作好于一般人且多数人自己眼中的自己好于别人看到的自己，他们对自己前景的评价高于对其同行的评价。

例如，一个美国学生样本，平均年龄22岁。当对其驾驶安全进行评价时，82%的人判断自己处于最高的30%的那组。也有学者发现，2 994名新的企业主中的81%认为他们的企业有70%或者更多的成功机会，但只有39%的人认为那些与他们企业相当的企业成功的可能性与自己是一样的。人们高估其对过去肯定成果的贡献，与想起和失败相关的信息相比，更容易想起和成功相关的信息。当人们预期一个必然的结果且结果随后确实发生时，他们常高估自己对这一结果的作用程度，这可能导致判断偏差。

三是控制幻觉及不现实的乐观主义。控制幻觉及不现实的乐观主义是过度自信的另一表现形式，对个人成功概率的期望值不适当地高于有根据的客观概率，当控制幻觉与事件的可预测性联系起来时，就产生了过度自信。人们过分相信自己的能力，这是一种系统歪曲感知的错误来源。一个人越相信自己，过度自信的风险就越大。在信息不完全时，自信通常与人们的知识无关。当人们只有关于事件的一些表面知识时，就认为自己已经控制了该事件，这种控制需要也能产生过度自信行为。

自我归因偏差促成了控制幻觉。如果人们成功了，就认为这是由于自己的能力强所致；如果某事变坏了，就责备其他人或不利的环境。人们在相当长的一系列成功之后，就处于强烈的控制幻觉之中，认为好像在任何事情上都能获得成功。

后见之明偏差与控制幻觉相关。后见之明偏差是指许多人容易高估其在事件发生之前对事件结果的了解或怀疑。后见之明帮助个人构建一个对过去决策似乎合理的事后法则，使其对自己的决策能力感到自豪。由于人们不愿承认自己对特定情形几乎没有控制能力，喜欢认为自己实际上在当时就知道了要发生的一切。在后见之明的情况下，个人认为已发生的事件比发生前看到的更为不可避免。以后见之明看现实，比先见之明更显然。受后见之明偏差影响，适当地应用当前后见之明到过去的先见之明上，发现已发生的事件比实际情况更易预知。

2. 金融市场中的过度自信

许多文献预期金融市场中的交易者过度自信的最重要的原因是，人们通常是过度自信的，特别地，人们对于其知识的准确性是过度自信的。前面提到的过度自信的例外情况一般不适用于金融市场。多数买进和卖出金融资产的人尽量选择那些将比同类资产有较高收益率的资产。这是一项困难的工作且人们恰好在该工作中表现出了最大的过度自信。

在证券市场中校准一个人的信念比较困难而且速度缓慢，所以更容易产生过度自信。当反馈快且清楚时，校准就会很快。但实际情况是，证券市场中的反馈通常较慢且有噪声，甚至可能在反馈的速度与清晰之间有一种互换，因此短期交易者得到的是迅速但是有噪声的反馈，长期交易者得到的是清晰的但是时间却是迟滞的反馈。投资者通常愿意卖出赢者而持有输者。如果投资者以实现的收益而不是以收益的增加为基础评判其最初的买进决策，则通过持有输者，他们将断定自己作出了不是很差的决定。进而，来自损失的反馈将比来自盈利的反馈延迟，进一步推进了正向自我评价。

选择性偏差也可以使这些积极参与金融市场活动的人比一般人更过度自信。人们能力上的变化及那些认为自己交易能力较高的人更可能寻觅工作或者在自己的账户上交易得更活跃。

残存偏差也可能导致市场参与者的过度自信。没有取得成功的交易者可能失去工作或选择退出市场；仍在市场中的没成功的交易者平均控制的财富少于成功的交易者。如果交易者高估了自己对其成功起作用的程度——如人们通常所做的——则成功的交易者可能变得过度自信，更多的财富将被过度自信的交易者控制。这种自我提高的偏差造就了富有的交易者，他们没有被从市场中逐出的危险，而变得更为过度自信。不是过度自信使他们更富有，而是变富的过程使他们过度自信。

在进行股票交易时，交易者过度自信的结果是交易过于频繁，也就是过度交易。过度交易者通常是采用短线的交易方法，对获利的要求不高，只要有少量差价就卖掉持有的股票。过度交易经常是在不仔细进行评估的情况下发生，在大多数情况下不是对实质因素的反应，而是对噪声的反应。噪声相对于影响股价的实质因素而言，只能使股价产生短时间的波动，不会对股价产生太大影响，依据噪声进行交易的风险远远大于收益，获利的机会极低，因而过度交易会降低投资者的回报。

（二）代表性偏差

1. 代表性概念及其导致的偏差

代表性是指人们在不确定性的情形下，会抓住问题的某个特征直接推断结果，而不考虑这种特征出现的真实概率以及与特征有关的其他原因。

在很多情况下，这是一种非常有效的方法，能帮助人们迅速地抓住问题的本质推断出结果。但卡尼曼和特韦尔斯基的研究结果表明，代表性有时也会造成如下严重的偏差：

一是忽视事件的基本比率(base rate neglect)，即在描述性信息的基础上，人们通常

无视基本比率的概率而顺从于描述。为了说明这个问题,给出一个事例:

林达,31岁,单身,性格外向,非常聪明,主修哲学。在学生时代,她非常关心歧视和社会公正问题,而且曾参加反核示威活动。

当被问及"A:林达是银行出纳"和"B:林达是银行出纳,并热衷于社会活动"哪个更具可能性时,许多人的选择是B。这是一种非理性的判断。由简单集合理论可知,两个集合的交集从来不会大于两者中的一个。判断林达为第二种类型的人忽视了基本比率:银行职员要多于银行职员同时又是社会活动积极参与者人数(图8.1)。人们为什么会作出这样非理性选择呢?代表性对此给出了一种简单的解释:对林达的描述听上去更像是在描述一位社会活动积极参与者,这导致人们选择B。说明,在认知过程中,人们夸大了代表性的作用。

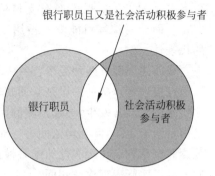

图8.1 维恩图

二是忽视样本容量。按照大数定律,大样本随机变量独立观察值的概率分布集中在随机变量预期值附近,并且随着样本规模的增加,样本均值的方差逐渐趋于0。当样本规模接近于总体时,样本中某事件发生的概率将渐近于总体概率。然而,一般情况下,人们误认大数定律既能应用于大样本也能应用于小样本,样本大小对概率判断的影响不敏感。样本统计量与总体参数的相似性不依赖于样本大小,小样本和大样本有同样的代表性,小样本的均值与大样本的均值有近似相同的概率分布,小样本均值也有一个集中在随机变量预期值的分布。这种忽视样本容易,认为小样本也会反映总体特征的信念,被称为"小数定律"(law of small numbers)。

为了证明小数定律,特韦尔斯基和卡尼曼做了心理学实验。受试者被告知这样的事实与问题:已知一个小城的所有8年级学生的平均智商是100,随机选择50名8年级学生,考察他们的智商,第一个学生的智商是150,请估计这50名学生的平均智商。结果显示,绝大多数受试者相信平均智商仍是100。这显示受试者对小样本属性存在过度推断。

小数定律的另一个例子是篮球场上的"热手"现象。篮球运动员有时连投皆中,这似乎无法用随机性来解释,他们认为此时是"热手"现象在起作用(运气来了!)。而实际上,"热手"现象并不存在,不过是人们根据小样本误认为总体分布的又一个例子。

在人们确实事先知道数据生成过程的情况下,小数定律会导致一种"赌徒谬误效应(gamber's fallacy effect)"。虽然人们知道事件发生的客观概率,但在主观上对已发生的小样本事件作出了错误估计,往往夸大了小样本对总体的代表性,高估了未发生事件出现的概率。例如,如果一枚完好的硬币连续5次掷出正面,第6次的结果是反面的概率多大?正确的结果还是1/2。概率论表明,下次投掷出现正面和反面的机会是相同的。然而,人们认为不仅整个序列,而且序列的某一部分都可以表示整个随机过程的基本特征。有代表性的思考模式是正面和反面出现的次数一样多。在这种代表性模式的作用下,人们认为连续几次正面后,出现一次反面极有可能,就会认为反面该出来了,于是预测第六次的结果是反面。但实际上,同一事件重复发生对随机过程并不具有代表性。而且,反面将出现的概率是 1/2,如果游戏继续进行足够长的时间,反面才更可能出现,以与五个正面相平衡。但是实际上,每次投掷都独立于以前的投掷。要想公平,投掷必须无限进行下去。如果每次投掷都有支付的话,当某个参与者已没有什么可以支付时,投掷就停止。而此时偏离可能没有被纠正,只是被缓和。与此相对应的是低估大样本对总体的代表性。

赌徒谬误源自两种混淆:一是人们对随机过程的特征和如何预测这些过程未来行为缺乏直接理解。赌徒谬误是对回归均值的过分追求,不适当地预测会发生反转,预期反转比实际更为经常发生,导致预测的回归过度。实际上,回归均值暗含了更靠近均值,而不是满足均值定律,跑到均值的另一面。二是代表性。人们根据事件的代表性程度,建立起预测和概率判断。代表性的结果模式的特征是高低收益出现的次数相同。但是,概率相同不等于实际出现次数相同。

2. 代表性在金融市场中的应用

代表性在金融领域中有许多应用。在处理盈利数据时完全有理由相信,投资者会受制于小数定律。如果一名投资者看到企业多期都获得丰厚盈利,那么在小数定律作用下,他将会相信自己正在关注的企业是一个盈利高速增长的公司。所以,很有可能继续在未来获得盈利的高速成长。

另一个代表性发挥作用的例子是人们经常错误地把好公司认为是好股票。投资者认为,好公司是那种在获得盈利方面非常成功的公司,高盈利反过来会带来高的股票收益。相反,差的公司获得的盈利也差,所以股票收益也会令人失望。投资者都力图避开差公司股票而偏好好公司股票。可是,盈利遵循平均变量规则,所以好公司很可能会变为一般性公司,而差公司也同样如此。

(三)保守性偏差

保守性偏差是指人们的信念一经形成,就将长期固守,新信息对原有信念的修正往往不足,主要是人们不愿意搜寻有悖于其信念的证据,即使人们发现与其信念相悖的证据,也超乎寻常地对其加以怀疑。一些研究已经发现一种称为"确认偏差"(confirmation bias)的更有力的影响,即人们一旦形成先验信念,他们就会有意识地寻找有利于证实其先验信念的各种证据。

一些经济学家将保守性偏差用于解释对经济新闻作出的不充分反应。Shefrin[1] 讨论了保守性偏差在金融学中的应用。他认为,当新的信息出现时,金融分析师们总是在最开始的时候进行一部分的概率修订,然后要经过很长时间才能够完成对新概率的正确估计。

保守性偏差似乎与代表性偏差相矛盾,因为它们分别对应于人们对信息的反应不足和反应过度。保守性偏差和代表性偏差实际上是统一的。如果人们认为新信息具备代表性,他们就会高估新信息所包含的内容,出现"代表性偏差";相反,如果人们认新信息不

---

[1] SHEFRIN H. Behavioral corporate finance[J]. Journal of applied corporate finance, 2001, 14(3): 113-126.

具备代表性,则他们会忽略新信息,出现"保守性偏差"。

(四)可得性偏差

1. 可得性偏差的概念

可得性偏差是指人们在判断某一事件发生的概率时,通常会在记忆中搜寻与之有关的信息,但并非所有的记忆都能够照原样恢复,越是最近的且突出的事件,影响就越大,并且会扭曲估计值。

有一个可得性发挥影响的事例:引起美国人死亡最主要的原因是什么?是飞机失事还是被鲨鱼吃掉?大多数人认为受到鲨鱼袭击比飞机坠毁的可能性更大。鲨鱼袭击确实比飞机坠毁更引人注意,他们也更容易留下深刻印象。但飞机失事造成的死亡机会是受到鲨鱼攻击的机会的3倍。

另一个事例如下:在一篇典型的英语课文中,以字母 K 开始的单词多,还是 K 排第三位的单词多?在他们选出的152个人中,105个人一般认为 K 排在第一位的可能性更大。可是实际情况是,K 排在第三位的单词是排在第一位单词的2倍!人们用第1个字母做索引,所以更容易想起它们。

2. 可得性偏差的影响因素

如果回忆发挥着举足轻重的作用,那么那些影响可得性的因素也会导致判断的扭曲。这些因素有四种:近期性、显著性、鲜活性和情感上的相合性,除了主观频率用以将特定事件发生的例证储藏为记忆外,这四类因素不受实际发生频率的影响。

(1)近期性。人类的记忆可被想象为储藏室。很显然,最近发生的、在头脑中印象深刻的事件很容易被回想起来,而那些发生越久远的事件越不容易想起。当人们刚刚听到飞机失事的消息后,很可能会高估飞机坠落的可能性。

(2)显著性。已有研究指出,引人注意的致死原因明显会被高估,而一般性的死亡原因则会被大大低估。

(3)鲜活性。具体、动人或易于形象化的信息比抽象的数据对人们的影响大。例如,一名进口商人需要购进美元,但具体不知道什么时间合适。他研究了大量刊载乏味预测内容的报纸,也请教了技术分析人士,他想知道是马上购进还是再等一段时间。报刊上的预测和技术分析人士都认为,美元价格还会继续走低,所以进口商决定再等等看。一个朋友在不久之后打电话给该进口商,用非常鲜活的语言说,如果他再推迟购买将遭受大约10万欧元的损失。这种可怕的说法推动进口商马上购进美元。一种两方面专家都认可的乏味的看法,"败"给了一则简单但鲜活的消息,也导致进口商放弃原有的决定。

(4)情感上的相合性。储存在记忆中的任何实际经历总伴随着与当时相称的心境。亲人的突然死亡总是与非常痛苦的心境连在一起,而小孩的出生总是伴随着非常高兴的心情。情感上的相合性是指与某种记忆相连的特定心境在出现同样心境时易于被接受的一种现象。与股票投资者有关的是:当有所收获、心情不错时,往往作出乐观的预测;而当遭遇霉运、心情欠佳时,又往往把当前的市场形势看坏。

3. 可得性偏差在金融领域的应用

可得性偏差在金融领域的应用可以体现在股票的选择上。人们在选择股票时会有一些限制约束选择,如要避免指数风险,流动性风险也要经常密切关注。但还是可能会受到报纸甚至是经纪人研究提出的应尽力避免选择股票的影响。对投资者来说,最新收到的信息、报纸头版头条的信息都是容易记起来的信息。

(五)锚定与调整

锚定是指人们在判断过程中,倾向于把对将来的估计和已采用过的估计联系起来,同时易受他人建议的影响。人们通常以一个初始值为开端进行估计和调整,以获得问题的答案。

锚定效应在证券市场中可以表现为对股票价格的锚定。在判断股票的价格水平时,最可能的锚定数字是记忆中离现在最近的价格,因此使股价日复一日地趋同。过去的股价可能成为股价发展势头逆转的原因之一。另外,还有股价指数在最近达到的顶峰和最近的整体水平,投资者对这些数字的锚定可以用来解释其非同寻常的行为。

对单只股票而言,价格的变化也会受到其他股票价格变化的锚定,市盈率也会受其他公司市盈率的锚定。这种锚定现象有助于解释一些金融市场的难题,如美国投资者在20世纪80年代普遍认为日本股票的市盈率太高,这是因为他们以美国股市的市盈率为参照系数。而到了20世纪90年代中期,许多美国投资者不再认为东京股市市盈率过高,尽管其市盈率还是比美国的要高。因为20世纪80年代末,东京较高的市盈率已成为其比较参照的参考系数。这也可以解释为什么不同的股票会一起涨跌,可以解释为什么不同行业但总部设在同一国家的企业比同一行业但总部设在不同国家的企业有着更加相似的股价变动趋势。

锚定还会导致"货币幻觉"。货币幻觉是指人们在决策中经常对通货膨胀率没有作出足够的调整,并混淆了货币的名义数量和真实数量。实验表明,人们倾向于依据问题是以名义数量的形式还是以真实数量的形式而对同一问题给出不同的答案。在问题中所给的数量也像锚定一样产生作用。货币幻觉影响人们在认知、情绪上处理通货膨胀的方法。

(六)后悔厌恶

后悔厌恶是指人们在犯错误之后都会感到后悔,后悔带来的痛苦可能大于由于错误本身而引起的损失,并且采取行动的后悔程度要远高于没有采取行动的后悔程度,也就是忽略偏差。

当做错决策时,会出现后悔。不做决策时,也可能出现后悔。例如,根据一个朋友的建议,你没有购买某股票,后来该股票价格上涨,即使你实际未受损失,也会后悔当时没有采取行动。没有行动实际上也是一种决策。人们感到错误决策的后果比什么也不做带来的损失更为严重。一般地,在短期,后悔主要和采取行动相联系;而在长期,人们最后悔的是没有做的事情。因此,人们在决策时倾向于避免将来可能的后悔,即决策的目标可能是最小化未来的后悔。

后悔厌恶就是为了避免后悔或失望,努力不做错误决策,这导致人们在面对不确定情况下的决策时,与其积极行为,不如消极行动,走老路子。感到非常后悔的人,对变化没有强烈的偏好,也许每天会遵循同样的路线工作,以最小化未来的可能后悔。

（七）模糊厌恶

人们不喜欢处于事件的概率分布不确定的状况，这个状况通常被称为模糊状态，而对其的厌恶，被称为"模糊厌恶"。这表现在购买股票方面就是投资者对他们不了解的股票非常谨慎，即人们对自己知道或熟悉的事件较为偏爱。

研究发现，芬兰的投资者更可能持有并交易与他们在地理位置上接近的芬兰公司的股票。这些公司在公司报表中使用他们的母语，而且公司的总裁与他们有着相同的文化背景。

在对401(k)计划分配决策进行研究后发现，投资者在持有自己公司的股票上有一个强烈的倾向。比如，可口可乐公司的雇员将他们自己可以支配的76%以上的养老金投到了可口可乐公司股票上。当被问到把其养老金中这么大比例投入自己公司股票的关键原因时，答案是根据该股票过去的业绩表现。

如果股票随后的表现良好，那么这样分配的理由是充分的。相关研究发现在401(k)计划中，购买过去相对收益低的股票的比例只占总计划投资额10.4%，而购买过去相对收益高的股票的比例则占到近40%。研究发现购买公司股票与随后的股票收益没有关系。

（八）心理账户

1. 心理账户的概念

心理账户是指在决策中，人们常常将决策问题的各个方面分开考虑，而不是综合考虑。在金融市场中，心理账户具体表现为，投资人在其头脑中把资金按用途划分为不同的类别。人们通常把一些资金归类于流通资产，如现金、支票账户；把一些资金归类于流通财富，如股票、债券、互利基金；把另一些资金则归类于家庭产权以及未来收益，如个人退休金账户等。

2. 有关心理账户的心理学实验

卡尼曼和特韦尔斯基给出的利用心理账户进行核算的具体事例。

问题1　假设你准备购买一件夹克，价格是125美元。销售人员告诉你，你要买的那种夹克，该店的一个分店向顾客提供5美元/件的折扣，即该分店的售价是120美元。前往该分店开车需要20分钟。你是否愿意开车20分钟到该分店购买以获得5美元的折扣？

问题2　假设你准备购买一个计算器，价格是15美元。销售人员告诉你，你要买的那种计算器，该店的一个分店向顾客提供5美元/个的折扣，即该种计算器在该分店的售价是10美元。前往该分店开车需要20分钟。你是否愿意开车20分钟到该分店购买以获得5美元的折扣？

实验结果显示．对于问题1，大部分人的答案是否定的，即他们不会为了在一件售价125美元的商品上节省5美元而开车20分钟；但对于问题2，他们的回答是肯定的，即他们会为了在一个售价为15美元的商品上节省5美元而开车20分钟。

同样可以节省 5 美元，为什么人们对于问题 1 的回答是否定的，而对问题 2 的回答是肯定的呢？卡尼曼和特韦尔斯基认为，这是因为人们在决策时通常不是将决策的各方面综合起来考虑，而是分开考虑，因此决策的环境影响决策。这一将问题的各方面分开考虑的现象被称为"心理账户"。

前面的夹克与计算器问题表明的就是"心理账户"现象，即人们的决策常常是点滴式地分开进行的。为什么人们愿意开车 20 分钟以在一个 15 美元的商品上节约 5 美元，而不愿意在一个 125 美元的商品上节约 5 美元呢？显然存在某些心理因素。对于一件 15 美元的商品，5 美元是一个不小的数目，但是对于一件 125 美元的商品，5 美元就并不怎么重要。这种不一致意味着在两种商品上的节约给人们带来的效益是建立在其价值的区别上，而不是建立在 5 美元价值的区别上。按照展望理论，它是建立在 $[v(-\$125)-v(-\$120)]$ 与 $[v(-\$15)-v(-\$10)]$ 的差别上，而不是建立在 $v(\$5)$ 的基础之上。否则同样节约 5 美元，人们的选择不应该不同。

谢夫林和斯特曼[1]最先将这个概念引用到行为金融学中。他们解释道，人们总是根据他们处理的心理账户的类型，来决定他们将会承担的风险类型。在这个意义上，"来得容易，去得容易"是一个永恒不变的规律。

二、有限套利及其相关证据

一系列的研究表明，在一个理性交易者和非理性交易者相互影响的经济体中，理性交易者难以消除非理性交易者所造成的价格偏离，非理性会对定价产生实质性和长期性的影响，即"有限套利"，这构成了行为金融学的两大基础性研究内容之一。

（一）套利的概念

套利是一种可以为交易者提供无任何成本的，无风险收益的交易策略。它是指在两个不同的市场中，交易者利用价格差异，同时买入和卖出相同的或者本质相似的证券。

从理论上讲，套利交易不需要任何资本投入，也不需要招致任何风险。传统的金融理论认为，套利行为在证券市场中发挥着至关重要的作用，因为正是这种行为，使得证券的价格与其基本价值相一致，从而保证了市场的有效性。

比如，福特汽车公司股票的基本价值是每股 20 美元。假定存在一组非理性的交易者。他们对福特汽车公司的前景感到过度悲观，于是便卖出股票，把每股价格降低至 15 美元。根据传统金融学中的有效市场理论，这时，理性的投资者，即套利者会立即发现这一有利可图的机会。于是，套利者通过卖空福特汽车公司股票的替代证券来进行套期保值。比如，由于预期到福特汽车公司和通用汽车公司在未来会产生相似的现金流，套利者便选择卖出通用汽车公司的股票。这样，买方的压力会使得福特汽车公司股票的价格回归到其基本价值，即 20 美元。

在现实的市场中，证券的价格经常偏离其基本价值。根据有效市场理论，理性的交易

---

[1] SHEFRIN H, STATMAN M. The disposition to sell winners too early and ride losers too long: theory and evidence[J]. The journal of finance, 1985, 40(3): 777-790.

者会很好地解决这种错误定价:首先,一旦价格偏离基本价值,则一个有利可图的投资机会就产生了;其次,理性交易者会立即抓住这个机会,误价由此得到矫正。在对套利行为的分析中,我们将理性的投资者称为套利者,将非理性的投资者称为噪声交易者。

然而,行为金融学理论认为,套利行为是有限的。当某个证券存在错误定价时,对错误定价进行修正的套利行为是存在一定成本和风险的。这样,套利行为就不是很有吸引力,错误定价就会在市场中长期存在。于是,我们就很容易观察到证券的价格与其基本价值相偏离的情况。

在现实的市场中,套利是存在一些成本和风险的。

(二) 套利的成本和风险

1. 履约成本

履约成本主要是指交易成本。佣金、询价差和市场引致的成本等,都会对套利行为造成或多或少的限制。

对于相当大一部分资金管理人来说(尤其是养老基金和共同基金管理人),法律根本就不允许他们卖空。对于允许他们卖空的资金管理人(比如对冲基金管理人),如果要卖空的证券的供应不能满足要求,可能仍然无法卖空。即使能够卖空,套利者也无法保证自己能够不断借入足够证券,以便维持到误价得到矫正、自己开始赚钱。如果原来的所有人想要收回证券,套利者将不得不在公开市场上以不利价格买进证券平仓,从而付出成本。有些套利策略需要在海外市场买卖证券,而通常的法律限制制约着本国投资者购买海外证券,而试图钻这些法律限制的漏洞要花很大的代价。

当然,履约成本中还包括交易佣金等成本。

2. 基本面风险

基本面风险是来自证券的基本价值的风险,即基本经济因素发生变化的风险。套利者对某个证券的持有头寸的判断可能出现失误。在上面的例子中,套利者以15美元买入福特汽车公司的股票。他们面临的最明显的风险是,如果出现了关于该公司股票的基本价值的利空信息,并导致股票的价格进一步下跌,那么,套利者就会遭受损失。

当然,套利者已经意识到了这种风险,因为他们在买入股票的同时,就已经卖出了替代证券,如通用汽车公司的股票。这样,套利者就可以免受关于整个轿车行业的利空信息的影响。但是,套利者仍然受到特定的、与福特汽车公司相关的利空信息的影响,因此,套利行为仍然存在风险。事实上,在现实的市场中,人们很难找到完美的替代证券。即使替代证券存在,也是不完美的,甚至是高度不完美的。因此,基本面风险就难以被彻底消除。

3. 模型风险

在以上的分析中,我们假定套利者知道如何对股票进行正确的定价,并且知道股票的基本价值。也就是说,他们知道相关的数学模型,从而正确地对股票进行定价。但是在现实生活中,套利者往往面临模型风险,即模型很可能是不确定的,或者套利者对模型的应用存在一定的错误。

模型风险主要表现在三个方面:①由于投资者的心态是不确定的,套利者很难对其有很确切的把握,这就导致模型本身可能存在一些问题。②输入模型中的数据可能不是很准确的。这样,依据这些数据计算出来的模型的结果就可能是不正确的,使得套利者在利用这些结果进行交易时就存在风险。③模型的成立往往是以一定的假定条件为前提的。比如模型要求市场是有效的,或者是完全竞争的。然而在现实的市场中,这些假定有时很难得到满足,所以,利用模型来进行分析可能会存在风险。

4. 噪声交易者风险

从理论的角度来看,套利是一个风险过程,因此限制了套利的效力。原则上,任何有关误价持续存在的例子都可以作为套利限制的直接证据:如果套利没有限制,误价将迅速消除。问题是,尽管许多误价现象可以解释为对基本价值的偏离,但是,因为联合假设问题的存在,只有在为数不多的例子中才能够毫无疑问地确认误价的存在。为了说明证券价格不等于证券未来现金流的折现值,需要一个正确的折现模型。因此,任何对误价的检测必然是对误价和折现率模型的联合检测,这使得我们很难为无效性提供精确的证据。

尽管存在这种困难,但是研究者已经发现大量的金融市场现象几乎可以断定为误价,并且误价持续存在着。这些实例表明套利确实是受限制的,同时,也对前面描述的风险和成本作出有意义的解释。

(三) 有限套利的证据

1. 孪生证券(Twin Shares)

皇家荷兰与壳牌公司是分别位于荷兰和英格兰的完全独立的两家公司。1907 年,两家公司同意按照 60:40 的股权比例进行合并,但双方仍保留各自单独的有区别的实体。所有的现金流在考虑到税收调整和控制权后做了调整,也按这个比例进行分割。澄清两家公司关系的相关信息也是公开的。皇家荷兰的股权最初在美国和荷兰交易,而壳牌公司最初在英国交易。如果价格等于基本价值,皇家荷兰的价值应该始终是壳牌价值的 1.5 倍。然而,值得关注的是,实际情况并非如此。

图 8.2 显示的是皇家荷兰价格与壳牌公司价格的比率背离有效市场基准 1.5 倍的情况。该图为无效性的持续存在提供了强有力的证据。而且,这种偏离程度并不小,从低估

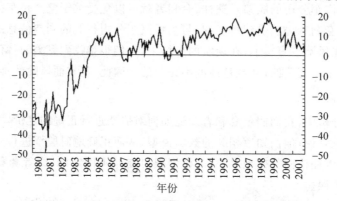

图 8.2 皇家荷兰与壳牌公司价格比率的背离

35% 到高估 15%。在发达的金融市场,任何水平的交易成本都无法解释这种偏离,这项有关误价的证据成了套利限制的证据。而且不难发现,在此案例中套利为什么会受到限制。如果某个套利者想要利用这个现象中的机会,他可以买进价值相对低估的股份,同时做空另外一种,就可以得到净收益,且可永远保持这种对冲操作。

这个例子对有效市场假说提出了尖锐的挑战。更为深入的分析请参见本章案例部分。

2. 纳入指数

经常有某家公司因为合并或破产而被剔除出标准普尔 500 指数,而被另一家公司所取代。相关研究证明了一个显著的事实:当某只股票被纳入指数(Index Inclusions)时,其股价会暴涨 3.5%,而且这种暴涨大多是永久性的。对此类现象的一个生动描述是,当雅虎被纳入指数时,其股价在一个交易日内暴涨了 24%。

被纳入指数的股票价格暴涨的事实,再一次成为误价的明证:即使股票的基本价值不变,其价格却发生了变化。标准普尔强调,纳入指数股票的选择仅仅是设法使其指数代表美国经济,并不传递任何有关该公司未来现金流或风险的信息。

当套利者尝试利用这一机会时,套利限制的存在变得毫不奇怪了。套利者需要做空样本证券,同时尽可能买进同样数量的替代券种。这就给套利者带来相当大的基本面风险,因为个股很少有良好的替代品。这也会带来大量的噪声交易者风险:不管是什么最初导致了价格的暴涨(很可能是标准普尔 500 指数基金在买进),暴涨可能会持续下去,并导致价格在短期内持续攀升。比如,雅虎在被宣布纳入指数后的一个月里,从先前的 15 美元涨至 210 美元。

3. 股权分立

股权分立是现有的上市公司决定把其股权的一部分分出,另行成立一家新公司,新公司向社会发行股票,有新的社会股东加入。2000 年 3 月,3Com 在其子公司 Palm 的首次公开发行中,卖掉了其自有股份的 5%,而保留剩余的 95% 的所有权。经过此次 IPO,对于 3Com 的股东来说,他们持有每 1 股的 3Com 公司的股票将会间接持有 1.5 股 Palm 的股份。3Com 还宣布,9 个月内出让剩余的 Palm 股份以收回股本使之脱离。届时,将给予 3Com 的股东 1.5 倍的 Palm 的股份。

在 Palm 股票首次公开发行前一天,3Com 公司股票的收盘价为 104.13 美元,第一个交易结束时,Palm 股票的价格报收于 95.06 美元,这意味着 3Com 股票价格至少为 142.59 美元。实际上,3Com 公司股票价格下降为 81.81 美元。这意味着,3Com 除 Palm 之外的实体公司的市场价值大约为每股 -60.78 美元!

这种情况明确地表明存在着严重的误价,而且误价持续了 12 个星期。为了利用这种误价机会,套利者可以买进 3Com 公司股票,同时做空 1.5 倍的 Palm 股票,并且坐等母公司股权出让收回股本,如此不需要花费任何成本便可获得确定的利润。这种策略没有基本面风险,没有噪声交易者风险。那么,为什么套利仍受到限制?Lamont 和 Thaler[①]

---

① LAMONT O A, THALER R H. Can the market add and subtract? Mispricing in tech stock carve-outs[Z]. NBER Working Papers, 2001.

详细分析了这个案例,他们认为履约成本是主要的原因。许多试图借入 Palm 股份做空的投资者从其经纪人处得知,要么没有股票可借,要么接受高得离谱的借入价格。这种做空的障碍是不合法的,但却是市场内生的:套利者有做空 Palm 股票的需求,但做空 Palm 股票的供给却无法满足这种需求。因此,套利受到限制,且误价持续下去。

4. 母公司之谜

母公司之谜与前述孪生证券和股权分立的细节有关,它指的是公司的市场价值小于其各个组成部分公开交易的价值之和。

通用汽车公司在世界上是位于最前列的公司,其市场价值达到 2 560 亿美元。休斯电子是通用汽车公司母公司的子公司之一。通用汽车公司也持有公开上市交易的美国第一商务公司 20% 的股票。

休斯电子和美国第一商务公司在技术媒介与通信行业中都是非常有活力的公司。通用汽车公司其他部分主要是金融公司和汽车制造。在 1999 年 9 月至 2000 年 1 月期间,休斯电子的股价上涨了 97%,而美国第一商务公司的股价上涨了 413%。根据产业分析,在 2000 年 3 月,通用汽车公司每股 75 美元的股价中,大约有 60 美元是休斯电子和美国第一商务公司的贡献,也就是说通用汽车公司的核心业务每股只值 15 美元。尽管通用汽车公司母公司的价值没有为负,但依然是对有限套利的强有力证据。

重要概念

弱式有效市场　半强势有效市场　强势有效市场　内幕交易　过度自信　可得性偏差　锚定　心理账户　框架依赖

思考练习题

1. 有效市场假说的三个理论基础是什么?
2. 有效市场理论的缺陷有哪些?
3. 阐释行为金融学的基本内涵。
4. 套利成本和风险包括哪些?
5. 列举有限套利的四个证据。

案例讨论

皇家荷兰和壳牌公司股票价格的长期偏离

0　引言

传统的金融理论认为,套利行为在证券市场中发挥着至关重要的作用。套利行为使得证券的价格与其基本价值相一致,从而保证了市场的有效性。

然而一系列的研究表明,在一个理性和非理性交易者相互影响的经济体中,理性交易者难以消除非理性交易者所造成的价格偏离,非理性会对定价产生实质性和长期性的影响,皇家荷兰和壳牌公司合并后的股票价格长期偏离是最好的例证。

1 案例背景

壳牌运输和贸易股份有限公司(英国)正式成立于1897年,此前该公司在远东各销售中心建立了储运点,并同洛希尔集团签订了长期购油合同。皇家荷兰石油公司(荷兰)成立于1890年,此前是一家开设在荷属东印度的小公司,为了同壳牌运输和贸易公司竞争,该公司也建立了自己的船队和销售网。

1903年,经过几年谈判后,两家公司终于达成协议,同洛希尔集团(后来退出)组成了亚细亚石油公司,把各自在远东的销售网联合起来,但两家公司在其他方面的业务仍各自经营。

1907年,壳牌运输和贸易公司在经营活动出现严重困难的情况下被迫同意与皇家荷兰石油公司组成战略联盟,同意在保留各自独立的有区别的实体的基础上按60∶40的股权比例进行合并。所有的现金收入流量分成、税收调整以及对公司的控制权也按这个比例执行。两公司之间的关系是众所周知的信息。皇家荷兰和壳牌公司的股票分别在欧洲和美国的9个交易所交易。皇家荷兰主要是在美国和荷兰交易(它是标准普尔500指数和荷兰股指数的指标股)。而壳牌公司的股票主要在英国交易(它是金融时报指数的指标股)。总而言之,如果证券的市场价值与未来现金流的净现值相等的话,那么按照60∶40的比例,皇家荷兰的价格应是壳牌公司价格的1.5倍。然而事实远非如此。

2 价格与价值的偏离

图8.2显示的是从1980年到2001年间皇家荷兰与壳牌公司市场价格之比与60∶40价值比的偏离率。这种偏离具有明显的不确定性,从相对低估皇家荷兰价值35%到相对高估其10%。在一个套利者有无数次平仓机会并且没有交易费用的市场里,这样的情况是不会出现的,因为套利者只要简单地买进较便宜的股票,卖出相同数量较贵的股票,就可以得到净收益,而且这种对冲操作可一直进行下去。

但是如果在皇家荷兰与壳牌公司之间进行套利的话,那么将付出十分惨重的代价:错估价格的风险将变得十分巨大。如果一个套利者在1983年中期,当时的折价是10%,买进相对便宜的皇家荷兰的股票,并卖出相应数量的较贵的壳牌公司股票,那么6个月后,他将遭受严重的损失,因为折价扩大到近25%。如果该套利者是利用债务杠杆来投资,或者他必须面对投资者的到期赎回的话,那么他可能被迫在这个位置平仓,对他来说,噪声交易风险是十分巨大的。

从1980年开始,皇家荷兰与壳牌公司的价格背离曾达到30%,并且持续了4年的时间。如果套利者能承受这种噪声交易风险的话,他的年收益率为7%,而这7%的收益是事后知道这种价格背离已经被修正后得到的,当然这一背离也可能会进一步扩大并导致损失。原则上,套利者是可以利用杠杆操作来获取更高的平均收益,但他同时也要考虑到使用杠杆操作的代价以及由于价格背离扩大被迫平仓带来的风险。也就是说,在价格背离需要一段时间来修正的情况下,如果没有激进套利者来修正这种错误的话,明显的非有效性将会持续下去。这一现象对有效市场假说理论提出的难题是:即使对存在完美替代品的证券的价格与其基本价值的巨大背离可以用风险套利来解释,也要花一定的时间去修正。

行为金融学的噪声交易者对此给出的解释是,即使存在完美的替代品,即使不存在基本面风险,因为未来卖出证券时价格的不可预知性或者价格偏差在消失前可能继续错下去,所以投资者仍然面临巨大风险,即噪声交易者风险。噪声交易者风险是指被套利者发现并进行套利交易的错误定价在短期内进一步向不利于套利者的方向变化。这是因为在噪声交易者认识到证券的真实价值之前,他们可能进一步走极端。例如,噪声交易者对某一证券的前景非常悲观,该证券的价格已经被压制很低。套利者发现了这个套利机会,但在其将自己的套利交易付诸实施之前,如果噪声交易者对该证券的前景进一步看淡从而使本来已经很低的价格进一步走低,而且套利者在证券价格回复到真实水平之前必须变现,那么他将遭受损失。同理,如果噪声交易者对某一证券的前景更加盲目乐观而使本来已经很高的价格进一步走高,套利者也将遭受损失。噪声交易者风险的存在会对理性交易者的套利行为造成多方面的影响,使得套利者心存顾虑,从而减弱了他们进行套利交易的兴趣和信心,也必将影响套利交易的力度。

3 结语

作为现代金融理论的核心命题,有效市场假说曾得到巨大的支持,但是随后又有许多实证检验推翻了一些原来支持市场有效的证据。行为金融理论对许多无法为现代金融学所解释的各种异常现象进行了合理的解释,行为金融也获得了较大的发展。

资料来源:邓景澜,徐腾.英国石油公司和皇家荷兰壳牌并购策略对比及对中国石油企业的借鉴[J].中外能源,2010,15(10):7-11.

启发思考题

1. 结合皇家荷兰与壳牌公司股票价格的长期偏离分析有效市场假说的缺陷。
2. 什么是噪声交易者风险?行为金融是如何用噪声交易者风险对皇家荷兰与壳牌公司股票价格的长期偏离的现象作出合理解释?
3. 通过本案例,你认为哪些心理因素促成了噪声交易者风险的形成?
4. 通过本案例,谈谈你对行为金融的基本认识。

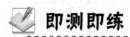
即测即练

第九章 互联网金融

【本章学习目标】

1. 掌握互联网金融基本概念和特点。
2. 了解互联网金融的产生与发展历史。
3. 理解互联网金融对经济与社会发展的意义。
4. 掌握互联网金融主要业务模式的分类和特点。

【引导案例】

P2P爆雷背后：用高息做诱饵

2018年7月23日,"礼德财富"官网发布相关公告,称部分项目逾期,其实际控制人郑某森目前暂时失联。数据显示,"礼德财富"已经运营4年330天,累计成交额达到84亿元,待收金额近13亿元。

"礼德财富"用8%~16%的高息吸引投资者,对外宣称自己有国资背景,为了提高知名度,还通过各类媒介发布虚假宣传广告扩大影响、招揽客户,甚至声称要上市。2018年7月,眼看公司资金链即将断裂,郑某森决定跑路,他带上200多万元,出逃泰国后又偷渡到柬埔寨,租住在一栋别墅内。2018年9月,广东警方追逃工作人员协助柬埔寨警方在金边将郑某森抓获,并将其押解回广州。

警方调查发现,"礼德财富"主要运营模式为借款人以玉石、钢材等质押物进行担保去平台借款。实际上,6家担保公司中有5家都是平台的关联公司。

"担保公司买玉石花了两三千万元,却对外声称估值超过10亿元。20多吨的不锈钢,仅有外围一圈是真的不锈钢,里面都包着杂钢,和真钢价格相差了七八倍。"广州市公安局天河分局经侦大队程警官说。

程警官坦言,不少网贷平台为赢得投资人信任不惜花重金"包装"自己,如"礼德财富"每年花在广告上的费用就高达200多万元。

资料来源:P2P爆雷背后:名为网贷实为网骗 用高息吸引人上钩[EB/OL].(2019-02-20). http://finance.people.com.cn/n1/2019/0220/c1004-30806558.html.

第一节 互联网金融概述

一、互联网金融的概念与发展

（一）互联网金融的定义和本质

互联网金融是指传统金融机构与互联网企业利用互联网技术和信息通信技术实现资

金融通、支付、投资和信息中介服务的新型金融业务模式。从实际情况来看,互联网金融属于新型金融模式。其涉及领域较广,具体包括信息匹配、资金支付以及投融业务等方面。除此之外,搜索引擎、社交网络、云计算以及大数据等现代化信息技术是互联网金融的基础。

互联网金融不是对传统金融的实质颠覆,也并没有脱离金融的本质,更多的是理念和思维的创新,通过依靠互联网技术来完善金融服务及其渠道,实现金融服务提供的多元化。互联网金融本质仍是金融,互联网加诸金融,本质上是金融产业的技术与经营理念的演进,它只是提升了金融服务的效率,改进了相关金融产品的质量,却不能改变金融产业的本质。从发达国家互联网金融发展趋势看,互联网金融并没有形成一个独立业态,也没有对传统金融业务和整个金融体系造成颠覆性的冲击。

(二) 互联网金融的发展

国外互联网金融是伴随着互联网技术而生的,1995年10月18日,第一家纯网络银行,美国第一安全银行诞生,它被视为互联网金融的雏形。在随后的融合阶段中,互联网与金融融合,第三方支付、网络银行形成并逐渐完善。2011年以后,互联网金融呈现出加速发展的态势,互联网金融的类型日益丰富,从网络支付领域扩展到网络证券、网络保险,又蔓延到网络信贷、电子货币、众筹融资等领域,已经深入金融的方方面面。

中国的互联网金融虽然起步晚,但发展势头迅猛,2005年以前,主要是"把银行业务搬到网上"。2005年到2011年,第三方支付逐渐成长,网络借贷萌芽,互联网与金融的结合从技术领域深入金融业务领域。2012年开始,互联网金融发展进入新阶段,2013年则被称为"互联网金融元年"。这一时期,互联网金融"爆发式"增长,各种模式竞相发展,学术界、各级政府、各行各业的巨头、创业者以及风险投资界纷纷参与其中。电子商务行业的崛起,使互联网金融获得了更多发展机会。在实践过程中,传统金融行业的主要服务对象均为高端客户,而互联网金融行业则正好相反,主要对象是低端市场,满足小微企业的融资等需求。互联网金融的操作难度较小,操作成本不高,吸引了大量潜在客户。在现代化信息技术的影响下,互联网金融行业迅猛发展,并逐渐成为推动社会经济发展的核心支柱。不仅如此,互联网金融的覆盖范围极广,包括电商、金融中介、信用审核、在线销售及第三方支付等领域。

另外,政府推出一系列优惠政策,对互联网金融行业实施资源倾斜,包括无息贷款、资金扶持以及税收减免等方式。在这种情况下,互联网金融行业获得了更多发展机会。而传统金融机构也开始进行自身产品与业务模式的转型和改造,进行线上创新型平台建设。与此同时,互联网金融这一概念首次进入十二届全国人大二次会议的总理政府工作报告中,互联网金融的健康发展已经引起了政府部门的关注。

2013年,75家互联网金融机构审议并通过的《互联网金融专业委员会章程》和《互联网金融自律公约》。2015年《关于促进互联网金融健康发展的指导意见》《互联网保险业务监管暂行办法》《最高人民法院关于审理民间借贷案件适用法律若干问题的规定》《非存款类放贷组织条例(征求意见稿)》《非银行支付机构网络支付业务管理办法》等系列法律法规先后出台。我国互联网金融风险水平也在不断下降,互联网金融风险案件逐渐得到遏制，行业监管规则和要求不断得到细化。这标志着行业环境得到进一步净化，互联网金融行业从快速发展阶段转入规范发展阶段。

二、互联网金融的特点

（一）互联网金融的主要特点

1. 成本低

互联网金融模式下，资金供求双方可以通过网络平台自行完成信息甄别、匹配、定价和交易，无传统中介、无交易成本、无垄断利润。一方面，金融机构可以避免开设营业网点的资金投入和运营成本；另一方面，消费者可以在开放、透明的平台上快速找到适合自己的金融产品，削弱了信息不对称程度，更省时省力。

2. 效率高

依靠强大的信用数据积累与挖掘优势，以及互联网、移动支付、搜索引擎、大数据、社交网络与云计算等先进技术手段，互联网金融模式可以突破时空限制，减少中间环节，便捷支付方式，金融活动参与者通过互联网有了更直接、更有效的接触，透明度更高，极大程度上减少了市场信息不对称，使市场充分有效，从而接近一般均衡定理上描述的无金融中介状态，有效提高了资金融通效率。

3. 覆盖广

互联网金融模式下，客户能够突破时间和地域的约束，在互联网上寻找需要的金融资源，金融服务更直接，客户基础更广泛。此外，互联网金融的客户以小微企业为主，覆盖了部分传统金融业的金融服务盲区，有利于提升资源配置效率、促进实体经济发展。

4. 风险大

与传统商业银行相比，互联网金融企业的风险控制能力还有待加强。互联网金融除具有传统金融业经营过程中存在的流动性风险、市场风险与利率风险外，还存在基于信息技术导致的技术风险、系统安全风险与基于虚拟金融服务的各类业务风险，且风险扩散传播速度更快、风险诱因更复杂。

（二）互联网金融的比较优势

相较于传统金融，互联网金融具有信息记录和信息处理的特征，能大幅降低交易成本，并提高资金配置效率。总的来说，互联网金融具有以下比较优势。

1. 支付优势

互联网金融模式下的支付方式以移动支付为基础，能够通过移动通信设备、利用无线通信技术来转移货币价值，以清偿债权债务关系。移动通信技术和设备的发展是移动支付发展的根本原因。与传统的支付相比，移动支付更加便捷以及人性化，用户可以在任何地方、任何时间以任何方式进行支付。身份认证和数字认证证书等安全措施的不断完善，已经使移动支付的范围不断扩大，从小额支付到企业间的大额支付，甚至趋向于取代现金、信用卡等传统的结算支付手段。

2. 流程优势

与传统金融行业基于大数定理和抽样调查不同，互联网金融是基于大数据、云计算来分析用户的金融行为，根据用户的信用信息、消费信息、位置信息等更精确地判断用户的风险水平，从而得到更合理的风险管理解决方案，有助于改善市场信息不对称的状况，提高金融市场运行质量。

3. 普惠优势

互联网金融能够提供普惠金融服务。目前我国金融资源供需存在结构不平衡的问题，中小企业客户群体往往被大型金融机构所忽视。互联网金融以其"开放、平等、协作、分享"的精神特质具有了普惠金融的资源优势。与传统金融行业相比，互联网金融的门槛更低，资金的可得性和便捷性更高，打破了传统金融领域"长尾"市场融资难的困境。互联网金融下，客户群体也发生了变化，不仅仅是大企业，还有小企业以及更为广泛的普通大众。在互联网金融飞速发展的当下，关注"长尾"客户群，为他们提供差异化、个性化、便捷、低成本的服务将成为金融行业发展新的增长点。

4. 整合优势

每个人都有零碎的、富余的资源，如果将这些零碎的资源整合、利用，将创造出更多的价值。移动互联网技术不受地域、时间限制的特性，刚好能将这些零碎的资源利用起来。在互联网领域，零碎的时间和资金也可以得到充分的应用，金融碎片化成为发展趋势。对于资金数量、时间成本不同的客户，互联网金融可以有效地整合、利用这些零碎的资金以及时间资源，积少成多，充分发挥"长尾"客户群体的力量，实现经济的规模效益。

三、互联网金融的主要业务模式

互联网平台和金融功能是互联网金融最重要的两个要素。互联网金融既不同于商业银行的间接融资，也不同于资本市场的直接融资，属于第三种金融融资模式，是一种新的金融业态。

目前，互联网金融的主要业务模式可以划分为P2P（个人对个人）网贷、众筹、第三方支付、大数据金融、信息化金融机构和互联网金融门户六种，六种业务模式间存在着较大的差别，具备的金融属性也各有不同。传统金融机构互联网化主要分为商业银行的互联网化和非银行类金融机构的互联网化，后者主要包括证券业的互联网化、理财基金销售的互联网化、信托产品销售的互联网化以及保险业的互联网化。

（一）P2P网贷

P2P又称点对点网络借款，是一种将小额资金聚集起来借贷给有资金需求人群的一种民间小额借贷模式，利用网络中介平台实现直接借贷的行为，即借款人在平台发放借款标，出借人进行投标向借款人放贷，属于民间小额借贷。其中，P2P的中介平台被称为P2P网络借贷平台。网络借贷平台负责对借款方的经济效益、经营管理水平、发展前景等情况进行详细的考察，并收取账户管理费和服务费等。本质上讲，这类平台或机构定位为金融信息服务中介,属于民间借贷的"互联网化"。当交易双方采用P2P模式时,需要支付一定的费用,才能获得平台提供的服务,通过这种方式,交易双方能够各取所需,进而实现共赢。该模式的应用频率较高,但由于监管力度不足,导致行业乱象丛生。

(二) 众筹

众筹,也可称作大众筹资,是指在互联网上利用团购或预购的方式,募集项目筹措资金的模式。众筹将有创新创业能力但缺乏资金的融资者和对融资者的故事和回报感兴趣的投资者连接。利用互联网的平台,项目或创意的发起者对其项目进行展示,而众多投资者根据相关信息选择投资项目并为其提供资金支持。通过互联网传播途径,小企业或个人可通过众筹的方式面对公众,展示创意,争取支持,获得资金援助。相对于传统的融资方式,众筹更为开放,能否获得资金也不再是由项目的商业价值作为唯一标准。

(三) 第三方支付

第三方支付是指具备一定实力和信誉保障的独立机构,借助计算机通信和信息安全技术提供交易的支持平台,在银行与用户之间建立连接的电子支付模式。在第三方支付模式下,买方选购商品后,使用第三方平台提供的账户进行货款支付(支付给第三方),并由第三方通知卖家货款到账、要求发货;买方收到货物,检验货物,并且进行确认后,再通知第三方付款;第三方再将款项转至卖家账户。近几年,第三方支付迅猛发展,已不仅仅局限于最初的互联网支付,而是成为线上、线下全面覆盖,应用场景更为丰富的综合支付工具。此类支付方式不受到支付终端成本的限制,具有多样且便捷的付款和转账方式。如今,第三方支付已融入日常生活各个领域的方方面面,成为人们生活的一部分。

(四) 大数据金融

大数据金融是指集合海量非结构化数据,通过对其进行实时分析和挖掘客户的交易与消费信息掌握客户的消费习惯,并准确预测客户行为,提升金融机构在服务、营销和风控方面的能力的模式。基于大数据的金融服务主要指拥有海量数据的电子商务企业开展的金融服务。大数据的关键是从大量数据中快速获取有用信息的能力,或者是从大数据资产中快速变现利用的能力。因此,大数据的信息处理往往以云计算为基础。大数据金融分为平台金融和供应链金融两大模式。平台金融模式,是平台企业对其长期以来积累的大数据通过互联网、云计算等信息化方式进行专业化的挖掘和分析;供应链金融模式,是核心龙头企业依托自身的产业优势地位,通过其对上下游企业现金流、进销存、合同订单等信息的掌控,依托自己资金平台或者合作金融机构对上下游企业提供金融服务的模式。

(五) 信息化金融机构

信息化金融机构,是指通过采用信息技术,对传统运营流程进行改造或重构,实现经营、管理全面电子化的银行、证券和保险等金融机构。金融信息化是金融业发展趋势之一,而信息化金融机构则是金融创新的产物。从整个金融行业来看,银行的信息化建设一直处于业内领先水平,不仅具有国际领先的金融信息技术平台,还建成了由自助银行、电话银行、手机银行和网上银行构成的电子银行立体服务体系。其除了基于互联网的创新金融服务之外,还形成了"门户""网银、金融产品超市、电商"的一拖三的金融电商创新服务模式。

(六)互联网金融门户

互联网金融门户是指利用互联网进行金融产品的销售以及为金融产品销售提供第三方服务的平台。它的核心就是"搜索比价"的模式,采用金融产品垂直比价的方式,将各家金融机构的产品放在平台上,用户通过对比挑选合适的金融产品。互联网金融门户多元化创新发展,形成了提供高端理财投资服务和理财产品的第三方理财机构,提供保险产品咨询、比价、购买服务的保险门户网站等。这种模式不存在太多政策风险,因为其平台既不负责金融产品的实际销售,也不承担任何不良的风险,同时资金也完全不通过中间平台。

第二节 P2P 网贷

一、P2P 网贷概述

(一)P2P 网贷及其平台的定义

P2P 网贷是个人通过第三方平台在收取一定利息的前提下向其他人提供小额借贷的金融模式。P2P 网贷起源于 P2P 小额借贷。P2P 小额借贷是一种将非常小额度的资金聚集起来、借贷给资金需求者的商业模式,其社会价值主要体现在满足个人资金需求、发展个人信用体系和提高社会闲散资金利用率三个方面。

P2P 网络借贷平台是指 P2P 借贷与网络借贷相结合的金融服务平台,其客户对象包括两类:一类是将资金借出的客户,另一类是需要贷款的客户。通过这种借贷方式,P2P 网络借贷平台可以缓解人们因为在不同阶段收入不均匀而导致的消费力不平衡问题,使更多人享受到了 P2P 小额信贷服务。

(二)P2P 网贷的起源

P2P 由 2006 年"诺贝尔和平奖"得主穆罕默德·尤努斯(Muhammad Yunus,孟加拉国)首创。1976 年,尤努斯走访孟加拉国某个贫穷的乡村时,发现一个名叫苏菲亚的生有 3 个孩子的年轻农妇,每天从高利贷者手中获得 22 美分的贷款用于购买竹子,编织好竹凳交给高利贷者还贷,每天只能获得 2 美分的收入。这种境况使尤努斯异常震惊,后来他找出村里 42 位有着类似困境的村民,在将这些村民的资金需求汇总后,尤努斯经历了他有生以来最大的一次震动:这个数目一共只有 27 美元。尤努斯当即借钱给了这 42 位村民。

后来尤努斯尝试去找一些银行家,希望能够帮助这些村民提供贷款,但结果可想而知。对于任何一个商人来说,借钱给村民实在不是一个明智之举,但是尤努斯不是商人,他是一个经济学家和一个冒险家。所以之后他尝试向村民们提供小额贷款,这个试验成功地改变了大约 500 位借款人的生活,普惠金融的理念也由此展开了。尤努斯还因此在 2006 年获得了诺贝尔和平奖。

而 P2P 网贷则是由英国人理查德·杜瓦(Richard Duvall)、詹姆斯·亚历山大(James Alexander)、萨拉·马休斯和大卫·尼克尔森(David Nicholson)4 位年轻人共同创造的,他们第一次把这种 P2P 模式做成企业形式。2005 年 3 月,他们创办的全球第一家 P2P 网贷平台 Zopa 在伦敦上线运营,他们的宗旨是"摒弃银行,每个人都有更好的交易"。该公司的基本运营模式为:个人借贷双方以 Zopa 为中介完成交易,借款者提出可接受的最高利率,贷款人参与利率竞标。

P2P 网络借贷平台在英、美等发达国家发展已相对完善,这种新型的理财模式已逐渐被身处网络时代的大众所接受。一方面,出借人实现了资产的收益增值;另一方面,借款人则可以用这种方便快捷的方式满足自己的资金需求。

(三)P2P 网贷产生的原因

1. 技术原因

20 世纪 80 年代以来,互联网技术的发展降低了信息传播的成本,在很大程度上解决了信息分散和不对称问题。历史数据的积累和数据挖掘技术的深化,使信息(数据)的真实性和转化价值得到提升。这些技术条件有力地支撑了 P2P 模式的发展。

2. 市场原因

一是资金需求方。P2P 平台融合搜索技术、数据挖掘技术和平台概念,推动信息对称性和渠道通畅性问题逐步改善,极大地解决了小微企业和个人贷款难问题。P2P 平台利用网络简化借款申请流程手续,缩短资金获取时间,深受中小微企业欢迎。二是资金供给方。大众富裕阶层的财富保值需求逐年增加,并普遍偏好中低风险的固定收益类产品,P2P 理财产品符合这个市场的需求。

二、P2P 网贷的特点

(一)P2P 网贷的主要特点

1. 信息公开透明

出借人和借款人是直接交易方,能够互相了解对方的身份信息、信用信息,网络借贷平台会有借款人的相关信息公布,出借人也可及时获知借款人的还款进度和生活状况的改善,最真切、直观地体验到自己为他人创造的价值。

2. 借贷双方的广泛性

由于互联网的传播功能,P2P 针对广泛的非特定的主体,并采用多对多的形式,借贷方可以是个体,也可以是中小企业。P2P 流程简单易懂,且方式、周期灵活多样,参与群体也更为广泛,具有一定闲散资金的用户都可以成为出借人。

3. 风险分散

在平台上,出借人可以将资金分散给多个借款人对象,同时提供小额度的贷款,风险得到了最大限度的分散,避免单个投资人把大量资金给一个或少数借款人所带来的贷款风险。

4. 信用甄别

在 P2P 模式中,出借人可以对借款人的资信进行评估和选择,平台也会对用户进行信用评级,进行风险控制。信用级别高的借款人将得到优先满足,其得到的贷款利率也可能更优惠。

5. 门槛低、渠道成本低

P2P 网贷使每个人都可以成为信用的传播者和使用者,信用交易可以便捷地进行,每个人都能轻松地参与进来。

6. 交易直观、效率高

P2P 网贷信用交易流程相对银行等金融机构简单便捷,借贷双方可直观地看到整个交易过程和资金流动情况,从需求发布到借贷实现可在几天内完成,对急需资金周转的借款人而言是很好的选择。

(二) P2P 网贷与银行贷款的比较

1. 二者的相同点

(1) 都为金融媒介,满足借贷双方对资金的需求。

(2) 发生借贷业务时都具有风险性,P2P 平台的风险比传统银行融资模式更大,监管力度薄弱。

(3) P2P 平台模式和传统银行融资模式在洽谈一笔业务时都会对借款人的信用进行分析。

2. 二者的不同点

银行贷款模式的一些弊端催生了 P2P,而 P2P 网贷的诞生也弥补了银行贷款模式的一些不足,但两者也存在本质区别。

(1) 中介身份不同。P2P 平台是信息中介,作为网贷平台仅为借贷双方提供信息流通交互、信息价值认定和其他促成交易完成的服务,不实质参与到借贷利益链条之中,依靠向借贷双方收取一定的手续费维持运营。在这个过程中,融资方称为"借款人",在 P2P 平台的撮合下,采用直接融资的方式,直接与平台的出借人(投资者)形成债权债务关系。银行贷款是间接融资,银行为信用中介,贷款人与银行形成债权债务关系,而不与存款人直接发生法律关系。

(2) 资金运用不同。从资金的运用上看,P2P 平台需要将出借人的资金对应发放给借款人,不得截留、挪用,不允许出现自有资金池和期限错配。而银行通常会短借长贷,并通过存贷比等进行流动性审慎管理。

（3）收入来源不同。P2P的典型模式为：网络信贷公司提供平台，由借贷双方自由竞价，撮合成交。资金借出人获取利息收益，并承担风险；资金借入人到期偿还本金。在其中，P2P平台主要充当信息中介，收入来源是向借款人和出借人收取的服务手续费。而相比之下银行向借款者与贷款者统一给出存贷款利率，统筹资金并进行管理，尽管银行会收取手续费、托管费、管理费等多种项目费用，但银行的主要利润来源仍是存贷款利差。

（4）资产形成不同。P2P通过提供平台，撮合借款人与贷款人之间的交易促成资金融通，在这个过程当中资金本身并没有发生资产性质上的转变，其资金运用的结果是形成了非标准化的债权资产；而银行吸收存款、发放贷款，资金的资产性质发生了转变，最终主要是形成了各项贷款。

（5）面向人群不同。银行面向的借款人主体是大中型企业，且银行对借款人的信用资质有着较高的门槛要求；而P2P网贷大多数是信用贷款，主要面向小微企业或个人消费。

三、P2P网贷的风险与监管

（一）P2P网贷风险

自2005年诞生以来，网络借贷经历了爆炸式的增长。伴随巨大增长的是行业所面临的挑战和问题。2011年，中国银监会办公厅发布了关于人人贷风险提示的通知，从政策层面上对P2P网贷提出了警告。从2011年开始，中国的P2P行业出现了一些乱象，一些虚假平台出现了诈骗跑路现象，还有一些平台并未用作借贷，而是被创办人用以自融资。网贷平台对投资人的最大吸引力来源于高收益率，但高收益率往往伴随着高风险。总的来说，P2P网贷的风险主要来源于投资人保护问题和借款人保护问题。其中，投资人保护问题分为借款人信用违约风险和平台操作风险。

1. 借款人信用违约风险

P2P网贷绝大部分贷款是无抵押无担保的信用贷款，信贷违约风险是投资人面临的源头风险，相比欧美国家，国内的信用体系和客户金融习惯更不成熟，单纯通过网络来实现信息对称和信用认定模式的难度较大，借款人的违约率也比传统银行贷款更高。除此之外，和借款人违约率高对应的是坏账追回率一直处于很低的水平，通过P2P网贷放出去的违约贷款，几乎追回无望。当借款人违约不受控制时，投资人的本金面临着很大的风险，这也制约着P2P网贷行业的发展。

2. 平台操作风险

P2P网贷平台金融诈骗和卷款跑路也是投资者的重要担忧。前期国内P2P网贷发展处于无准入门槛、无行业标准、无监管机构的"三无"状态，所以大量P2P网贷平台得以产生。但由于不受监控，这些平台良莠不齐，平台负责人背景千差万别，可能会造成平台操作失误。更甚的是，少数P2P网贷平台本身就是圈钱的工具，其脱离P2P网贷身为信息中介、不参与交易的身份，被用来诈骗集资或者自融。这些乱象给行业的发展蒙上了一层阴影，也给投资者的资金带来了巨大的风险。

在整个借贷过程中,借款人也是借贷关系的消费者,但和投资人利益被大量关注不同的是,其利益保护往往容易被忽视。借款人保护问题分为不公平借贷和催收方式以及隐私泄露问题。

1. 不公平借贷和催收方式

和其他传统信贷渠道一样,在 P2P 网贷平台上的借款人也可能会面临许多风险,如含糊或者误导性的信贷条款,强制性或者歧视性的信贷结果,以及不公平、欺诈性、侮辱性的收款做法。

2. 隐私泄露问题

与传统借贷不同的是,借款人在网络平台中借贷时,还有可能面临隐私泄露的风险。在参与到 P2P 网贷平台的信贷中前,借款人需要向平台提供自己的个人信息。而为了吸引投资人放贷,平台会选择将部分信息公布,虽然会尽量减少私人信息,但也存在让平台上其他成员和公众推断出借款人具体身份的可能。此外,网络借贷平台本身就存在安全风险,可能会由于平台自身原因,安全出现漏洞导致客户数据丢失,这也会导致借款人的隐私泄露。

尽管存在诸多风险,也出现了一些不法现象,但这并不能抹杀 P2P 网贷这种创造给社会所带来的积极意义。

(二) P2P 网贷的监管与转型

2016 年 8 月,中国银监会向各家银行下发了《网络借贷资金存管业务指引(征求意见稿)》(以下简称《征求意见稿》)。《征求意见稿》不仅对开展存管业务的银行提出了一定的资质要求,对于接入的平台也提出了在工商登记注册地地方金融监管部门完成备案登记、按照通信主管部门的相关规定申请获得相应的电信业务经营许可等五项要求。最受业内关注的一条是,存管银行不应外包或由合作机构承担,不得委托网贷机构和第三方机构代开出借人和借款人交易结算资金账户。2016 年 10 月 13 日,国务院办公厅发布《国务院办公厅关于互联网金融风险专项整治工作实施方案的通知》。

2017 年以来,我国加强对于网贷平台的监管和规范。随着网贷行业的进一步规范,P2P 网贷行业经历了重新洗牌。2018 年,"备案"成为 P2P 网贷行业发展的主基调。在备案要求下,行业掀起了新一轮爆雷潮,唐小僧、联璧金融等知名平台亦难以避免。爆雷潮汹涌下,P2P 网贷行业迎来新的变化。

2019 年 8 月 19 日,北京朝阳区互联网金融协会公示速可贷、互联贷等第二批 15 家失联 P2P 网贷机构"黑名单"。至此,北京地区共有 34 家网贷机构被公示为失联机构。在第二批失联 P2P 里,陨石地带已因涉嫌集资诈骗被立案侦查,该平台实控人非法集资百亿后失联。另一网贷平台"速可贷"负责人王东已因非法吸收公众存款 1.3 亿元,被判 8 年。

2019 年 12 月,山西省互联网金融风险专项整治工作领导小组办公室和山西省 P2P 网络借贷风险专项整治工作领导小组办公室联合发布公告,对山西省全部 P2P 网贷机构的 P2P 业务予以取缔。

中国银保监会党委委员、副主席梁涛在2020年金融街论坛年会上表示：全国实际运营的P2P网贷机构已经由高峰时期的5 000家压降到2020年9月末的6家，借贷规模及参与人数连续27个月下降。到2020年11月中旬，全国实际运营的P2P网贷机构完全归零。

从行业格局来看，随着监管的措施的不断出台，P2P网贷行业内部逐渐分化，行业集中度进一步提高，现有平台在同质化竞争中谋求转型出路。

中国银监会于2015年12月28日发布的《网络借贷信息中介机构业务活动管理暂行办法（征求意见稿）》中要求P2P网贷单笔借贷额度受到限制，同时明确禁止网贷平台债权转让行为。其未来的转型模式应该为以下两种。

（1）追求"小而美"，即主攻某一特定类型消费金融领域。

（2）发展"大而全"，即提供多层次互联网金融服务，最终实现集团化经营。

而P2P平台在借款余额限制下的转型方向如下。

（1）与小贷公司合作化解信息中介本质限制，但要求有强风控能力。

（2）获取互联网小贷牌照。

（3）通过金融资产交易所分离大额业务：需保证合规、严防踩雷。

（4）与小贷公司、金交所三方合作。

（5）获取基金销售牌照，规避网贷的新规限制。

（6）转型为小贷公司。

在这几种转型方向中，存量大小、合规与否、股东实力成为一些P2P网贷能否转型成功的关键因素。存量规模不大，国资或上市公司背景的P2P公司转型小贷公司更容易获得地方监管部门的批准。多数头部平台采用入股小贷公司、银行等方式实现转型。大型头部平台业务存量大，股东实力不济、业务规范性不足或者借款人回款不力等，都会导致良性清退难，因此转型小贷暂时难以获得地方监管部门的批准。不仅如此，大型头部平台业务更依赖互联网，更倾向于申请网络小贷牌照。事实上，在监管新规下能成功完成转型的P2P网贷平台也是极少数，更多平台选择退出市场，或者转做面向B端的科技业务。

第三节 众筹

一、众筹概述

（一）众筹的定义

众筹，即大众筹资，本意是以"团购＋预购"的形式，通过互联网向投资人募集项目资金的模式。当代互联网众筹是指由项目发起人通过互联网、社交网络或专业平台广播项目信息，以此吸引网络用户对项目的关注，从而使项目需求方（融资人或项目）获得必要的资金援助、渠道支持和营销推广的行为和方式。

众筹融资最早可追溯至18世纪欧洲文艺作品的订购。在文艺作品创作前寻找订购者提供创作经费，待作品完成时，回赠订购者一本附有创作者亲笔签名的著作、协奏曲乐谱副本或欣赏音乐会首场演出的资格等。

众筹融资的业务模式是：项目发起人在平台注册、提交和发布融资项目，众筹平台根据其成长性、市场前景等标准对融资项目进行筛选，公布项目的融资目标、天使投资者等信息，向潜在的投资者推荐，并建立投资者和项目发起人之间的联系，提供沟通渠道。如果投资者决定投资该项目，就通过网络完成相关支付、转账以及其他财务和法律手续，项目发起人则承诺给投资者股权、产品或其他形式的投资回报。

（二）众筹的特征

（1）低门槛。在众筹融资模式中，无论身份、地位、职位、年龄、性别，只要融资者有想法和创造能力就可以发起项目。不同于股票、债券、银行贷款等对较大规模融资有高门槛的方式，众筹平台并不要求融资者是一个企业家或成功人士，融资者只要有一个可展示的具有创意的想法，就可以在众筹融资平台商户寻找志同道合的投资者。

（2）多样性。众筹的方向具有多样性，在大多数众筹网上的项目类别包括设计、科技、音乐、影视、食品、漫画、出版、游戏、摄影等。这种多样性其实源于众筹融资方式自身的低门槛。通过众筹融资平台，社会上形形色色的创业想法都得到了一个展示的机会，同时也造就了众筹的多样性。

（3）注重创意。发起人只有先将自己的创意（如设计图、成品、策划等）完善到可向其他人展示的程度，才能够通过平台的审核，这需要发起人的创意足够成熟，而不单单只是一个概念或者简单的想法。拥有更好创意的融资者更有可能会获取大众投资，这个特征也避免了众筹网站上的项目太过参差不齐，有利于为投资人和融资人构建一个更好的众筹生态环境。

（4）依靠大众力量。众筹融资中，支持者大多是普通民众，而非公司、企业或风险投资人。在众筹平台上的投资金额一般不是由一个或数个投资者组成，这与PE（私募股权投资）、VC（风险投资）有着本质区别。这种融资模式更多依靠的是网络上的大众力量，而非被天使投资人看中。众筹强调创意的另一个原因也是唯有好的想法才会被大多数人认可、被大众所发掘。

众筹融资模式最适合科技金融和文化金融领域。其项目一般是艺术创作、自由软件、设计发明、科学研究以及公共专案等。在规定期限内，项目募集资金若达到目标，则项目融资宣告成功；否则，募集资金全数返还投资者。对投资者的回报方式可以是实物的，也可以是精神层面的。由于投资风险较大，一般投资金额较小，但面对的投资群体较大。

二、众筹融资模式

（一）众筹融资模式的运作流程

众筹融资整个运作流程可以划分为三个阶段，即项目的准备阶段、融资阶段以及经营阶段。

（1）项目准备阶段。该阶段是整个众筹融资的孕育期，即项目在众筹平台上对外展示并筹资之前的准备期。其具体包括：项目发起人在众筹融资平台上向外界展示项目，并做好获取支持的准备工作，以及众筹平台对融资项目的审核，审核通过后才能进入下一阶段。

(2) 项目融资阶段。这个阶段是众筹融资的筹资期，即从项目通过审核后，在展示中被投资者看中并予以支持的整个融资过程。其具体包括项目展示、项目评估、项目支持、筹资管理、收获佣金和收获筹资。

(3) 项目经营阶段。该阶段是整个众筹融资的经营过程，也就是项目发起人已经获取支持，开始运营项目直到与项目支持人共享经营成果的全过程。其具体包括项目经营、项目监管、成果分配、收获回报。

（二）运作过程中各主体的工作内容

下面基于上述运作流程，从众筹融资的三方主体角度出发，对三方主体各自的具体工作内容和流程进行分析。

(1) 项目发起人（融资方），是项目的发起者、资金筹集的需求者以及筹集到资金之后的项目运营者，他们的优势在于富有创意、想法、项目，对项目的专业知识有深入了解。在项目发展初期，发起人需要向支持者详细介绍融资项目的可行性和前景、潜在风险、资金需求等信息。其具体工作流程包括项目申请、收获筹资、项目经营、成果分配。项目申请就是在众筹融资平台上提交融资申请，其中包括项目发起人的信息、项目名称、项目团队介绍、图片或视频形式的项目描述、筹资额度和期限、项目发展状况与风险以及项目承诺与回报等内容。收获筹资即项目成功通过平台审核，并且在设定的期限内完成了设定的筹资额，发起人可以顺利从众筹平台获得支持者所投资金。倘若未能在期限内完成设定的筹资额度，则筹资失败，发起人不能收获筹资。通常情况下，项目发起人获得的资金数量是筹资期限截止时实际筹资金额的 90%~100%，剩余资金将作为众筹平台的佣金和服务费。项目经营指项目发起人获得资金后开始经营项目，这是最重要的环节，也是发起人融资的最终目的。为了确保项目经营的顺利实施，支持者需对项目进行监管，发起人也有义务向支持者发布项目经营信息。最后一个阶段是成果分配，这一阶段是发起人最后的工作，也是向支持者发放回报以实现承诺的信用体现。如果项目成功经营，发起人需在预定时间内完成承诺的回报；如若未能在约定的期限内实现承诺，则表明项目失败，项目发起人可不再履行分配成果的义务。

(2) 众筹平台，作为发起人与支持者的中介机构，具有专业化服务及平台优势，其主要工作内容是在保护发起人与支持者利益的前提下，为项目资金筹集牵线搭桥。其主要盈利点是收取最终成功融资之后的手续费和服务费。其具体工作流程主要包括项目审核、项目展示、筹资管理、收获佣金。项目审核是众筹平台工作的开始，也是决定项目能否参加众筹融资的关键。众筹平台在收到项目申请后，需对项目申请内容进行审核，评估申请信息的完备性、真实性及项目可行性，如果项目满足要求，则项目可以通过审核并进入下一阶段。项目展示意味着项目审核已经通过，并通过众筹平台向外展示。审核之后的项目一般用视频或图片的形式介绍内容，目的在于通过在平台上展示并获取关注与市场反馈，从而调整项目内容，确保在确定期限内筹集到足够的资金。项目展示包括项目详细介绍、筹资金额、筹资期限、支持方式、项目回报等。在筹资管理阶段，平台对发起人预先设定的筹资期限内所筹集的资金进行日常管理，以及筹资期结束后，对实际筹资额的分配。如果筹资期限结束后，筹得的资金多于预期金额，那么众筹成功，众筹融资平台会从所筹集的资金中提取佣金和服务费(一般为 0%~10%,为预先约定的佣金比率),这是众筹融资平台最主要的收入来源,剩余的资金分配给项目发起人;如果筹得的资金小于预期金额,则视为筹资失败,筹资平台需将实际筹集的资金返还给支持者,众筹融资平台也不会收取任何费用。

(3)项目支持者,作为项目的出资者,具有资金优势,其主要的工作内容是在发挥自身优势的前提下,支持、监督项目实施,并获得项目成果分享。其具体工作流程主要包括项目评估、项目支持、项目监管、收获回报。项目评估是支持者参与众筹融资的开始,支持者根据平台中项目的具体介绍、筹资额度、回报等项目展示信息,以及自身的兴趣、爱好、风险偏好等,评估该项目是否有支持价值。项目支持是支持者对项目的实际投入工作,主要形式即为资金支持,只需按照众筹平台指导,在网络上即可完成。项目监管是支持者为了确保项目经营的顺利实施而定期或不定期地与发起人进行沟通,监督项目的实施状况,保证自身的合法利益,项目发起人也有义务定期向项目支持者发布项目经营信息。收获回报是支持者参与众筹融资的最终收益体现形式,发起人需按约定发放对支持者承诺的回报。

三、众筹的分类

(一)债权式众筹

债权式众筹是指投资者对项目或公司进行投资,获得其一定比例的债权,未来获取利息收益并收回本金(我给你钱,你之后还我本金和利息)。债权式众筹其实就是 P2P 借贷平台。

(二)股权式众筹

股权式众筹是指投资者对项目或公司进行投资,获得其一定比例的股权(我给你钱,你给我公司股份)。股权式众筹其实并不是很新奇的事物——投资者在新股 IPO 的时候去申购股票其实就是股权式众筹的一种表现方式。但在互联网金融领域,股权式众筹主要特指通过网络的较早期的私募股权投资,是 VC 的一个补充。

(三)回报式众筹

回报式众筹是指投资者对项目或公司进行投资,获得产品或服务(我给你钱,你给我产品或服务)。回报式众筹一般指的是预售类的众筹项目,团购自然属于范畴。但团购并不是回报式众筹的全部,且回报式众筹也并不是众筹平台网站的全部。

(四)捐赠式众筹

捐赠式众筹是指投资者对项目或公司进行无偿捐赠(我给你钱,你什么都不用给我)。捐赠式众筹是众筹的一种模式,和债权式众筹、股权式众筹不相同的是,捐赠式众筹是一种不计回报的众筹。例如红十字会这类 NGO 的在线捐款平台可以算是捐赠式众筹的雏形:有需要的人由本人或他人提出申请,NGO 做尽职调查、证实情况,NGO 在网上发起项目,向公众募捐。

四、众筹的功能

(一)风险投资的补充

一方面,众筹集中大众资金、能力和渠道,为创业者提供了必要的资金援助。这种模式确保了参与者的数量,尽管每个个体的投资数额很小,但总体金额却很大。另一方面,利用众筹融资,投资者不占有公司股份,他们可以发表意见供创业者参考,但不能决定项目产品的修改,这从根本上改变了以前筹资依附于风险投资,靠资本说话的模式。此外,众筹还可有效解决不适合批量复制的产品的资本来源,满足人们日益增长的对个性化产品和服务的需求。不适合批量生产意味着融资规模较小而且成本高,风险与收益不成正比,难以吸引风险投资机构。

(二)吸引潜在客户群与未来投资者

一直以来在商业运作的流程中,销售环节都是整个供应链的关键。互联网的出现和发展使销售变得更加容易,在大众参与的时代,众筹将网络节点上的每个消费者从孤立的个体融入创业者的创业活动当中,使创业者能够利用大众参与者的人际关系网络,进而节省创业者的营销成本。对于一些不缺钱但相对成熟的项目,众筹平台也是一个不错的营销渠道。众筹平台用户普遍敢于尝试新鲜事物,这对许多以创意取胜的项目十分重要。此外,众筹网站还可能成为创新项目被风险投资发现的重要平台。

(三)参与主体价值多元化

众筹平台融资者往往有多重目标,除融资外,还包括获得外部技术、资源、管理经验等帮助。众筹为消费者展示了一般市场上无法获得的产品,能够满足消费者对个性化产品的需求,并使消费者参与到产品的设计当中,使消费者获得了更多的话语权。而投资者参与众筹的目的涉及慈善行为、享受行为(享受与融资者互动和创新的过程)、特别体验机会、特殊荣誉和独特价值服务因素。在众筹模式下,投资者和融资者不局限于单纯的资金借贷本身,交易活动的目的更为丰富,交易关系更为融洽,距离更为贴近。

(四)缩短创业周期,降低创业的风险和成本

产品生命周期理论认为,产品的市场寿命是一种新产品从开始进入市场到被市场淘汰的整个过程,对传统产品而言,先研发再生产,再推向市场,因此在考虑研发成本和生产成本后,在产品进入发展期之前企业都是亏损的。而运用众筹方式,如果项目达成了融资目标,研发成本就可以由投资者(产品用户)来支付。成功的项目就推翻了产品生命周期理论关于产品在进入发展期前不能盈利的观点。对于在众筹平台没有成功融资的项目而言,创业者也能了解到市场对其需求不足,可以避免在投入大量资金后从事失败项目所带来的浪费。以众筹平台作为市场预测工具,可以极大地促进公共和私人领域的决策过程,控制风险。

第四节　第三方支付

一、第三方支付概述

（一）第三方支付的定义

第三方支付是指具备一定实力和信誉保障的独立机构，采用与各大银行签约的方式，提供与银行支付结算系统接口的交易支持平台的网络支付模式。其本质是通过第三方参与交易使得交易更加安全、便捷，因此除了在互联网上进行外还可通过其他渠道完成，如银行卡收单、预付卡支付、电话支付、数字电视支付等。

在商品交易的过程中，存在两种方式：一种是货物和钱款当面同时交割，称为同步交易；另一种是货物和钱款无法当面同时交割，称为异步交易。而在异步交易中存在着信用风险，如在国际贸易中，货物和钱款一般很难当面同时交付，于是出现了以银行作为信用保证的信用证。同样在网络交易时，货物和钱款也很难当面同时交付，于是出现了在买家和卖家之间的第三方，由第三方作为信用担保，从而使得交易成功地顺利进行。第三方支付的出现能够显著降低网络交易的风险，同时也促进了电子商务的迅速发展。这个第三方机构必须具有一定的诚信度。理论上这个第三方机构也可以是银行，如在国际贸易中往往就由银行来充当第三方。

第三方支付公司承担买家和卖家之间的信用担保职能。承担信用担保职能的方式一般采用预先收取买家的货款方式，这样卖家得到了支付承诺，同时买家也保留了撤销支付的可能。第三方支付公司的操作流程一般是：先将钱支付给第三方，然后买方确认收货后再将钱真正付给卖方。这样的付款方式通过第三方进行了较好的缓冲，一旦发现收不到货物或者收到不满意的货物都可以撤回所付款项，特别适合交易双方无法当面交易的网络购物或者跨境贸易。

（二）第三方支付的优点

（1）信用中介功能，独立公正，相对安全。第三方支付企业是独立的第三方，为消费者和商户之间提供第三方信用担保，消除他们之间的信用顾虑。第三方支付平台所起到的一个非常重要的作用便是公正，第三方平台较为详尽地保存了交易双方的行为细节，能够保留消费者和商户的有效交易信息，为买卖双方的中间环节提供保障，以便在将来发生各类纠纷时提供有效的证据支持，这种模式能够极大化地降低买家拒付和卖家欺诈问题出现的概率，为电子商务营造出买卖双方相互信任的氛围和环境。而且商家看不到消费者的信用卡信息，同时又避免了信用卡信息在网络多次公开传输而导致的信用卡信息被窃事件，所以第三方支付中的账户支付，不仅让用户缓冲了直接支付的风险，而且减小了银行卡信息泄露的风险。

（2）简化交易程序，支付方便快捷。第三方支付平台是一个开放的体系，对于买卖双方来说是独立的，它通过和各大电子商务网站、各大金融机构之间展开的合作，在消费者在和平台连接的电子商务网站上支付货款的时候,会为消费者创建统一化的支付页面,为平台用户提供各个银行的支付通道,使得用户并不需要登录到各个银行的网银中进行操作。目前,第三方支付平台也支持用户使用多种终端进行交易活动,不仅支持电脑端,还支持移动手机端、电话端等。第三方支付平台给消费者带来了极大的便利。

(3)成本优势。第三方支付平台降低了政府、企业、事业单位直连银行的成本,满足了企业专注发展在线业务的收付要求。并且,支付平台将多笔小额订单金额汇集起来,形成一定的规模效应,有效降低了支付成本。第三方支付的成本低、效率高,为中小微企业以及个人的小额交易创造了空间。

(4)提供多种增值服务。随着支付场景的日益丰富,第三方支付的产品和服务也在不断创新,除了满足大众的基本支付需求之外,还可以为消费者提供诸如打车、发红包、信用卡还款等更加个性化的定制服务。

(5)整合多方资源,打破交易壁垒。第三方支付平台通过连接各商业银行的网上银行,使得交易支付跳转到商业银行的网上银行系统内进行,既充分发挥了第三方信用中介的作用,又增加了平台支付的安全性和稳定性。第三方支付通过整合多方资源不仅节约了企业商户的经营成本,让其将更多的资源投入自身的发展当中,而且极大地促进了线上交易的发展,使得竞争力大大增强。

二、第三方支付运营模式

第三方支付平台运用先进的信息技术,分别与银行和用户对接,将原本复杂的资金转移过程简单化、安全化,提高了企业的资金使用效率。

从第三方公司的功能特色来看,第三方支付可以分为支付网关模式和信用中介模式。

(一)支付网关模式

支付网关模式也可称为独立的第三方支付模式,是指第三方支付平台完全独立于电子商务网站,不负有担保功能,仅仅为用户提供支付服务和支付系统解决方案,平台前端联系着各种支付方法供网上商户和消费者选择,同时,平台后端连着众多的银行,平台负责与各银行之间的账务清算。独立的第三方支付平台实质上充当了支付网关的角色,但不同于早期的纯网关型公司,它们开设了类似于支付宝的虚拟账户,从而可以收集其所服务的商家的信息,用来作为为客户提供支付结算功能之外的增值服务的依据。独立第三方支付运营平台主要面向B2B、B2C市场,为有结算需求的商户和政企单位提供支付解决方案。它们的直接客户是企业,通过企业间接吸引消费者。独立第三方支付企业与依托电商网站的支付宝相比更为灵活,能够积极地响应不同企业、不同行业的个性化要求,面向大客户推出个性化的定制支付方案,从而方便行业上下游的资金周转,也使其客户的消费者能够便捷付款。独立第三方支付平台的线上业务规模远比不上支付宝和财付通,但其线下业务规模不容小觑。独立第三方支付平台的收益来自和银行的手续费分成和为客户提供定制产品的收入。但是,该模式没有完善的信用评价体系,容易被同行复制,迅速提升在行业中的覆盖率以及用户黏性是其制胜关键。

（二）信用中介模式

信用中介模式是有交易平台的担保支付模式，是指第三方支付平台捆绑着大型电子商务网站，并同各大银行建立合作关系，凭借其公司的实力和信誉充当交易双方的支付与信用中介，在商家与客户间搭建安全、便捷、低成本的资金划拨通道。在此类支付模式中，买方在电商网站选购商品后，使用第三方支付平台提供的账户进行货款支付，此时货款暂由平台托管并由平台通知卖家货款到达，进行发货；待买方检验物品进行确认后，通知平台付款给卖家，此时第三方支付平台再将款项转至卖方账户。这种模式的实质是第三方支付平台作为买卖双方的信用中介，在买家收到商品前，代替买卖双方暂时保管货款，以防止欺诈和拒付行为出现。

支付宝和财付通由各自母公司的电商业务孕育而出，本是作为自有支付工具出现。在淘宝、拍拍等 C2C 电子商务网站上聚集的个人商户和小微企业商户没有技术实力来解决网络购物的支付问题，双方通过网络直接交易对消费者而言也缺乏信任感，这就需要中立于买卖双方、有技术实力又有担保信用的第三方来搭建这个桥梁，支付宝和财付通即在这种需求下应运而生。担保支付模式极大地促进了它们所依附的电商网站的交易量，电商网站上的消费者也成为支付平台的使用者。担保交易模式所打造的信任环境为其带来了庞大的用户群，这些海量的用户资源为这类第三方支付平台创造了强大的优势地位，这是如快钱这类的独立第三方支付平台难以企及的。

三、第三方支付与银行的关系

（一）第三方支付与银行的竞争

1. 由于业务重叠造成的竞争

随着第三方支付平台的发展，涉及的业务种类也不断增加，使得支付的便利性不断提高，但是便利性的提高，也会导致第三方支付企业与网上银行在业务上存在一定的重叠，这就产生了无形的竞争。随着第三方支付平台的不断壮大，支付业务也不断扩大，第三方支付已逐渐从最初的支付中介发展到了日常生活中不可或缺的支付方式，业务范围也并不仅仅是支付和转账，大部分机构都可以进行信用卡还款、公共事业费的缴纳、购买理财产品等。另外，第三方支付机构还推出了征信服务。这些业务原本都是商业银行代办的业务范畴，但如今却由第三方支付平台提供服务，这一现象无疑挤压了银行的利润空间。

2. 由于争夺客户资源造成的竞争

灵活度高、创新能力强、系统升级换代快的第三方支付企业不断吸引着客户的加入，随着互联网的快速发展，第三方支付机构与电子商务等新型交易方式的结合更加紧密，而商业银行一直把第三方支付机构视为最底层的营销渠道，从而拓宽自己的客户渠道。但一旦第三方支付机构与客户形成紧密关系，就会把银行架空，甚至对银行的中间业务产生威胁。并且，与商业银行相比，第三方支付的支付业务的简单便捷与多功能能更好地满足客户的需要，为客户提供更加优质的服务。

3. 由于利益冲突造成的竞争

第三方支付企业与银行存在合作关系，自然涉及利益的分配问题。首先是沉淀资金的利益分配问题。沉淀资金是指存放在第三方平台虚拟账户中、暂时没有在市场上流动的客户资金。这部分资金主要指在第三方支付平台进行支付时，买家先付款给第三方支付平台，在收到商品并核对无误后第三方支付平台才会真正向卖家付款，这个时间差使得相当数量的资金滞留在第三方支付系统。传统银行对沉淀资金很反感，因为虽然沉淀资金最终存放在银行里，但银行为之付出的成本会提高。而第三方支付机构非常看重沉淀资金，因为这使其有了一定的吸储能力。其次是理财产品，在发展的过程中第三方支付平台也与基金合作，推出了大量理财产品，相比于银行的理财起投金额和存款收益率，第三方支付平台理财产品的低门槛、高回报对客户更具有吸引力，因此能够吸引大量的闲散资金，分流银行的存款资源。

（二）第三方支付与银行的合作

1. 备付金管理合作

支付机构接收的客户备付金必须全额缴存至支付机构在备付金银行开立的备付金专用存款账户。第三方支付机构存在合作银行的备付金就是沉淀资金，可以转存为单位定期存款、单位通知存款、协定存款或中国人民银行认可的其他形式，这有利于增加第三方支付机构的资金收益，降低综合资金成本。同时对于银行尤其是中小商业银行来说，第三方支付机构的备付金托管有利于壮大资金池，提高盈利水平。

2. 便捷与安全合作

第三方支付的出现使支付更便捷，但也发生过银行账户被盗、个人信息泄漏、被不法分子盗走用户资金的案件。鉴于此，第三方支付机构推出了很多保护措施，如用户保障计划等，同时也加强了与银行在安全技术方面的合作。

3. 跨境支付业务合作

伴随跨境电子商务的发展，跨境支付业务在迅猛发展，银行业也在积极布局跨境支付业务，银行参与跨境电商模式主要包括与第三方支付机构合作、与电商平台直接合作和银行自营电商三种。

4. 业务与信息合作

拥有电商或社交平台的第三方支付机构在互联网营销方面具有得天独厚的优势，其本身拥有庞大的客户群。如果第三方支付机构与银行合作，实现客户的转化，一方面会增加银行产品的销售渠道，另一方面也会增加第三方支付机构的增值收益。

重要概念

互联网金融　P2P网贷　众筹　电商信贷　回报式众筹　捐赠式众筹　股权式众筹　债权式众筹　第三方支付　支付网关　支付中介

思考练习题

1. 什么是互联网金融？互联网金融对金融体系的影响是什么？
2. 相比传统金融，互联网金融具有哪些比较优势？
3. 什么是P2P网贷？其产生的原因是什么？
4. P2P网贷和银行贷款有哪些相同点和不同点？
5. 什么是众筹？它的运作流程是什么？
6. 众筹的运作主要有哪些参与者？各参与者参与众筹需完成的工作是什么？
7. 第三方支付具有哪些优点？
8. 简述第三方支付公司与银行间的竞争合作关系。

案例讨论

"大家投"如何实现大众创业

0 引言

深圳的一家"一茶一坐"里，余波第一次见到李群林："瘦得出奇，背有点驼，头发有些稀疏，一只眼睛似乎有点斜——李群林的相貌实在太清奇！"

余波，深圳创新谷的副总裁，是通过新浪微博了解到李群林的大家投创业项目的，当初他只是觉得李群林敢想敢干。于是，在收到李群林的约见邀请时，他欣然接受了。初次见面，余波意识到大家投的股权式众筹模式是能填补初创企业融资渠道空白、构筑微天使投资平台的业务模式。余波问他："你怕不怕被扣上非法集资的帽子？"李群林说："要钱没有，烂命则有一条。"这个回答打动了余波，他决定做一做这种金融创新背后的推手。

1 大势造英雄——众筹的竞争格局与大家投的脱颖而出

2012年，李群林想创业做在线职业培训项目，在寻找资金的过程中，他发现像他这样没有渠道推广自己的想法，苦于找不到投资人的创业者比比皆是。而且，中国还有大把有点存款、闲钱的人。于是，李群林想到做一个众筹网站，把创业者的商业想法展示出来，把投资人汇聚起来，让他们更有效率地选择。李群林并没有急着抢占先机，而是认真地分析了当前众筹市场的竞争格局。

1.1 众筹的竞争格局

众筹网站的历史可追溯到2001年被称为"众筹金融的先锋"的ArtistShare，其主要面向音乐界的艺术家及其粉丝。2005年之后，众筹平台大量涌现，其中最具代表性的便是2009年4月正式上线的Kickstarter。而中国的众筹市场上，点名时间、淘梦网、众筹网三足鼎立，占据了大半市场份额。在最初构想大家投的雏形时，李群林深入研究了点名时间、淘梦网、众筹网这三大巨头的运营模式。

（1）点名时间

点名时间是中国最先涉足众筹领域的平台，主要接受的是艺术、漫画、摄影、设计、音乐等文化创意类项目。点名时间做的是产品预售众筹,也被称为奖励制众筹或"预付制"众筹,出资人参与众筹是一项购买的行为。

(2) 淘梦网

另一个较有代表性的众筹网是淘梦网,它是中国最大的微电影众筹平台,专注通过众筹的方式帮助电影团队获得拍摄电影所需的资金。众筹投资方可以通过平台支持打动人心、产生共鸣的电影项目,获得项目发起人承诺的特色回报。

(3) 众筹网

众筹网是北京网信金融集团旗下的众筹模式网站,为项目发起者提供募资、投资、孵化、运营一站式综合众筹服务。众筹网于2013年2月正式上线,已运营众筹网、众筹制造、开放平台、众筹国际、金融众筹、股权众筹六大板块。

1.2 大家投脱颖而出

李群林判断,把众筹作为一种购买行为会限制它的成长速度和规模,他觉将众筹作为投资行为更符合大家参与众筹的需求。

2012年9月,大家投正式创立,并采用股权回报模式。此外,单次跟投额度可以低到项目融资额度的2.5%,降低了投资门槛。对于融资成功的项目,大家投会收取融资额度5%的融资顾问费。从平台性质来看,大家投就像一个供创业公司卖股权的"天猫商城",天猫上卖东西,大家投上卖股权,而投资人则是买家。大家投平台上的项目类型几乎包括各个行业,而其中PC互联网行业和移动互联网行业作为新兴行业,占众筹项目的大多数。

2 戴着"镣铐"跳舞——大家投的运作模式

2013年3月,李群林出资15万元,深圳创新谷出资15万元,再加上其他天使投资人的资金,大家投筹集了100万元的天使投资。之后,李群林招聘了产品、设计、客服等人员,从5个员工开始,大家投运营起来了。但是,由于现行法规的限制,李群林意识到自己创设的"大家投"必须设计出适合平台合法性运营的制度框架才能规避风险。

2.1 独创的投资人持股制度

有了前车之鉴,李群林认为有必要提出一种方式给予投资人合理的回报。在召集团队展开了一番讨论后,大家投选择了新的回报方式:设立有限合伙企业。比如创业者先出让20%的股份,由投资人认投这部分股份,凑满融资额度后,投资人可以以此为注册资金集体成立有限合伙企业,进入线下办理有限合伙企业注册、投资协议签订、入股项目公司工商变更等手续,资金注入创业者的企业之后,该项目的天使期融资完成,投资人就按照各自出资比例占有创业公司出让的20%股份。

就这样,大家投2.0版上线,形成了"在线FA+在线投资管理公司=互联网天使股权众筹平台"的商业模式。

2.2 需要带头大哥催生"领投人+跟投人"模式

在回报方式改良后,尽管投资人对平台表现出了很高的兴趣,反应良好,可真正通过平台进行投资的投资人却不多,创业者筹集资金还是很困难。

正当李群林一筹莫展的时候,苏州塔芙尔实业有限公司总经理、大家投股东鲍长翔的到来给这一"痛点"的解决带来了启迪。鲍长翔以假如自己做项目,李群林是否会选择跟投发问,使李群林意识到,大部分投资人没有专业知识,不敢贸然投资,但如果有一个专业的人来示范,就能够带动其他投资人。而这个带头人,就被称作众筹的领投人,而后续投资人可以叫作跟投人。

一番讨论后,"领投人+跟投人"制度有了雏形,由专业投资人在平台申请成为领投人,再通过专业投资人汇聚有投资意愿但是没有专业投资能力的人,在投中和投后安排一个总的项目执行人代表投资人进入项目公司董事会行使项目的决策和监督权。

2.3 让投融资双方吃了定心丸的"投付宝"

"领投人+跟投人"制度形成后不久,余波提出"领投人+跟投人机制只是解决项目判断的'痛点',而解决融资人的信任问题才真真是头等大事。"

2013年9月,李群林开始四处找银行商谈资金监管,其间拨出的电话无数,直到他找到了兴业银行资产托管部总经理吴若曼,事情才出现转机。兴业银行为大家投提供了资金托管功能,保障了账户管理与资金流向安全。此后,大家投在运营过程中,就资金使用又进行了多项改进。比如,早期投资人决定投资就需掏出真金白银,在项目筹资阶段,投资人可以随时抽回;2014年11月之后,投资人决定投资时,不用立马给出真金白银,只需投资意愿,缴纳100元"认筹诚意金"表示意愿即可,在募资完成前可以反悔,待到达到目标金额,各个投资人再按照之前的承诺划拨资金,这样减少了资金的沉淀,改善了投资人的体验。

3 为自己找个出路——大家投与新三板能否"联姻"

无论"领投人+跟投人",还是"投付宝",这两个创新都侧重在入口端,大家投的产品经理在一次讨论会上又提出了出口端的问题:"投资人如何获得回报变现直接影响了其持续投资行为。上市公司的股权可借道'二级市场'变现,那么,股权众筹的二级市场在哪里?股权众筹是利用互联网进行社会化的融资,假如退出没有社会化的渠道,有入口而无宽敞的出口,股权众筹一定无法引爆。我们大家投至少已经有三个项目正在洽谈新一轮融资,众筹投资人的退出箭在弦上。"

面对一系列问题,李群林将目光集中到了新三板,他在考虑股权众筹借由新三板实现出口端的完善。

"新三板现在采用做市商制度,交易活跃度有所限制,今年年底或明年应该会推出联合竞价的制度,未来新三板会分层,有的项目采用协议定价,有的则是集合定价,交易环境会逐渐宽松,交易活跃度肯定会大大加强。"李群林说,"一旦新三板市场制度健全、规模扩容,股权众筹项目便可能对接新三板实现退出,即水到渠成。"

顺应这种趋势,大家投已在行业率先布局,清晰定位自身为"企业上新三板前的融资渠道",平台上的融资项目已有启动板、初创板两种分类,根据项目的不同阶段进行严格划分,这既为了让投资人分散投资风险,也为项目未来退出进行铺垫。

李群林总结道:"事实上,这种'出口'探索的意义,不只是有利于大家投或者股权众筹行业。一旦这种通道打通,中国即可能实现股权众筹、新三板、创业板、主板这样多层级、可流转的直接融资市场,以最广泛的社会资源来支持'大众创业、万众创新'。"

2013年大家投帮助5个项目成功融资284万元;2014年帮助37个项目成功融资3 700万元;2015年帮助29个项目融资6 000万元。创立3年来,上线的项目共107个,已帮助80个项目成功融资。据李群林预计,2016年帮助企业的融资规模可达到2亿元,一旦出口端通畅,股权众筹的潜力将有望呈几何级数增长。

4 结语

谈及股权众筹融资的未来,李群林还有着诸多构想。除了众筹融资之外,未来大家投还将加强对投后的管理,比如为创业者提供除资金之外其他方面需求的增值服务。"我们希望将提供的服务体系化,创投市场从天使、VC到投行、并购,每一个环节都有生命周期,我希望能够将这条线做好,在中国的创投市场是一个生命,如果平台只是专注一个点,也无法长久经营。"李群林相信,这3年只是大家投业务创新的开始,接下来大家投还有很多个三年,互联网金融的发展将迎来大风口!

资料来源:史金艳,岳玉冰,张悦玫."大家投"如何实现大众创业?[Z].中国管理案例共享中心案例库教学案例,2016.

启发思考题

1. "大家投"等众筹兴起的根本原因是什么?

2. "大家投"通过哪些具体措施消除了普通投资者对股权式众筹的顾虑,使大众投资者实现了参与创业的梦想?

3. 从中国资本市场发展趋势看,你认为股权式众筹能与新三板顺利实现对接吗?

4. 如果你是投资者,你会选择股权式众筹这种金融工具吗?你在选择金融工具时,会重点从哪几方面进行权衡?

5. 与股票、天使基金等其他股权型金融工具相比,股权式众筹存在哪些吸引投资者的地方?

 即测即练

参 考 文 献

[1] 韩国文.金融市场学[M].北京:机械工业出版社,2009.
[2] 穆怀朋.金融市场学[M].北京:中国金融出版社,2006.
[3] 谢百三.金融市场学[M].北京:北京大学出版社,2009.
[4] 宋琳.金融市场学[M].北京:清华大学出版社,2011.
[5] 周生业,王广谦.金融市场学[M].北京:中国财政经济出版社,2004.
[6] 杨晓焱.金融市场学[M].南京:河海大学出版社,2007.
[7] 霍文文.金融市场学[M].上海:复旦大学出版社,2010.
[8] 史建平.金融市场学[M].北京:清华大学出版社,2007.
[9] 刘园.金融市场学教程[M].北京:对外经济贸易大学出版社,2007.
[10] 杜金富.金融市场学[M].北京:中国金融出版社,2007.
[11] 张丽华.金融市场学[M].大连:大连出版社,2008.
[12] 王兆星,吴国祥,陈世河.金融市场学[M].北京:中国金融出版社,2004.
[13] 张亦春.现代金融市场学[M].北京:中国金融出版社,2007.
[14] MADURA J.金融市场与金融机构[M].何丽芬,郭红珍,译.北京:中信出版社,2013.
[15] 刘红忠,蒋冠.金融市场学[M].上海:上海财经大学出版社,2006.
[16] 刘红忠.金融市场学[M].上海:上海人民出版社,2003.
[17] 刘逖.证券市场微观结构理论与实践[M].上海:复旦大学出版社,2002.
[18] 许文新.金融市场学[M].上海:复旦大学出版社,2007.
[19] 王振山,王立元.金融市场学[M].北京:清华大学出版社,2011.
[20] 刘晓峰.金融市场学[M].北京:科学出版社,2007.
[21] 张亦春,郑振龙,林海.金融市场学[M].6版.北京:高等教育出版社,2020.
[22] 周光友,互联网金融[M].北京:北京大学出版社,2017.
[23] 李建军,郭豫媚.互联网金融[M].2版.北京:高等教育出版社,2022.
[24] 田鑫.互联网金融模式及其本质研究——基于功能与影响的分析[J].中国物价,2019(5):49-52.
[25] 郭世昌,钟楼栋,张皓楠.众筹融资的模式分析[J].山西农经,2021(6):176-177.
[26] 晏艳阳,刘轶,王天铁.金融市场学[M].2版.北京:高等教育出版社,2020.
[27] 乔海曙,杨彦宁.金融科技驱动下的金融智能化发展研究[J].求索,2017(9):53-59.

教师服务

感谢您选用清华大学出版社的教材！为了更好地服务教学，我们为授课教师提供本书的教学辅助资源，以及本学科重点教材信息。请您扫码获取。

▶ 教辅获取

本书教辅资源，授课教师扫码获取

▶ 样书赠送

财政与金融类重点教材，教师扫码获取样书

 清华大学出版社

E-mail：tupfuwu@163.com
电话：010-83470332 / 83470142
地址：北京市海淀区双清路学研大厦B座509

网址：https://www.tup.com.cn/
传真：8610-83470107
邮编：100084